한국 근대 유림의 굴절

한국 근대 유림의 굴절

초판 1쇄 발행 2023년 9월 30일
초판 2쇄 발행 2025년 2월 3일

지은이 | 정욱재
펴낸이 | 윤관백
펴낸곳 | 선인
등 록 | 제5-77호(1998.11.4)
주 소 | 서울시 양천구 남부순환로 48길 1(신월동 163-1) 1층
전 화 | 02) 718-6252 / 6257
팩 스 | 02) 718-6253
이메일 | suninbook@naver.com

정가 35,000원
ISBN 979-11-6068-836-8 93910

· 잘못된 책은 바꿔 드립니다.
· www.suninbook.com

한국 근대 유림의 굴절

정 욱 재 지음

선인

책을 내면서

이 책은 2009년에 나온 제 박사학위논문과 그 후에 나왔던 관련 논문들을 묶은 것입니다. 이렇게 늦게 박사학위논문을 책으로 엮은 것은 분명 필자의 게으른 탓이 큰 이유이지만, 제 자신의 학문적 역량 부족을 통감하여 박사학위논문을 방치하였기 때문입니다. 그런 까닭에 이 책은 시간이 흘러 최근 연구 결과를 반영하지 못 하고 다만 오류 및 문장 수정에 그쳤습니다. 부끄러운 고백을 하자면, 저는 원래 제 능력을 제대로 알지 못하고 단지 역사를 좋아한다는 이유로 한국사를 공부하였습니다. 학문적 재능이 없음에도 불구하고 한국사를, 특히 조선후기 성리학을 공부하고 싶었습니다.

조선후기 사상사를 전공하고 싶었던 필자가 한국근대사로 전환하게 된 것은 순전히 먹고 사는 문제와 관련이 있습니다. 한국학중앙연구원 석 · 박사 통합과정을 수료한 후, 생계가 막막할 때 지금은 역사 속으로 사라진 '친일반민족행위진상규명위원회'(2005~2009)에 운 좋게 들어갈 수 있었습니다. 한문을 조금 볼 줄 안다는 이유로 종교 부문에서 유교를 전담, 경학원(經學院)을 위시하여 일제강점기 유림단체와 유림을 조사하게 되었습니다. 이로 인해 일부 식민지 조선 유림의 어두운 면을 알게 되었으며, 그동안 알려지지 않고 은폐되었던 부분을 본의(?) 아니게 밝히게 되었습니다. 친일반민족행위진상규명위원회에서 일하면서 얻었던 정보와 지식이 결국 박사학위논문으로 이어진 것입니다.

조선후기 사상사를 전공하고자 했던 사람이 한국근대사를 공부할 수 있었던 큰 이유는 친일반민족행위진상규명위원회와 그 구성원들 덕분입니다. 특히 김민철 · 변은진 · 오미일 · 이기훈 · 장신 · 정용서 선생님께 감사드립니다. 한국근대사에 대해서 글쓰기부터 시작하여 많은 것을 배웠고 성장할 수 있었습니다.

제가 부족하나마 연구자로 이렇게 생활할 수 있는 것도, 저에게 은혜를 베푼 여러 선생님 덕분입니다. 먼저 저에게 한문을 가르쳐주신 고(故) 퇴운(退雲) 이지풍(李之渢, 1929~2002) 선생님께 감사드립니다. 남당(南塘) 한원진(韓元震) 학맥인 선생님은 저에게 단순히 한문 지식을 넘어서 한국 선비의 모습과 한국 성리학의 본질 등을 가르쳐주셨습니다. 그러나 제가 너무 불민하여 그 가르침을 만분의 일도 제대로 이해하지 못한 것이 큰 여한입니다. 그나마 한문 자료를 각종 공구서와 함께 더듬더듬 읽으며 한국 성리학의 아주 작은 부분이나마 엿볼 수 있게 된 것도 모두 선생님 덕분입니다. 지금도 불민한 제자가 선생님께 오히려 누를 끼친 것은 아닌지 두려울 뿐입니다.

충남대학교 고(故) 성주탁 선생님, 고(故) 최근묵 선생님, 장병인 선생님, 김상기 선생님께도 감사드립니다. 역사를 공부하고자 하는 저에게 많은 가르침을 베푸셨으며, 제 마음이 꺾이지 않도록 도와주셨습니다.

한국학중앙연구원 한국학대학원에서 저를 지도해 주신 정구복 선생님께 감사드립니다. 학자로서의 자세와 공부 방법 등을 배울 수 있었기 때문에 제가 지금까지 공부를 할 수 있었습니다. 제가 힘들 때마다 격려와 학문적 성장을 도와주신 권오영 선생님께도 감사드립니다. 부족한 제 논문을 심사해주신 박찬승 선생님과 최기영 선생님께도 진심으로 감사드립니다. 두 분의 세심한 가르침이 있었기 때문에 부족했던 박사학위논문이 구색을 갖추게 되었습니다.

제가 힘들고 방황할 때마다 진심 어린 조언과 도움을 주셨던 권기중·송양섭·이근호·이왕무 선생님께 감사드립니다. 그분들 덕분에 박사 이후의 삶을 살아갈 수 있었습니다.

장남이 공부를 선택한 것에 대해 반대하지 않으시고 묵묵히 지지해 주신 부모님께 감사드립니다. 장남 노릇을 하지 못한 저를 대신하여 집안을 책임졌던 둘째 동생에게 미안한 마음과 함께 깊은 고마움을 표합니다. 막냇동생 역시 공부하는 저를 믿고 늘 응원함을 제 마음에 항상 간직하고 있습니다.

지금 세상에 훌륭한 많은 책이 간행되고 있는데, 보잘것없는 제 책을 보태는 것이 정말 부끄럽습니다. 어려운 환경에도 불구하고 이 책을 간행해 주신 도서출판 선인 윤관백 대표님을 비롯하여 편집부 선생님들께 고마운 마음을 부칩니다.

2023년 9월

독립기념관에서 **정 욱 재**

차례

표/그림 차례

【표】

【그림】

韓國近代儒林

제1부
한국 근대 유림의 굴절
일제협력유림의 형성과 전개

韓國近代儒林

제1장

서론

1. 문제 제기

유교, 정확히 말한다면 조선 성리학을 지배 이데올로기로 삼았던 조선 왕조는 19세기에 들어오면서 다가오는 대내외적인 위기를 맞이하고 있었다. 대내적으로 안동 김씨와 풍양 조씨 등 외척이 국정을 담당하는 세도정치로 중앙에서는 정치적 기강이 무너지고 권력의 부패는 극심하였으며, 지방에서는 지방관의 탐학과 가렴주구로 민중들이 큰 고통을 겪고 있었다. 그럼에도 조선왕조는 개혁하려는 의지보다는 현실에 안주하려는 의식이 팽배하였다. 국가적 문제들을 해결하려 한 실학자들의 연구성과가 실현될 수 있는 분위기가 조성되지 못했을 뿐만 아니라 실학사상을 구현할 수 있는 사회세력도 형성되지 않았다.[1] 또한 산림이 황폐해지고 제언과 보의 수리시설이 무너지며 쌀의 생산이 감소하는 등 경제적 위기도 같이 왔다.[2] 이런 어려움 속에서 국가재정의 주수입원인 전정·군

1) 鄭求福,『古文書와 兩班社會』, 일조각, 2002, 348쪽.

정 · 환곡 등 삼정도 문란해지자 민중들은 유민과 화전민으로 전락할 만큼 피폐해졌다. 그리하여 19세기 중반 이후 민중들은 지배층의 수탈에 대해 '민란'이라 부르는 농민봉기를 일으켜서 정부에 저항하여 내부의 혼란은 가중되었다.

대외적으로 서구 제국주의 세력이 19세기 중반부터 조선을 비롯하여 중국 · 일본 등 동아시아 세계를 압박해 오자, 중국 중심의 동아시아 중화 질서 체제는 크게 흔들리게 되었다. 특히 '천주교'로 상징되는 서구문물의 유입은 조선사회의 운영 원리인 유교 이데올로기의 권위를 크게 위협하였다. 중국은 아편전쟁에서 패배한 후, 1842년 난징조약(南京條約)으로 영국에게 5개 항구를 개항하였다. 중국이 서구 열강에게 패배한 사실은 조선과 일본에게 충격적인 일이었다. 일본도 1853년 미국의 페리 제독의 요구에 굴복하여 1854년 미일화친조약(美日和親條約)을 체결하였고, 1858년 미국을 비롯하여 영국, 프랑스 등 서구 열강과 통상조약을 체결하여 개항하였다. 조선도 서구 열강의 개항 요구에서 벗어날 수 없었다. 서구열강의 통상 요구와 잦은 이양선의 출몰에 대해 조선왕조는 방어 대책을 모색해야 했다. 이렇게 19세기 조선왕조는 대외적으로는 외세의 침략이라는 민족적 모순과 대내적으로는 체제 내부로부터의 계급적 모순이 중첩된 큰 위기에 놓여 있었다. 결국 대내외적인 위기 상황을 극복할 수 있는 힘을 구축하지 못한 조선은 근대화에 먼저 성공한 일본에게 강점당하여 식민지로 전락하였다.

조선사회의 엘리트 집단이었던 유림은 이처럼 '지식인 노릇하기 어려운(難作人間識字人)'[3] 시기에 어떤 모습을 보였는가? 조선왕조에서 유림은 성리학을 업으로 삼으며 국정에 참여하고 백성의 교화를 자임하며 중

[2] 이영훈, 「19세기 朝鮮王朝 經濟體制의 危機」, 『조선시대사학보』 43, 2007, 270~288쪽.
[3] 黃玹, 『梅泉野錄』 권6. "鳥獸哀鳴海岳嚬 槿花世界已沈淪 秋燈掩卷懷千古 難作人間識字人"

앙과 지방에서 상당한 특권과 위세를 누렸다. 그리고 성리학은 유림에게 자신들의 신분적 특권을 유지시키고 위세를 행사하는 데에 도덕적 명분을 제공하였다. 따라서 유림은 당시 조선사회에 직면한 시대적 과제를 해결해야 할 역사적 책임이 있었다. 그동안 자신들이 처한 정치적·사회적·경제적 상황과 학문적·당파적 입장에서 사회현실을 인식하고 대처하는 태도를 버리고 중세사회를 옹호하는 사유체계인 성리학을 극복하며 근대화와 민족국가를 이룩해야 할 사회적 기초를 마련해야 했다.[4] 유림은 신분제와 그에 근거한 계급의식을 극복하고 '민족의식(民族意識)'을 형성하여 근대적인 민족국가를 건설할 수 있는 사상과 학문을 제시해야만 했다.

성리학적 질서 체제에 안주하던 조선은 '근대(近代)'와 '문명(文明)'으로 상징되는 서구의 새로운 사상과 학술에 대해 더 이상 방관할 수 없는 상황에 처해 있었다. 성리학적 가치체계에서 사회의 모든 일들을 판단하고 결정하며 행동하던 유림은 성리학적 가치체계로는 쉽게 용납하기 어려운 서구문물의 도전에 어떻게든 응전을 해야 했다. 전통과 근대의 충돌이 본격적으로 이루어진 상황에서 유림은 성리학을 묵수하고 서구 문물의 도전을 배척하든지, 성리학의 핵심 가치를 긍정하고 서구 문물을 보완적으로 선택하든지(東道西器, 舊本新參), 아니면 성리학의 한계를 절감하고 전면적인 서구화를 택하든지, 어떻게든 자신의 태도를 분명하게 정해야만 했다. 이 지점에서 유림의 분화는 사실상 시작되었다. 유림의 선택은 작게는 유림의 자기 정체성, 크게는 조선사회 전반에 큰 영향을 줄 수 있었다. 유림은 지식인층이며 여론을 주도하는 세력으로 당시 민중에게 큰 영향력을 갖고 있었기 때문이다. 그러나 시대 흐름에 반발하여 성리학의 옹호를 주장하는 보수적인 유림이 더 많았던 것이 현실이었다.

4) 권오영, 「한말 유가의 정치사상」, 『韓國儒學思想大系: 政治思想編』 Ⅵ, 한국국학진흥원, 2007, 699~700쪽.

성리학을 묵수하는 유림이든 서구 근대문물을 수용하는 유림이든 간에 근대문물을 접촉하면서 필연적으로 충돌과 수용 과정을 거치면서 종래에 가지고 있던 성리학적 가치체계는 변화를 일으킬 수밖에 없었다. 게다가 서양 서적들이 일본과 중국에서 한문으로 번역되어 들어오면서 더욱 유림의 분화와 사상적 변화를 재촉하였다. 본격적으로 서구의 다양한 학술이 유입되자 근대적 개념과 용어들이 등장하였으며, 전근대사회에서 쓰던 용어들도 번역어로 사용될 때는 전과 다른 새로운 의미를 담게 되었다. 그것을 이해하고 수용하는 과정에서 거부하는 보수유림과 긍정하는 개신유림 사이에 논쟁이 극심하게 일어났다.[5] 한문으로 사유하고 글을 썼던 그들도 근대문물의 호오(好惡)에 상관없이 새로운 용어와 개념을 접할 수밖에 없게 된 것이다.

요컨대 서구 문물의 수용 여부와 연동되어 성리학 옹호의 강도에 따라 유림의 분화가 이루어졌다. 아예 유교적 정체성을 버리고 서구문물을 전폭적으로 수용하여 개화지식인으로 전환한 인물을 제외하면, 유림은 세부적으로 보면 편차가 존재하지만 크게 보수유림, 개신유림으로 나뉘었다. 그리고 개항 이후 일본제국주의가 노골적으로 조선에 대한 야욕을 드러내면서 보수유림과 개신유림의 인물 중에서 일제에 협력하는 유학자들도 나타난다. 이들은 일제강점기 동안 조선총독부의 식민통치와 침략전쟁에 적극적으로 협력하게 된다. 그리고 그들은 자신들의 행위에 대한 합리화와 일제에 협력하는 논리를 바로 유교의 가르침에서 찾으며 그것을 다시 다른 유림과 민중들에게 선전하였다.

그렇다면 조선왕조가 멸망한 책임은 일차적으로 일본 제국주의의 침략

5) 유림 사이에 일어난 논쟁 중에서 가장 대표적인 것이 대한제국기에 주로 전개된 新舊學論爭이다. 이에 관련된 대표적인 연구는 다음과 같다. 李光麟, 「舊韓末 新學과 舊學과의 論爭」, 『동방학지』 23 · 24 합집, 1980; 金度亨, 『大韓帝國期의 政治思想硏究』, 지식산업사, 1994; 백동현, 「대한제국기 新舊學論爭의 전개와 그 의의」, 『한국사상사학』 19, 2002.

에 있지만, 조선사회를 시대변화에 제대로 적응하지 못하도록 만든 유교(성리학)와 유림에게도 책임이 있는 것이 아닐까? 아니면 유교와 유림에게 망국의 책임이 있다는 인식은 당시 유림의 활동을 제대로 보지 못하고 일본이 의도적으로 만든 식민지사학의 영향에서 비롯된 것인가? 고려시대에 융성하였던 불교는 조선시대에 억압을 받았지만 현재도 종교로서 살아남아 일상생활에서 접할 수 있다. 그에 비해서 조선왕조 500년 동안 국왕부터 천민까지 모든 사회 구성원의 생활의식에 깊이 침투되어 정신, 경제활동은 물론 예제(禮制)에 속한 상(喪)·제례(祭禮)에도 깊은 영향을 미치고 있었던 유교는 지금 형해화(形骸化)되어서 예전의 편린도 찾아보기가 힘들어졌다. 일본 식민학자들의 악의적인 비판은 제외하더라도, 유림은 민중에게 일제강점기 동안 조선의 엘리트로서 역할을 하지 못하고 당쟁으로 망국을 초래하였다고[6] 지탄받는 완고한 집단으로 인식되었다. 자연히 유교는 시대에 맞지 않는 고루한 사상으로 버려야 할 대상으로 여겨졌다.

유교와 유림이 민중에게 이런 인식과 비난을 받았는가를 이해하기 위해서라도, 일제강점기에 유림이 어떤 활동을 하였는지 구체적으로 살펴보아야 한다. 특히 일본제국주의에 협력한 유림의 활동과 사상에 대해서 고찰하는 것이 무엇보다 필요하다. 일본제국주의가 조선을 강점한 후 유림을 어떻게 통제하려고 했으며, 식민지 조선에 영향을 미치고 있는 유교를 어떤 식으로 이용하였는가를 살피기 위해서는 그들의 동향을 이해하지 않고서는 불가능하다. 그리고 일제에 협력한 유림에 대해서 다른 유림과 민중은 어떻게 바라보고 있는가를 고찰하는 것도 필요하다. 그들의 협력 활동으로 인해 민중은 유교와 유림에 대한 인식이 더욱 부정적이 되었다. 해방 후에도 일제에 협력한 유림에 대한 역사적 청산은 이루어지지 않았고 그들 역시 자기 반성을 하지 않은 채 활동하였기 때문에

6) 『동아일보』, 1938년 8월 16일 조간, 2면.

오늘날까지 그 영향이 잔존하고 있다.

이런 점을 염두에 두고, 본고는 일본제국주의의 통치를 긍정하고 체제 유지의 기능으로서 유교의 가치를 중시한 ‘일제협력유림(日帝協力儒林)’을 중심으로 한말부터 1940년대 초반까지 유림의 모습을 살피고자 한다. 즉 19세기 후반부터 일제강점기까지 조선에 닥쳐온 대내외적인 위기 속에서 유림은 어떻게 분화되었으며, 식민지로 전락되어 조선 인민들이 일본의 압제를 받는 역사적 변화 속에서 어떠한 인식과 사상을 가지고 활동을 하였는가를 살펴보고자 한다. 아울러 성리학의 가치를 옹호하는 유림 안에서 나타난 새로운 움직임과 사상적 변화를 주목하려 한다. 즉 성리학의 한계를 깨닫고 자신이 속한 학파의 성과를 비판적으로 계승하면서 서구문물의 흡수에 긍정적인 유림이 나오면서 유림은 보수유림과 개신유림으로 분화된다. 그리고 보수유림과 개신유림 중에서 일본제국주의의 식민통치에 타협 내지 협력하는 일제협력유림으로 바뀌는 인물들도 상당수 등장하게 된다. 타협을 하거나 자발적으로 협력을 하는 그들의 사례를 통해 당시 시대적 상황 속에서의 유림의 어두운 단면을 고찰하려 한다.

조선이 일본에 강점당하며 식민지로 전락하는 과정에서 등장하는 일제협력유림은 어떤 인식을 가지고 일본제국주의와의 협력을 선택하였는지, 그들은 자신들의 행위를 어떻게 합리화하고 있고, 이들에게 유교는 어떤 의미를 담고 있는지를 검토하고자 한다. 아울러 이들의 활동에 대해 다른 유림과 민중은 어떻게 바라보았는가를 유교 인식과 관련하여 살펴보려 한다.

2. 선행 연구 검토

본고가 다루려는 시기의 유교와 유림에 대한 연구는 크게 분류한다면, 민족운동사의 관점에서 다룬 연구와 유학사상사의 관점에서 다룬 연구가 주류를 차지하고 있다. 그중에서 19세기 후반부터 20세기 초에 두드러진 활약을 한 보수유림 학파들의 형성과 전개, 학파의 핵심 인물들의 사상과 활동에 대한 연구는 일일이 밝히지 못할 정도로 많은 연구 성과를 내고 있다. 특히 화서학파를 비롯한 보수유림의 위정척사운동과 의병운동에 대한 연구가 매우 많다.[7] 또한 개신유림 중에서는 박은식(朴殷植), 장지연(張志淵), 신채호(申采浩),[8] 이상룡(李相龍),[9] 이승희(李承熙), 이병헌(李炳憲), 김창숙(金昌淑),[10] 유인식(柳寅植), 이관구(李觀求),[11] 설태희(薛泰熙)[12] 등에 대한 연구가 있는데, 그중에 최한기, 박은식, 신채호, 장지연 등에 대한 연구 성과가 많다. 그러나 일제협력유림에 대한 연구는 매우 적은 편이며 최근에야 연구가 이루어지고 있다. 여기서는 본고의 논지 전개와 관련된 연구 성과를 중심으로 검토하려 한다.

19세기는 성리학에 대한 이해가 가장 난숙하였고 학파별 논쟁이 심했던 시기였다. 이황과 이이가 활동하던 16세기에는 특정한 사람만이 이해

7) 한말 의병운동에 관한 연구사 정리와 한말 의병운동에 대한 새로운 시각과 연구에 대해서는 오영섭, 『고종황제와 한말의병』, 선인, 2007 참조.

8) 신채호는 1925년을 전후로 무정부주의 운동에 경도하였으며, 철저한 유교비판 의식을 지니고 있었다. 개신유림이 자기 정체성을 유교에 기반하고 있음에 비해 신채호는 그것을 벗어나고 있었다. 서동일은 신채호를 '脫儒林'으로 분류하고 있다(서동일, 「한말~일제하 改新儒林 尹忠夏의 계몽운동과 太極敎운동」, 『한국민족운동사연구』 44, 2005, 122쪽 주1) 참조). 그러나 본고에서는 1910년대까지의 신채호는 개신유림의 범주를 벗어나지 않았다고 생각하기 때문에 개신유림의 범주에 포함시켰다.

9) 金基承, 「韓末 儒敎知識人의 思想轉換과 그 論理: 石洲 李相龍의 境遇」, 『민족문화』 4, 한성대학 민족문화연구소, 1989; 朴元在, 「후기 정재학파의 사상적 전회의 맥락: 이상룡과 유인석의 경우를 중심으로」, 『대동문화연구』 58, 2007.

10) 심산사상연구회편, 『心山 金昌淑의 思想과 行動』, 성균관대 대동문화연구원, 1986; 權奇勳, 「心山 金昌淑의 民族運動 硏究」, 건국대학교 박사학위논문, 2000; 金喜坤, 「제2차 유림단의거 연구: 心山 金昌淑의 활동을 중심으로」, 『대동문화연구』 38, 2001; 徐仲錫, 「해방 후 金昌淑의 정치적 활동」, 『대동문화연구』 43, 2003.

11) 정욱재, 「華史 李觀求의 『新大學』 硏究」, 『한국사학사학보』 10, 2004.

12) 趙亨烈, 「改新儒學者 薛泰熙(1875~1940)를 통해 본 '文化運動'의 이념적 편차」, 고려대학교 석사학위논문, 2004; 조형열, 「薛泰熙의 協同組合主義와 '文化運動論'」, 『한국사연구』 130, 2005.

하고 있었던 이기론(理氣論)을 이 시대의 유학자들은 모두 자유롭게 소화하여 자신의 견해를 밝히고, 다른 학자들과 토론을 통하여 자신의 이론을 가다듬고 있었다. 이 시기 학자들은 학파에 대한 소속감을 가지고 저마다 주희의 설을 근거로 삼아 자기 학설을 전개하면서도 각 학파가 때로는 서로 상반된 견해를 드러내며 첨예하게 논쟁을 펼쳤다.[13] 19세기 후반에서 20세기 초까지 뚜렷한 활동을 보인 보수유림 학파로는 화서학파(華西學派)·연재학파(淵齋學派)·한주학파(寒洲學派)·노사학파(蘆沙學派)·간재학파(艮齋學派) 등이 있다.

당시 유림이 학파별로 활동하게 된 것은 조선 후기 이래 서울과 그 주변의 사회경제적 변화와 더불어 중앙의 노론학계가 재편과 분열을 겪은 것과도 관련이 깊다. 노론학계의 분열은 지방의 유학계와 연결되어 새로운 양상을 초래하였고, 또한 중앙학계의 직접적인 관련 없이 새로운 학파가 지방에 형성되었다. 이런 관점에서 권오영은 한말에 각 지역에서 활동하였던 보수유림 학파들의 정치사상을 논하면서 이들의 사상적 계승과 특징, 서로 간의 학설 차이에 따른 논쟁과 갈등, 역사적 의의 등을 정리하여 19세기 후반 각 학파의 사상적 특징, 동향 등을 파악하는 데 많은 도움을 준다.[14] 이숙인은 각 학파 내부의 공통성과 개인별 특성을 접근하는 기준으로 시대인식을 설정하여 1894년~1910년 사이에 활동하였던 일곱 학파(화서학파·한주학파·정재학파·간재학파·노사학파·강화학파·연재학파)의 사상적 특징과 실천의 전반적인 경향, 각 학파의 주요 유학자들의 활동을 수구와 개화, 개혁이라는 실천 유형별로 살펴보았다.[15] 그리고 한말 유학의 경향을 화이론(華夷論)과 유교개조론(儒教改

13) 이상하, 「寒洲 李震相 性理說의 입론 근거 연구」, 고려대학교 박사학위논문, 2004, 8쪽.
14) 권오영, 「한말 유가의 정치사상」, 『韓國儒學思想大系: 政治思想編』 VI, 한국국학진흥원, 2007.
15) 이숙인, 「개화기(1894~1910) 유학자들의 활동과 시대인식」, 『동양철학연구』 37, 2004.

造論)으로 설정하여 보수유림과 개신유림의 사상을 논한 연구가 있다.[16)]

19세기 후반부터 서양의 근대문물이 밀려오자 보수유림 학파들은 화이론에 입각하여 위정척사운동을 펼쳤다. 그들은 공통적으로 '중국이 망한 후 사천 년의 화하일맥(華夏一脈)과 이천 년 공맹(孔孟)의 남긴 법도가 조선에만 있다'는[17)] 자부심을 가지고 있었고 개화에 반대하였다. 그들은 전통문화의 핵심을 유교로 인식하였으며 성리학적 체제 수호에 적극적으로 앞장섰다. 그래서 일본이 대한제국을 강제로 개항시키고 곧이어 합병하려는 노골적인 야욕을 보이자 그들은 이에 대항하여 의병운동을 적극적으로 벌였다. 보수유림의 학파 중에서 간재학파는 한말에 자정(自靖)을 택한 것에 비해 화서학파는 가장 치열하게 항일투쟁을 펼쳤다. 특히 화서학파가 한국 의병운동사에 끼친 역할과 영향이 크기 때문에 화서학파의 형성과 전개, 주요 인물들의 사상, 위정척사운동, 의병운동 등에 대해서 많은 연구 성과가 나왔다.[18)]

그런데 이항로(李恒老)를 비롯한 위정척사론에 대해서 한편에서는 이를 민족주의적 개념으로 이해하고 의병운동을 거쳐 민족독립운동으로 이어져 가는 정신사적으로 민족주의의 원류로서 평가하는 연구가 있다.[19)] 이에 반해 위정척사론은 체제유지를 위한 보수반동(保守反動)의 역할을 하였다는 점에서 민족주의의 원류가 아니라는 연구도 있다.[20)] 화서학파

16) 송영배, 「한말 유학의 양대 조류: 정통의 華夷論과 儒教改造論」, 『한국학보』 25, 일지사, 1999.

17) 柳麟錫 지음, 서준섭, 손승철, 신종원, 이애희 옮김, 『宇宙問答』, 의암유인석선생기념사업회, 2002, 148쪽. "爰自中國陸沈以後 四千年華夏一脈 未嘗不寄寓在朝鮮 二千年鄒魯遺緖 未嘗不寓在朝鮮矣."

18) 이항로와 화서학파에 대한 연구사 정리는 오영섭, 『華西學派의 思想과 民族運動』, 국학자료원, 1999; 박성순, 『朝鮮後期 華西 李恒老의 衛正斥邪思想』, 경인문화사, 2003 참조.

19) 洪淳昶, 『韓末의 民族思想』, 탐구당, 1975; 李澤徽, 「위정척사 사상과 운동의 역사적 위상」, 『東北亞』 3, 1996.

20) 李離和, 「斥邪衛正論의 批判的 檢討」, 『한국사연구』 18, 1977.

에 대해서 대표적인 연구 성과를 낸 오영섭은 이러한 이분법적인 평가에서 벗어나서 화서학파를 민족주의의 원류로서 인정하지만, 근대민족주의와 구별하여 '주자학적 민족주의' 또는 '유교적 민족주의'로 표현하며 부분적으로 평가하고 있다.[21)]

이항로의 위정척사사상을 분석하면서 당시 보수유림의 활동을 유교문명과 서구문명의 충돌로 다룬 연구가 있다.[22)] 이 연구는 전통사회가 근대사회로 바뀌는 엄청난 변동 과정에서 성리학적 체제가 붕괴하고 새로운 서구문화가 홍수처럼 밀어닥치는 문화접촉과 갈등의 문제를 사상사적인 측면에서 다루고 있다. 한국의 유교전통을 중심으로 한 가치관과 세계관이 근대세계와 만나면서 일어난 가치관의 문제, 문화적인 정체성의 문제, 문화와 사회의 보존과 변혁의 문제 등을 고찰하였다. 그리고 이항로와 일본인 유학자 오하시 도쓰안(大橋訥菴)이 지닌 위기인식과 대응을 비교하여 공통점과 차이점을 고찰한 연구도 있다.[23)] 이 연구는 각국의 역사적 흐름 속에서 성립한 조선 성리학자의 자국중심주의와 일본 유학자의 자국중심주의가 지닌 구체적인 차이점을 지적하여 당시 한·일 양국 유학자들의 사상적 분위기를 파악하는 데에 도움을 준다. 호서지방의 연재학파와 그 종장인 송병선(宋秉璿)의 학맥, 사상, 위정척사운동, 문인들의 활동 등을 다룬 연구가 있다.[24)] 또한 송병선의 사상적 영향으로 대전·충청지역 인사들이 적극적으로 항일운동을 펼친 것을 규명한 연

21) 오영섭, 「화서학파의 보수적 민족주의 연구」, 한림대학교 박사학위논문, 1997; 『華西學派의 思想과 民族運動』, 국학자료원, 1999.

22) 정재식, 『한국유교와 서구문명의 충돌: 이항로의 척사위정 이데올로기』, 연세대학교출판부, 2005.

23) 林茂澤, 「개항전 韓·日 朱子學者의 위기의식과 대응: 李恒老와 大橋訥菴의 비교」, 연세대학교 석사학위논문, 2004.

24) 盧官汎, 「19세기 후반 湖西山林의 位相과 '正學'運動: 淵齋 宋秉璿(1836~1905)을 중심으로」, 『한국사론』 38, 서울대학교 국사학과, 1997; 朴慶穆, 「淵齋 宋秉璿의 衛正斥邪運動」, 충남대학교 석사학위논문, 1999; 「淵齋 宋秉璿의 學脈과 民族運動」, 『대동문화연구』 39, 2001.

구도 있다.[25] 그러나 송병선과 연재학파의 사상과 활동에 대한 연구는 매우 적은 편이며, 화서학파의 연구처럼 연재학파의 형성과 활동에 대한 구체적인 연구가 필요하다. 호남지방의 기정진(奇正鎭)과 노사학파(蘆沙學派)에 대한 연구는 비교적 활발히 이루어졌는데, 최근에 기정진의 사상과 활동, 노사학파의 형성과 전개, 현실 인식, 위정척사운동 등에 대한 종합적인 연구가 나왔다.[26]

영남지방의 이진상(李震相)[27]과 한주학파(寒洲學派)에 대해서 철학과 역사학에서 주목을 하고 있는데, 특히 파리장서운동을 주도적으로 이끈 김창숙과 유교개혁운동으로서 공교(孔敎)운동을 펼친 이승희 등이 한주학파였기 때문에 이와 관련된 연구 성과가 많다.[28] 한주학파와 화서학파, 노사학파는 성리설에서 주리론(主理論)을 주장하는 공통점이 있으며 특히 이항로와 이진상의 심설(心說)은 거의 일치한다. 이 세 학파는 각각 영남학파의 주류와 기호학파의 주류로부터 심한 비판과 탄압을 받았다. 그리하여 각 학파의 문인들은 비슷한 처지와 학설 때문에 서로 간에 강한 유대감을 가지고 상호 교류를 하였으며 시대적 위기에 공동으로 대응하

25) 金祥起, 「대전지역 항일운동의 사상적 배경」, 『대전문화』 6, 1997; 『韓末義兵硏究』, 일조각, 1997.

26) 김봉곤, 「蘆沙學派의 形成과 活動」, 한국학중앙연구원 한국학대학원 박사학위논문, 2007.

27) 이진상에 대한 연구사 정리는 이상하, 「寒洲 李震相 性理說의 입론 근거 연구」, 고려대학교 박사학위논문, 2004 참조.

28) 한주학파의 형성과 전개, 주요 인물들의 사상, 민족운동 등에 대해서 필자가 참고한 연구 성과는 다음과 같다. 南富熙, 『儒林의 獨立運動史 硏究』, 범조사, 1994; 유준기, 『증보판 한국근대유교개혁운동사』, 아세아문화사, 1999; 이동희, 「寒洲學派의 退溪 성리학 계승」, 『한국학논집』 26, 계명대학교 한국학연구소, 1999; 김종석, 「성와 이인재의 서구수용론과 新學에의 관심」, 『한국학논집』 26, 계명대학교 한국학연구소, 1999; 박홍식, 「심산 김창숙의 유교정신과 구국운동」, 『한국학논집』 26, 계명대학교 한국학연구소, 1999; 權奇勳, 「心山 金昌淑의 民族運動 硏究」, 건국대학교 박사학위논문, 2000; 金度亨, 「寒洲學派의 形成과 現實認識」, 『대동문화연구』 38, 2001; 權大雄, 「韓末 寒洲學派의 啓蒙運動」, 『대동문화연구』 38, 2001; 金喜坤, 「제2차 유림단의거 연구: 心山 金昌淑의 활동을 중심으로」, 『대동문화연구』 38, 2001; 금장태, 『유교개혁사상과 이병헌』, 예문서원, 2003.

는 방안도 모색하였다.[29] 그런데 화서학파의 핵심 인물들이 전통적인 화이관을 고수한 채 서구 세계와 그 문물을 금수(禽獸)로 여기고 배척한 것에 비해, 한주학파의 중심 인물들은 서구 세계와 그 문물(新學)의 가치를 인정하고 시대에 맞게 유교가 자기 개혁을 하지 않으면 안 된다는 인식을 하고 있었다.[30] 그렇기 때문에 한주학파에서 다른 보수유림 학파에 비해 개신유림이 많이 나왔다. 한말 보수유림 학파의 주요 인물들을 학파의 전개 과정에 따라 계보적으로 파악하여 정리한 연구도 있다.[31] 이것은 기왕의 연구를[32] 새롭게 재분류한 것으로 1권은 기호계열의 한말 유학자를 5학파를 중심으로 정리하였다. 2권은 영남계열의 한말 유학자를 4학파를 중심으로 정리하였다. 3권은 강화학파, 개화사상, 애국계몽사상, 유교개혁사상, 종교사상 및 현대의 유학자 등의 6계열로 나누어 정리하여 19세기 후반부터 일제강점기 동안 활동하였던 유림에 대해서 좋은 정보를 주고 있다. 이렇게 보수유림 학파에 대한 기존의 연구로 인해 19세기 후반 20세기 초의 보수유림계의 분위기와 각 학파의 사상적 특징, 역사의식, 활동 등에 구체적인 모습을 파악할 수 있다. 그밖에 유학의 철학적, 종교적, 문화적 측면을 고려하면서 한말 유학의 역사의식, 국권수호운동, 유교개혁운동과 알려지지 않는 유학자들을 발굴하여 그들의 생애와 사상 등을 밝힌 연구도 있다.[33] 이런 연구를 통해 한말 유림의 시대인식, 시대적 과제를 해결하려는 노력 등의 전반적인 분위기를 파악할 수 있다.

왕원주(王元周)는 조선후기부터 대한제국기(1897~1910)까지를 대상으

29) 이상하, 『寒洲 李震相 性理說의 입론 근거 연구』, 9~10쪽; 김봉곤, 「蘆沙學派의 形成과 活動」, 158~167쪽.
30) 김종석, 「성와 이인재의 서구수용론과 新學에의 관심」, 『한국학논집』 26, 1999, 45~46쪽.
31) 금장태 · 고광직 공저, 『儒學近百年』(1)~(3), 한국학술정보, 2004.
32) 금장태 · 고광직 공저, 『儒學近百年』, 박영사, 1984; 『儒學近百年(續)』, 여강출판사, 1989.
33) 금장태, 『증보판 한국 근대의 유학사상』, 서울대학교출판부, 1999; 『한국유학의 탐구』, 서울대출판부, 1999.

로 유학자들의 화이관(華夷觀)의 변화 속에서 근대 민족의식의 성장과정을 고찰하여 근대 민족주의가 어떻게 등장하였는지를 고찰하였다.[34] 이 연구는 장기적인 관점에서 화이관의 변화에 따라 자국 인식과 대외인식의 변화를 구체적으로 고찰하였고, 근대 민족주의로 가는 과정에서 유림의 사상적인 특성과 변모과정을 살펴보았다. 특히 보수유림과 개신유림의 차이점을 화이관의 변화와 관련하여 잘 보여주었다.

개신유림에 대한 연구는 유교개혁운동 내지 유교개혁사상의 관점에서 이루어진 연구와 '애국계몽운동'[35] 또는 '자강운동'[36]의 맥락에서 이루어진 연구가 있는데, 특히 박은식, 장지연에 대한 연구가 축적되어 있다.[37] 우선 개신유림의 원류로서 평가할 수 있는 최한기에 대해서 권오영의 정밀한 일련의 연구가 있다.[38] 이 연구에 의하면 최한기는 성리학적 세계관을 벗어나 근대적인 자연과학사상을 수용하였으며 동도서기론(東道西器論)을 극복하고 개화사상을 견지한 인물이었다. 또한 최한기는 한말·일제하에서 활동하였던 보수유림은 물론이거니와 일부 개신유림보다 더 혁신적이었다. 따라서 최한기는 조선후기 사상사의 맥락에서 결국(結局)의 위치를 차지할 뿐만 아니라 근대사상사에서 개신유림의 선구자로 적극적으로 평가해야 할 필요가 있다.

34) 王元周, 「韓國 近代移行期 華夷觀의 變化와 民族意識」, 연세대학교 박사학위논문, 2003.

35) 趙東杰, 「韓末 啓蒙主義의 構造와 獨立運動史上의 位置」, 『韓國民族主義의 成立과 獨立運動史 硏究』, 1989; 愼鏞廈, 『韓國近代社會思想史硏究』, 일지사, 1987.

36) 박찬승, 『한국근대정치사상사연구』, 역사비평사, 1992.

37) 박은식, 장지연에 대한 연구사 정리는 盧官汎, 「대한제국기 朴殷植과 張志淵의 自强思想 연구」, 서울대학교 박사학위논문, 2007 참조.

38) 최한기에 관한 치밀하고 종합적인 연구로는 권오영의 다음과 같은 연구들을 들 수 있다. 權五榮, 『崔漢綺의 學問과 思想 硏究』, 집문당, 1999; 「최한기의 사회경제적 처지와 현실인식」, 『한국학보』 101, 2000, 일지사; 권오영 외, 「새로 발굴된 자료를 통해 본 혜강의 기학」, 『혜강 최한기』, 청계출판사, 2000. 그 외에 최한기에 대한 연구사 정리는 채석용, 「최한기 사회철학의 이론적 토대와 형성과정: 유교적 사회규범의 탈성리학적 재구성」, 한국학중앙연구원 한국학대학원 박사학위논문, 2007 참조.

유준기는 박은식, 이승희, 이병헌 등을 주요 분석 대상으로 삼아 유림이 벌인 유교개혁운동을 종교운동으로서의 성격과 항일민족운동으로서의 성격으로 규명하였다.[39] 금장태는 개신유림의 유교개혁운동에 대해 많은 연구 성과를 내고 있으며, 특히 학계에 알려져 있지 않았던 인물들에 착목하여 개신유림 연구의 지평을 넓히고 있다.[40] 그는 개신유림의 유교개혁론을 도학적 유교개혁론, 애국계몽운동적 유교개혁론, 양명학적 유교개혁론, 금문경학적 유교개혁론으로 유형을 나누어 살펴보고 있다. 그의 연구는 개신유림의 유교사상을 보다 심층적으로 이해하는 데에 도움을 준다. 그리고 개신유림의 정치사상을 민족국가론을 중심으로 살핀 연구가 있다.[41]

국가와 민족의 존망이 걸린 시대적 위기 상황에서 당시 유림 가운데에서 고뇌와 모색을 하면서 사상적 전환을 한 인물들이 등장하였다. 즉 보수유림에서 개신유림으로 사상적 전환을 하는 인물들이 있었다. 물론 유교 사회가 해체되는 시대적 상황에서 성리학적 사유 체계를 버리고 기독교를 선택하거나 근대 지식인으로 전환한 경우들이 있었고, 학계의 연구는 그들에게 초점을 맞추고 있다. 하지만 일제강점기 동안 절의를 지키고 해방 후까지도 자기가 속한 학파의 학설을 견지하며 생활태도를 유지한 보수유림도 존재하였다. 또한 철저한 보수적인 성향 속에서 자기 정체성을 갖고 유교의 가치를 버리지 않은 채 시대적 상황에 조응하며 근대 사상을 수용한 유림도 있었다. 이들에 대한 발굴과 연구는 단절된 성향을 띠고 있는 조선후기사상사 연구와 근대사상사 연구를 연결시키는

39) 유준기, 『증보판 한국근대유교개혁운동사』, 아세아문화사, 1999.

40) 금장태, 『증보판 한국 근대의 유학사상』, 서울대학교출판부, 1999; 『유교개혁사상과 이병헌』, 예문서원, 2003; 「宋基植의 유교개혁사상」, 『퇴계학보』 112, 2002; 「박은식(朴殷植)의 유교개혁사상」, 『종교학연구』 24, 2005.

41) 이조영, 「개신유학의 정치사상: 민족국가론의 전개를 중심으로」, 서울대학교 박사학위논문, 1998.

접점의 역할을 할 수 있다.

일본제국주의가 한국병합을 한 전후의 시기에 대한제국기의 근대 지식인들 중에 신학문의 '지식'으로 일제의 침략에 순응하여 출세와 치부를 하는 자들이 많이 나왔다.[42] 마찬가지로 유림 중에도 근대화에 성공한 일본이 청일전쟁과 러일전쟁에서 승리하자, 일본의 위압적인 힘에 굴복을 한 자들이 있었다. 일제에 자발적으로 '협력(collaboration)'[43]을 한 유림이 있는가 하면 일제의 회유와 협박에 협력하거나 타협하는 유림이 있었다. 그들은 일제가 설치한 경학원에 들어가거나 조선총독부가 지원하는 각종 유림단체에 들어가서 활동을 하였다. 일제의 식민통치에 협력한 유림에 대한 연구는 그리 많지 않다. 대동학회와 경학원에 대한 연구가 이루어졌는데, 경학원에 대한 연구는 1910~1920년대에 집중되어 있다.[44]

42) 노관범, 「韓國陽明學史 硏究의 反省的 考察」, 『한국사상과 문화』 11, 2001, 166쪽.

43) 존 갤러거와 로널드 로빈슨이 제기한 개념으로 "식민제국과 식민지 사회의 집단이나 계급 간의 이해관계의 접근을 표현하는 용어로서 개인적 이익을 위해 공동체 전체의 희생을 감행하기도 하는 연관관계"를 의미한다. 박지향의 『제국주의: 신화와 현실』 제6장(서울대학교출판부, 2000)에서 협력이론의 장점과 한계 등을 자세하게 다루고 있다. 여기서는 '협력'을 일본제국주의의 침략전쟁과 식민통치에 공식적인 사회적 관계를 맺고 협력한 활동을 의미한다.

44) 劉準基, 「1910年代 日帝의 儒林親日化政策: 孔子敎와 大同敎를 中心으로」, 『건대사학』 8, 1993; 劉準基, 「日帝의 儒林親日化 政策과 儒林界의 對應」, 『韓國民族運動과 宗敎活動』, 국학자료원, 2001; 이명화, 「朝鮮總督府의 儒敎政策(1910~1920年代)」, 『한국독립운동사연구』 7, 1993; 정규영, 「조선총독부의 조선유교지배」, 『학생생활연구』 4, 1996; 柳美那, 「植民地時期朝鮮における經學院: 儒敎敎化機關と儒敎イデオロギーの再編」, 『朝鮮史研究會論文集』 42, 2004; 柳美那, 「植民地時期朝鮮における明倫學院: '儒敎振興'をめぐる植民地權力と儒敎勢力の相克」, 『史滴』 26, 2004; 류미나, 「식민지권력에의 '협력'과 좌절: 經學院과 향교 및 문묘와의 관계를 중심으로」, 『韓國文化』 26, 2005; 「전시체제기 조선총독부의 유림정책」, 『역사와 현실』 63호, 2007; 정욱재, 「1910~1920年代 經學院의 人的 構成과 役割」, 『정신문화연구』 제30권 제1호, 2007; 정욱재, 「日帝 協力의 儒敎認識: 1910~1920년대 경학원 관계자를 중심으로」, 『한국사학사학보』 16, 2007; 정일균, 「일제의 무단통치와 경학원」, 『사회와 역사』 통권 제76집, 2007; 박영미, 「經學院에 보이는 근대 일본유학의 경향: 東京斯文會의 관계를 중심으로」, 『일본학연구』 27, 2009; 류미나, 「일본의 '조선 신민화'정책과 유림 동원의 실태」, 『일본학』 제31집, 2010; 정욱재, 「한말 · 일제하 梁鳳濟의 활동」, 『한국인물사연구』 제16호, 2011.

한문학의 관점에서 이루어진 연구[45]와 일제에 협력한 유림의 유교인식[46]과 지방 유림 단체의 활동에 대한 연구가 있다.[47] 그리고 1930년대 전반기에 결성된 조선유교회에 대한 연구가 있는데,[48] 그 성격을 놓고 친일단체와 민족운동 단체로 크게 대립되고 있다.[49]

전반적으로 일제협력유림의 활동과 사상에 대한 연구는 아직 미진하며 이제야 시도되고 있다. 일제에 협력한 유림의 활동과 사상에 대한 연구가 부진한 이유는 우선 근대사상사의 관점에서 볼 때 밝히기 꺼리는 어두운 면이 있기 때문이다. 기존의 연구는 주로 긍정적인 관점에서 유림의 위정척사운동, 의병운동, 독립운동 내지 유교개혁사상에 치중되어 있다.

일제에 추종했던 '부유(腐儒)' 이외 모든 유림이 일제에 동화되지 않는 강인한 저항의식을 지켰으나, 일제의 통치와는 완전히 단절된 채 배타적

45) 朴暎美, 「日帝 强占 初期 漢學 知識人의 文明觀과 對日意識: 親日的 傾向을 中心으로」, 단국대학교 박사학위논문, 2005; 「新體制와 親日 漢詩」, 『어문연구』 55, 2007.

46) 정욱재, 「日帝 協力 儒林의 儒敎認識: 1910~1920년대 경학원 관계자를 중심으로」, 『한국사학사학보』 16, 2007.

47) 성주현, 「1920년대 유림계 단체의 조직과 활동」, 『식민지 동화정책과 협력 그리고 인식』, 두리미디어, 2007.

48) 조선유교회에 대한 연구성과는 다음과 같다. 金裕澤, 「韓國孔子教에 관한 研究」, 성균관대학교 석사학위논문, 1984; 鄭奎薰, 「日帝期 韓國儒教改革의 動向」, 『정신문화연구』 25, 1985; 삿사 미츠야키(佐佐充昭), 「한말 · 일제시대 檀君信仰運動의 전개: 大倧教 · 檀君教의 활동을 중심으로」, 서울대학교 박사학위논문, 2003; 黃英禮, 「安淳煥의 儒教 宗教化 運動과 鹿洞書院」, 영남대학교 박사학위논문, 2004.

49) 조선유교회에 대한 연구 성과는 많지 않으나 기본적으로 조선유교회가 유교 종교화 운동을 전국적으로 시도하였던 단체라는 점은 동의하고 있다. 그러나 조선유교회 성격 문제에 대해서 견해가 크게 친일적인 성격과 민족운동적인 성격으로 나누어진다. 정규훈은 조선유교회가 친일단체로 규정되는 孔子教會, 鄭萬朝의 大東斯文會, 金鶴圭의 儒道闡明會에서 활동하던 사람들까지 흡수하여 조선유교회를 조직하였다는 점을 들어 설립자 안순환의 개방성을 인정하나 친일 단체의 인물까지 조선유교회에 포용한 것은 당시 현실에 逆行하는 처사라고 하였으며, 삿사 미츠아키는 안순환이 대종교와 분리된 단군교의 정훈모를 도와 활동한 것과, 조선유교회 창립 명단 및 기관 홍보지인 일월시보에 정만조를 비롯한 일제협력유림의 축하문이 게재된 것 등을 들어서 조선유교회를 친일 단체로 규정하였다. 그에 비해 황영례는 안순환과 조선유교회의 주요 인물들을 분석하여 조선유교회의 민족운동적인 성격을 강하게 주장하고 있다.

인 자세로 일관하여 사회적 고립을 초래하였다는 평가는 재고되어야 한다는 의견이 있다.[50] 본고와 다른 맥락에서 나온 견해이지만 타당한 면이 있다. 일제에 협력하여 자신의 목소리를 낸 유림 중에는 당시 유림계에 상당한 영향력을 행사한 인물들이 존재하였다. 그러나 그들이 민족의 역사에서 가장 크게 오점을 남긴 것은 전시체제기(1937~1945)에 일본의 침략전쟁을 이데올로기적으로 뒷받침하는 '황도유학(皇道儒學)'을 주장한 것이다.[51] 그들은 당시 일제에 의해 결성된 조선유도연합회에 참여하였고, 일본인이 제창한 '황도유학'을 추종하며 확대시켰다. 유학사상사의 관점에서 볼 때, 그들의 사상은 지우고 싶은 한국 유교의 굴절된 모습이지만 회피하거나 무시할 수 없는 당시의 시대적 상황을 담고 있는 어두운 부분이다. 이러한 '일제협력유림'의 활동에 대해 당시 다른 유림은 비판적 인식을 하고 있었다. 일제강점기를 살았던 유림의 전체적인 모습을 파악하는 것과 역사적 진실을 밝히기 위해서라도 일제에 협력하였던 유림에 대한 구체적인 연구는 필요하다.

3. 연구의 시각과 구성

'유림(儒林)'은 조선사회를 이끌어간 지배계급이자 지식인 그룹이었다. 조선시대의 사료를 보면 그들을 지칭할 때는 '유림'보다 '사림(士林)'을 많

50) 金暎喜, 「일제 말기 향촌 儒生의 '日記'에 반영된 현실인식과 사회상」, 『한국근현대사연구』 14, 2000, 130쪽.

51) '황도유학'에 관한 대표적인 연구 성과는 다음과 같다.
류미나, 「전시체제기 조선총독부의 유교정책」, 『역사와 현실』 63호, 2007; 김원열, 「일제강점기 황도 유림의 사회 윤리에 대한 계보학적 연구」, 『시대와 철학』 21-2, 2010; 김순석, 「일제강점기 '皇道儒學'의 논리와 허구성」, 『국학연구』 27, 2015; 류미나, 「조선의 '황도유학' 전개 과정과 일본제국주의의 확장」, 『한일관계사연구』 63호, 2019.

이 사용하였다.[52] 용례를 살펴보면, 같은 의미로 사용되는 것인데도 '사림'을 많이 사용하는 이유는 '양반(兩班) 사족(士族)의 무리'라는 신분제적 규정과 다른 계급(農工商)과 다르다는 우월의식이 들어 있었기 때문이다. 반면에 19세기 말로 들어갈수록 '유림'으로 사용하는 경우가 늘어갔다. 특히 애국계몽운동이 활발하였던 대한제국기의 신문과 잡지에서는 유림이란 용어를 주로 사용하였다. 대한제국을 강점한 일본도 역시 조선시대의 구지식인들을 지칭할 때 유림이라 하였으며, 그들도 자신들을 지칭할 때 유림이란 용어를 사용하였다.

전근대사회에서 근대사회로 들어오면서 사림보다는 유림이란 용어가 주로 사용된 것은 우선 공식적으로 신분제도가 폐지된 것에서 원인을 찾을 수 있을 것이다. 그리고 서구의 근대 문물이 들어오면서 그들의 정체성과 특권을 유지시켰던 유교(성리학)의 절대적인 위상이 떨어지고 상대적인 학문으로 전락되자, 다른 학문의 지식인과 구별되는 '유교'를 숭상하는 집단이라는 의미로 사용되었다. 따라서 본고는 '유림'이란 용어가 조선시대에도 사용되었지만 한말 이후에 주로 사용된 역사적 용어라는 점을 고려하여, 한말・일제하에 활동하였던 유교지식인들을 지칭하는 용어로 사용하겠다. 즉 유림은 '유교를 자신들의 신념체계로 받아들이고 정체성의 핵심으로 삼는 유교지식인들'이라는 뜻으로 사용하려 한다. 다시 말하면 유림은 유교를 종교로 또는 종교적인 가치와 비슷하게 받아들이는 집단이라 할 수 있으며,[53] 여기에 근대적인 학문을 배웠다 하더라도 자신을 스스로 유림이라 자처하는 사람들도 포함시켰다.[54]

52) 『조선왕조실록』에서 용례를 조사하면, 태조조부터 순종조까지 '儒林'은 215건, '士林'은 2,005건이 나올 정도로 사림이란 용어가 압도적으로 많이 사용되었다.

53) 1913년에 간행된 『朝鮮紳士寶鑑』이나 『朝鮮紳士大同譜』에는 당시 강점되기 이전 조선의 지배계층이었던 인사들을 전국적으로 망라하여 실고 있다. 각 인물들의 주소, 나이, 경력, 종교 등을 싣고 있는데 간혹 기독교를 믿는 사람이 보일 뿐, 대부분 儒教, 崇信儒教 또는 崇尙儒教라고 기재되어 있다.

유림은 시대 변화와 관련하여 '보수유림(保守儒林)'과 '개신유림(改新儒林)'으로 분화되었고 일부 보수유림과 개신유림은 일본 제국주의 침략이 노골적으로 드러나면서 다시 '일제협력유림(日帝協力儒林)'으로 전환되었다. '보수유림'은 기본적으로 소중화사상(小中華思想)을 강하게 지니고 있으면서 유교(성리학)의 가르침을 고수하고 상투나 넓은 소매 등 유교적 생활양식을 지키려는 유교지식인이라 할 수 있다. '개신유림'은 본래 보수유림이었으나 신학(新學)의 영향을 받아 성리학적 가치체계에서 벗어나고 근대 문명의 도입의 필요성에 공감하여 『황성신문』 등 언론기관이나 계몽운동단체에 참여한 유교지식인들을 의미하고 있다.[55] '일제협력유림'은 일본 제국주의 침략 전쟁과 식민 통치에 공식적으로 참여하여 활동한 유교지식인들을 의미한다.[56] 즉 경학원 같은 조선총독부의 직속기관이나 대동사문회(大東斯文會)나 유도진흥회(儒道振興會) 등과 같은 관변 단체에 참여하여 공식적인 사회적 관계를 통해 활동한 유림을 지칭한다.

한편 조선후기사상사 연구와 근대사상사 연구는 서로 연속하는 관점

54) 일제에 협력한 유림 중에서 근대학문을 익힌 인물들도 있었으나 스스로를 유림으로 인식하고 있다.

55) 조동걸은 개신유림 또는 개신유학자라는 용어 대신 '革新儒林'이란 용어를 사용하였다. 그는 전통적 척사유림의 경력이 있으면서 사상이 일변하여 자주적 민족주의사상의 정립을 모색하고 봉건주의 복벽주의를 극복한 근대국가의 이념을 가지면서도 유가의 생활윤리를 고수한 유림을 혁신유림으로 규정하였다(趙東杰, 『韓國民族主義의 成立과 獨立運動史硏究』, 지식산업사, 302~303쪽).

56) 일제협력유림은 흔히 말하는 '親日儒林'이라 할 수 있다. 그러나 친일유림이란 용어는 친일파란 용어만큼 다양한 의미가 累層되었다고 본다. 열강이 각축하던 한말에 친일파는 친러파 · 친영파 · 친불파 · 친미파와 같은 수위로 쓰여 말 그대로 친일본적인 성향을 지닌 사람들을 일컬었다. 일제강점기에 친일파는 조선총독부 정책에 협력하는 사람들을 일컬으면서 반민족적이라는 의미가 내포되었다. 해방 후에 친일파는 반민족주의자와 등가로 사용되는 용어였다(이영화, 『崔南善의 歷史學』, 2003, 경인문화사, 1~2쪽). 친일유림이란 용어도 마찬가지이므로 본고는 친일적 의식이 있는 유림을 지칭하는 것이 아니라, 일본제국주의에게 공식적인 사회적 관계를 통해 협력한 유림을 지칭하는 용어로 '일제협력유림'을 사용하겠다.

이기보다는 단절된 채로 진행되어왔다. 서구의 근대문물이 유림의 분화를 촉진시킨 것은 분명하지만, 반드시 외부의 충격에 대한 대응으로 이루어진 것만은 아니었다. 이미 18세기에 조선사회가 처한 시대적 과제를 해결하기 위한 새로운 학문 조류인 '실학(實學)'[57]이 있었다. '실학'은 성리학이 전화 발전하는 과정에서 대두한 것으로 외래의 선진 문화를 주체적으로 수용하는 논리로 기능하였다. 비록 성리학적 체제가 강하게 유지되었기 때문에 이런 흐름이 꽃을 피우지는 못하였지만, 유학의 자기 개신의 흐름은 이어졌고 이는 최한기에서 하나의 정점을 이루었다.

최한기는 성리학적 사유체계에 사로잡힌 유학자들과 달리 열린 마음의 소유자로서 서구문물의 우수성을 인정 · 포용하였으며, 양명학과 명 · 청대의 기학과 서학을 두루 흡수하여 독보적인 기학(氣學)을 제창하였다. 그는 기학을 바탕으로 동서의 학문과 사상의 회통(會通)을 주장하였고, 중국에서 들어오는 최신 서적을 통해 서구의 세계와 학문을 접하면서 세계의 보편성과 특수성을 인식 · 수용하는 태도를 지니게 되었다. 당시 위정척사론자들이 서구 문물과 서양인을 배척의 대상이나 금수로 인식한 것에 비해 최한기는 서구의 문물제도와 서양인을 인정하는 진보적 태도를 보였다. 그리하여 유교의 윤리강상인 오륜(五倫)을 적극적으로 확대해석하여 세계를 화합시키는 이론으로 보편화시키려고 하였다. 즉 그는 오륜에 '인류는 화합함이 있음(兆民有和)'이라는 강령을 추가하여 세계 인류의 화합사상을 제기하였던 것이다.[58] 그리고 그가 남긴 저서에

57) 여기서 필자가 말하는 '실학(實學)'은 1970~80년대에 풍미하던, 반성리학적 · 근대적 성격을 부여하기 위해 연구하던 '실학'을 의미하는 것이 아니다. 조선 성리학의 이론적 수준이 높아지며 '수신(修身)'에 치우치는 경향 속에 상대적으로 비워있는[虛學] '치인(治人)'의 영역을 채우기[實學] 위해 나온 학문의 흐름을 의미한다. 필자의 이런 관점과 동일하게 현재 조선후기 연구에서 '경세학(經世學)'을 '실학'의 영역으로 규정하여 '실학'에 시대적 맥락성과 역사성을 부여하려는 연구 움직임이 있다. 이에 대해서는 송양섭, 「유형원 연구의 시각과 『반계수록』의 방향」, 『한국실학연구』 43, 2022 참조.

58) 권오영, 「한말 유가의 정치사상」, 『한국유학사상대계』 Ⅵ, 2007, 703~704쪽.

는 '이(夷)'나 '태극(太極)'의 글자는 없다고 한다.[59] 이 점에서도 최한기가 성리학적 세계관인 화이론에서 벗어나고 있음을 알 수 있다.

최한기의 사상은 전통사회와 근대세계를 잇는 가교의 역할을 하는 것으로 조선의 사상계가 주체적으로 근대화의 흐름에 조응할 수 있다는 것을 보여주는 사례라고 할 수 있다. 최한기는 1850년대에 개화사상을 형성한 선진 사상가일뿐만 아니라[60] 개신유림의 선구자로 파악하여 조선 후기사상사와 근대사상사를 연결시켜 주는 존재로 평가하고자 한다.

제2장에서는 이런 관점을 염두에 두고 유림의 분화를 다루려고 한다. 19세기 후반 이후 대한제국기는 일본제국주의를 매개로 세계 자본주의 체제에 편입되어 굴절된 근대화·자본주의화의 과정을 겪으며 근대 민족국가의 수립을 모색하던 때이다. 유림은 지식인 그룹으로서 시대적 과제에 참여하여 다양한 운동과 사상을 펼쳤다. 그런데 전통문화의 수호에 대한 강한 의지와 서구문물 수용의 개방성에 따라 유림의 분화는 이루어졌다. 주체적인 유교의 자기 개신의 흐름과 외부에서 오는 충격에 따른 흐름이 동시에 일어나면서 유림의 분화는 촉진되었다.

보수유림의 사상과 활동, 즉 위정척사론과 위정척사운동, 의병운동 등에 대해서 이미 많은 연구 성과가 나왔다. 개신유림에 대해서도 연구 성과는 이미 많이 이루어졌기 때문에 여기서는 보수유림과 개신유림의 분화에서 나타난 전반적인 특징과 경향성만 언급하고 일제협력유림의 형성과 특성에 대해 초점을 두고 살펴보겠다.

개신유림은 유교에 대한 인식의 차이는 존재하였으나, 대체로 유교를 전통문화의 국수(國粹)로 받아들이고 있었다. 그러나 서구 근대 문물을 수용하기 위해서는 상황에 맞게 유교를 개신해야 한다는 생각을 공통적

59) 권오영 교수의 교시에 의거함.
60) 권오영, 『최한기의 학문과 사상』, 집문당, 1999.

으로 지니고 있었다. 그 사상적 연원을 살펴보고 이관구(李觀求)라는 보수유림의 인물이 개신유림으로 전환하는 사례를 중심으로 보수유림의 전통이 어떻게 개신유림으로 이어지고 있는가를 규명하고자 한다. 기존의 연구성과를 토대로 보수유림과 개신유림 중에서 주요 인물들의 문집, 당시 간행되었던 『황성신문』 등 신문과 잡지 등을 자료로 활용하였다.

대한제국기는 사실상 일본 제국주의 압박과 통제를 심하게 받고 있던 시기였다. 특히 개신유림이 활발하게 활동하던 애국계몽기(1905~1910)는 국가의 운명이 이미 일본에게 강점당하는 상황에 직면하고 있었다. 이 시기에 일본의 근대화된 문명에 정신적으로 압도당하고, 일제가 동원한 식민지 지배 이데올로기인 문명론(文明論), 삼국평화론(三國平和論), 동문동종론(同文同種論) 등에 매몰되는 유림이 등장하였다. 보수유림과 개신유림 양쪽에서 나온 그들은 일본이 뒤에서 조정하여 만든 대동학회(大東學會)에 참여하면서 친일화 경향을 강하게 드러낸다. 이때부터 보수유림 · 개신유림과 다른 정치적 지향을 가진 일제협력유림이 형성되는 것이다. 그들의 일본인식이 어떻게 변화하고 있는지를 검토하여 그들이 자발적으로 일본에 협력하는 과정을 규명하고자 한다. 이를 위하여 대동학회가 간행한 기관지 『대동학회월보』를 비롯하여 각종 신문, 잡지 등을 활용하였다. 일본이 대한제국을 강점한 후, 대동학회에 참여했던 주요 인물들은 모두 유교를 식민지 통치 및 교화 이데올로기로 이용하기 위하여 설치한 경학원에 참여하게 된다.

제3장에서는 바로 '일제협력유림'이 경학원에서 어떤 인식을 가지고 활동하고 있는지를 구체적으로 살피고자 한다. 일본제국주의는 한국 유교의 특장점을 말살하고 유교의 보편성을 교묘히 이용하여 식민지 체제 유지와 사회 교화에 활용하는 한편, 한국 유림의 항일 의지를 꺾고 그들을 통제하며 일제협력유림을 양성하기 위한 정책을 펼치게 된다. 그 대표적인 것이 바로 경학원의 설립이었다. 우선 경학원의 설치 목적과 직제, 기

능을 검토하려 한다. 그 다음에 경학원에 참여하였던 '일제협력유림'이 1910~1920년대에 구체적으로 어떻게 활동하였으며, 그들이 지닌 유교인식 및 자신들의 행위를 어떻게 합리화하고 있는지를 검토하려 한다. 그들이 경학원에서 했던 역할은 1940년대까지 큰 틀을 유지한 채 이어진다. 그리고 일본이 강점한 이후 항일의지를 지닌 보수유림과 개신유림은 어쩔 수 없이 침묵을 지켰으며, 해방될 때까지 '일제협력유림'이 중앙과 지방에서 횡행하는 모습을 비판적으로 바라볼 수밖에 없었다. '일제협력유림' 사이에도 역시 편차가 존재하였다. 보수유림 중에서 전환하여 자발적으로 협력을 한 사람이 있는가 하면, 개신유림 중에서 저항과 협력 사이에서 고민하다 타협을 한 사람도 있었다. 모두 어쩌면 시대적인 아픔을 가지고 있었는지도 모른다. 이 부분에 대해서 구체적인 인물의 사례를 중심으로 분석하려 한다. 그리고 '일제협력유림'에 대해서 기타 유림이 어떻게 인식하고 있는지도 파악하고자 한다. 이를 위해서 일제협력유림이 남긴 『자하집(紫下集)』, 항일의식을 가진 보수유림이 남긴 『정강일기(定岡日記)』를 비롯한 각종 문집들과 경학원에서 간행한 기관지 『경학원잡지(經學院雜誌)』, 『경학원잡서류철(經學院雜書類綴)』, 『경학원서류(經學院書類)』, 『조선총독부관보』, 『매일신보』, 『동아일보』 등 당시 발행한 관보와 신문, 잡지 등을 활용하였다.

제4장에서는 1920~1930년대 경성과 지방에 설립되었던 유림단체를 통하여 당시 '일제협력유림'이 어떤 활동을 하였는가를 밝히고자 한다. 1919년 3·1운동이 발생하자 일제는 그동안 추진하였던 무단통치의 식민지배정책을 문화정치로 바꾸지 않을 수 없었다. 문화정치의 기본적 특징은 무력지배와 발맞춘 반일역량(反日力量)의 분열을 도모한 분할통치였다.[61] 이런 정책은 유림에게도 동일하게 적용되었다. 1910년대는 경학원을 중

61) 姜東鎭, 『日帝의 韓國侵略政策史』, 한길사, 1980, 13쪽.

심으로 유교의 중앙집권화를 시도하였다면 1920년대에는 지방에 다양한 유림단체를 조직하게 만들어서 유림의 분열화를 적극 추진하였다. 그리하여 경성에는 대동사문회(大東斯文會)와 유도진흥회(儒道振興會)가 조직되었고, 경상북도에는 동명의 유도진흥회, 전라남도에는 유도창명회(儒道彰明會), 강원도에는 유도천명회(儒道闡明會) 등이 조직되어 활동하였다. 1930년대에는 조선유교회(朝鮮儒敎會)가 조직되어 활동하였는데, 이들 단체의 공통적인 특징은 각각 회지(會誌)를 발행하였고 경학원과 여러모로 관련을 맺고 있었다는 것이다.

그중에서 경성의 대동사문회, 유도진흥회, 그리고 지방 유림단체 중에서 활동과 성격을 잘 보여주는 전남의 유도창명회와 강원의 유도천명회를 선택하여 각 단체의 조직과 활동을 살펴보고, 아울러 주요 인물을 통하여 각 단체의 성격을 규명하고자 한다. 또한 각 단체에서 간행한 회지에 실린 논설도 분석하여 그들이 유교를 이용하여 어떤 논리를 펼치고 있는가를 살펴보려 한다. 이를 위해서 각 유림단체에서 간행하였던 대동사문회의 『대동사문회보(大東斯文會報)』, 유도진흥회의 『유도(儒道)』, 유도천명회의 『회보(會報)』, 유도창명회의 『창명(彰明)』 등의 회지와 『매일신보』, 『동아일보』 등의 신문 자료를 이용하였다.

한편 조선유교회는 단순히 친일유림단체라고 단정하기 어려운 복잡한 성격을 지닌 단체였다. 창립자 안순환(安淳煥)이 세운 녹동서원(鹿洞書院)을 모태로 창립된 조선유교회는 분명 '일제협력유림'이 참여한 친일유림단체의 성격을 지니고 있지만, 그 핵심인물 중에는 항일의식을 지니고 독립운동을 했던 개신유림도 들어 있었다. 그리고 단군교(檀君教)와도 밀접한 관련이 있었으며, 『환단고기(桓檀古記)』의 위작자로 지목되고 있는 이유립(李裕笠)과 개신유림 성격을 가진 박장현(朴章鉉) 등도 녹동서원에서 수학하였다. 공자를 중심으로 유교의 종교화를 추진했던 조선유교회는 항일의지를 지닌 개신유림이 일제와 타협하는 일단의 모습을 보여주는 하나의 사례일 수도 있으며, 합법적으로 허용하는 범위 안에서 민족의식을 기르는 장소로 이용되는 것을 보여주는 사례일 수도 있다. 여하튼 조선유교회는 대동사문회나 유교진흥회와는 다른 모습을 보여주고 있었다. 안순환과 녹동서원, 조선유교회의 창립과 활동, 주요 인물들의 활동과 사상을 검토하기 위하여 기관지인 『일월시보(日月時報)』와 문집, 그리고 녹동서원에서 수학하였던 심상석(沈相碩)이 남긴 『녹동일기(鹿洞日記)』 등을 이용하였다.

제5장에서는 1939년에 결성되어 해방 이전까지 활동하였던 조선유도연합회와 그것을 뒷받침하던 이데올로기인 '황도유학'에 대해 살펴보고자 한다. 조선유도연합회는 일제강점기 마지막 시기에 출현한 최대의 유림단체였다. 조선총독부가 주도하여 당시 유명무실한 모든 유림단체를 통폐합시켜 만든 조직으로 경학원의 일제협력유림이 대거 참여하였다.

이 시기는 오직 일제협력유림만이 활동하였으며 그 중심 무대는 조선유도연합회였다. 따라서 조선유도연합회의 조직과 활동을 살펴보면 당시 일제협력유림의 모습을 알 수 있다. 그리고 단편적이나마 반일의식을 지닌 유림이 당시 일제협력유림을 어떻게 인식하고 비판하였는지를 살펴보려 한다.

곧이어 조선유도연합회의 활동 이념이자 일제협력유림의 사상이라고 할 수 있는 '황도유학(皇道儒學)'에 대해 검토하고자 한다. '황도유학'은 일본인 식민주의 관학자가 제기하여 조선에 공론화된 이론이었다. 그것을 포장시킨 것은 바로 일제협력유림이었다. '황도유학'이 어떤 배경에서 나왔으며 어떤 논리를 가지고 있는지 검토하겠다. 그런 다음 일본인이 주창한 '황도유학'을 계승한 일제협력유림은 누구이며, 아울러 이들이 '황도유학'을 어떤 식으로 확대 발전시켰는지를 검토한 후, 그것이 조선 유림에게 어떤 메시지를 담았던 담론인가를 분석하겠다. 그리하여 그들이 한국 유학사상사에 어떤 영향을 남겼는가를 살펴보려 한다. 이를 위해 조선유도연합회의 기관지 『유도(儒道)』와 당시 신문, 잡지와 일제협력유림이 남긴 문집 등을 자료로 이용하였다.

제2장

19세기 후반~대한제국기 유림의 동향

1. 유림의 분화: 보수유림과 개신유림

1) 보수유림의 사상적 경향

쇄국정책을 고수하던 조선은 1876년 2월 근대화에 성공한 일본의 강압에 의해 강화도조약을 체결하며 개항하였다. 동아시아 중화질서 체제가 무너진 상황에서 조선도 자본주의 세계체제로 편입되는 대세를 막을 수 없었다. 이는 유교적 질서체제에서 벗어나 정치 · 경제 · 문화 등 모든 면에서 서양의 근대화를 따라가야 하는 강요된 현실을 의미한다. 또한 18세기 말 천주교가 전래되어 조선의 유교적 질서체제에 충격과 분열을 준 상황과 비교할 수 없을 정도의 문명 충돌이 본격적으로 이루어지고 있음을 의미하는 것이다.

위기 상황 속에서 조선의 엘리트인 유림은 일본제국주의의 야욕을 방어하는 동시에 민족의식을 형성하여 근대 민족국가를 건설해야 하는 시대적 과제를 수행해야 하였다. 따라서 필연적으로 서양의 근대 문물을 수용해야 했으며, 전통사회에 근대 문물을 정착시키기 위해서는 무엇보다 조선사회의 지배 이데올로기이며 유림 자신들의 정체성의 근거였던 유교에 대한 관계 설정이 중요했다. 유교, 즉 조선 성리학은 국왕부터 천민까지 모든 사회 구성원의 생활의식에 깊이 침투되어 정신, 경제활동은 물론 예제(禮制)에 속한 상(喪) · 제례(祭禮)에도 깊은 영향을 미치고 있었다. 사회에서 일어난 모든 사건과 사물에 대한 인식, 판단 등도 유교적 가치체계에 영향을 받고 있었다. 이는 조선의 인민에게 유교적 가치관은 일종의 '심성(心性)'이 되었음을 의미한다. 그리고 유교는 무엇보다 조선사회의 차별화된 신분구조를 '예(禮)'를 통해 합리화시키고, 그것을 천명(天命)에 의해 정해진 자연의 순리(順理)로 설명하여[1] 일반 민중들의 자발적인 동의와 복종을 이끌어 내도록 하였다. 이렇게 유교는 절대적인 위상을 가진 가치체계였으며, 유림이 지닌 기득권에 정당성을 부여하였다.

그러나 서양의 근대 문물 수용은 필연적으로 유교의 이런 위상을 상대적인 것으로 전락시키게 된다. 또한 민족의식의 형성을 통하여 근대국가를 건립하려면 유교적 가치체계에 바탕을 둔 계급의식을 없애야만 했다. 그것은 신분제 사회에서 보장받았던 유림의 특권을 없애는 것을 의미했다. 일부 유림의 처지에서 본다면, 서구 근대 문물의 수용과 유교적 가치체계에 바탕은 둔 전통 문명의 고수는 양립 불가능한 관계일지도 모르며 어느 한쪽의 일방적인 굴복을 요구하는 것으로 인식하고 있었는지도 모른다. 따라서 이 문제에 대한 유림의 인식과 해결 방법은 서로 간에 다르게 나타났다. 즉 19세기 후반에 유림은 이런 문제에 대한 대응 과정에서 일차적으로 분화가 이루어졌다.

안정된 전통사회에서 사회적으로 특별한 큰 문제가 없으며 외부적 충

[1] 董仲舒, 『春秋繁露』 권15, 順命. "天子受命於天, 諸侯受命於天子, 子受命於父, 臣妾受命於君, 妻受命於夫. 諸所受命者, 其尊皆天也."

격도 크지 않을 때, 보수적인 심성을 가진 사람들은 자기 사회의 일반적인 문화적 지향과 사회조직의 중심 원리를 전혀 의심할 필요조차 없는 전통적인 권위와 상식으로 받아들인다. 그러나 기존의 문화적 의미체계가 불안해지거나 혹은 혁명적인 시기에 상이하거나 상반되는 가치들이 전통적인 문화체계와 사회를 위협하면 상황은 달라진다. 그럴 때 사람들은 의식적으로 전통적인 가치체계를 수호하거나 아니면 자기를 방어하기 위해 새로운 이념을 체계적으로 모색하게 된다.[2]

19세기 후반 외세의 침략과 함께 서구 근대문물의 유입이 가속화되자, 국가의 존립과 유교적 전통 문명의 계승에 대한 위기감이 증폭되었다. 특히 보수적인 심성을 가진 유림 사이에서는 전통적인 가치체계, 즉 유교적 사회질서를 수호하기 위해 방어적인 이념을 모색하였다. 그들은 당시 서로 간에 학파와 학설이 달라서 치열하게 논쟁을 펼쳤지만,[3] 대외적인 위기 상황 앞에서는 공통적으로 '벽이단숭정학(闢異端崇正學)'과 '존중화양이론(尊中華攘夷論)'에 기반한 위정척사론(衛正斥邪論)을 주창하였다.[4] 비록 그들 사이에서 대응 방법 등에 대한 차이는 있었으나 기본적으로 소중화사상(小中華思想)을 강하게 가지고 있으며, 성리학을 비롯하여 조선이 지닌 유교적 가치체계를 옹호한 보수적인 집단이었다.

그렇기 때문에 보수유림은 일본의 강압에 의해 조선이 1876년 강화도 조약을 체결된 사건을 경천동지(驚天動地)할, 있어서는 안 되는 일로 인식하였다. 연재학파의 종장인 송병선(宋秉璿, 1836~1905)은 조선만이 오염되지 않고 한 가닥 작은 양맥이 면면히 이어지는 상황에서 "하늘이 우

2) 정재식, 『한국유교와 서구문명의 충돌: 이항로의 척사위정 이데올로기』, 연세대학교출판부, 2005, 23~24쪽.

3) 19세기 각 학파의 동향에 대해서는 권오영, 「한말 유가의 정치사상」, 『한국유학사상사대계』 Ⅵ, 한국국학진흥원, 2007 참조.

4) 金度亨, 『大韓帝國期의 政治思想研究』, 지식산업사, 1994, 227쪽.

리나라를 없애고 이 예의의 가르침(禮義之教)을 무너뜨리고자 하는구나" 라고 통절하게 한탄하였다.[5] 여기에서 송병선은 개화를 나라(國)와 유교적 가치체계(禮義之教)의 동반 멸망으로 파악하고 있다. 이렇게 개화를 나라의 멸망(國亡)과 도의 멸망(道亡)으로 연결시키는 인식은 보수유림에게 공통적으로 나타나는 것이었다. 송병선보다 선배인 화서학파의 종장 이항로(李恒老, 1792~1868)는 오히려 유교적 가치체계를 국가보다 더 중요하게 생각하였다.

> 서양이 도를 어지럽히는 것이 가장 우려스럽다. 천지 사이에 한 맥의 양기가 우리나라에 보존되어 있다. 만일 이것이 파괴를 당하게 된다면, 天心이 어찌 차마 이와 같은 일을 하리오마는 우리들은 진실로 마땅히 천지를 위하여 마음을 세워서 이 道를 밝혀야 하되 급히 불을 끄듯이 해야 한다. 나라의 존망은 오히려 두 번째 일인 것이다.[6]

이항로는 강화도 조약 체결 이전에 죽었지만, 19세기에 들어오면서 조선에 밀려오는 서구열강의 위협에 큰 위기의식을 가지고 있었다. 서양의 근대 문명으로 인하여 "중국의 도(道)가 망하면 오랑캐와 짐승이 몰려오기"[7] 때문에 그는 '도'로 상징되는 유교 문화의 파괴를 막기 위하여 적극적인 위정척사이념을 주장하였다. 이항로는 유교적 가치체계가 조선을 조선답게 만들어 주는 본질적인 요소이기 때문에 그것이 상실되면 국가와 민족이 함께 멸망할 것으로 생각하였다. 간재학파의 종장인 전우(田

5) 『淵齋先生文集』 권50, 年譜 丙子 1월. "先生聞 不勝痛惋曰 今天下靡然其戎 而我國獨不汗染 一線微陽 庶幾綿絡於剝盡之餘矣 天欲喪我邦 壞此禮義之敎乎."

6) 『華西先生文集』 附雅言 下, 동문사, 1974, 1177쪽. "先生謂門人曰 西洋亂道最可憂 天地間一脈陽氣在吾東 若並此被壞 天心豈忍如此 吾人正當爲天地立心 以明此道 汲汲如救焚 國之存亡 猶是第二事."

7) 『華西先生文集』 附雅言 下, 동문사, 1974, 1176쪽. "中國之道亡 則夷狄禽獸至 北虜夷狄也 猶可言也 西洋禽獸也 不可言."

愚, 1841~1922)도 오백년 종사를 보존하는 일도 중요하지만 삼천년의 도통을 계승하는 일이 더 중요하게 여겨서 도로써 국권을 회복해야 한다는 처변의리(處變義理)를 견지하였다.[8]

화서학파뿐만 아니라 다른 학파들도 유교의 도를 수호하는 의식은 동일하였으나 이항로의 이념을 계승한 화서학파의 유림은 적극적인 저항의식을 더욱 강하게 지니고 있었다. 특히 유인석(柳麟錫, 1842~1915)의 경우, 그의 평생 항일운동과 의병운동의 최종목표는 실제로 존재하는 왕조나 국가의 존망보다도 공자 · 맹자 등 중국성현의 가르침, 삼강 · 오륜 · 오상 등 유교윤리, 상투 · 넓은 소매 등 문화체계로 표현되는 유교적 대도를 보존하는 것이었다.[9]

그런 까닭으로 유인석이 1895년 의병을 일으킨 것은 명성황후 시해 사건이 직접적인 원인이 아니라 김홍집 내각이 내린 단발령이 오히려 직접적인 원인이었다.[10] 그는 보수유림 중에서 가장 철저한 중화사상을 가진 인물이었다. 중화 중심의 화이론적 세계관이 무너져 가는 시대적 상황 속에서도 그는 여전히 중화사상을 견지하며 "중국의 득실치란(得失治亂)과 안위존망(安危存亡)을 깊이 걱정하고 간절한 기대를 가지고 있어서 본국보다 우선하지 뒤에 두지 않는다"고 하였다.[11]

이렇게 보수유림은 시대에 맞지 않는 사상을 가지고 있었기 때문에 당시 서양 문물의 수용을 주장하는 지식인에게 완고한 집단으로 비판을 받았다. 그러나 보수유림은 중화사상을 바탕으로 유교적 전통 문화를 수호하려고 노력하였으며, 위정척사이념으로 무장하여 서양 열강과 일본을

8) 金文俊, 「艮齋 田愚의 抗日精神과 韓國 精神史的 意義」, 『한국철학논집』 14, 2004, 222쪽.

9) 오영섭, 『고종황제와 한말의병』, 선인, 2007, 371~373쪽.

10) 『毅菴集』, 「雜錄」. "吾君爲天下禮義之主也 而受罔極之辱矣 (中略) 夫旣有國母之禍 繼而極之君父受辱 國家典型滅亡 華夏道絕而人類爲獸 故余不得已而爲是擧也."

11) 『宇宙問答』. "吾實於中國之得失治亂安危存亡 憂之有深 望之有切 有先於本國而不爲後也."

'이적(夷狄)'으로 인식하고 그들의 침략적 야욕에 철저히 저항하였다. 그리하여 근대화 지향의 인물·집단이 대체로 협력 내지 타협적 방향으로 흘렀던 반면에 그들이 저항의 자세를 유지할 수 있었던 것은 그런 사상과 가치관 때문이었다.[12)]

저항의 태도를 잃지 않은 보수유림은 이미 서구 근대 문물이 밀려오는 역사적 대세를 막을 수 없었다. 을사늑약 이후 일본이 대한제국을 강점할 때까지 보수유림 중에서 화서학파나 노사학파는 항일 의병 투쟁을 펼치면서 한편으로 해외 망명을 하여 항전을 이어 가는 모습을 보였다. 다른 한편에서는 간재학파처럼 초야에서 철저한 은둔 생활을 하며 서구 근대 문물을 거부하고 유교 전통을 지키면서 유교적 대도라는 전통의 계승을 추구하였다. 보수유림이 견지한 중화사상은 비록 근대적인 민족의식의 형성은 아니지만 조선과 대한제국을 거쳐 이룩한 역사적, 문화적 공동체로서의 전통의 계승을 의미하는 것이다. 따라서 근대 민족주의 형성의 한 근간이라고 할 수 있다. 뒤에서 언급하겠지만, 특히 보수유림이 그토록 강조하던 '의리(義理)'는 사상적 전환을 한 개신유림에게 '조국 독립의 의리' 사상으로 이어져 일제에게 저항할 수 있는 근원적인 원천이 된 것도 분명 평가해야 할 일이다. 그러나 보수유림은 수시변혁(隨時變革)하지 못하고 시대에 적합하지 않는 전통적 관념과 제도, 의례 등을 고집하였기 때문에 당시 민중에게 신망과 기반을 상실하면서 역사의 주도층에서 탈락하고 있었다.

2) 개신유림의 연원과 사상적 전환

개신유림은 서구 열강의 침략과 근대 문물이라는 외부의 충격과 내부

12) 고마고메 다케시 지음, 오성철·이명실·권경희 옮김, 『식민지제국 일본의 문화통합』, 역사비평사, 2008, 145쪽.

의 자기 개신적 흐름으로 등장하였다고 할 수 있다. 개항 이후 조선의 지식인들 사이에서 시대적 위기 상황을 기존의 성리학으로는 해결할 수 없다는 것을 절감하고 난국을 타개하기 위해서 서양의 근대문물을 수용해야 한다는 의견이 일어나고 있었다. 그들은 유교적 기반을 유지하면서 동시에 서양의 문명을 수용하고자 하였으며, 보수유림의 반대를 극복할 논리로써 '동도서기론(東道西器論)'을 주장하였다.

동도서기론은 동양의 도덕 규범 · 도덕 질서와 서양의 문물 제도를 동도(東道)와 서기(西器)로 대비하여 양자를 결합하는 논리이다. 다시 말해 전통적인 도덕은 그대로 유지하되 주체적인 입장에서 서양의 새로운 문물제도를 수용하자는 것이 동도서기론이다.[13] 그 주체성의 본질은 조선이 향유하고 있는 유교 문화에 대한 확고한 신념이었다. 이런 논리를 명료하게 개념화시킨 사람이 바로 임헌회(任憲晦, 1811~1876)의 제자였던 신기선(申箕善, 1851~1909)이었다.[14] 이는 유교 자체를 거부하지 않고 전통문명의 가치를 계승한 바탕 위에서 서양의 우세한 기술 문명을 받아들이는 온건개화론이었다. 반면에 유교적 가치체계를 거부하고 서양의 근대적인 제도와 문물을 전면적으로 도입하려는 급진개화론이 있었다. 그리고 급진개화론을 주장하는 사람들 중에는 유교에 대한 신념을 포기하거나 다른 종교적 신념을 수용한 경우가 많았다.[15]

그런데 19세기 후반에 나타나는 동도서기론은 강력한 타자인 서양 문명의 유입에 대한 선별적인 대응이었다. 본래 도덕질서와 문물제도는 서로를 규정하는 관계에 있기 마련이어서 각각 그 연원을 달리하는 도덕질서와 문물제도가 아무 매개 없이 한 사회 속에 공존할 수 없는 것이다.

13) 李相一, 「雲養 金允植의 思想과 活動 硏究」, 동국대학교 박사학위논문, 1995, 37쪽.

14) 權五榮, 「申箕善의 東道西器論硏究」, 『청계사학』 1, 1984; 김문용, 「한국 사상가 평전: 신기선 평전」, 『시대와 철학』 4, 1993 참조.

15) 琴章泰, 『增補版 韓國近代의 儒學思想』, 서울대학교출판부, 1999, 148쪽.

그렇지만 신기선, 김윤식 등의 동도서기론자들은 대체로 중앙에서 활동하는 관료들로서 서양의 기 속에서도 동양의 도를 발견할 수 있다고 생각하였으며[16] 서기를 이용후생(利用厚生)의 차원에서 이해하였다.[17] 그러나 동도서기론은 여러 가지 한계를 가지고 있었다. 특히 동도는 다분히 보수적인 성격을 내포하고 있어서 상하의 신분관계를 그대로 용인하는 등 중세적인 체질을 극복하지 못한 부분이 적지 않았다.[18]

당시 보수유림은 중화계승의식을 강하게 가지고 있으며 화이론적 세계관을 비롯하여 성리학적 가치체계를 고수하며 서양의 근대 문물의 수용을 철저하게 거부하였다. 신기선, 김윤식의 관료 학자들은 중화 중심의 화이론적 세계관에서 벗어나고 있었고 서양의 문명을 배척의 대상으로 여기지 않고 수용하려 하였다. 그들의 동도서기론은 1880년대 초기 개화정책을 추진해 나간 이론적 바탕이 되었다. 즉 동도서기론자들은 '서기'에 중점을 두기보다는 '동도'에 중점을 두었으며 개신유림은 '동도' 즉 성리학 자체를 비판대에 올려놓고 스스로 사상적 전환을 마련하였다. 따라서 동도서기론자들은 20세기 초에 보수유림에서 사상적 전환을 하는 이상룡, 유인식, 신채호, 박은식, 장지연, 이관구 등 개신유림의 전 단계로 볼 수 있다. 그러나 동도서기론자들은 보수유림에 비해 사상적 개방성은 뛰어났지만 일본 제국주의의 야욕에 적극적으로 대응하지 못하였으며, 일부는 일제협력유림이 되어 국망 이후 일제에게 타협 내지 협력을 하게 되었다.

한편, 재야에서도 유교(성리학)의 자기 개신의 흐름은 이어지고 있었다. 중화 중심의 화이론적 세계관의 붕괴는 이미 18세기 말 북학파에서 이루어지고 있었다. 박지원은 초기에는 열렬한 소중화주의자였으나 연

16) 權五榮, 「東道西器論의 構造와 그 展開」, 『한국사시민강좌』 7집, 1990, 81쪽.

17) 박정심, 「신기선(申箕善)의 『유학경위(儒學經緯)』을 통해 본 동도서기론(東道西器論)의 사상적 특징(思想的 特徵) Ⅰ」, 『역사와 현실』 60, 2006 참조.

18) 盧大煥, 「19세기 東道西器論 形成過程 研究」, 서울대학교 박사학위논문, 1999, 238~239쪽.

경을 다녀올 무렵에 북학파로 변신하였고 박제가의 궁극적인 주장도 북학에 있었다. 그리고 자국중심의 새로운 세계관을 펼칠 수 있는 단서는 이미 18세기에 우리 역사의 중요성을 강조하고 중국을 대지의 일편토(一片土)에 불과하다고 설파한 이익이나 '화이일야(華夷一也)'[19]를 부르짖은 홍대용에서 충분히 확인할 수 있다.[20]

그리고 최한기는 성리학적 사유체계에 사로잡힌 유학자들과 달리 열린 마음의 소유자로서 서구문물의 우수성을 인정 · 포용하였으며, 양명학과 명 · 청대의 기학과 서학을 두루 흡수하여 독보적인 기학(氣學)을 제창하였다. 그는 1860년대 중반에 실학자들이 읽지 못했던 자연과학신서를 접하여 지리학 · 천문학 · 의학 등의 범위에 이르기까지 깊이 연구하여 근대적인 자연과학사상을 확고하게 형성하였다. 또한 최한기는 『영환지략(瀛環志略)』과 『해국도지(海國圖志)』에서 '양이(洋夷)' · '토만(土蠻)' 등과 같은 표현을 모두 '양인(洋人)' · '토인(土人)' 으로 또는 '영인(英人)' · '미리견인(米利堅人)' 등으로 바꾸어 쓰고 있다. 그에게는 이미 '이(夷)'라는 개념은 완전히 극복된 것이다. 즉 그는 지구상의 모든 나라와 백성은 평등하다는 생각을 하였고, 이는 만민평등사상으로 나타날 수 있었다. 이러한 인식은 세계 정세에 대한 올바른 파악 위에서 가능한 것이었다.[21]

당시 위정척사론자들이 서구 문물과 서양인을 배척의 대상이나 금수로 인식한 것에 비해 최한기는 서구의 문물제도와 서양인을 인정하는 진

19) 洪大容, 『湛軒書』, 內集 권4, 醫山問答. "實翁曰 天之所生 地之所養 凡有血氣 均是人也 出類拔華 制治一方 均是君王也 重門深濠 謹守封疆 均是邦國也 章甫委貌 文身雕題 均是習俗也 自天視之 豈有內外之分哉 是以各親其人 各尊其君 各守其國 各安其俗 華夷一也."

20) 권오영, 「南漢山城과 조선 후기의 大明義理論」, 『한국실학연구』 8, 2004, 244~248쪽.

21) 權五榮, 『崔漢綺의 學問과 思想 硏究』, 집문당, 1999, 214~215쪽. 권오영 교수의 교시에 의하면, 최한기가 남긴 저서에는 '夷'나 '太極'의 글자가 없다고 한다. 따라서 최한기는 성리학적 세계관인 화이론에서 완전히 벗어났을 뿐만 아니라 중세의 거대 담론이었던 성리학을 극복하고 있음을 볼 수 있다.

보적 태도를 보였다. 그의 사상은 오히려 뒤에 나타난 동도서기론을 극복한 것으로 윤리도덕의 세계공통을 주장하였으며, 그는 오륜에 '인류는 화합함이 있음(兆民有和)'이라는 강령을 추가하여 세계 인류의 화합사상을 제기하였다.[22] 비록 최한기의 사상이 당시 유림에게 큰 영향을 주지 못하였으나[23] 유교의 자기 개신의 정점을 보여주고 있다. 따라서 단속(斷續)적인 흐름이라는 한계가 있으나, 최한기의 사상은 전통사회와 근대세계를 잇는 가교의 역할을 하는 것으로 조선의 사상계가 주체적으로 근대화의 흐름에 조응할 수 있다는 것을 보여주는 사례라고 할 수 있다. 최한기는 1850년대에 개화사상을 형성한 선진 사상가일 뿐만 아니라[24] 개신유림의 선구자로서 조선후기사상사와 근대사상사를 연결시켜 주는 존재로 평가할 수 있을 것이다.

한편 대한제국기에 보수유림에서 개신유림으로 사상적 전환을 하는 인물들이 등장하였다.[25] 그들은 공통적으로 서울과 그 인근에서 대대로 거주한 양반출신이 아니라 지방출신들이었다. 개신유림은 근대계몽(近代啓蒙)의 필요성에 공감하고 『황성신문』 등 언론기관이나 애국계몽단체에 참여하였는데, 출신지역이 다양한 만큼 당색과 학파도 다양하였다.[26]

여기서는 관서지역 화서학파의 인물 중에서 이관구(李觀求, 1885~1953)

22) 權五榮, 『崔漢綺의 學問과 思想 研究』, 집문당, 1999; 권오영 외, 「새로 발굴된 자료를 통해 본 혜강의 기학」, 『혜강 최한기』, 청계출판사, 2000.

23) 최한기의 사상이 유림에게 받아들이지 못한 이유로, 최한기의 저술에 나타난 독특한 용어와 사상이 성리학적 사고방식에 익숙한 유림에게 이해하기 어려운 점을 들고 있다. 최한기가 한문으로 저술하여 기존의 지식인들에게 이해를 구하는 기보다는 차라리 한글로 쓰고 기존의 정치적·학문적 중심으로부터 소외되던 서얼·중인·서리 등 신흥 지식인에게 구하였다면 최한기의 사상이 보급되는 데에 더 나았을 것이라는 의견이 있다(야규 마코토(柳生 眞), 『崔漢綺 氣學 研究』, 경인문화사, 2008, 328~330쪽).

24) 권오영, 『최한기의 학문과 사상』, 집문당, 1999.

25) 대표적인 개신유림을 든다면, 박은식, 신채호, 이상룡, 허위, 신규식, 김좌진, 안희제, 유근, 장지연, 김동삼, 박상진, 이관구, 나인영, 이기, 홍필주 등을 들 수 있다.

26) 鄭崇教, 「韓末 民權論의 전개와 國粹論의 대두」, 서울대학교 박사학위논문, 2004, 14~22쪽.

를 검토하여 그가 어떻게 사상적 전환을 했으며 아울러 화서학파가 그에게 남긴 유산은 무엇인지를 살펴보려 한다. 이관구는 광복회의 황해도 지부장으로서 국내 및 만주, 중국 등지에서 독립운동을 활발히 전개하였던 개신유림이자 독립운동가이다. 그가 활동하였던 광복회는 군자금을 조달하여 만주의 독립군기지에서 혁명군을 양성하고 국내에 혁명기지를 확보한 후, 적시에 폭동으로 독립을 쟁취하려고 했던 1910년대의 혁명단체였다.[27] 이관구를 검토하는 이유는 보수유림에서 개신유림으로 변화하는 사례를 잘 보여주는 인물로,[28] 그에 관한 저술을 남겨서 사상의 변화를 구체적으로 살펴볼 수 있기 때문이다.[29] 그리고 보수유림에서 개신유림으로 전향하는 모습이 관서지방 개신유림의 일반적인 흐름을 보여주고 있으며 아울러 보수유림의 가르침이 그의 정신에 평생 영향을 주고 있다는 점에서 보수유림과 개신유림 간에 사상적 흐름의 연속성을 발견할 수 있기 때문이다.

이관구는 1885년 4월 29일(음력) 황해도 송화군(松禾郡) 하리면(下里面) 안농리(安農里) 한산 이씨 세거촌에서 이윤규(李允珪, 1865~1926)의 4남 1녀 중 장남으로 태어났다. 본관은 한산이며, 고려조 명현인 목은(牧隱) 이색(李穡)의 21대손으로 자(字)는 명숙(明叔), 호(號)는 화사(華史)이고,

27) 趙東杰, 「大韓光復會 硏究」, 『한국사연구』 42, 1983; 이성우, 「光復會硏究」, 충남대학교 박사학위논문, 2007.

28) 이관구에 대한 연구 성과는 다음과 같다. 趙東杰, 「大韓光復會 硏究」, 『韓國史硏究』 42, 1983; 朴烜, 「大韓光復會에 관한 새로운 史料:『義勇實記』」, 『滿洲韓人民族運動史硏究』, 일조각, 1991; 趙埈熙, 「大韓光復會 硏究: 黃海道支部와 平安道支部를 中心으로」, 『國學硏究』 6, 국학연구소, 2001; 정욱재, 「華史 李觀求의 『新大學』 硏究」, 『한국사학사학보』 10, 2004.

29) 李觀求의 저서로 『新大學』·『義勇實記』·『言行錄』·『新中庸』·『新洪景來傳』 등 여러 저서들이 있다. 현재 독립운동사 연구에 사료로 인정받고 있는 자료는 『의용실기』와 『언행록』이다. 그중 『言行錄』은 2003년에 華史先生 記念事業會에서 『華史 李觀求 資料集(1)』로 번역되어 나왔다(李忠九·金柄憲 편역). 이 책은 원문이 뒤에 영인되었으며, 이관구와 그가 교유했던 독립지사들의 遺墨集인 『獨立精神』과 『光復義勇記』가 부록으로 실려 있다. 이관구의 생애에 관한 서술 중에서 상당 부분은 『언행록』을 참고하였다.

해량(海量) 또는 종석(鍾錫)의 이명이 있었으며,[30] 또 자선(子鮮)이라는 이름도 사용하였다.[31] 조부는 이영직(李英稙, 1848~1910)으로 자는 자화(子華), 호는 가운(稼雲)이며 첨의(參議)를 지냈다. 그의 조부는 유인석도 인정할 정도로 학문과 덕행이 훌륭한 인물이었다.[32] 부친 이윤규는 호는 용암(庸菴), 자는 중집(中執)이고 참봉(參奉)을 지냈다. 그는 유학과 효행으로 널리 알려진 유학자로 유응두(柳應斗)의 문인이었다. 유응두는 대한독립의군부의 황해도 대표로 추대될 정도로 명성이 자자한 석학이었다.[33]

이관구가 생장(生長)한 관서지방은 조선 후기까지 성리학이 발달하지 못하였던 지방이었다. 17세기 선우협(鮮于浹, 1588~1653) 이래 몇 명의 성리학자가 나왔을 뿐 19세기 전반까지 성리학의 풍토가 지역에 뿌리 내리지 못하고 있었다. 이는 사족(士族)이 뚜렷하게 성장하지 못한 지역사회의 특성상 향촌사회의 사회운영원리로 성리학을 체화시킬 여건이 관서지방에 조성되지 못하였다는 사실이 주요한 원인으로 작용하고 있었다. 또한 과시(科試)를 목적으로 하는 사장학의 유행이 성리학을 압도하고 있었다는 사실도 관서지방의 성리학이 침체되었던 요인으로 꼽을 수 있다.[34] 거기에 관서지방을 비롯한 서북인에 대한 조선왕조의 차별대우

30) 「黃海道人物誌(66) 華史 李觀求」, 『黃海民報』, 1981년 4월 10일, 3면.

31) 『언행록』에는 자신을 지칭할 때 꼭 子鮮이라는 말을 쓰고 있다. 그러므로 子鮮이 이관구의 異名임을 알 수 있다.

32) 본고에서 인용되는 『언행록』의 쪽수는 2003년에 화사선생 기념사업회에서 번역하여 출간한 『언행록』의 쪽수이다. 『언행록』의 체재는 특별한 篇章의 표시가 없이 단위 이야기별로 차례로 제시되었다. 한 단위 이야기가 끝나면 줄을 바꾸어 다음 이야기로 넘어갔는데, 분량은 147쪽이고, 話數는 역자들이 분석한 것에 의하면 모두 55話이다. 역자들은 各話마다 독자의 편의를 위해 번호와 제목을 붙였는데, 필자도 본고에서 『언행록』를 인용할 때도 그대로 따랐다.
『언행록』, 82쪽, 13. 유인석의 제자 허락, "子鮮拜柳毅菴而請學 毅菴曰 汝之祖父德行敦厚 學問高尙 余來西州以後所最畏者稼雲也."

33) 조동걸, 「大韓光復會 硏究」, 『한국사연구』 42, 1983, 108쪽.

34) 盧官汎, 「대한제국기 朴殷植과 張志淵의 自强思想 연구」, 서울대학교 박사학위논문, 2007, 142~146쪽.

등도 일정 부분 영향을 주었다. 그러다가 이항로에게 학문을 배운 박문일(朴文一, 1822~1894) · 박문오(朴文五, 1835~1899) 형제가 강학 활동을 하면서 많은 제자를 양성하였다. 특히 박문일의 노력으로 성리학이 관서지역 전역에 퍼지게 되었다. 저명한 사학자이자 독립운동가인 박은식도 바로 그의 제자였다. 기존 연구는 사상적 전환을 한 관서지방 화서학파 문인들을 박문일 · 박문오의 제자들로 파악하고 있다.[35]

이관구는 유학의 전통을 지키는 가문에서 태어나서 어릴 때부터 조부와 부친의 지도로 유학 교육을 받았다. 특히 이관구는 조부의 영향을 크게 받은 것 같다. 그가 저술한 『신대학』의 서문에 이관구는 자신이 어려서부터 조부에게 『대학』을 배운 것을 술회하였으며,[36] 『언행록』에도 자신이 평양 대성학교(大成學校)에 갈 때 조부가 자신에게 한 훈계를 기록하였다. 즉 그의 조부는 이관구에게 사람의 독립정신은 입지(立志)에 달려있다고 훈계하였다.[37] 이로 미루어 볼 때, 이관구의 사상 형성에 일차적으로 조부의 영향이 있었음을 알 수 있다.[38]

그런데 소년기의 이관구에게 사상적인 영향을 크게 끼친 이는 유인석(柳麟錫)이었다. 유인석은 위정척사이념의 원류인 이항로(李恒老)의 문하에 들어가서 배웠으며 주로 김평묵(金平默)과 유중교(柳重敎)에게 학문을 익혔다. 그는 철저한 소중화의식을 지녔으며 당대의 저명한 위정척

35) 관서지방 화서학파 문인들의 사상적 전환에 대한 연구는 李光麟, 「舊韓末 關西地方 儒學者의 思想的 轉回」, 『開化派와 開化思想 研究』, 일조각, 1989가 있다.

36) 『新大學』, 新大學序, "不肖幼時 常學大學書於吾祖考稼雲公 常訓戒日 人無以明明德 不自明也 無以新民 不日新也 無以格物 不通物理也 無以致知 不得眞理也 無以理財 不能濟人也 無以治平之道 不能保國安民也 汝冑宜勉之."

37) 『언행록』, 164~165쪽. 53. 조부 가운 선생의 훈계, "子鮮負笈 至平壤大成學校之時 其王考公稼雲先生戒之日 人之獨立精神 在於立志 志不立 則所謂學問者 反爲傷人害物之具 無足可取也."

38) 이관구는 또 다른 저술인 『신중용』에도 조부의 학설이 기록되어 있다. 이로 미루어 이관구의 사상 형성에 일차적으로 조부의 훈도가 큼을 알 수 있다.

사론자이자 항일 의병장으로 활동하였다. 이관구는 유인석을 찾아가서 배움을 청하였고 유인석은 그를 제자로 받아들였다. 그 후 유인석이 그의 학문적 성취를 높이 칭찬할 정도로[39] 이관구는 인정을 받았다. 그가 유인석에게 학문을 배운 시기는 『언행록』에 정확하게 기록되지 않아 자세히 알 수 없다. 다만 그의 나이 16세쯤에 유인석에게 학문을 배운 것으로 추정할 수 있다.

당시 유인석은 황해도·평안도 지역의 인물들을 중심으로 의병활동을 계획하였으나 정부군의 격렬한 추적 때문에 중국으로 망명하였다. 그 후 의화단의 난을 당해 1900년에 귀국한 유인석은 황해도 평산(平山)의 산두재(山斗齋)를 거점으로 관서지방에서 순회 강학을 열어 이곳 유림들에게 큰 영향을 끼치고 있었다.[40] 따라서 이관구가 유인석에게 학문을 배운 시기는 빨라야 1900년일 것이다. 이관구는 그 후 일제와 타협하지 않고 철저하게 독립운동을 펼쳤는데, 이는 유인석의 학문뿐만 아니라 화서학파의 존화양이론(尊華攘夷論)에 근거한 치열한 항일정신도 이어받았기 때문에 가능한 것이었다.[41] 또한 이런 학문적 배경은 뒷날 그가 국내외에서 독립운동을 전개하는 데에 큰 바탕이 되었다.

유인석은 관서지방에서 순회 강학을 열면서 이관구 외에 많은 제자들을 양성하였다. 유인석이 관서지방에서 활동하였을 때는 이미 관서지방 화서학파의 종장이자 동문이었던 박문일·박문오 형제가 모두 서거한 뒤

39) 『언행록』, 82~83쪽. 13. 유인석의 제자 허락, “子鮮請爲弟子 毅菴許之 子鮮因以歸鄕 益加勉勵 而後見毅菴 毅菴使子鮮作治平之詩 子鮮受命而作之 毅菴見之讚曰 汝之工夫 於斯盡知.”

40) 朴成壽, 『毅菴集』 解題, 6쪽.

41) 이런 비슷한 사례는 김구와 고석로의 관계에서 살펴볼 수 있다. 화서학파의 고석로로부터 의리의 가르침을 배운 김구는 평생 독립운동에 헌신하면서 의리에 벗어나지 않는 삶을 살았다. 고석로와 김구에 대해서는 권오영, 「高錫魯의 위정척사사상과 ‘口傳心受’의 교육」, 『백범과 민족운동연구』 3, 백범학술원, 2005 참조.

였다. 유인석의 강학 활동으로 인해 관서지방 화서학파에 박문일·박문오의 계보 외에 유인석의 계보가 추가되었다. 즉 이관구 자신을 포함한 양택선(梁擇善), 변동환(邊東煥), 조선환(曺善煥), 윤자도(尹子度), 이진룡(李鎭龍), 이근영(李根永), 이문성(李文成), 박원동(朴元東) 등은 모두 유인석의 제자였으며 모두 독립운동에 헌신하였다. 이렇게 관서지방의 화서학파 계보는 박문일·박문오 제자 그룹과 유인석 제자 그룹으로 이루어졌으며, 그들은 화서학파의 치열한 항일정신을 이어받아서 일제와 대항하였다.

이관구는 유학자의 가문에서 태어나서 유학 교육을 받았으며, 유인석에게 학문을 배웠다. 이렇게 볼 때, 그의 사상적 기반은 전통적인 유학이라고 볼 수 있다. 그러나 그는 소중화의식을 지닌 보수유림(保守儒林)에 머무르지 않았다. 이관구가 생장한 황해도 지역도 원래 다른 지역에 비해 전통적인 성리학의 영향력이 약했던 곳이었다. 더구나 이관구가 학문을 수학했던 시기는 제국주의 열강이 조선의 국권을 크게 침탈하였던 때였으며, 특히 일본이 조선에 대한 야욕을 노골적으로 드러내고 있었다.

이렇게 당시 나라가 멸망의 위기에 처하게 되자, 지식인들은 국력을 배양하자는 애국계몽운동을 대대적으로 전개하였다. 시대적 위기 상황을 기존의 성리학으로는 해결할 수 없다는 것을 절감하고 난국을 타개하기 위하여 서양의 근대문물을 수용하려는 것이었다. 박문오의 아들이자 백부 박문일의 수제자인 박동흠(朴東欽)도 1908년에 사상적 전환을 하고 애국계몽운동에 참여하였다.[42] 이런 흐름에 이관구 역시 영향을 받지 않을 수 없었다. 그는 전통적인 유학만으로는 당시 조선이 맞이한 위기상

42) 李光麟, 「舊韓末 關西地方 儒學者의 思想的 轉回」, 『開化派와 開化思想 硏究』, 일조각, 1989, 297쪽; 「論說 ; 送海山朴君還歸故山」, 『皇城新聞』, 1908년 7월 4일.

황을 해결할 수 없다고 생각하였는데, 그런 그에게 사상적 전환을 이끈 사람은 안창호(安昌浩, 1878~1938)였다. 『언행록』을 살펴보면 이관구가 안창호를 선생으로 모시고 그의 가르침을 받는 장면이 두 번 나온다.[43] 이관구가 20세 무렵에 서울에 상경하였다가, 다시 안창호가 설립한 평양 대성학교에 들어간 것도 안창호의 영향 때문이었다. 애국계몽운동이 절정에 올랐던 1905년 말부터 1908년 사이에 이관구는 평양 대성학교에서 신학문을 배우고 있었다. 그는 평양 대성학교를 거쳐 숭실대학(崇實大學)에서 신학문을 수학하였는데, 1910년 한일합병을 당하자 학교를 중퇴하고 중국으로 망명하였다.[44]

이렇게 이관구는 중국 망명 전까지 전통학문의 소양 위에서 신학문을 수학하여 신구학문(新舊學問)을 겸비하게 되었으며, 당시 전통유학자들과는 다른 사상과 행동을 지향하게 되었다. 중국으로 망명한 뒤에도 북경의 회문대학(滙文大學) · 명륜대학(明倫大學) 등에서 이관구는 학문을 수학하였다. 그가 이처럼 학문에만 전념하였던 것은 국가의 독립을 회복하려는 노력의 일환이었다. 그는 북경에서 중국의 정객 · 문인들과 교유를 맺었는데, 이때 양계초(梁啓超) · 강유위(康有爲) 등과 친분을 나누게 되었다.[45] 특히 양계초는 그의 사상에 큰 영향을 준 인물이었다. 그의 저술 중에서 사상을 잘 보여주는 『신대학』도[46] 바로 양계초의 저술을 기반으로 작성된 것이었다. 이관구의 다른 저서인 『의용실기(義勇實記)』「자서전」에서 그는 북경에서 정객과 문인을 많이 교류하였는데, 문인 중에

43) 『언행록』, 45~46쪽(6. 안창호의 時中 해설 청취), 154~157쪽(43. 박여옥과 안창호와의 국권회복론 문답).

44) 조동걸, 「大韓光復會 硏究」, 『한국사연구』 42, 1983, 108쪽.

45) 『언행록』의 1話, 2話가 화사와 양계초 및 강유위와의 문답이다.

46) 『신대학』은 총 8장 33절로 구성되었으며 총 406쪽의 한문 필사본이다. 『신대학』의 내용에 대해서는 정욱재, 「華史 李觀求의 『新大學』 硏究」, 『한국사학사학보』 10, 2004 참조.

서 양계초와 가장 친하였다고 밝히고 있다.[47] 그러므로 이관구는 양계초의 교류를 통하여 그에게 영향을 많이 받았을 것이다.

그는 절강성(浙江省) 항주부(杭州府) 군관학교(軍官學教) 속성과(速成科)에 입학하여 군사학을 공부하였고, 1913년 중국의 제2차 혁명전쟁에도 참가했다.[48] 그러나 중국이 원세개(袁世凱)의 통치하에 있게 되자, 그는 중국을 떠나 유럽과 하와이를 여행하였다. 1914년에 귀국하여 해주에서 유림계의 이종문(李種文)·오순구(吳淳九) 등과 밀의(密議)하여 항일격문을 작성, 배포하였다. 다시 중국으로 망명하여 상해에서 조직된 독립운동 단체인 동제사(同濟社)에 가입하였고, 1916년에는 집안의 재산을 매각하여 만주에 삼달양행(三達洋行: 安東)과 상원양행(尙元洋行: 長春)을 설립하고 광복회(光復會)에 가입하여 대외 업무를 맡았다. 그리고 광복회 총사령(總司令) 박상진(朴尙鎭)과 무기를 조달하여 총독 암살을 계획하고 회원 성낙규(成樂圭)와 조선환을 서울에 잠입시켰다.

그런데 여기서 한 가지 주목할 점은, 이관구가 1916년 광복회 황해도 지부장으로 있을 때 같이 활약하였던 사람들이다. 즉 그는 『의용실기』에 이근영·이문성·성낙규·이근석(李根奭)·박원동·양택선·조선환·변동환·오찬근(吳瓚根)·이화숙(李和淑)·이학희(李鶴熺)·조승용(趙鏞昇)·조백영(趙百永)·이석희(李錫憙)·윤자도·박동흠·양봉제(梁鳳濟)·유준희(柳準熙)·박상진·고후조(高後凋: 高錫魯)·최정현(崔正鉉)·임용암(林庸菴) 등을 기록하고 있다. 이관구와 같이 독립운동을 한 사람들 중에 황해도 지역

47) 『義勇實記』는 「義勇錄重覽序」, 「自敍傳」, 「義勇錄」 등 3부분으로 구성되어 있다(『의용실기』에 대한 내용은 朴桓, 「大韓光復會에 관한 새로운 史料:『義勇實記』」, 『滿洲韓人民族運動史研究』, 일조각, 1991 참조). 필자가 참고한 『의용실기』는 『국학연구』 6(국학연구소, 2001)에 '資料紹介'란에 영인된 것을 이용하였다. 『義勇實記』 「自敍傳」, "其後 北京 滙文大學에 入學하엿다가 明倫大學으로 轉學하야 가지고 잇는 동안에 北京의 政客과 文人을 많이 相從하였는데 其中 政客으로 湯化龍, 文學에는 梁啓超를 最親하얏다."

48) 박환, 「華史 李觀求의 민족의식과 항일독립운동」, 『숭실사학』 23, 2009, 47쪽.

출신이 16명이고 평안도 출신이 7명, 경상도 출신이 1명이었는데,[49] 특이한 점은 상당수가 화서학파와 연재학파 문인들로 구성되어 있다는 점이다.

먼저 고후조(高錫魯)는 이항로의 제자 유중교의 제자이고,[50] 양택선, 변동환, 조선환, 윤자도와 이진룡, 이근영, 이문성, 박원동 등은 이관구와 함께 유인석의 제자이다. 오찬근은 최익현의 제자이며, 박동흠, 양봉제, 임용암 등은 박문일 · 박문오 형제의 제자로 모두 화서학파이다. 연재학파도 참여하고 있는데 조용승은 송병선의 제자이며 조백영은 조용승의 문인이다.[51] 19세기 후반에 화서학파와 연재학파는 서로 학설이 달라 대립하는 모습을 보이기도 했다. 그러나 일본 제국주의 침략에 대항하는 위정척사이념과 의리는 같았기 때문에 학파 간의 갈등을 뒤로 하고 독립운동에 서로 힘을 합쳤다. 그렇기 때문에 이관구는 1917년 귀국하여 황해도 유림의 애국심을 고취시키기 위해 면암 최익현 · 의암 유인석 · 연재 송병선의 삼현묘(三賢廟) 건립을 추진하려 하였다.[52] 이 세 사람은 바로 광복회 황해도 · 평안도 지부 구성원들의 스승이며, 이관구 등이 평생 경모하던 대상들이었다.

그런데 여기서 주목할 사람은 후조 고석로(1842~1922)이다. 다른 사람들은 개신유림에 속하였으나 고석로는 철저한 보수유림이었다. 고석로 역시 이관구와 같은 황해도 출신으로 이항로의 제자 유중교 · 김평묵의 문하에서 공부하여 위정척사이념을 지닌 인물이었다. 고석로는 동문이자 나이도 동갑인 유인석의 위정척사이념과 의병운동에 깊이 공감하여 그를 스승으로 섬겼다. 그는 황해도 지역에서 많은 문인을 배출하였는데

49) 「의용록」, 『의용실기』. 『의용실기』 내용 분석과 수록된 주요 인물들에 대해서는 朴烜, 「大韓光復會에 관한 새로운 史料: 『義勇實記』」, 『滿洲韓人民族運動史研究』, 일조각, 1991, 369~381쪽.

50) 고석로에 대해서는 권오영, 「高錫魯의 위정척사사상과 '口傳心受'의 교육」, 『백범과 민족운동연구』 3, 백범학술원, 2005 참조.

51) 박경목, 「淵齋 宋秉璿의 學脈과 民族運動」, 『대동문화연구』 39, 2001, 269쪽.

52) 조동걸, 「大韓光復會 研究」, 『한국사연구』 42, 1983, 108~109쪽.

그들은 주로 위정척사운동과 의병운동에 투신한 성리학자였다. 그렇지만 그의 문하에서 우리 민족의 독립운동에 큰 발자취를 남긴 김구가 배출되었다. 고석로는 김구에게 의리(義理)를 '구전심수(口傳心受)'의 방법으로 가르쳤다. 고석로의 의리와 순국정신은 김구에게 전수되면서 독립정신으로 승화되어 독립운동에 크게 기여하였다. 고석로의 구전심수의 가르침은 김구의 애국사상과 독립운동에 지대한 영향을 끼쳤으며 다시 그 가르침은 백범 김구를 통해 윤봉길에 전수되었다.[53]

이러한 고석로의 구전심수의 가르침은 이관구에게도 이루어졌다. 이관구가 경술국치(庚戌國恥) 이후 조용승의 소개로 고석로를 찾아가 만나는 자리에서 조선독립의 일에 대해 말하였다. 그러자 고석로는 크게 칭찬하고 유인석의 『소의신편(昭義新編)』을 내놓으면서 다음과 같이 말하였다.

> 毅菴(유인석)이 事業은 成功치 못하엿으나 義理는 明한 사람이라 事業을 하고자 하는 者가 반드시 事體가 옳으면 卽 實行하여 보는 것이요 最後에 勝敗까지 計할 것은 아니다. <u>至今 朝鮮이 日本에 合倂된 後로 朝鮮사람으로서 當然히 할 것은 獨立運動뿐이다.</u> 그런데 朝鮮 天地에 너무도 革命家가 없는 것을 나는 매우 有感으로 생각하더니 萬山古木에 一葉靑 格으로 華史가 이 倭警網이 緻密하고 嚴險함을 忌憚없이 突破하고 誠心誠意를 國家에 盡하고자 하니 思想이 있는 사람으로야 孰가 同情치 아니하랴. 我가 年老하였으나 나의 能力 所後處까지 讚助할 터이니 華史는 千萬慥心하여 成功하도록 하라.[54] (강조는 필자)

고석로의 학문적 성향으로 볼 때, 그가 주장한 조선 독립은 공화제에 근거한 근대 민족국가가 아니라 유인석과 마찬가지로 유교 문화에 기반

53) 권오영, 「高錫魯의 위정척사사상과 '口傳心受'의 교육」, 『백범과 민족운동연구』 3, 백범학술원, 2005, 284~295쪽.

54) 『의용실기』 고후조(『국학연구』 6, 국학연구소, 2001), 336쪽.

한 군주국의 조선을 의미하였을 것이다. 그렇지만 사상적 전환을 한 이관구에게 고석로의 가르침은 민족 독립으로 받아들여졌다. 결과적으로 고석로는 의도하지 않았지만 이관구에게 유인석의 의리를 민족 독립의 의리로 가르친 것이다. 이제 보수유림인 유인석의 위정척사의 의리사상이 고석로를 통하여 개신유림인 이관구에게 일제에 철저하게 저항하는 민족 독립의 의리사상으로 전환된 것이다. 고석로의 가르침은 이관구에게 큰 힘과 감동을 주었다. 그렇기 때문에 이관구는 고석로에 대해서 "대학자일 뿐만 아니라 애국사상이 간절한 인(人)이니 참으로 세(世)에서 한견(罕見)할 노유숙사(老儒宿師)라고 아니할 수 없고 그 실행은 후인의 모범이 될 만하다."고 평가하였다.[55]

이관구가 일제와 타협하지 않고 철저히 저항하며 독립운동에 헌신할 수 있었던 정신적 원천은 바로 유인석·고석로의 가르침 때문이었다. 즉 보수유림의 정화(精華)인 화서학파는 이관구에게 일제에 저항할 수 있는 근원적인 힘을 유산으로 남긴 것이었다. 이렇게 보수유림의 위정척사의 의리사상을 민족독립의 의리사상으로 전환시킨 개신유림은 철저하게 일제와 타협하지 않고 저항을 하지만, 그렇지 못하였던 유림은 일제의 회유에 타협하거나 협력하는 모습을 보이게 된다.

2. 일제협력유림의 형성

1) 형성 배경과 일본 인식

1905년을 전후하여 일본 제국주의의 한국침략이 본격적으로 시작되자,

55) 『의용실기』 고후조(『국학연구』 6, 국학연구소, 2001), 336쪽.

독립과 국권의 유지를 위해서 서구문물의 수용이 시급하다고 생각한 유림이 증가하였다. 이들은 개화사상에서 더 나아가 '문명개화'를 내세우며 서구문물의 수용을 더욱 강조하였다. 문명개화론은 교육과 실업의 발전만이 근대국가를 이룰 수 있다는 실력양성론으로 구체화되었다. 문명개화론과 아울러 계몽운동 또는 자강운동의 전개에는 사회진화론[56]의 영향도 크게 작용하였다.[57] 생존경쟁(生存競爭)·약육강식(弱肉强食) 또는 우승열패(優勝劣敗)를 핵심으로 하는 사회진화론은 서구사회에서 산업혁명이 어느 정도 완결된 이후인 19세기 후반 노동자 계급의 사회적 저항이 심화되고 있던 시기에 이를 무마하고 호도하기 위해 나온 것이었다. 즉 사회진화론은 이미 지배계급으로서 보수화하고 있던 부르주아계급의 입장이 반영된, 강자의 약자 지배를 합리화하기 위한 이론이었다. 그러나 대한제국기 지식인은 사회진화론을 약자가 강자가 될 수 있는 논리로 받아들였다. 특히 사회진화론에 입각한 양계초의 『음빙실문집(飮氷室文集)』이 들어와 유림들에게 널리 읽히면서 지식인들 사이에서 완전히 대중화된 이론이 되었다.[58]

문명개화론과 사회진화론은 중세적인 틀을 벗어나서 근대 국가로 나아가려는 대한제국에게 서구 문물의 도입을 정당화시키는 이론이었다. 그런데 이런 이론이 일부 유림에게 다른 길을 가게 만든 요인이 되었다. 그들은 1905년 을사늑약이 체결되자 저항을 하던 유림과 다르게 일본 제

[56] 한말 사회진화론에 대해 참고한 논문은 다음과 같다. 李光麟, 「舊韓末 進化論의 受容과 影響」, 『韓國開化思想硏究』, 일조각, 1979; 박찬승, 『한국근대정치사상사연구』, 역사비평사, 1992; 박찬승, 「한말 일제시기 사회진화론의 성격과 영향」, 『역사비평』 32, 1996; 朴成鎭, 「한말~일제하 사회진화론 연구」, 한국정신문화연구원 한국학대학원 박사학위논문, 1999; 최기영, 『한국 근대 계몽사상 연구』, 일조각, 2003; 서명일, 「계몽운동기(1905~1910) 사회진화론 수용의 논리」, 고려대학교 석사학위논문, 2006.

[57] 최기영, 『한국 근대 계몽사상 연구』, 일조각, 2003, 12쪽.

[58] 박찬승, 『한국근대정치사상사연구』, 역사비평사, 1992, 37~38쪽.

국주의와 협력을 하는 모습을 보였으며, 한일병합 후 일제에 적극적으로 협력하여 활발한 활동을 펼치게 되었다. 사실 1905년 을사늑약의 체결은 "우리 인민들이 생존경쟁 가운데에서 장차 멸망에 이를 것"[59]이라고 인식할 정도로 당시 지식인에게 큰 충격을 주었다. 그리하여 국망의 현실에 직면하자 항일의식을 지닌 보수유림은 의병투쟁을 하였고 개신유림은 교육 등의 자강운동을 펼쳤다. 그런데 일부 유림은 일본의 근대화된 문명의 힘에 압도되어 '약육강식'의 현실을 인정하고 국가의 독립보다 문명화와 유교의 보존을 중요한 일로 인식하였다.

그들이 그런 활동을 하게 된 사상적 배경에는 문명개화론과 사회진화론이 하나의 세트가 되어 작용하고 있었다. 특히 생존을 위해 경쟁하는 것이며 경쟁을 통해 문명에 도달한다는 사회진화론의 주장은 유교 경전의 가르침을 통해 세상을 인식하고 판단하는 유림에게 커다란 지적 충격을 주었다. 사회진화론을 따르게 되면, 경쟁이 인간의 본성이며 문명은 끊임없는 경쟁을 통해 쟁취하는 하는 것이기 때문에 20세기의 끊임없는 침략과 살육도 늘어나는 인구에 직면해 생존을 확보하기 위한 인간 본성의 자연스러운 발현으로 정당화된다.[60] 즉 강자만이 살아남는 비정한 현실이 자연의 법칙으로 정당화되기 때문에 결국 문명화된 강대국이 문명화되지 못한 약소국을 침략하여 강점하는 것은 자연스러운 이치로 받아들일 수밖에 없게 된다. 유교의 가르침을 통해 세상을 인식하고 판단하던 유림에게 사회진화론은 당시 대한제국에 닥친 '문명'과 '침략'이 공존하는 현실의 양면성을 어쩔 수 없이 수용하게 만든 것이었다. 더 나아가 국가의 멸망은 타인의 책임이 아니라 전적으로 자신의 책임으로 인식하

59) 황현 지음, 임형택 외 옮김, 『역주 매천야록』 하, 문학과 지성사, 2005, 268쪽. "嗚乎 國恥民辱 乃至於此 我人民行將殄滅於生存競爭之中."

60) 서명일, 「계몽운동기(1905~1910) 사회진화론 수용의 논리」, 고려대학교 석사학위논문, 2006, 22~23쪽.

기 때문에 침략자에 대한 비판의식을 약화시킬 우려가 있었다.

그렇기 때문에 위정척사이념에 철저한 보수유림과 민족 독립의 의리 사상으로 무장한 개신유림은 오히려 사회진화론의 양면성을 극복하려고 노력하였다. 그에 비해 일부 유림과 근대 지식인은 사회진화론에 입각한 문명개화론에 매몰되어 국가의 독립 대신에 문명화가 급선무라고 인식하였다. 아울러 그들은 근대화에 성공한 일본을 중심으로 동양 또는 황인종이 단결하여 서구 열강의 침략을 대처하자는 주장도 견지하고 있었다. 즉 일본 중심의 동양주의 또는 아시아연대론이라 할 수 있다. 『황성신문』에 참여한 개신유림은 러일전쟁 이후 일제의 침략성을 분명히 인식하고 이제까지 민족의식과 병존해 왔던 동양주의적 사고를 분리하고 민족의식을 강화시키는 데에 비해,[61] 그들은 민족의식을 강화시키지 못하고 일본을 중심으로 하는 동양주의 내지 아시아연대론을 고수하였던 것이다. 또한 그들은 한일병합 이후에도 그런 주장을 견지하였으며, 그것은 일제가 일으킨 이른바 '대동아전쟁'에 자발적으로 참여하게 하는 이데올로기로 작용되었다.

世界大勢[62]

백인종 황인종이 각각 서쪽 동쪽에 있어	白黃人種各西東
문자와 언어가 서로 통하지 않네	文字方言互不通
길이 평화 누리는 계책을 구하고자 한다면	欲究平和長久策
우선 아시아가 마음을 함께 합쳐야 한다네	先須全亞結心同

세계의 대세를 인종 경쟁론적 관점에서 파악하는 것은 러일전쟁이 시작되기 전부터 있었다. 인종 간의 전쟁이 일어날 것에 대비하고 장구한

61) 백동현, 「러·일전쟁 전후 '民族' 용어의 등장과 민족인식」, 『한국사학보』 10, 2001, 165~166쪽.

62) 朴榮喆, 『多山詩稿』, 대동인쇄소, 1932, 117쪽.

평화를 이루기 위해서는 아시아가 마음을 합쳐서 단결해야 한다. 이런 주장의 이면에는 당연히 일본이 아시아의 중심이 되어 주도한다는 것을 함축하고 있다.[63]

그렇다면 그들은 이런 인식을 어떻게 하게 되었으며 결론적으로 일제의 식민 지배를 긍정하고 협력하게 되었을까? 그들은 대한제국의 현실을 살펴보고 이미 자력에 의한 문명화와 독립이 불가능하다는 생각을 한 것 같다.

> 우리 한국의 금일의 형세를 돌아보면 벼랑 끝에 내몰려 있지는 않으나 그 폐단은 자기에게서 구하지 않고 스스로를 업신여기거나 뽐내는 것으로 말미암아 이 지경에 이른 것이다. 그 책임은 일반 국민에게 있으며 백성이 어리석어 지식 발달이 불가능했음은 논의할 것도 없다.[64]

당시 대한제국에 닥친 대내외적인 위기 상황과 '서구의 문명'에 비해 뒤떨어져 있다는 열등감이 그들로 하여금 문명 개화에 매달리게 한 것이라 볼 수 있다. 그리하여 외부의 힘, 곧 외세에 의해서라도 이루어져야한다는 문명지상주의적인 발상은 식민지 침략을 침략으로 인식하지 못하고 문명화라고 인식하게끔 오도하였다.[65] 그러므로 그들은 근대화의 모델을 일본에서 찾았다. 그렇다면 일본을 어떻게 인식하고 형상화하였는가? 보수유림에서 일제협력유림으로 전환한 인물의 사례에서 어느 정도 알 수 있다.

63) 개신유림인 장지연도 서양의 동양침략으로 야기될 인종전쟁, 곧 白禍論에 대비하기 위해 '범아세아몬로주의'를 주장하였다. 이것은 사실상 일본의 침략이데올로기였던 동양주의 또는 아시아연대론을 그대로 수용한 것이다. 따라서 일제의 식민 지배를 긍정하는 것은 어쩌면 당연한 귀결일지도 모른다. 자세한 내용은 김도형, 「張志淵의 變法論과 그 변화」, 『한국사연구』 109, 2000년, 101~103쪽 참조.

64) 孔子敎, 『孔子敎會之旣往及將來』. 1912, 50쪽. "顧我韓國今日之勢 罔有涯畔 而其獘由於不求諸己自侮自伐 馴至於是也 其責在於大小國民 而凡民之愚 固不能發達智識 不足論也."

65) 朴暎美, 「日帝 强占 初期 漢學 知識人의 文明觀과 對日意識: 親日的 傾向을 中心으로」, 단국대학교 박사학위논문, 2005, 22쪽.

日本躑躅[66]

철쭉은 우리나라에도 많아서	躑躅多吾土
자줏빛과 흰색 철쭉은 늘 보고 있지	紫白看尋常
사람 마음은 멀리 온 물건 귀하게 여겨	人心貴遠物
붉은 철쭉은 일본에서 왔다네	丹者來扶桑

박승동(朴昇東, 1847~1922)은 연재학파 종장인 송병선과 친구였으나 한일병합 후 경학원에 참여하여 일제에 협력한 인물이었다. 이 시가 작성된 연대는 정확히 알 수 없으나 대체로 대한제국기에 지어진 것으로 추정된다. 일본에서 온 붉은 철쭉은 당시 일본에 의해 대한제국에 이식되는 근대 문명을 상징한다고 볼 수 있다. 또한 일본의 문명화된 현실을 목격한 일부 유림은 아예 일본의 지도를 받는 것이 옳다는 인식을 하게 되었다.

本人이 觀光團員으로 日本에 前往하여 諸般 程度를 觀光한즉 其文明制度를 一口로 陳述키 難한지라 新約 以後에 我國이 其指揮保護의 不可不服從을 乃覺하였고 且 今番 司法權 委任 軍部 廢止한 事에 對하여 人民의 誤解가 似有하니 民智未發을 推此可知라 前日 我法官의 不法은 更無하고 文明한 法律下에 生活할 뿐외라 外國의 治外法權도 撤去할 터이오 前日 軍隊는 卽雇兵이라 義務가 無한 故로 廢止하고 徵兵法을 行將實施할 터이니 此施政方針이 我人民의 來頭幸福을 增進한다.[67]

정만조(鄭萬朝)는 1909년 경성일보가 주최한 1차 '일본관광단(日本觀光團)'의 일원으로 일본을 다녀온 후 친일적 경향을 드러냈다. 1차 '일본관광단'은 정만조를 포함하여 한국인 94명, 경성일보사 직원과 통역 등 임원 16명을 합해 총 110명으로 구성되었다. 그 대부분은 대한제국의 전

66) 朴昇東, 『渼江先生文集』 권1, 61~62쪽.

67) 「鄭氏宣諭」, 『대한민보』, 1909년 8월 13일, 2면.

현직 관료, 실업가, 유생, 신문기자 등이었다. '일본관광단'은 1909년 4월 11일 남대문역을 출발하여, 시모노세키 · 히로시마 · 오사카 · 나라 · 교토 · 도쿄 등을 거쳐 5월 10일 귀국하였다. 이 관광단 행사에서 주최 측이 보여준 것은 제철소 · 군수공장 · 방적공장 등으로 대표되는 일본의 근대문명과 고도(古都) 교토와 나라의 사적들로 대표되는 일본의 역사문화였다. 그 가운데 일본 군복을 입고 군사체조를 하고 일본 군가를 부르는 영친왕을 만나기도 했다.

일본의 정치적 의도 속에 진행된 이 행사에서 관광단원들은 일본의 근대문물에 압도당하고 한국의 초라한 현실을 한탄하였다. 정만조를 비롯한 관광단원은 한국에 돌아온 후 7월부터 9월까지 자신들이 일본에서 견문한 상황을 알리기 위해 전국 각지에서 유세를 하였다. 그들이 행한 유세의 주된 내용은 첫째, 일본인들의 열렬한 환영을 통해 그들의 한국인에 대한 친절한 마음을 확인했다는 것, 둘째 영친왕이 일본에서 우대를 받고 있다는 것, 셋째 일본의 상공업이 크게 발달되었다는 상황, 넷째 일본은 문명국이며, 따라서 한국은 일본의 문명을 배워 국력을 키우기 위해 일본의 지도를 받아야 한다는 것이었다.[68]

이렇게 대한제국의 현실에 비교되는 근대화된 일본의 문명에 압도되면서 자연스럽게 일본 제국주의의 침략에 저항의식을 상실한 일부 유림들은 결국 일제와 협력하는 길을 선택할 수밖에 없게 된 것이다.

2) 대동학회(大東學會)의 조직과 성격

대동학회는 일제협력유림을 형성하게 된 단초를 준 단체였다. 을사늑

68) 『대한매일신보』, 1909년 4월 13일, 2면; 1909년 5월 11일자 2면; 『일본관광단기념사진첩』, 1909년, 51쪽; 박양신, 「일본의 한국병합을 즈음한 '일본관광단'과 그 성격」, 『東洋學』 37, 2005년, 71~78쪽.

약이 체결된 후 전국에 반일 기운이 고조되고 국권회복을 목적으로 한 유림단체들이 출현하였다. 그러자 일제는 당시 전국적으로 강대한 조직을 가지고 있던 유림계를 회유하여 친일화하기 위한 공작을 시작하였는데, 그것이 바로 대동학회의 조직이었다.[69]

1907년 2월에 사립 광성실업학교(光成實業學校)에서 발기인 대회를 열었으며,[70] 신기선(申箕善)을 임시회장으로 추대하면서 대동학회는 조직되기 시작하였다. 이때 학회 명칭은 대동학회로 정했으며 임시 사무소를 광성실업학교 교장실로 두었다. 그리고 조중응(趙重應)·서상훈(徐相勛)·윤덕영(尹德榮)이 기초위원으로 추천되어 규칙을 의정(議定)하게 하였고 임시회장 신기선은 취지서를 쓰게 되었다. 그리고 3월 3일에 임시총회를 개최하여 취지서와 규칙을 통과시키고 신기선을 회장, 홍승목을 부회장으로 선출하면서 대동학회가 출범하였다. 이후 3월 한 달 동안 대동학회의 임원이 추가되면서 조직 구성이 일단락되었다.[71] 대동학회 임원과 회원을 살펴보면 다음과 같다.

〈표 2-1〉 대동학회 임원록[72]

회장	申箕善	副會長	洪承穆	總務	徐相勛
지방총무	京畿道 趙秉健, 忠淸道 金敬圭, 全羅道 朴齊斌, 慶尙道 申泰休, 江原道 鄭鳳時, 黃海道 洪祐晳, 平安道 閔丙漢, 咸鏡道 鄭鎭弘				
회계	尹滋容				
서기	李大榮, 韓麒洙, 尹天求				
위원	鄭泳朝, 李圭漢, 趙鍊九				
평의원장	閔丙奭				

69) 유준기, 『韓國民族運動과 宗敎活動』, 국학자료원, 2001, 266~267쪽.

70) 『대동학회월보』 1호, 1908.2, 60쪽. 이때 참석한 발기인은 申箕善, 洪承穆, 徐相勛, 趙重應, 趙重健, 閔丙奭, 朴齊斌, 李應翼, 洪祐晳, 鄭寅興, 尹憙榮, 李容稙, 呂圭亨 등이다.

71) 『대동학회월보』 1호, 1908.2, 60~61쪽.

평의원	金嘉鎭, 趙重應, 趙民熙, 李重夏, 申泰休, 閔丙漢, 鄭寅昇, 朴齊斌, 姜友馨, 李應翼, 鄭寅興, 徐相勛, 趙秉健, 金敬圭, 金敎碩, 金奎東, 閔泳采, 林永相, 尹相翊, 金重煥, 呂圭亨, 洪祐晳, 尹憙榮, 鄭鳳時, 鄭基鳳, 申羽均, 鄭鎭弘, 宋振玉, 柳赫魯, 金永直, 金正穆, 韓致愈, 權輔相, 李秉穆, 李舜夏, 朴齊璜, 鄭喬, 徐相勉, 尹敦求, 金東完, 李升鉉, 呂中龍	
강사	經典	徐正淳, 金鶴鎭, 南廷哲, 李重夏, 李道宰, 申箕善, 李容稙, 呂圭亨
	新書籍	趙重應, 俞吉濬, 張博, 韓致愈 權輔相

〈표 2-2〉 대동학회 회원록[73]

尹澤榮, 李根命, 閔泳奎, 李載完, 閔泳徽, 閔泳韶, 李完用, 李埈鎔, 徐正淳, 金允植
趙秉弼, 李道宰, 李容稙, 李載克, 金鶴鎭, 南廷哲, 金宗漢, 閔種默, 韓圭卨, 李鳳儀
李載崑, 任善準, 李秉武, 李根教, 金思濬, 閔泳綺, 權重顯, 李夏榮, 趙鍾弼, 尹德榮
成岐運, 李根澔, 李軒卿, 趙同熙, 俞吉濬, 金晩秀, 朱錫冕, 張 博, 李勝宇, 鄭誾朝
鄭寅學, 許 璡, 李鳳魯, 李範喬, 尹忠求, 洪鍾榮, 玄暎運, 姜敬熙, 金春洙, 趙夔夏
趙南升, 成健鎬, 李明稙, 朴弼遠, 李範九, 李鍾林, 金天洙, 李會九, 金宅鎭, 申載泳
鄭圭燮, 金甲洙, 孫庚鉉, 李義悳, 金膺模, 李敏燮, 李敏稷, 權益相, 宋榮大, 朴台熙
尹始永, 趙命熙, 朴彝陽, 李範世, 徐丙肅, 閔丙淑, 張基世, 金有濟, 金裕弘, 沈啓澤
李敏英, 申性均, 李範昌, 尹喬榮, 高鼎柱, 朴鼎壽, 申宇永, 具羲書, 張錫藎, 沈泰燮
南章熙, 尹相紀, 李憲珪, 李佖柱, 柳錫祜, 申海永, 趙重鼎, 李健宇, 李秉九, 曺協承
趙東臣, 柳寅哲, 金璟中, 鄭在恩, 朴承鏻, 鄭寅旭, 朴勝轍, 池錫永, 李重愚, 崔達斌
朴敍陽, 張憲植, 洪祐元, 梁善謨, 李時榮, 白樂浣, 徐丙炎, 元應常, 李起銕, 李象駿
韓 旭, 魚瑢善, 姜 海, 鄭肯朝, 崔晶在, 玄 采, 李重玉, 權泰駿, 李國應, 曺康煥
韓鎭圭, 李埈燮, 李啓奭, 李埈學, 尹同善, 李鑢起, 徐相協, 鄭允永, 尹學榮, 申鼎善
李弼榮, 李能器, 申有善, 南台熙, 朴齊璉, 黃世夏, 趙綺夏, 朴用奎, 鄭彦朝, 朴信陽
金文演, 李範龜, 趙秉集, 朴初陽, 金永粲, 李宇振, 金基煥, 尹興燮, 許 杭, 李鳴夏
尹道淳, 權道相, 朱 堣, 朴勝輯, 徐丙吉, 朴晶東, 鄭樂憲, 愼宗奎, 許萬弼, 宋暎燮
蔡奎世, 洪承敬, 申達秀, 白樂正, 成寅鎬, 李種奭, 鄭鎬冕, 金璣泳, 李重馨, 申正植
韓雲錫, 李淵哲, 李昌夏, 申寶善, 姜處純, 金容孝, 孟一鎬, 洪承九, 金思說, 林德圭
成樂賢, 南廷懿, 李昌雨, 許 撤, 丁奎興, 李敎英, 金定漢, 張斗寅, 金若欽, 李股浩
呂肇淵, 邊昇基, 李琮夏, 李裕應, 金若性, 趙宗鎬, 崔鉉極, 趙重善, 柳弘基, 崔翼明
韓啓宰, 趙岐鎬, 趙志鎬, 全昌烈, 柳根萬, 申鳳均, 徐榮九, 河南植, 朴海默, 金器宗
李龍濟, 李瓚在, 李求震, 金容學, 金鳳薰, 金龍壽, 徐廷淑, 李麟在, 尹壽炳, 李鍾坤
洪承健, 曺秉模, 韓泰雷, 張泌相, 崔廷咸, 趙中熙, 成永泰, 鄭河永, 張準相, 李敏洙
申琡雨, 金東驌, 李寅承, 李種龜, 黃彦性, 金東璿, 金正化, 金澤柱, 朴勝薰, 金應默

72) 『대동학회월보』 1호, 1908.2, 70~71쪽.

李景九, 李範修, 成鶴永, 申錫定, 崔鳳韶, 金春熙, 尹相衍, 李秉和, 申性均, 金班鉉
具然河, 尹祖榮, 閔泳殷, 李恒九, 申應熙, 徐晩淳, 申大均, 鄭恒朝, 鄭萬朝, 洪運杓
韓基準, 趙秉倫, 柳根益, 李鍾岳, 尹禹永, 李弼雨, 鄭寅昉, 李春世, 李鍾淵, 金誠鎭
趙東肅, 金學轍, 鄭圭朝, 沈夏慶, 尹秉純, 金憙鎭, 李冀鍾, 金秉萬, 趙南倬, 李英宰
李喜鍾, 權重翼, 李秉垛, 韓鎬源, 韓中洙, 李敎升, 李彦榮, 姜泰範, 金眞極, 朴河鎭
尹鍾學, 韓昌愚, 徐丙敎, 李炳甲, 安秉台, 朴弼善, 成樂奎, 金商直, 韓止淵, 許 浣
崔泓琦, 李根榮, 吳鎭龍, 林雲弼, 金瑞經, 金英振, 金永玉, 朴尙鎭, 俞鎭瀅, 曺秉采

대동학회의 임원과 회원을 살펴보면 동도서기론을 주장한 신기선,[74] 김윤식 등과 학자 관료, 조중응, 박제빈, 윤덕영, 민영휘, 이완용 등 고위 관료, 이재곤, 이재완, 이준용 등의 왕족, 정봉시, 한창우, 성낙현 등 지방 유림이 참여하고 있었다. 그중 고위 관료들은 대체로 친일적 성향을 지니고 있었으며 그 후 한일병합이 되자, 상당수는 일제가 주는 귀족 작위를 받으며 일제에 적극적인 협력을 하였다.[75] 그리고 제3장과 제4장에서 살펴보겠지만 대동학회의 임원과 회원에 참여한 유림 중에서 일부는 경학원과 지방 유림단체에서 임원을 맡아 중추적인 활동을 하게 된다.

대동학회는 유도(儒道)로써 체(體)를 삼고 신문학(新文學)으로 용(用)을 삼아 신구(新舊)의 사상을 통합하자는 목표를 내세웠다.

73) 『대동학회월보』 1호, 1908.2, 72~74쪽; 『대동학회월보』 3호, 1908.4, 69쪽; 『대동학회월보』 7호, 1908.8, 61쪽; 『대동학회월보』 10호, 1908.11, 64쪽.

74) 신기선의 학맥과 사상에 대해서는 권오영, 「申箕善의 東道西器論硏究」, 『청계사학』 1, 1984 참조.

75) 대동학회에 참여한 관료들이 전부 친일파가 된 것은 아니었다. 예를 들어 한규설(1848~1930)은 을사늑약 체결을 끝까지 반대하였으며 한일병합 후 일제가 남작의 작위를 주었으나 거절하고 칩거생활을 하였다. 그리고 경전 강사를 맡은 이중하(1846~1917)는 정만조와 함께 1909년 '일본관광단'으로 참여하여 일본을 시찰하고 돌아왔으나 정만조와 달리 민족의식을 잃지 않았다. 그는 끝까지 반일의식을 가지고 일제와 협력하지 않았으며 1917년 72세의 나이에 서거하였을 때, 무덤 상석에 "有韓正憲大夫掌禮院卿完山李公重夏之墓配貞夫人昌寧曺氏祔左"라고 새기게 하였다. 그는 일제강점기임에도 불구하고 '유한(有韓)'이라는 말을 사용하고 있는데, '유한(有韓)'의 한(韓)은 대한제국을 의미하는 것이다. 이중하는 자신의 무덤을 통하여 대한제국의 관료였다는 점과 일제의 통치를 끝까지 인정하지 않는다는 모습을 보여준 것이다.

경전의 대의를 연구하여 유학을 창도하고 외국의 책을 열람하여 아집과 막힌 곳을 풀어야 한다. 가장 요긴한 일은 체를 세우고 용을 통달하는 것이니 孔孟의 종지를 지키고 사물의 時宜을 밝혀서 正德, 利用, 厚生 세 가지 아울러 행해지고 없어지지 않는다면 유교가 다시 밝아질 것이다.[76]

이는 신기선, 김윤식 등이 주장한 동도서기론과 다를 바 없었다. 그런데 『대한매일신보』를 비롯하여 당시 신문들은 대동학회를 극력 비난하였다. 대동학회를 개 · 돼지만도 못한 단체라고 하였으며,[77] 특히 신기선은 당시 3대 매국노 가운데 한 사람으로 규정할 정도로 비판을 받았다.[78] 이렇게 대동학회가 당시 지식인 사회에서 크게 비난을 받았던 이유는 바로 대한제국을 강점하려는 일제와 연결되고 있었기 때문이었다.

구체적으로 살펴보면 우선 재정적인 면에서 대동학회는 일제의 지원을 받았다. 1907년 10월 25일에 일본의 황태자(大正天皇)가 1,000원을 대동학회에 기부하였다.[79] 12월 1일에 당시 통감이었던 이토 히로부미(伊藤博文)는 대동학회에 10,000원을 기부하고 강연을 하였다.[80] 또한 12월 27일에 성균관 명륜당에서 특별총회를 개최하였을 때, 부통감 소네 아라스케(曾彌荒助)도 참석하여 강연을 하였다. 이토 히로부미는 1905년 을사늑약을 체결하게 한 장본인 중 한 명이며, 초대 통감으로 부임하여 대한제국 병탄의 기초 작업을 한 사람이었다. 더구나 1907년은 고종의 퇴위와 군대 해산이 있었던 시기였다. 그런 상황에서 그들이 대동학회를 지원하는 것에 대해 항일의식을 지닌 지식인들은 당연히 큰 반발을 하게 된 것이다.

76) 신기선, 「大東學會趣旨書」, 『대동학회월보』 1호, 1908.2, 4쪽. "何以爲人 日學 何以爲學 日道 (中略) 究經傳之大義 以倡斯道 閱外國之書籍 以解執滯 務要 立體達用 守孔孟之宗旨 明事物之時宜 使正德利用厚生三者 並行不廢則庶幾儒敎復明."

77) 「돈견만 갓지 못한 대동학회」, 『공립신보』, 1908년 4월 29일, 2면.

78) 『대한매일신보』, 1908년 4월 8일, 1면.

79) 『대동학회월보』 1호, 1908.2, 61쪽.

80) 『대동학회월보』 1호, 1908.2, 61쪽; 「기심난측」, 『공립신보』, 1908년 1월 22일, 3면.

대동학회의 활동 중에서 가장 큰 비중을 차지한 것은 『대동학회월보』의 간행이었다. 『대동학회월보』는 총회의 결의에 의하여 학회 내에 편집부를 두고 여규형의 주관 아래 1908년 2월부터 월간으로 간행되었다. 매호의 지면은 75면 정도로, 도덕요의(道學要義) · 윤리(倫理) · 법학(法學) · 경제(經濟) · 이학(理學) · 실업(實業)과 국내외 시사 · 강연회 강의 · 회원 동정 등 다양한 내용이 수록되었다. 『대동학회월보』는 전국 각지와 동경 · 상해까지 배포되었으며, 당시 대한제국 최고의 지식인이 집필진으로 참여하였다. 그 후 대동학회가 공자교회로 개칭되면서, 『대동학회월보』는 1909년 9월 통권 20호를 끝으로 폐간되었다.[81]

『대동학회월보』에는 일제협력유림의 인식을 보여주는 글들을 다수 싣고 있다.

해외 관광단 한 무리를 이루니	海外觀光作一團
동해 새벽 해 마음을 비추어주네	扶桑曉日照心肝
이로부터 교린의 친밀함 증명할 수 있으니	從玆可證隣交密
이르는 곳마다 환영받으니 마음이 매우 즐겁구나	到處逢迎盡意歡
만리 깊은 바다에 뗏목 하나 띄우고	萬里層溟泛一槎
이름난 도시 몇 곳에서 앵화부를 읊조릴까!	名都幾處賦櫻花
이웃나라 문명의 기상 받아들이기 위해서이지	爲收隣國文明氣
화려한 문물을 감상하고 즐기려 하는 것 아니었네	不是娛遊玩物華
몇 일을 달리고 몇 일을 쉬었던가	幾日駈馳幾日休
30일 동안 발자취는 이름난 곳에 모두 남겼네	三旬足跡盡名區
일본을 두루 다닌 것은 비록 남아의 일이지만	蓬桑縱是男兒事
사물 접촉하니 나라 그리워하고 걱정하는 마음 많이 나네[82]	觸物應多戀國愁

81) 유준기, 『韓國民族運動과 宗敎活動』, 국학자료원, 2001, 270~271쪽.
82) 成樂賢, 「寄贈觀光團一行」, 『대동학회월보』 16호, 1909.5, 27쪽.

이 시의 지은이 성낙현은 한일병합 후 경학원 강사로 참여하여 적극적인 활동을 한 대표적인 일제협력유림이다. 1909년에 일본을 방문하였던 1차 일본관광단에게 주는 이 시는 기본적으로 문명국 일본과의 우호 관계를 강조하고 이웃의 문명을 배워야 한다는 당위성이 내재되어 있다. 비록 명칭은 일본관광단이지만 결코 즐기러 가는 것이 아니라 일본의 뛰어난 문명을 배우는 것이며, 아울러 일본과의 친밀한 우호 관계를 재확인하는 것이 일본 관광의 목적이라고 말한다. 일제의 대한제국 침략이 노골화되던 시기에 성낙현은 조국과 민족의 현실에 대한 냉철한 성찰은 하지 않고 있다.

대동학회 회장 신기선을 비롯하여 대동학회의 임원들도 당시 처한 현실에 대한 진지한 성찰은 없었다. 김가진은 이토 히로부미의 67세 생일을 축하하는 한시를 지었고,[83] 신기선은 문명국 일본과 일본인 학자 주슈 미시마쓰요시(中洲三島毅, 1831~1919)에 대한 흠모의 감정을 실은 시를 당사자에게 보냈으며,[84] 그도 답시를 신기선에 보냈다.[85] 『대동학회월보』에는 특히 '사조(詞藻)'란은 일본인과 일본문명을 흠모하는 내용의 글들이 다수 실려 있다.

요컨대 『대동학회월보』에는 동도서기론의 관점에서 구학과 신학을 두루 소개하고 있지만, 민족의 현실을 파악하여 대응하는 글들은 찾아보기 어렵다. 이는 대동학회가 일제의 지원을 받았으며 친일파와 일제협력유림이 주도적으로 참여하여 활동하였기 때문에 대한제국기에 자강운동을 펼친 애국단체와 애초부터 성격이 달랐기 때문이다. 대동학회에 참여한 일제협력유림은 일제강점기 동안 한국의 유교를 변질시켜 일제의 지배

83) 金嘉鎭, 「伊藤公爵六十七度詩以賀之」, 『대동학회월보』 4호, 1908.5, 41쪽.
84) 申箕善, 「寄日本三島侍講」, 『대동학회월보』 2호, 1908.3, 50~51쪽.
85) 中洲三島毅, 「和呈申副將」, 『대동학회월보』 2호, 1908.3, 51쪽.

이데올로기에 편입시키는 역할을 하게 된다.

한편, 1910년 8월 22일에 일본 제국주의는 강제로 대한제국과 한일병합 조약을 체결하고 8월 29일 조약을 공포하였다. 일제가 대한제국을 강점하자 항일의식이 강한 유림은 조국의 멸망을 개탄하고 일본 통치를 거부하였다. 특히 보수유림은 일제의 치하에서 사는 것을 거부하고 자결순국(自決殉國)의 적극적인 투쟁을 선택하였는데 그 대표적인 인물이 송병순(宋秉珣), 황현(黃玹), 이만도(李晩燾), 김도현(金道鉉) 등이었다.[86] 그런데 이와 반대로 병탄한 것을 기다리고 있었던 것처럼, 병합 사실이 공포되자마자 자칭 '조선 13도 유생대표'이라는 일련의 무리가 당일 바로 일본천황에게 병합을 축하하는 장문의 서한(日鮮合併紀念祝賀書)을 보냈다.

〈그림 2-1〉 일선합병기념축하서(日鮮合併紀念祝賀書)[87]

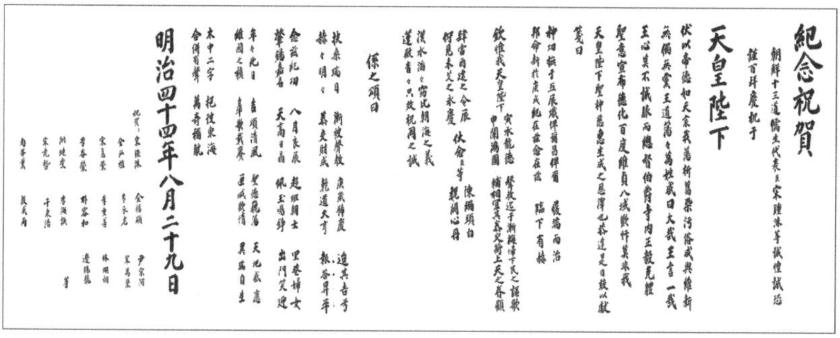

86) 한말 · 일제 초기의 자결순국한 인물들에 대해서 권대웅, 『1910년대 국내독립운동』, 한국독립운동사편찬위원회 독립기념관 한국독립운동사연구소, 2008, 40~44쪽 참조.

87) 「日鮮合併紀念祝賀書」는 일본 宮內廳 書陵部에 소장되어 있다. 국내에서는 국사편찬위원회가 원본을 사진으로 촬영하여 소장하고 있다. 필자도 2006년 11월 1일에 궁내청을 방문하여 이 자료를 實見하였는데, 크기는 60.5×230㎝이다. 겉봉(皮封)에 '天陛進獻'이라고 적혀 있으며 크기는 60.5×12.8㎝이다. 이 서한에 서명한 유생은 宋鍾洙, 金弘植, 宋悳榮, 李春榮, 洪璉燮, 宋堯哲, 南啓薰, 金禧錫, 李承老, 李重善, 朴容和, 李海謙, 千秉浩, 殷成雨, 尹宗河, 宋萬榮, 林翊相, 邊錫龍 등 18명이다. 그리고 이름 밑에 각자 자신의 도장을 찍었다.

“조수도 슬피 울고 강산도 찡그리니 무궁화 이 세계가 망한(鳥獸哀鳴海岳嚬 槿花世界已沈淪)”[88] 처참한 현실에 항일 유림은 “눈물이 아직 흐르며(國亡淚未已)”[89] 비통과 울분에 잠기고 있는데 비해, 송종수(宋鍾洙) 등의 유생은 “나라의 운명이 경술년에 새로워(邦命新於庚戌)”졌다고 인식하였고 “성덕은 높고 크고 전국에 기쁜 마음이 가득하다(聖德巍蕩 匝域歡情)”고 하면서 일본천황을 위해 “저 동해를 안고 만수 축배를 든다(挹彼東海 萬壽稱觥)”고[90] 하였다. 한일병합 사실이 알려지자 전 민족은 큰 충격을 받고 전국적으로 자결순국이 격증하고 있을 때, 이런 ‘유생의 추태’는[91] 너무나도 동떨어진 것이었다. 심지어 그들은 메이지(明治) 능소(陵所)까지 참배하여 ‘한국 선비들은 나라 망한 것을 도리어 경사로 알고 있다’고 하는[92] 큰 비판을 받았으며, 자연히 유림과 유교에 대한 민중의 인식을 악화시키게 되었다.

자료의 한계로 그들이 구체적으로 어떤 사회 · 경제적 지위를 가진 사

88) 황현, 『매천야록』 권6. “韓亡, 前進士黃玹仰藥死之 (中略) 隆熙四年八月三日 合邦令自郡衙頒布閭里 即日夜, 仰鴉片 而翌日殞絕 有遺詩四首 亂離滾到白頭年 幾合捐生却未然 今日眞成無可奈 輝輝風燭照蒼天 妖氛掩翳帝星移 九闕沉沉晝漏遲 詔勅從今無復有, 琳浪一紙淚千絲 鳥獸哀鳴海岳嚬 槿花世界已沉淪 秋燈掩卷懷千古 難作人間識字人 曾無支厦半椽功 只是成仁不是忠 止竟僅能追尹穀 當時愧不躡陳東.”

89) 宋相燾, 『騎驢隨筆』, “金燾鉉字鳴玉 金海人 居英陽小青 慷慨有氣節 丙申 (高宗三十三年) 倡義兵 累遭摧敗 危險而不挫 乙巳庚戌間 憤不顧身 每欲有爲 而有九十老親 不得行其志 常鬱悒 乙卯 (一九一五年) 遭父喪 既卒哭 遂步至東海上賦詩曰 我生五百末 赤血滿腔腸 中間十九載 鬚髮老秋霜 國亡淚未已 親沒痛更長 獨立故山碧 百計無一方 欲觀萬里海 七日當復陽 白白千丈水 足吾一身藏 坐海濱盤陀石 使傍人浪誦一過 脫衰服 置石上持苴杖赴水 時 海波洶湧 朝日方出 燾鉉步水上至眼窮處, 不知所終 (後略).”

90) 『日鮮合併紀念祝賀書』. “朝鮮十三道儒生代表臣宋鍾洙等 誠惶誠恐謹百拜 慶祝于天皇陛下 (中略) 聖德巍蕩 匝域歡情 天地感應 異瑞自生 木中二字 合併有聲 挹彼東海 萬壽稱觥 明治四十四年八月二十九日.”

91) 「유생의 추태」, 『신한민보』, 1911년 6월 14일, 2면. 송종수 등은 일본천황에게만 병합축하서한을 보냈을 뿐만 아니라 조선총독으로 부임한 寺內正毅에게 장문의 환영서한을 보내어 비난을 받았다.

92) 「한국의 썩은 선비」, 『신한민보』, 1912년 12월 9일, 2면.

람들인지 알 수 없으나 대체로 지방 출신의 유생들로 추정된다. 그들은 나라가 망하고 새로운 상황이 시작되는 것을 좋은 기회로 여겼다. 그들은 자발적이고 적극적인 친일활동을 펼쳐서 일제에게 지위 상승이나 권력 등을 기대하였던 것 같다. 예를 들면, 심형진(沈衡鎭, 1881~1950),[93] 한준석(韓準錫, 1877~1940)[94] 같은 인물들은 국망 후 적극적으로 일제에게 협력 활동을 하며 주류로 올라가기를 원했지만, 일제는 끝끝내 그들을 중용하지 않았다. 마찬가지로 자칭 조선 13도 유생대표들도 그렇게 노력하였지만 일제는 그들을 선택하지 않았다. 그들의 사례는 민족의식을 형성하지 못한 유생의 왜곡된 현실을 보여주는 것이며, 아울러 나라

93) 심형진은 대한제국기에 탁지부 주사를 역임하였으며 한일병합 후 적극적인 친일 활동을 펼쳤다. 그는 1921년 11월 『조선』에 '내선융화'에 힘쓸 것을 주장하는 글을 기고하고 1928년 일본제국주의의 '내선융화'를 주장하는 『조선역사천자문』을 저술하고 간행하였으며 1942년 11월 『국민총력』에 「축징병제실시」라는 한시를 통해 '황은'에 보답하여 '충성'을 다할 것을 주장하는 등 각종 친일 한시를 작성하였다. 그러나 그에게 온 지위는 고작 전라남도 내무부 지방과 촉탁에 그쳤다. 그가 지은 한시 중에서 『국민총력』에 실린 징병제실시를 축하하는 시 한 편을 소개하면 다음과 같다.

일본이 온통 봄이니 조선에도 꽃이 피네	扶桑春遍槿花叢
恩雨 내리시는 어진 하늘은 一視同仁하는구나	雨露仁天一視同
정의를 행하고자 몸소 군대의 行伍에 들어가	仗義身編行伍裏
사사로움 없애고 마음을 비워 奉公하리라	滅私心罄奉公中
황은이 이와 같으니 어떻게 보답할까	皇恩如此那由報
신하의 도리는 오직 충성을 다하는 것뿐	臣道無他在盡忠
청년들은 훈련하는 날 기다리니	待到青年精鍊日
이천만 민중이 모두 용사들이구나	二千萬衆是羆熊

94) 한준석은 함경도 출신으로 일제강점기에 咸興郡 西退潮面長, 咸鏡南道 道評議會員을 지냈다. 국민협회 상담역, 동민회 평의원을 역임하며 적극적인 친일 활동을 하였으며 천황과 총독을 칭송하는 각종 친일 한시를 지어 기고하였다. 1937년에는 寺內正毅 · 齋藤實 · 南次郎에게 바친 시들을 모아 『三老寓慕詩選』을 간행하였다. 그중에 실린 시 한 편을 소개하면 다음과 같다.

歡迎齋藤總督

大正十年二月咸南巡視時

변방에 복이 있어 우리 공이 오셨으니	遐藩有福我公來
추위가 물러난 언덕에 봄이 돌아왔구나	寒後陰崖春始回
교화 베풀고 백성 안정시키는 중책 자임하시니	宣化安民任自重
대동이 이로부터 태평시대를 열겠구나	大東從此太平開

가 망한 후에 그것을 기회로 여기며 일제에 협력할 수 있는 유림이 있다는 사실도 보여주는 것이다. 그렇기 때문에 1920년에 각종 지방 유림단체가 결성되었을 때 이런 유림이 참여하였던 것이다.

제3장

1910~1920년대 경학원(經學院)과 일제협력유림의 활동

1. 조선총독부의 경학원(經學院) 설립

1910년 대한제국을 강점한 일본제국주의는 유교와 유림을 주목하고 있었다. 비록 근대의 다양한 사상조류가 한국에 들어오고 유교적 윤리·도덕, 신분질서의 규범 등의 권위가 전에 비해 매우 약해졌지만, 조선왕조의 지배이데올로기였던 유교는 여전히 무시하지 못할 영향력을 지니고 있었다. 일제는 대한제국을 강점하는 과정에서 투철한 항일의식을 지닌 유림의 투쟁으로 곤욕을 치렀으며 또한 지방에 있는 유림의 위상과 영향력 역시 소홀히 여길 수 없었다. 그러므로 당시 엘리트였던 유림의 항일 의지를 제압하는 동시에 안정된 식민지 사회를 구축하기 위해서는 유교와 유림에 대한 대책은 무엇보다 중요한 사항이었다.

조선총독부는 화이관과 의리론에 근거한 한국 유교의 특장점(特長點)을 없애는 동시에, 유교의 보편성을 교묘히 이용하여 체제 순응의 일본화된 유교로 변질시키려는 시도를 하게 된다. 동시에 한국의 유교 지식인들의 항일 의지를 꺾고 그들을 통제하며 자신들에게 협력하는 유림을 양성하기 위한 정책을 펼치게 된다. 그중에 대표적인 것이 바로 경학원(經學院)의 설립이었다. 조선총독부는 조선왕조에서 유학 교육에 관한 일을 관장했던 성균관(成均館)을 폐지하고 1911년 6월 15일에 총 17조의 경학원규정(經學院規程, 조선총독부령 제73호)을 공포하여 경학원을 설립하였다.

이렇게 볼 때 경학원의 제도적 연원은 성균관이라고 볼 수 있다. 일본에 강점당하기 전의 성균관의 상황에 대해 잠시 살펴보면, 성균관은 1894년 갑오개혁으로 과거제도가 폐지되고 서구 문물이 급속도로 유입됨에 따라 그 기능과 역할이 이미 크게 감소하고 있었다. 1895년(고종 32년) 2월에 고종은 근대적 형태로 국가의 체제를 재편하면서 교육의 중요성을 강조하고 교육에 힘쓰도록 권하는 조령(詔令)을 발표하였다.[1] 그해 7월 2일자 칙령(勅令) 제136호로 성균관 관제를 제정한 후[2] 1895년 8월 9일자 학부령 제2호에서 성균관 경학과(經學科) 규칙을 반포하여[3] 성균관을 근대적 고등교육기관으로 개편하고자 하였다. 그 후 여러 차례 성균관 관제는 지속적으로 보완되어 나갔으나, 이미 시대적인 한계로 인해 성균관은 근대적 고등교육기관의 역할을 제대로 할 수 없었다.[4]

1) 경학원의 직제(職制)

대한제국을 강점한 후, 조선총독부는 유명무실한 전왕조의 국립대학인 성균관을 폐지하고 일개 교화기관을 표방하며 경학원을 설립하였다. 성균관과 경학원은 성격상 전혀 다른 기관이었으나[5] 일제는 경학원의 이

1) 『高宗實錄』, 고종 32년 2월 2일.
2) 『高宗實錄』, 고종 32년 7월 2일.
3) 『高宗實錄』, 고종 32년 8월 9일.
4) 경학원의 제도적 연원에 대해서는 정일균, 「일제의 무단통치와 경학원」, 『사회와 역사』 76, 2007, 7~24쪽 참조.

미지를 '성균관의 후신'으로 유림에게 인식시키도록 노력하였다.[6] 이는 유림이 인식하는 성균관의 위상과 이미지를 이용하여 통제하려는 목적과 지방에 산재한 향교를 용이하게 관리하려는 목적 때문이었다.[7] 이러한 일제의 경학원에 대한 이미지 구축이 일정부분 성공하여 유림 역시 경학원을 성균관의 이미지로 받아들이고 있었다.[8]

경학원규정 제1조에서 "조선총독(朝鮮總督)의 감독(監督)에 속하여 경학을 강구하며 문묘(文廟)를 제사하며 풍교덕화(風敎德化)를 비보(裨補)함을 목적"[9]으로 한다고 밝힌 것처럼 경학원은 석전제(釋奠祭)의 거행과 경학 강연만을 실행하도록 하였다. 즉 경학원은 조선총독이 직접 감독하고 관할하는 직속기구로서 일제강점기 동안 조선총독부의 유교정책에 따라 통치에 필요한 교화와 선전의 역할을 수행하는 기관이었다. 이러한 경학원의 목적, 직제, 운영 등을 보여주는 것이 바로 17조의 경학원규정(조선총독부령 제73호)이다.[10]

5) 1911년과 1913년 등에 걸쳐 조선총독부는 경학원에 성균관, 계성사 건물과 명륜당 후원 등을 대부하고 서적 · 기구 · 교육품 등 총 949종을 증여하였다. 1912년 3월 15일에는 문묘 향사에 쓸 제기, 악기 및 설비품 등 125종을 李王職으로부터 인계받았으며, 明治 천황이 준 25만 원도 경학원 기금에 들어갔다(성균관대학교, 『成均館大學校 六百年史(天)』, 성균관대학교 출판부, 1998, 257쪽).

6) 「지방보고」, 『경학원잡지』 2호, 1914, 95쪽. "明治四十四年八月一日特下國帑二十五萬圓設置經學院 (中略) 經學院 卽成均館之明倫堂也."

7) 정일균, 「일제의 무단통치와 경학원」, 『사회와 역사』 76, 2007. 일제강점기 향교에 대한 연구는 金明友, 「日帝 植民地時期 鄕校 硏究」, 중앙대학교 박사학위논문, 2008 참조.

8) 일례를 든다면, 장흥에 거주하였던 유생 金冑現(1890~1960)도 經學院을 옛 太學館(=성균관)으로 인식하고 있다(『定岡日記』 권7, 1945년 6월 21일).

9) 朝鮮總督府令 제73호, 經學院規程 제1조.

10) 경학원규정은 크게 일본어 원문과 한국어 역문 두 종류가 있다. 『조선총독부관보』, 제237호, 1911년 6월 15일자에 일본어 원문이 실려 있고, 경학원의 기관지 『經學院雜誌』 1호에는 한국어 역문이 실려 있다. 그리고 『경학원잡서류철』에도 경학원규정이 실려 있는데 이것은 일본어 원문 옆에 한글로 토를 달았다. 본고에서는 친일반민족행위진상규명위원회에서 간행한 『친일반민족행위관계사료집』 I (2007, 311~312쪽)에 실린 경학원규정을 수정, 인용하였다.

제1조 經學院은 조선총독의 감독에 속하며 經學을 강독하고 風教德化를 돕는 것을 목적으로 한다.

제2조 경학원은 京城에 둔다.

제3조 조선총독은 각 道에서 학식과 덕망이 있는 자를 講士로 하여 경학원에 있도록 한다.

제4조 경학원은 매년 봄과 가을 2회 文廟 제사를 거행한다. 제사는 조선총독의 지휘를 받아 대제학이 거행하고 경학원 강사도 여기에 참석한다.

제5조 경학원에 아래의 직원을 둔다.

大提學 1명

副提學 2명

祭酒 5명

司成 약간 명

直員 약간 명

앞 항 직원의 진퇴는 조선총독이 맡는다.

제6조 대제학은 조선총독의 지휘감독을 받아 院務를 총괄한다.

제7조 부제학은 대제학을 보좌하며 대제학에게 사고가 있을 때에는 그 직무를 대행한다.

제8조 좨주는 위의 명을 받아 원무를 분장한다.

제9조 사성은 위의 지휘를 받아 원무에 종사한다.

직원은 위의 지휘를 받아 庶務에 종사한다.

제10조 경학원의 직원에게는 수당을 지급할 수 있다.

제11조 만 60세 이상의 강사로 공로 또는 덕망이 두드러진 자에게는 특별히 수당을 지급할 수 있다.

경성 이외에 거주하는 강사로 경학원에 참여하고 있는 자에게는 여비를 지급한다.

제12조 제11조의 수당과 여비액, 그 지급 방법에 대해서는 별도로 정한다.

제13조 경학원의 직원과 강사의 수당·여비, 기타 경비는 기본 재산에서 나오는 수입과 기타 수입으로 충당한다.

제14조 경학원은 기부를 받을 수 있다.

제15조 기본 재산은 토지·건물·국채증권 또는 확실한 유가증권 또는 은행 예금으로 보관해야 한다.

기본 재산은 조선총독의 인가를 받지 않으면 이를 처분할 수 없다.

제16조 대제학은 매 회계연도 세입세출 예산을 작성하여 연도 전에 조선총독의 인가를 받아야 한다. 예산의 추가 또는 정정을 하고자 할 때도 마찬가지이다.
대제학은 매 회계연도 세입세출 결산을 작성하여 그 연도 후 3개월 이내에 조선총독에게 보고해야 한다.
앞 2항의 회계연도는 정부의 회계연도를 따른다.
제17조 본 규정의 시행과 관련해 필요한 사항은 조선총독의 인가를 받아 대제학이 정한다.

각 조항을 간략하게 살펴보면, 제1조는 경학원은 조선총독의 감독에 속하여 경학을 강구하며 풍교덕화를 비보함을 목적으로 한다고 규정한 것으로 경학원의 설립 목적을 말한 총론에 해당한다. 제2조는 경학원은 경성(京城)에 두는 것을 규정한 것이며, 제3조는 조선총독은 각 도로부터 학식덕망(學識德望)이 있는 자를 강사(講士)로 기용하여 경학원에 참여하도록 하는 내용이다. 제4조는 매년 춘추에 문묘 제사를 거행하는데 제사는 조선총독의 지휘를 받아 대제학이 행하고 경학원 강사가 참여하도록 한다는 내용이다. 제5조부터 제9조까지는 경학원의 직제와 관련된 내용이며, 제10조는 경학원 직원에게 수당을 준다는 내용이다. 제11조는 만 60세 이상의 강사로 공로나 덕망이 현저한 자에게 수당을 준다는 것과 경성 이외에 거주하는 강사로 경학원에 참여하는 자는 여비를 준다는 내용이다. 제12조부터 제17조는 경학원 직원과 강사의 수당, 여비, 기타경비를 지급하는 방법, 매 회계연도 세입, 세출예산 및 모든 사항을 시행할 때에는 총독의 인가를 받도록 규정하는 등의 내용이다.

여기서 특히 주목하려는 조항은 제3조와 제5조~제9조로 경학원의 인적 구성과 역할을 규정한 부분이다. 우선 제3조에 규정된 강사라는 직책은 경학원의 정식 직제에 포함되지 않는 일종의 명예직이다. 그렇지만 경학원의 직제를 규정한 조항보다 먼저 나온 것은 조선총독부가 강사의 역할을 중요하게 생각하고 있었다는 것을 의미한다. 뒤에서 강사의 활동과 역할에 대해 논하겠지만, 강사는 경학원의 핵심 사업 중에 하나인 경학강연과 지방 순회강연을 담당하였다. 즉 강사는 지방에 거주하는 유림을 회유·포섭하여 조선총독부의 유교 정책에 동조하는 역할을 담당한 직책으로 경학원의 일선 실무자였다. 그래서 조선총독부는 각 도의 강사를 선정하는 일에 상당한 주의를 기울였으며, 임명된 강사들을 각별하게 대우하였다. 1920년대까지를 한정해서 볼 때 조선총독부가 임명한 강사는 유교적 소양이 깊었으며, 상당수는 대동학회가 결성할 때부터 참여한 일제협력유림이었다. 그리고 선정된 강사는 각 도의 유림을 대표하는 위상을 지니고 있었다. 그러므로 강사 중에서 경학원 부제학, 대제학까지 임명되는 인물도 있었다.11) 또한 강사의 재직 연한은 1930년대까지 규정되지 않아 사망하거나 스스로 사임하지 않은 한 강사직을 유지할 수 있었다.12)

제5조~제9조는 경학원의 정식 직제를 규정한 부분이다. 그런데 규정과 실제 자료에서 나타나는 내용이 다소 차이를 보이고 있다. 제5조는 경학원의 직원으로 대제학(大提學) 1인, 부제학(副提學) 2인, 좨주(祭酒) 5인, 사성(司成) 약간인(若干人), 직원(直員) 약간인을 둔다고 하였다. 우선 경학원의 직책명은 조선왕조의 관직명을 그대로 따르고 있는 것이 특징이다. 1911년 7월 31일에 조선총독부는 대제학, 부제학, 사성을 다음과 같이 임명하였다.13)

11) 경학원 강사 중에서 鄭萬朝, 鄭鳳時는 부제학을 거쳐 대제학까지 오른다.

12) 1940년 11월 12일로 조선총독부령 제240호에 의해 경학원규정 제3조가 개정되어 경학원 강사의 임기가 3년으로 정해졌으며, 필요한 경우 임기 중에도 해임할 수 있도록 규정하였다(『경학원잡지』 46호, 1942, 12~13쪽).

13) 『경학원잡지』 1호, 1913, 44쪽.

〈표 3-1〉 1911년 경학원 직원 명단

직책	작위	성명	재임 기간	비고
大提學	子爵	朴齊純	1911. 7. 31 ~ 1916. 6. 24	사망으로 면직
副提學	子爵	李容植	1911. 7. 31 ~ 1919. 7. 16	독립청원으로 면직
	男爵	朴齊斌	1911. 7. 31 ~ 1921. 9. 5	사망으로 면직
司成		金有濟	1911. 7. 31 ~ 1914. 10. 7	〃
		李人稙	1911. 7. 31 ~ 1916. 11. 24	〃

곧이어 1911년 9월 8일에 당시 대제학 박제순의 천보(薦報)로 박치상(朴稚祥), 이대영(李大榮), 정철영(鄭喆永) 세 사람이 경학원의 말단직인 직원으로 임명된다.14) 이렇게 대제학, 부제학은 규정대로 각각 1명, 2명이 임명되었고 정확한 인원수를 표시하지 않고 약간인으로 규정된 사성과 직원은 각각 2명, 3명이 임명되었다. 이후 조선총독부가 사성은 2명을, 직원은 3명을 임명하는 것이 일종의 관례가 되었고 이는 1930년대까지 이어진다. 그리고 일제강점기 말기에 경학원에 새로운 직제가 마련되어 1939년에 고문직, 1944년에 제학직(提學職)이 신설되었다.

그런데 5명으로 정해진 좨주(祭酒)는 임명되지 않았으며 이후 좨주는 단 한 번도 임명되지 않는다. 원래 좨주는 조선 때 성균관에 두었던 정3품의 벼슬로 학행과 덕망이 높은 선비를 뽑아 임용하였던 관직15)으로 주로 석전(釋奠)의 제향을 맡았다. 경학원의 설립 목적이 석전제의 거행과 경학 강연임을 염두에 둔다면, 석전제를 주관할 좨주를 뽑지 않은 것은 이상하다.16) 이것은 조선사회에서 왕실의 권위와 엄숙한 위계질서를 보여주었던 문묘 석전 의례를 조선총독부가 의도적으로 변질시켜 조선왕

14) 『경학원잡지』 1호, 1913, 45쪽.

15) 『대전회통』.

16) 조선총독부는 1939년 4월 5일 경학원규정을 개정하면서 좨주 5인 선발 항목을 삭제하였다(『조선총독부관보』, 1939년 4월 5일).

실의 정통성을 부정하고 권력의 소재가 조선총독부에 있다는 것을 일반 대중들에게 인식시키려는 의도와 관련이 있지 않을까 한다. 결국 조선총독부는 1939년에 경학원규정을 개정하면서 유명무실한 좨주 5인 항목을 삭제하였다.[17)]

제6조~제9조는 대제학, 부제학, 좨주, 사성, 직원의 직무를 규정하고 있는데, 실제로 임명되지 않는 좨주를 제외하고 그 내용을 살펴보자. 제6조에 대제학은 조선총독의 지휘감독을 받아 원무를 총리(總理)한다고 되어 있고 제7조에는 부제학은 대제학을 보좌하고 대제학이 사고가 있을 때는 그 직무를 대리한다고 되어 있다. 제9조에 사성은 상직(上職: 대제학, 부제학)의 지휘를 받아 원무(院務)에 종사하고 직원(直員)은 상직(上職: 대제학, 부제학, 사성)의 지휘를 받아 서무(庶務)에 종사한다고 되어 있다.

1910년~1920년대 경학원의 대제학, 부제학은 일제에 협력한 친일파로서 작위를 받은 인물과 유학의 소양이 깊고 학문적 명망이 있는 인물들이 임명되었으며 대부분 고령의 나이였다. 대제학, 부제학은 경학원의 업무를 총괄하는 자리였으나 일종의 명예직에 가까웠다. 경학원의 업무를 실질적으로 담당하며 활발하게 활동하였던 것은 사성이었다. 자료를 살펴보면 2명의 사성이 일종의 역할분담을 하며 경학원의 업무를 관리한 것 같다. 그리고 경학원규정에는 대제학에서 직원까지 경학원 직원의 재임 연한에 대한 규정이 없다. 그들은 특별한 결격사유가 발생하거나[18)] 또는 다른 곳으로 전임되거나 자신이 스스로 물러나기를 청하지 않는 이상 경학원에서 면직되는 경우는 없었다. 경학원의 직원은 종신직으로 선

17) 『조선총독부관보』, 1939년 4월 5일.

18) 사망한 박제순의 뒤를 이어 경학원 2대 대제학이 된 金允植과 부제학 李容稙은 1919년 3·1운동이 일어난 후 二人連名으로 독립청원서를 조선총독과 일본내각 총리대신에게 발송하였다. 그 때문에 김윤식과 이용직은 작위도 박탈당하고 직위에서도 물러났는데, 이 두 사람을 제외하고는 경학원에서 특별한 결격 사유로 물러난 대제학, 부제학은 없다.

임자가 죽었을 때 후임자가 임명되었다. 대제학과 부제학의 후임자는 외부 인물을 임명하거나,[19] 경학원 직원이나 강사, 사성에서 단계를 거쳐 승진하였다.[20]

2) 경학원의 사업

경학원의 주요 사업은 크게 3가지로 석전제(釋奠祭) 시행, 경학강연회 개최, 기관지인 『경학원잡지』 간행이다.[21] 여기서는 석전제와 경학강연회에 대해서만 대략적으로 살펴보겠다. 『경학원잡지』 간행은 사성의 역할과 깊은 관계가 있기 때문에 뒤에서 다루기로 한다.

우선 석전제는 원래 성균관과 지방향교에서 매년 춘추중월(春秋仲月) 상정일(上丁日), 즉 음력 2월 초정일(初丁日)과 음력 8월 초정일(初丁日)에 중국의 공자(孔子)를 비롯한 사성(四聖)·십철(十哲)·칠십이현(七十二賢)과 우리나라의 18현들을 제사한 국가적인 의식이었다. 따라서 정2품의 관리가 석전제의 헌관(獻官)이 되었는데 특별한 경우에 국왕과 왕세자가 헌관이 되기도 하였다. 일제도 석전제에 주목하여 경학원의 교육기능은 박탈하였지만 석전제 거행을 남겨두었으며 오히려 '경학원은 매년 봄과 가을 2회 문묘(文廟) 제사를 거행한다. 제사는 조선총독의 지휘를 받아 대제학이 거행하고 경학원 강사도 여기에 참석한다'는 경학원규정의 한 조항으로 강화시켰다.

석전제가 거행할 때는 경학원의 직원은 물론이고 조선총독을 비롯하

19) 1920년대까지를 한정한다면, 成岐運(부제학, 대제학), 朴箕陽(부제학), 尹喜求(부제학), 兪鎭贊(부제학) 등을 들 수 있다,

20) 李大榮은 경학원 말단인 直員에서 시작하여 부제학까지 올랐다.

21) 이명화, 「朝鮮總督府의 儒教政策(1910~1920년대)」, 『한국독립운동사연구』 7, 1993, 93~98쪽; 류미나는 1930년 중반에 시행되는 '혼인식장의 설치'를 경학원의 사업에 추가하고 있다(「植民地時期朝鮮における經學院: 儒教教化機關と儒教イデオロギーの再編」, 111~113쪽).

여 조선총독부 관리들도 참배하였고 경학원 지방 강사, 일반 유림도 상경하여 참례하였다. 경학원 설치 당시의 석전제는 오전 10시부터 거행하다가 1915년 추계석전 때 행사가 끝난 후 강연회를 열기로 한 후부터는 오전 9시부터 거행되었다.[22] 그리고 3·1운동 이후 분열정책에 의해 경성과 지방에 설립된 대동사문회(大東斯文會)·유도진흥회(儒道振興會) 같은 어용 친일 유림단체들도 1920년 3월 20일 문묘춘석전부터 대표를 참석시켰다.[23] 이렇게 석전제 거행은 매우 중요하였기 때문에 심지어 3·1운동 때에도 『경학원잡지』 간행과 경학강연은 하지 못했어도 석전제가 거행되지 않은 적은 없었다. 또한 석전제가 거행된 후 조선총독은 오후에 경학원 직원과 경학원 강사 일동을 총독관저나 호텔로 초청하여 다과연이나 연회를 베풀어 그들을 위로·격려하였다.[24]

조선총독부가 이렇게 경학원의 석전제에 신경을 쓰고 경학원 직원과 강사들을 대접한 것은 『동아일보(東亞日報)』 기자가 "그 정책이 유생의 환심을 득(得)함에 재(在)함이오 선성(先聖)을 존숭함에 부재함은 물론(勿論)이라"[25]고 지적하였듯이 그 목적이 유림을 회유하고 환심을 사는 데에 있었다.[26]

경학원은 1913년 4월 21일 총독부훈시에 따라 '경학원(經學院) 신사업실행(新事業實行)할 건(件)'을 상정하여 총독부 인가를 받았는데, 그 내용은 다음과 같다.

22) 이명화, 「朝鮮總督府의 儒教政策(1910~1920년대)」, 『한국독립운동사연구』 7, 1993, 93쪽.

23) 『경학원잡지』 21호, 1921, 88~89쪽; 『대동사문회보』 2호, 1922, 71쪽.

24) 1919년에 거행된 춘추석전제의 예를 들어보자. 1919년 3월 6일 오전 9시 문묘춘석전을 거행하고 경학강연 하지 않았으며 오후 3시 長谷川總督이 경학원 직원 및 강사를 경성호텔로 초대하여 연회를 베풀었다(『경학원잡지』 20호, 1920, 47쪽). 1919년 10월 2일 오전 9시 문묘추석전을 거행하고 경학강연을 하지 않았으며 齋藤總督이 경학원 직원과 강사를 관저로 초대하여 다과연을 베풀고 훈시를 하였다(『경학원잡지』 20호, 1920, 50쪽).

25) 「鄕校財産管理規程改正에 對하여」, 『東亞日報』, 1920년 7월 3일, 1면.

26) 이명화, 「朝鮮總督府의 儒教政策(1910~1920년대)」, 『한국독립운동사연구』 7, 1993, 94쪽.

一. 每月 第二土曜日에 經學講演을 行하되 每年 三九兩月은 文廟釋奠을 擧行한 翌日에 行할 事.

一. 每年春夏秋冬四季月에 經學院雜誌를 發行할 事.

一. 每年春秋文廟釋奠擧行한 後에 各道講士로 各其道內各郡에 巡回勸學케 할 事. 講演規則 및 講士의 巡講要項과 雜誌要項 등을 制定하고 雜誌編纂에 관한 任員을 選定함.[27]

경학강연회는 매월 둘째 주 토요일에 경학원 명륜당에서 개최되었으며 1913년 6월 14일에 제1회 경학강연회가 열림으로써 시작되었다. 경학강연회는 대체로 두 종류가 있었다. 첫째는 경학원의 월차강연(月次講演)과 춘추석전제를 지낸 다음날 시행하였던 강연인데, 석전제 다음날 하는 강연은 1915년 가을부터 개정된 강연규칙에 따라 석전제가 끝난 후에 시행되었다. 둘째는 경학원 지방 강사가 해당 지역에 하던 순회강연이다.[28] 경성에서 열리는 경학강연회에는 박제빈, 이용직, 정봉시 등과 같은 경학원 직원, 이완용, 조중응과 같은 거물 친일파, 다치카라 노리토시(立柄敎俊), 다카하시 도루(高橋亨) 등과 같은 일본인 관리 및 학자들이 강연의 연사로 참여하였다. 강연은 유교의 가르침을 설명하는 내용과 일본 유교와 일본 유학자에 관한 내용, 조선총독부의 시정방침과 치적을 미화 · 선전, 식민지교육의 취지를 설명하거나 사회교화시책에 부응하는 내용, 위생, 화학 등과 같은 근대 학문의 실용적인 지식에 대한 내용들이었다.[29]

순회강연은 경학원에서 각 지방 강사를 담당 지방에 파견하여 관내를 돌며 강연을 하게 하는 것이었다. 경우에 따라 경학원 대제학, 부제학,

27) 『경학원잡지』 1호, 1913, 55쪽.

28) 정일균, 「일제의 무단통치와 경학원」, 『사회와 역사』 76, 2007, 7~24쪽

29) 경학원에서 열린 1910년대 경학강연회의 연사와 강연 제목은 이명화와 정일균이 도표로 잘 정리하였다. 단 이명화는 14회(1915. 9. 13)부터 32회(1918. 11. 16)까지 정리한 것에 비해, 정일균은 제1회(1913. 6. 14)부터 32회(1918. 11. 16)까지 월차강연 실시현황을 정리하였다.

사성도 같이 가서 강연을 하였다. 강연은 유교 경전의 가르침을 해설하는 내용, 조선의 유학을 일본유교와 비교하면서 은근히 조선의 유학을 비판하고 반성을 촉구하는 내용, 일제의 식민통치에 순응할 수 있도록 충효인의(忠孝仁義)의 윤리의 강조, 일제의 식민정책을 찬양하는 내용들이었다. 그리고 뒤에서 살피겠지만 경학원 지방 강사는 해당 지역 유림의 동향을 감시하고 경학원에 보고하였다. 이렇게 순회강연의 목적은 반일의식이 강한 유림을 통제하고 일본의 식민통치에 순응하도록 만드는 것이었다. 그렇기 때문에 조선총독부도 각 도 강사들의 순회강연을 지원하기 위하여 각종 편의를 제공하였다.

2. 경학원의 인적 구성과 역할

1) 사성(司成)의 성향과 역할

(1) 합병 이전 사성(司成)들의 행적과 성향

일제는 의병투쟁을 철저히 진압한 후 식민지 사회 안정과 유림의 통제를 위하여 경학원을 활용하였다. 조선총독부가 경학원을 중심으로 유교와 유림을 지배정책에 이용하려 한 데에는 두 가지 이유가 있었다. 첫째는 유교의 충효의 이념이 일본에 대한 충성심 배양에 기여할 수 있다고 보았다. 즉 한국인들이 오랫동안 지녀온 부모, 스승, 어른에 대한 존경과 공순함을 이용하여 이를 천황에 대한 충성으로 연결시켜 보고자 한 것이었다. 둘째는 유교 지식인들은 농촌 사회에서 '지방유력자'로서 지도적 지위를 아직 유지하고 있었으며 일본에 대해 강한 반감을 지니고 있었다. 그러므로 유림의 반일의식을 약화시키는 한편 총독부의 지배정책에 대한 협조 유도가 절실히 필요하였다. 그러므로 조선총독부는 경학원을 중심으로 일제협력유림이 유교의 '인의충효(仁義忠孝)'로써 한국의 인민들을 교화하는 역할을 맡아주기를 기대하였다.[30]

경학원의 사성과 강사들은 조선총독부의 이런 유교 정책에 적극 호응, 활동하였다. 위에서 언급하였듯이 경학원 사성은 1930년대까지 2명이 임명되어 경학원의 업무를 담당했다. 우선 1910년~1920년대에 활동한 사성의 명단은 다음과 같다.[31]

〈표 3-2〉 1910~1920년대 활동한 경학원 사성 명단

이름	본관	생몰년	재임 기간	전직	연수	비고
金有濟	慶州	1852.8.29 ~1914.10.7	1911.7.31 ~1914.10.7	성균관장	1,000엔	
李人稙	韓山	1862.7.27 ~1916.11.25	1911.7.31 ~1916.11.25	대한신문사 사장	900엔	
朴稚祥	密陽	1866.2.10 ~1918.3.7	1914.10.15 ~1918.3.7	經學院直員	800엔	김유제의 후임
鄭崙秀	東萊	1872 ~1921.4.29	1917.1.13 ~1921.4.29		990엔	이인직의 후임
金完鎭	安東	1877.1.1 ~1948.2.17	1918.6.1 ~1939.4.1	도서기, 군수	1,900엔	박치상의 후임
李大榮	龍仁	1874.10.30 ~1950.10.25	1921.7.31 ~1936.1.18	經學院直員	1,200엔	정윤수의 후임

1910년대에 경학원 사성으로 활동한 인물은 김유제와 이인직, 박치상, 정윤수이다. 김완진, 이대영은 1920~1930년대에 경학원 사성으로 활발한 활동을 펼쳤으며 특히 이대영은 1936년에 부제학으로 승진되었다. 6명의

30) 박찬승, 『한국근대정치사상사연구』, 역사비평사, 1992, 131~133쪽.

31) 『경학원잡서류철』, 『경학원잡지』, 『조선총독부 직원록』 등을 토대로 작성하였다.

사성들은 나이, 출신, 명망, 유학의 소양 등이 서로 차이가 나지만, 당대 지식인 그룹으로서 단체를 중심으로 서로 연결되고 있다. 그들은 합방 이전부터 여러 단체에 함께 속해 활동한 경우가 많으며 그 속에서 일본에 대한 인식을 공유한 것 같다. 그렇다면 6명의 사성들이 경학원에 참여하기 전에 어떤 활동을 하였는지 서로 간의 관련성을 중심으로 살펴보자. 이를 통하여 그들의 성향과 한국합병 후 일제의 유교정책에 어떻게 협력하였는지를 이해할 수 있을 것이다. 그들이 서로 연관된 단체를 간략히 정리하면 다음과 같다.

〈표 3-3〉 합방 이전 경학원 사성의 단체 활동

	김유제	이인직	박치상	정윤수	김완진	이대영	기타 경학원 관계자
기호흥학회	●	●	●		●		김윤식, 박제빈, 이용직 등
대동학회	●	●				●	김윤식, 이용직, 박제빈, 성기운, 여규형, 정봉시, 성낙현, 정만조 등
공자교회	●	●					이용직, 여규형, 박제빈, 정만조, 이인직 등

사성들 중에서 명망이 높고 유학적 소양이 깊은 인물로 김유제를 들 수 있다. 김유제는 명문가의 후예로 추사(秋史) 김정희(金正喜, 1786~1856)의 종손이며[32] 경학과 서법에 능한 인물이었다.[33] 그는 대한제국시대에 관직을 두루 역임했으며 특히 경학원의 전신인 성균관장을 역임하였다.[34]

32) 김유제의 가계도를 간략하게 정리하면 다음과 같다(『慶州金氏鶴洲公派世譜』, 2000, 193~200쪽).

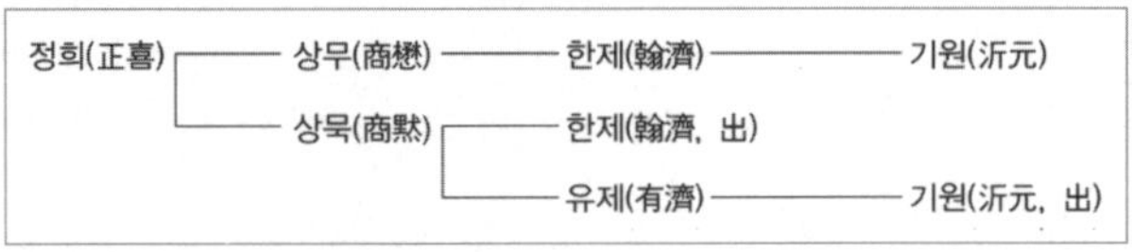

33) 『매일신보』, 1914년 10월 13일.

그런 인물이 60살의 고령으로 오히려 강등으로 볼 수 있는 경학원 사성의 임명을 받아드릴 수 있었을까. 그러나 그가 합방 이전에 보였던 행동을 보면 어느 정도 수긍이 간다.

김유제는 1908년에 기호흥학회, 대동학회에 참여하였다. 기호흥학회는 애국계몽단체이긴 하지만, 그 회원들 중에는 친일파가 많았다. 기호흥학회에 김유제는 찬무원(贊務員)으로 참여하였는데, 이인직과 2대 경학원 대제학인 김윤식, 초대 부제학 박제빈도 찬무원으로 이름을 올리고 있었고 역시 초대 부제학인 이용직은 회장을 맡고 있었다.[35] 당시 기호흥학회에는 평의원(評議員)으로 박치상, 김완진이 있었다. 김유제, 김윤식, 이용직, 박제빈 등은 연배가 비슷하고 서로 교분이 있었다. 그러나 이인직, 박치상, 김완진은 비교적 청년층에 속하여 서로 교류는 있었을 것이나 김유제 등과는 나이와 명망 등에서 차이가 났기 때문에 교분을 갖기는 어려웠을 것이다.

무엇보다도 김유제를 비롯한 유학자들의 친일적인 경향을 보여주는 것은 바로 대동학회의 참여이다. 일제침략기 국권회복을 목적으로 한 유림단체들이 속출하자, 일제는 당시 전국적으로 거대한 조직을 가지고 있던 유림계를 회유하여 친일화하기 위한 공작에 들어갔다. 일제의 이러한 의도를 간파한 이완용 · 조중응이 이토 히로부미에게서 만 엔의 자금을 지원받아 장례원경(掌禮院卿)과 수학원장(修學院長)을 지낸 신기선, 이용직 등을 내세워 유교와 신 · 구사상의 통합을 표방하면서 전직 고위관리를 중심으로 친일유교단체인 대동학회를 조직하였다.[36] 『대한매일신

34) 김유제는 공조좌랑, 홍문관부수찬, 사간원정언, 시강원겸상서, 첨지돈녕원사, 금성군수 등을 역임하였다(『대한제국관원이력서, 105쪽).

35) 『畿湖興學會月報』 1호, 1908, 50~53쪽.

36) 權五榮, 「申箕善의 東道西器論硏究」, 『청계사학』 1, 1984, 131~132쪽; 유준기, 「1910년대 전후 일제의 유림친일화정책과 유림계의 대응」, 『한국사연구』 114, 2001, 66~69쪽.

보』는 "保護를 歌舞하고 結日을 力倡"했다고 지적하고, 회장 신기선을 당시 3대 매국노 가운데 한 사람으로 규정할 정도로[37] 당시 대동학회를 매우 비판했다.

대동학회에는 김유제를 비롯하여 김윤식, 이용직(2대 회장), 박제빈, 성기운, 경학원 강사로 크게 활동하는 여규형, 정봉시, 성낙현 등이 참여하였다. 이때 이대영은 서기로 활동하였으며,[38] 이인직도 대동학회에 참여하였다.[39] 그리고 대동학회는 기관지인 『대동학회월보』를 간행하였는데, 필진이 김윤식, 여규형, 신기선, 정만조 등 당대 유명한 유교 지식인들이었으며, 이들 중 상당수는 경학원에 참여하는 인물들이었다. 그런데 『대동학회월보』에 실린 글들은 당시 『황성신문』이나 『대한매일신보』처럼 대중의 계몽이나 애국사상을 불러일으키려는 내용으로 구성된 것과는 달리 민족사의 흐름과 무관하게 진행된 내용의 것들이 대부분이었다. 국한문논쟁(國漢文論爭)에서 한문 옹호를 고수하고 일본 문명에 경도되어[40] 일본 제국주의의 침략 의도를 간파하지 못하고 있다. 또한 '사조' 소재 한시는 일본문화를 찬양하고 일본인에게 아부하는 내용과 회고적 감상에만 그쳤으며 일제의 침략성을 직시하지 못하였고 민족의 현실을 외면하였다.[41]

경학원 직원에서 출발하여 부제학까지 올랐던 이대영이 지은 '동천매월(冬天梅月)'이란 시를[42] 하나의 예로 살펴보면 이런 경향을 추찰할 수 있다.

37) 『대한매일신보』, 1908년 4월 8일, 1면.
38) 『대동학회월보』 1호, 1908, 71~73쪽.
39) 다지리 히로유끼(田尻浩幸), 『이인직 연구』, 국학자료원, 2006, 35쪽.
40) 姜明官, 「한문폐지론과 애국계몽기의 국한문논쟁」, 『한국한문학연구』 8, 1985, 215~247쪽.
41) 鄭烘烈, 「『大東學會月報』 詞藻欄 所載 漢詩 研究」, 성균관대학교 석사학위논문, 1994.
42) 『대동학회월보』 1호, 1908, 54쪽.

겨울 눈 속 매화에 공경을 표하노니	揖手冬天雪裏梅
한 가닥 살려는 마음 일찍 생명을 품었네.	一絲生意早含胎
가지를 뚫고서 나오지 않았더라면	如非劈剔枝柯出
어디서 봄이 오는지 어찌 알 수 있을까!	詎識春從何處來

이대영은 매화를 일본에 비유하고 봄을 대한제국에 비유하여 일본이 대한제국에 오지 않았다면 근대화의 길을 찾지 못할 것이라고 표현하고 있다.[43] 이런 이대영의 의식은 일본관광단의 일원으로 일본을 보고 온 후 더욱 강해진 것 같다. 그는 경성일보사 주최로 1909년 4월 11일에서 5월 10일까지 제1회 일본 관광단(94명)에 포함되어 일본의 근대문명과 명소를 보고 왔다. 일본의 정치적 의도 속에 진행된 이 행사에서 그를 포함한 관광단원들은 일본의 근대문물에 압도당하고 한국의 초라한 현실을 한탄하였다.[44] 이대영을 비롯한 관광단원은 한국에 돌아온 후 7월부터 9월까지 자신들이 일본에서 견문한 상황을 알리기 위해 전국각지에 유세를 하게 되었다. 이대영은 경기도 지역에서 유세하였는데, 9월 11일에 경기도 각군(陰竹, 利川, 驪州)에서 일본의 문명발달과 식산공업의 진보를 언급하고 일본의 보호에 의뢰하여 교육과 실업을 융성시켜야 한다는 요지의 연설을 하였다.[45] 이대영 외에 경학원 강사로 참여하게 되는 정봉시(강원), 정준민(경남), 정만조(전남)도 각각 자신의 출신지역에서

43) 정홍렬, 「『大東學會月報』 詞藻欄 所載 漢詩 研究」, 성균관대 석사학위논문, 1994, 24쪽.

44) 朴羊信, 「일본의 한국병합을 즈음한 '일본관광단'과 그 성격」, 『東洋學』 37, 2005, 71~78쪽.

45) 「李大榮의 京畿道遊說 報告 件: 高秘收第五二八五號ノ一」, 『統監府文書』 10권. "京畿各郡遊說中ノ觀光團員タリシ李大榮ハ九月十一日ヨリ二十日迄ニ陰竹・利川・驪州ノ三郡邑ニ演說會ヲ開キ陰竹ニ於テハ約二百名, 利川ニ於テハ約七十名, 驪州ニ於テハ約百名ノ來聽者アリタリ演說ノ趣旨ハ各地同一ニシテ則チ日本ノ文明發達シ殖産工業ノ進步セルコトヨリ…(중략)…韓國民ハ速ニ迷夢ヲ去リ日本ノ保護ニ依賴シ教育實業ヲ盛ナラシムヘキコトヲ勸メ各地多少ノ感動ヲ與ヘタルノ狀アリト 右及報告候也."

역시 같은 요지의 연설을 하였다.[46] 이렇게 이대영뿐만 아니라 정봉시, 정준민, 정만조 등은 의도의 순수성 여부를 떠나 1909년부터 한국은 문명국인 일본의 보호를 당연히 받아야 한다고 생각하였고, 결국 그들은 자연스럽게 경학원에 참여한 것으로 보인다.

한편 대동학회는 당시 지식인들에게 친일 유림 단체로 많은 비난을 받아 분위기가 침체되자, 이를 쇄신하기 위해 정교분리의 명분을 앞세워 1909년 10월에 공자교로 개칭하였다. 당시 공자교는 이토 히로부미로부터 25만 원의 자금을 지원받아 창립되었다는[47] 설이 유력할 정도로 친일 성향을 지닌 단체였다. 김유제는 공자교회의 발기인으로 참여하였는데, 김유제 외에도 이용직, 박제빈, 여규형, 이인직, 정만조 등 경학원에서 활동할 인사들이 대거 공자교에 참여하였다.[48] 이렇게 대동학회, 공자교회를 중심으로 '일제협력유림'이 형성되었고 이들이 경학원의 중심세력이 된 것이다.

이인직은 한국 최초의 신소설 작가로 유명한 인물로 1900년 2월 관비유학생으로 일본에 파견된 후부터 친일적인 성향을 지닌 것으로 추정된다.[49] 이인직은 러일전쟁당시 일본육군성 한국어통역으로 제1군 사령부에 배속되었고, 일본군을 위한 통역업무에 진력하였다. 따라서 1905년에 전쟁의 공로자들에 대한 공훈심사에서 심사위원 전원에게 공로갑(功勞甲)으로 인정받아 80원을 받았다.[50] 그의 친일적 성향은 이완용의 개인

46) 박양신, 「일본의 한국병합을 즈음한 '일본관광단'과 그 성격」, 『東洋學』 37, 2005, 77~78쪽.
47) 유준기, 「1910년대 전후 일제의 유림친일화정책과 유림계의 대응」, 『한국사연구』 114, 2001, 72~73쪽.
48) 『孔子敎會之旣往及將來』, 40쪽. "發起人 李容稙 呂圭亨 金鶴鎭 洪祐晳 洪承穆 李舜夏 閔丙漢 金有濟 朴濟斌 鄭宣興 鄭鎭弘 徐相勛 尹喬秉 李義悳 李胤鍾 鄭萬朝 尹悳榮 李人稙 李膺種 鄭丙朝 朴齊璉 朴晶東"
49) 이인직과 그의 문학에 대해서 연구가 상당히 이루어졌다. 그에 대한 연구사 정리는 다지리 히로유끼(田尻浩幸), 『이인직 연구』, 국학자료원, 2006 참조.

비서로 활동하면서 더욱 노골적으로 되었다. 1909년 당시 총리대신 이완용의 밀명을 받고 일본을 방문하여 한국병합을 둘러싼 일본 정계와 여론의 반응을 정탐하였고[51] 이어 통감부 외사국장 고마츠 미도리(小松綠)를 비밀리에 만나 일본과 한국의 강제병합을 모의하는 밀담을 나누는 등 한일합병조약의 체결에 중요한 역할을 담당하였다.[52] 조선총독부가 이인직을 경학원 사성에 임명한 것은 이와 같이 합방 전의 적극적인 친일활동의 공로에 대한 보상이었다. 이인직은 경학원 사성의 역할에 대한 전형을 보일 정도로 매우 적극적인 활동을 펼쳤다.

박치상은 대한제국시대에 관립소학교 교원 및 교장, 관립교동보통학교 교원 겸 교장을 역임하였는데[53] 합병 전후에 뚜렷한 친일 행위는 드러나지 않는다. 그러나 경학원이 설립되고 바로 경학원 직원으로 들어온 것과 1912년 8월 1일에 일본 정부로부터 한국병합기념장을 받은 것을[54] 미루어 볼 때 친일적 성향의 지식인이라 할 수 있다. 김완진은 대한제국시대에 학부서기랑(學部書記郞) 등을 역임하다가[55] 합병 후 조선총독부 도서기, 군수 등을 지낸 인물이다. 그도 박치상과 함께 한국병합기념장을 받았다.[56]

---

50) 『공립공문서관 명치 41년 서훈록』 권4, 외국인2, 1908.

勳等	賜金	官	所有 勳章	氏名
	八0	(陸軍通譯)		李人稙

今回賞賜ヒシトスル擬叙	審查委員所見	調查委員所見	最后調製官所見	現有位勳	現有位勳	明治四十年 十月十日 現有官等位勳
八0	功勞甲	功勞甲	功勞甲		陸軍通譯 (判任待遇) 李人稙	大韓新聞 社員

51) 「李人稙の行動 乙秘第二八四九號(명치 42년 12월 24일)」, 『伊藤公爵薨去後ニ於ケル韓國政局竝ニ總理大臣李完用遭難一件』(일본외무성 외교사료관 소장, 분류번호 1-6-1-39)

52) 小松綠, 『明治外交秘話』, 原書房, 1976, 274~277쪽.

53) 『대한제국관원이력서』, 국사편찬위원회, 1972, 205쪽.

54) 『조선총독부관보』, 1913년 6월 2일 부록.

55) 『대한제국관원이력서』, 국사편찬위원회, 1972, 174, 843쪽.

정윤수는 합병 전후의 행적이 뚜렷하게 드러나지 않은 인물이다. 그는 1903년 5월 18일 온릉 참봉(溫陵參奉)에 임용되었다가[57] 다음 날 바로 의원면직되었다.[58] 그렇지만 1905년에 문헌비고 속찬위원(文獻備考續纂委員),[59] 1906년에 문헌비고 교정위원(文獻備考校正委員)[60]에 임명된 것으로 보아 학문과 지식이 깊은 인물로 보인다. 그리고 김윤식과 교류가 있었으며[61] 그를 이인직의 후임으로 경학원 사성에 천거하여 경학원에 참여하게 되었다.[62] 이로 미루어 볼 때, 정윤수는 명문가의 양반신분이며 김윤식과 친분이 있고 유교적 소양도 깊었던 인물인 것 같다.

이렇게 1910~1920년대에 활동한 사성들은 뚜렷한 행적이 보이지 않는 정윤수를 제외하고는 합방 이전부터 이미 일제에 협력하는 성향을 지닌 유교 지식인이었다. 조선총독부는 그들의 성향을 사전에 파악하여 경학원 직원에 임명한 것이다. 따라서 그들이 경학원을 통해 한국의 유림에게 어떤 활동을 하리라는 것은 어느 정도 짐작할 수 있다.

(2) 사성(司成)의 활동과 역할

경학원의 사업 중 경학강연과 기관지 『경학원잡지』의 간행에서 사성은 중요한 역할을 하였다. 경학강연과 『경학원잡지』 편찬 양쪽에 주요한 역할을 담당한 대표적인 전범으로 이인직을 들 수 있다. 이인직과 같이

56) 『조선총독부관보』, 1913년 6월 2일 부록.
57) 『승정원일기』, 1903년 5월 18일.
58) 『승정원일기』, 1903년 5월 19일.
59) 『승정원일기』, 1905년 8월 23일.
60) 『승정원일기』, 1906년 10월 28일.
61) 김윤식, 『續陰晴史』 권14, 국사편찬위원회, 1960, 360쪽. "鄭伯河崙秀來, 校讎余之文稿."
62) 『續陰晴史』 권16, 450쪽. "十三日, 二十日乙卯 土, 曉, 雪寸許仍霽, 清和, 華表午間僅至三十八度, 益昇 · 李謙承 · 鎭穆 · 伯河 · 俞參與官星濬 · 田中德太郎 · 李大榮 · 安往居 · 經學院司成李人稙身故, 代以鄭崙秀薦報矣, 已經月餘, 今才敍任, 辭令書出來."

사성이 되었던 김유제는 원로였기 때문에 주로 경학원에서 원무를 수행한 것에 비해 이인직은 대외적인 활동을 많이 하였다. 이인직이 경학원 사성으로 어떻게 활동하였는지 구체적으로 살펴보자.

이인직은 1913년 5월 1일 경상남도와 충남, 전북 등지를 출장 가서 해당 유교 지식인들의 정황을 시찰하였으며,[63] 10월 30일 전북 등지에 출장 가서 당시 전북강사인 김동진(金東振)의 순회강연을 시찰하였다. 그리고 11월 27일에 경학원은 이인직의 전북시찰상황보고서(全北視察狀況報告書)를 접하게 된다. 그 안에 이인직이 금산군에서 행한 강연 요지가 들어 있었는데, 조선왕조의 통치를 비판하고 일본의 지배정책을 찬양하는 내용이었다.[64] 그는 1914년 6월 30일에 함북 등지에 출장하여 해당 지역 유림의 정황을 시찰한 후, 그에 대한 상황보고서를 작성하였고 경학원은 그것을 8월 14일에 접한다.[65] 그 보고서에는 이인직이 함북 등지에서 행한 연설이 수록되었는데, 병합 후 일본이 한국에게 베푼 은택을 13개의 항목으로 나누어 설명하며 일제의 병합과 정책으로 한국이 발전하였다는 것을 강조하였다.[66]

그런데 1915년 9월 10일 조선총독부의 지시로 대제학 박제순이 사성 박치상을 대동하고 총독부에 가서 '교육에 관한 칙어(勅語)'(이하 교육칙어)를 가져와서 경학원에 봉안하였다. 그리고 강연회를 열 때마다 먼

63) 『경학원잡지』 1호, 1913, 50쪽.

64) 『경학원잡지』 2호, 1914, 51~58쪽. "今朝鮮人이 併合後 新政治에 浴化하는 상황은 先히 講士 講演中에 備盡한 말이 있은즉 余가 加疊지 아니하여도 諸君의 知할 바이나 然이나 余로 하여금 新政을 言할진대 朝鮮生民이 塗炭中에 在한 것을 救함이오. 其官吏가 職務에 竭力함을 見할진대 可謂 獻身的 勤務이라."

65) 『경학원잡지』 4호, 1914, 53쪽.

66) 『경학원잡지』 5호, 1914, 58~67쪽. "天이 斯民을 吊하사 倒懸의 苦를 구하니 正是明治四十三年八月秋라. 寺內總督이 先帝陛下聖旨를 奉하야 朝鮮合併을 斷行하였는데 其新政의 施한 바를 見한즉 비록 法治政治規模中에 出하였으니 實로 純然한 德治政治의 敎化이라. 玆에 併合후 諸般恩澤을 逐條說明하오리다."

저 교육칙어를 봉독하는 것으로 강연규정을 개정하게 된다.67) 1890년 일본에 발포된 교육칙어는 천황제 국가주의 도덕 사상을 강조한 내용으로, 제2차 세계 대전의 패전에 이르기까지 소위 일본 국민 교화의 최고 지침서의 역할을 수행하였다. 교육칙어의 목적은 유교의 충효를 바탕으로 하는 도덕률을 국민에게 강제로 주입하여 일본제국과 일본천황에 대한 충성과 경애(忠國愛君)의 정신을 심어주는 것이다.68) 조선총독부가 식민지 조선의 경학원과 학교 교육에 교육칙어를 도입한 것은 한국인을 일본인과 같이 충량한 신민으로 동화시키려는 목적임을 보여주는 것이다.

교육칙어의 영향이 경학원 사성 및 강사의 강연에 나타난다. 1916년 함남 등지에서 행한 강연에서 이인직은 강연제목을 '한국인의 행복은 일본과의 동화에 달려 있다(鮮人 絶對的 福利가 同化에 在)'고 정하고 "선인(鮮人)의 뇌수(腦髓)가 대화혼(大和魂)에 화(化)키 원(願)함"이라는 표현을 할 정도로 적극적인 일본과의 동화를 주장하였다.69) 이인직이 한 강연의 주제는 유교의 진흥을 빙자한 일본 식민통치의 찬양과 홍보, 적극적인 복종과 동화였다. 이런 경향은 다른 사성들의 강연에서도 이어졌다. 조선 성리학의 가치와 전통은 무시하고 오히려 비판할 대상이 되었으며, 유교의 많은 논리체계 중에서 사회 교화에 적용할 수 있는 논리만 선택되었다. 특히 김완진, 이대영의 유교에 대한 강연은 일제의 통치를 받는 현실을 인정하는 전제에서 유교가 지닌 보편적 가치를 부활시키려는 논의를 전개하였다.70) 즉 그들의 강연은 조선총독부의 의도를 따라

67) 『경학원잡지』 9호, 1915, 40쪽.

68) 김필동, 「근대 일본 사상의 형성」, 『日本思想의 理解』, 시사일본어사, 2002, 132~133쪽.

69) 『경학원잡지』 10호, 1916, 56~61쪽. "余가 數年來에 朝鮮人前途의 福利를 企圖하는 婆心으로 研究에 研究를 加한즉 鮮人 絶對的 福利가 同化에 在한 줄을 猛醒한지라 故로 今日에 此題로 講演하오니 諸君은 泛然히 聽치마르시기를 望하오."

유교의 보편적 가치 중에 하나인 충효 논리를 일본에 대한 충성과 복종 이념으로 치환하는 동시에 항일 유교 지식인들의 의지를 꺾는 역할을 하는 것이다.

그런 역할을 수행한 사성을 비롯한 경학원 직원과 강사들은 과연 일본 천황과 일본, 그리고 자신들을 어떻게 인식하고 있었는가? 그것을 극명하게 보여주는 것 중에 하나가 1915년 11월 10일에 그들이 제진(製進)한 다이쇼 천황(大正天皇)의 즉위대례식헌송문(卽位大禮式獻頌文)이다.[71] 여기서는 박치상의 시문를 들어보자.

저기 멀리 서경 쪽을 바라다보니	瞻彼西京
만년 동안 전해져 온 황도로구나	萬歲皇都
나라 처음 세워 통서 전하였거니	剏業垂統
소호 전욱에 요순 같은 분들이었네	昊頊唐虞
이에 지금 이르러선 아름답거니	式至今休
밝게 빛날 운세 다시 열리었다네	熙運再啓
성인께서 황제 자리 나아가시매	聖人卽阼
성대하고 성대한 예 거행했다네	載行縟禮
이에 우리 다시금 또 중흥되어서	嗣我中興
하락에다 그 융성함 비길 만하네	河洛比隆
지극한 그 다스림에 다 속했거니	咸囿至治
전대보다 이루는 공 더 훌륭하리	將多前功
청도 쳐서 정벌을 한 전쟁에서는	青島之役

70) 김완진, 「時代之儒教」, 『경학원잡지』 24호, 1923, 81~88쪽; 이대영, 「儒者之地位及義務」, 『경학원잡지』 26, 1925, 49~52쪽.

71) 「卽位大禮式獻頌文」, 『경학원잡지』 9호, 1915, 1~21쪽. 경학원 대제학, 부제학, 사성, 강사 순으로 당시 활동하였던 경학원 관계자 18명이 헌송문을 지었는데, 순서는 다음과 같다. 경학원 대제학 朴齊純, 부제학 李容稙, 朴齊斌, 사성 李人稙, 朴稚祥, 강사 呂圭亨, 黃敦秀, 韓昌愚, 成樂賢, 金東振, 鄭鳳鉉, 朴昇東, 吳憲泳, 鄭鳳時, 金光鉉, 梁鳳濟, 朴長鴻, 李鶴在이다.

의 성했고 인도 또한 지극하였네	義盛仁至
덕과 업적 천고에도 드문 것이니	德業曠千
풍교 이제 온 사방에 퍼질 것이리	風敎訖四
전각 주위 만세소리 울려 퍼지면	繞殿嵩呼
백관들이 모두 서로 화답을 하리	百工相和
산을 넘고 바다 건너 폐백을 들고	梯航玉帛
모두들 다 바다 동쪽 향해 가누나	咸趨海左
화육하여 주는 은혜 고루 입은 건	均蒙化育
바로 우리 땅의 창생들이네	鰈域蒼生
이에 아주 짧은 시를 공손히 지어	恭述短篇
하찮은 신 정성 여기 부치옵니다	庶寓微誠

박치상은 각종 전거와 극존의 용어를 사용하며 시문을 작성하였다. 그는 일본천황을 성인과 동일시하여 그의 은덕을 칭송하였고 일본이 행한 전쟁을 인의로운 행위로 여겼으며, 한국인은 천황의 은혜를 고루 입는 신민으로 인식했다. 이렇게 박치상은 일본천황과 일본제국을 충효를 바칠 대상으로, 한국인은 그들의 충량한 신민이 되어야만 하는 존재로 인식하고 있었다.

이인직을 위시한 사성들은 기관지 『경학원잡지』 간행을 주관하였다. 이인직은 1913년 12월에 『경학원잡지』 편찬주임이 되어[72] 사망할 때까지 『경학원잡지』 1호~11호를 발행한 편찬 겸 발행인이었다. 일제강점기 『경학원잡지』 발행 연월일과 편찬 겸 발행인은 다음과 같다.

72) 『경학원잡지』 1호, 1913, 53~54쪽. 당시 임명된 잡지 편찬 직원은 다음과 같다.

編纂長兼 呂圭亨
主 任 李人稙
委 員 朴稚祥, 李種植
事 務 員 李大榮, 鄭喆永
顧 問 小田省吾, 太田秀穗, 高橋亨, 呂圭亨, 鄭鳳時, 鄭萬朝, 尹喜求, 李商永

〈표 3-4〉『경학원잡지』의 발행 연월일과 편찬 겸 발행인

호	발행 연월일	편찬 겸 발행인	서(署) 또는 첨(籤)
1호	1913년 12월 5일	李人稙	朴齊純
2호	1914년 3월 25일	〃	〃
3호	1914년 6월 25일	〃	〃
4호	1914년 9월 25일	〃	〃
5호	1914년 12월 25일	〃	〃
6호	1915년 3월 25일	〃	〃
7호	1915년 6월 25일	〃	〃
8호	1915년 9월 25일	〃	〃
9호	1915년 12월 25일	〃	〃
10호	1916년 3월 25일	〃	〃
11호	1916년 6월 25일	〃	〃
12호	1916년 12월 25일	朴稚祥	金允植
13호	1917년 3월 25일	〃	〃
14호	1917년 7월 25일	〃	〃
15호	1917년 10월 15일	〃	〃
16호	1918년 3월 25일	鄭崙秀	〃
17호	1918년 7월 25일	〃	〃
18호	1918년 9월 25일	〃	〃
19호	1918년 12월 25일	〃	〃
20호	1920년 3월 25일	〃	*
21호	1921년 3월 10일	〃	*
22호	1922년 3월 10일	李大榮	朴箕陽
23호	1922년 12월 25일	〃	〃
24호	1923년 12월 25일	〃	〃
25호	1924년 12월 25일	〃	〃
26호	1925년 12월 25일	〃	〃
27호	1926년 12월 25일	〃	〃
28호	1927년 12월 25일	〃	〃
29호	1928년 12월 25일	〃	〃
30호	1929년 12월 25일	〃	鄭萬朝
31호	1930년 8월 1일	〃	〃
32호	1930년 12월 27일	〃	〃

호	발행 연월일	편찬 겸 발행인	서(署) 또는 첨(籤)
33호	1931년 12월 25일	〃	〃
34호	1932년 3월 31일	〃	〃
35호	1932년 12월 25일	〃	〃
36호	1933년 12월 25일	〃	〃
37호	1934년 10월 25일	〃	〃
38호	1935년 3월 30일	〃	〃
39호	1935년 10월 5일	〃	〃
40호	1936년 8월 25일	羅一鳳	〃
41호	1937년 7월 25일	〃	鄭鳳時
42호	1937년 12월 25일	〃	〃
43호	1938년 12월 25일	〃	尹德榮
44호	1939년 10월 5일	尹炳晧	〃
45호	1940년 12월 25일	〃	*
46호	1941년 12월 25일	〃	朴相駿
47호	1943년 1월 25일	〃	〃
48호	1944년 4월 10일	金璜鎭	〃

『경학원잡지』는 1913년 12월에 1호부터 간행되어 1944년 4월에 48호까지 간행되었으며, 경학원 사성 중에 한 명은 반드시 편찬 겸 발행인이 되었다. 『경학원잡지』는 계간지를 표방하였으나 정작 일 년에 4회 나온 경우는 세 번(1914, 15, 18년)에 불과하였다. 3회 나온 경우는 2번이고(1916, 17년) 나머지는 일 년에 1~2번 간행되었다. 1919년은 3 · 1운동의 여파와 당시 대제학 김윤식 · 부제학 이용직의 연명 독립청원서 발송 사건으로 『경학원잡지』는 간행되지 못하였다. 그리고 『경학원잡지』 표지에는 반드시 당시 대제학 또는 그에 준하는 이가 '○○서(署)' 또는 '○○첨(籤)'이라는 일종의 서명을 하였다.

『경학원잡지』는 1,000부가량이 비매품으로 간행되어 경학원 직원, 각 도 장관, 참여관, 부 · 군수, 지방의 향교와 관청, 주요 유림 등에 배포되었다.[73] 조선총독부가 『경학원잡지』의 간행과 배포를 이렇게 정한 것은 바로 조선총독부의 교화정책을 확대시키는 효과를 기대하였기 때문이다. 1918년 3월 15일에 발간된 『경학원잡지』 16호의 배부 현황을 살펴보면 구체적으로 어떻게 배포되었는지 알 수 있다.

〈표 3-5〉『경학원잡지』 16호 배부 현황[74]

經學院雜誌配付錄 大正7年(1918년) 5月 4日調								
	관리	귀족	유림	사회	도청	군청	향교	비고
총독부	36							36
내지(일본)	7			7				14
본원 (경학원)	101							직원, 잡지 임원 각 1책, 강사 14인 각 6책
이왕직	7							7
중추원	30							30
경성부		37	67	9				113
경기			45		4	22	22	93
충북			5		4	10	10	29
충남			17	1	4	14	14	50
전북			3		4	15	18	40
전남					4	23	22	49
경북			3		4	24	23	54
경남			2	1	4	21	19	47
황해			1		4	17	17	39
평남			1		4	16	14	35
평북					4	20	19	43
강원			7	1	4	21	21	54
함남			4	1	4	17	14	40
함북			1		4	12	11	28
총계 902책(*원문은 901책으로 기록)								

73) 經學院雜誌編纂에 關한 要項(이것은 『경학원잡지』 매호마다 맨 끝에 판권 사항과 함께 수록된다).

74) 『경학원잡서류철』.

『경학원잡지』는 900~1,000부가 발행된 것 같으며 경학원, 경성부, 경기를 제외하고는 나머지 지역은 비교적 균등하게 배포되고 있음을 알 수 있다. 『경학원잡지』에 실린 글들은 유교 자체에 대한 학술적 내용보다는 유교를 이용하여 일제의 통치를 합리화하는 내용이 주를 이루고 있다. 구체적으로 조선왕조의 유교 비판, 조선총독부의 농업과 공업 정책 변화의 성과, 일본인 위인의 소개, 위생에 관한 제반 상황 등 총독부의 지배정책으로 이루어진 각종 산업의 성공 사례와 더불어 총독부 지배정책에 협력을 요구하는 내용이 다수를 차지한다.[75] 그밖에 경학원 직원과 강사들의 일본천황 · 태자 칭송문, 일제의 지배정책 찬양, 한국인의 일본 동화를 촉구하는 글 등이 『경학원잡지』에 실려 있다. 이렇게 『경학원잡지』는 사실상 유교 지식인들에게 일제의 지배정책을 홍보하고 회유 · 포섭하여 일제의 충량한 신민으로 변화시키려는 수단이었다.

이인직 이후 『경학원잡지』의 편찬 겸 발행인은 두 명의 사성 중에 한 명이 반드시 맡는 것이 하나의 관례가 되었다. 김유제가 사망한 후 박치상이 후임으로 들어와서 원무를 수행하다가 이인직이 사망하자 『경학원잡지』 편찬 겸 발행인이 되어 12호~15호를 간행하였으며, 정윤수는 이인직의 후임으로 들어와서 박치상이 사망하자, 역시 『경학원잡지』 편찬 겸 발행인이 되어 16호~21호를 간행하였다. 그리고 정윤수의 후임으로 들어온 이대영은 부제학에 오르기 전까지 『경학원잡지』 편찬 겸 발행인으로 22호~39호를 간행하였다.

요컨대 사성은 경학원에서 중추적인 직책이었다. 『경학원잡지』의 편찬주임을 맡아 편찬 겸 발행인으로서 기관지 간행을 주관하였다. 경학원 강사들의 지방 순회강연을 시찰하면서 전국 유림의 동향을 살피고 보고

[75] 류미나, 「총독부의 지배 정책과 유교이데올로기의 재편」, 한일관계사학회 미게재 발표문, 2005.

서를 올리는 한편, 직접 강연을 통해 유교의 보편성을 이용하여 일본의 지배정책을 적극 지지·홍보하며 조선과 일본의 완전한 동화를 주장하였다. 그리고 조선총독부가 주최하는 일본 황실의 주요 의례에 참여하여 각종 친일 시문을 지어 올렸다. 사성들은 이렇게 작성된 보고서나 강연, 친일 시문들을 다시 『경학원잡지』에 게재하여 '내선융화'의 의식을 확산시키고 일본 식민 통치 정책을 적극 홍보·지지하는 등 조선총독부의 유교 정책을 철저히 수행하는 역할을 하였다.

2) 강사(講士)의 활동과 역할

조선총독부는 경학원을 중심으로 경성과 지방의 유림을 회유, 통제하려 하였다. 특히 항일의식이 강한 지방의 유림은 조선총독부가 어떻게든 경학원으로 포섭해야 할 1차 대상이었다. 그렇기 때문에 총독부는 지방의 유림을 상대하는 강사들의 선정에 주의를 기울였다. 총독부는 1912년 3월 4일 당시 대제학 박제순의 천보(薦報)로 경성 및 13도의 강사들을 임명하는 것을 필두로,[76] 여러 차례 강사를 임명한다. 1910~1920년대에 임명된 경학원 강사의 명단은 다음과 같다.

〈표 3-6〉 1910~1920년대 활동한 경학원 강사 명단과 재임 기간

경성부	呂圭亨(1912~1921), 鄭萬朝(1921~1925), 權純九(1928~1940)
경기도	黃敦秀(1912~1921), 李學魯(1921~1938)
충청북도	*宋秉珣(1912), 韓昌愚(1912~1933)

76) 『경학원잡지』 1호, 1913, 46~47쪽. 당시 임명된 강사는 다음과 같다.
경성부 呂圭亨, 경기도 黃敦秀, 충청북도 宋秉珣, 충청남도 成樂賢, 전라북도 金東振, 전라남도 曺協承, 경상북도 朴昇東, 경상남도 郭鍾錫, 황해도 吳憲泳, 강원도 鄭鳳時, 평안남도 朴殷植, 평안북도 朴龍欽, 함경남도 韓晦善, 함경북도 李羲錫.

충청남도	成樂賢(1912~1935)
전라북도	***金東振(1912~1936)
전라남도	曺協承(1912~1913), ***鄭鳳鉉(1913~1918), 沈璿澤(1920~1940)
경상북도	***朴昇東(1912~1922), 金殷埴(1923~1926), **金東鎭(1926~1927), 李會稷(1927~1929)
경상남도	*郭鍾錫(1912), 孫庚鉉(1912~1915), 鄭準民(1916~1926), 鄭汶鉉(1927~1934)
황해도	吳憲泳(1912~1926), 柳來亨(1927~1933)
강원도	鄭鳳時(1912~1929)
평안남도	*朴殷植(1912), *朴東欽(1912~1913), 金光鉉(1913~1920), 黃鑅(1920~1923), ***崔定鉉(1923~1931)
평안북도	*朴龍欽(1912), ***梁鳳濟(1912~1926), 崔錫夏(1927~1929)
함경남도	**韓晦善(1912~1913), 朴長鴻(1913~1920), 李基繐(1920~1923), 魏大源(1923~1940)
함경북도	**李羲錫(1912~1913), 李鶴在(1913~1920), 申泰岳(1920~1927), 金河璉(1927~1928), 池琓洙(1928~1940)

* 경학원 강사를 거부한 유학자.
** 경학원 강사의 활동이 보이지 않는 유학자.
*** 회유된 유학자.

조선총독부는 처음 경학원 강사를 임명할 때 각 도의 명문가 출신이면서 학문적 명망이 높고 유교적 소양이 깊은 인물을 중심으로 선정하였다. 그런데 조선총독부는 강사들에게 의사를 먼저 묻지 않고 임명하고 나서 추후 승인을 받은 것으로 보인다. 자료를 통하여 찾아볼 수 있는 예를 들어서 살펴보면, 조금 이후의 시기이지만 1920년 7월에 함경북도 강사 이학재가 사망하자 후임으로 신태악을 임명하였다. 이때 경학원 강사의 추천과 채용은 학무국이 담당하였고, 경학원은 학무국에서 추천한 인물들을 검토하여 선정하였다. 또한 관할 경찰서는 경학원 강사 후보자의 성품과 행실(性行) · 학식 · 자산 · 세평 및 신용 정도 · 가정 상황 · 건강 상태 · 참고 사항 등 세밀하게 신분조사도 실시하였다.[77]

충북강사로 임명받은 한창우도 군수가 "총독부에서 일도사림(一道士林) 중에서 택차(擇差)하여 신분조사까지 하고 극준선(極雋選)되었는데 (임명장을) 받지 않으면 사체(辭遞)에 불가하다"고 간곡히 부탁을 하여 수락하였다고 하였다.[78] 이렇게 조선총독부가 경학원 강사 선정에 상당한 노력을 기울인 것은 우선 해당 지역의 유림에게 쉽게 용납되고 영향력도 발휘할 수 있는 인물들을 선정해야 하며 동시에 항일의지를 가진 유림을 회유하려는 목적도 들어 있었기 때문이다.

그런 연유로 송병순, 곽종석, 박은식, 박용흠 등과 같이 투철한 항일의식을 지닌 유교 지식인이 포함된 것 같다. 박은식은 이미 만주로 망명한 상태이며 영남학계의 태두 곽종석 역시 경학원 강사를 받아들이지 않았다. 특히 송병순은 경학원 강사의 직첩이 내려온 것을 가장 큰 모욕으로 여겼으며,[79] 얼마 후에 음독자살하였다.[80] 박용흠은 위정척사파의 거두인 이항로의 문인이자 관서 유림계의 종장인 운암(雲菴) 박문일(朴文一)의 장남이다.[81] 박문일은 박은식이 스승으로 섬기며 주자학을 배웠던 인물이었다. 철저한 위정척사론을 견지한 화서학파의 학문을 이은 박용흠도 경학원 강사직을 받아들이지 않았다.

조선총독부는 곽종석 · 박은식 · 박용흠을 해임하고 후임으로 손경현 · 박동흠 · 양봉제를, 일제에게 항의의 표시로 자살한 송병순 대신 한창우를 각 도 경학원 강사로 임명하였다.[82] 그런데 박동흠은 성암(誠菴) 박문오

77) 「경학원강사 채용의 건」, 「함북강사 추천의 건」, 『경학원서류』.
78) 韓昌愚, 「한자하자전(韓紫下自傳)」, 『紫下集』, 1972, 57쪽.
79) 『心石齋先生文集』, 年譜. "正月甲子丁丑日 府經學院講士職帖之報至 先生日 此吾地盡頭也 何山非西山 何水非東海 自靖以獻于先王先聖 是今日之大願也."
80) 금장태 · 고광직 공저, 『儒學近百年』 1, 한국학술정보, 2004, 194~195쪽.
81) 『誠菴集』 권4, 「先考稼隱公行狀」.
82) 『경학원잡지』 1호, 1913, 51쪽~55쪽.

(朴文五)의 장남이며 해임된 박용흠과 사촌이다.[83] 박문오는 박문일의 동생으로 역시 화서학파의 학맥을 계승하였으며 박은식도 박문일과 함께 스승으로 섬긴 인물로 관서 유림계의 추앙을 받았다. 박동흠도 가학을 이어 항일의지가 강한 유교 지식인이었으며 당시 관서 유림에게 존경을 받았던 인물이었다.[84] 따라서 그도 경학원 강사직을 받지 않았을 것이다. 조선총독부는 1912년에 평남강사로 박은식, 박동흠을 연이어 선정하였기 때문에 곧바로 다른 강사를 선임하지 못하고 1913년 3월에 박동흠을 해임하고 김광현을 임명하였다.[85] 김동진(金東鎭)은 파리장서운동에 참여했던 경북의 저명한 유림인데 경북강사로 임명되었다. 성낙현, 황돈수 등 다른 강사들이 활발하게 활동하는 것과 달리 김동진은 거의 활동을 보이지 않는 것으로 보아 그도 자발적으로 참여하였다기보다는 일제가 일방적으로 이름을 올렸을 가능성이 높은 것 같다.

1913년에는 박동흠 외에 한회선, 이희석이 해임되고 박장홍, 이학재가 임명되었다.[86] 자료의 미비로 한회선, 이희석이 어떤 성향의 유림인지 알 수 없다. 그렇지만 그들은 경학원 강사로 활동한 내용이 없고, 후임으로 들어온 박장홍과 이학재가 조선총독부의 지시를 충실히 수행하며 경학원 강사로 활발하게 활동하는 것으로 보아 경학원에 대해 부정적인 인식을 가진 인물들로 보인다. 이처럼 항일의식이 뚜렷한 유림들은 조선총독부가 설립한 경학원을 매우 부정적으로 인식하여 협조하지 않았다. 그리고 경학원과 경학원에 참여한 일제협력유림에 대해서 민중의 인식과 세평도 좋지 않았다.[87]

83) 『誠菴集』 권4, 「先考稼隱公行狀」.

84) 李觀求, 「朴東欽」, 『義勇實記』. 필자가 참고한 『의용실기』는 『국학연구』 6, 국학연구소, 2001, '資料紹介'란에 영인된 것을 이용하였다.

85) 『경학원잡지』 1호, 1913, 55쪽.

86) 『경학원잡지』 1호, 1913, 51쪽~55쪽.

한편 조선총독부의 회유에 굴복하여 경학원에 들어온 유림도 있었는데, 그중에 독립운동을 하던 인물도 있었다. 김동진(金東振)은 을사늑약 때 자결한 송병선의 제자임에도[88] 불구하고 경학원 전북강사가 되었다. 일제에 저항한 스승 송병선과 달리 제자인 김동진은 일본천황을 칭송하는 한시를 지으며 그의 신민으로 자처하였다.[89]

천황께서 즉위하여 자신궁에 나아가매	天皇卽位紫宸宮
조야에선 환성 속에 태평 오길 송축하네	朝野歡聲頌泰通
통일을 한 신위 보니 군국 형세 장대하고	一統神威軍國壯
만년 전한 보록 보니 황제 계책 웅대하네	萬年寶籙帝圖雄
조정 신하 패옥 차고 해를 향해 달려가고	廷臣劍佩趨紅旭
연로에는 생가 소리 울려 창공 퍼지누나	輦路笙歌出碧穹
이로부터 대양에선 함께 교화 입을 거로	從此大洋同被化
거룩하고 밝음 본디 동쪽 서쪽 한계 없네	聖明原不限西東

박승동(朴昇東, 1847~1922)은 송병선와 교유를 나눈 인물이었으나[90] 역시 경학원에 참여하여 사망할 때까지 경북강사로 활동하였다. 그도 김동진

87) 『동아일보』 1924년 7월 22일, 3면. "(전략) 경학원이라는 것은 (중략) 조선총독부 소속 유교본부이지요 대제학이 잇고 부제학이 잇고 사성이 잇서 늙은이 젊은이 할 것 업시 벼슬맛 잘 아는 분네들 머리가 터저가며 다툰답니다(후략)."
항일의식을 지닌 보수유림과 개신유림도 일제강점기 내내 경학원과 일제협력유림에 대해 매우 비판적으로 인식하였다. 각각 예를 든다면, 金冑峴은 그들이 자리를 얻으려는 모습을 꼴불견으로 인식하며 죽어도 아깝지 않는 사람들이라고 하였다(『定岡日記』 권7, 1945년 6월 21일). "所謂京鄕儒林輩 自經學院舊太學館至各郡鄕校 一直員一掌議 搖尾運動貌萬端 而幸或得之 則意氣揚揚焉 曰士夫家猶不失校任云云 此輩老者少者死於彼 死何恨."
경학원 부설 명륜학원에서 1936~1938년까지 공부하고 졸업한 개신유림 李壽洛(1913~2003)도 보는 것은 모두 권력 있는 사람에게 아부하여 따라 다니는 모양이고 듣는 것은 모두 사리를 추구하고 직장을 구하는 말뿐이라고 하며 경학원의 풍조에 대해 비판하였다(이수락 지음, 이대재 옮김, 『산고만록』, 자연사랑, 2001, 92쪽). "入於經院則風潮論辯이 殆有異焉하니 所見者 皆雖趍人附勢之習이요 所聞者 皆逐利求職之說이라."

88) 『溪山淵源錄 上』, 「門生錄」, 1966, 99쪽.

89) 『경학원잡지』 9호, 1915, 12쪽.

90) 『溪山淵源錄 上』, 「從遊錄」, 1966, 52쪽.

과 함께 일본천황을 칭송하는 한시를 지어 바치며 일본제국의 신민임을 밝혔다.[91)]

자신궁의 궁전 안에 상서로운 빛 엉기어	紫宸宮殿瑞光凝
좋은 점괘 드러나서 황제 자리 등극했네	顯筴揚徽寶座登
빛이 나는 병풍에는 해와 달이 걸려 있고	晃曜罘罳懸日月
추창하는 검패 소리 속에 장수 축원하네	趨蹌劍佩祝崗陵
사년 동안 현풍 속에 흠뻑 젖어 떠받들고	四年愛戴玄風浴
만대토록 대력 이음 기쁘게들 바라보네	萬世欣瞻大曆承
산골짝과 물가 사는 함령 모두 교화됨에	陬澨含靈齊嚮化
부상 땅의 하늘 멀리 바다 파도 깨끗하네	榑桑天遠海波澄

또한 평북강사가 된 양봉제는 박문일의 제자이며 1910년대 무장독립운동을 펼쳤던 광복회[92)] 평안도 지부원으로 독립운동을 한 인물이었다.[93)] 양봉제가 어떤 계기로 전향하였는지 잘 모르겠으나 경학원에 참여하여 활발하게 활동을 한다.[94)] 최정현도 양봉제와 함께 광복회에서 평안도 지

91) 『경학원잡지』 9호, 1915, 13쪽. 그의 문집인 『渼江先生集』(경인문화사, 1999)을 살펴보면, 행장에는 송병선과의 친분 등이 수록되었지만, 그 외 경학원 강사로 활동한 사실과 일본천황과 황태자에게 바친 글 등은 모두 빠져 있다.

92) 광복회에 대한 연구는 이성우, 「光復會硏究」, 충남대학교 박사학위논문, 2007 참조.

93) 양봉제는 평북관찰사를 지낸 고관 출신으로 평안남도, 평안북도 출신들을 광복회에 가입하도록 노력한 인물로 알려져 있다(박환, 「대한광복회에 관한 새로운 사료: 『의용실기』」, 379쪽).

94) 그런데 양봉제가 겉으로는 일제에 협력하였지만 속으로는 독립운동을 지원하였다는 기록이 있다. 광복회 황해도 지부장인 이관구는 양봉제를 논평하기를, "爲人이 重厚하고 經濟의 才略이 有하며 交際가 餘함으로 當時 倭賊의 警察網이 稠密한 때에 李華史의 黨이 多數히 梁鳳濟家에 出入하야도 倭警에게 發覺이 되지 아니하게 하며 外面으로는 日本을 近히 交際하는 듯 하여도 內面으로는 참으로 國家을 爲하야 많은 일을 하얐다. (중략) 그럼으로 他人이 想出치 못하는 計謀을 李華史에게 만히 말하야주었다. 一生을 朝鮮光復에 獻하얐음으로 臨終에 子孫에게 訓戒하야 日 我는 朝鮮獨立을 보지 못하고 죽으나 汝等은 我의 志을 繼하야 朝鮮에 獻身하라"고 하였다(이관구, 『의용실기』, 梁鳳濟條).

부원으로 독립운동을 하던 인물이었다.[95)]

그런데 1910년대에 선정된 경학원 강사들은 대부분 유교적 소양이 깊은 인물임에 비해 1920년대에 등장하는 경학원 강사 중에는 유림이라 볼 수 없는 인물들도 있었다. 예를 들어 양봉제의 후임으로 1927년 경학원 평북강사가 된 최석하(1866~1929)는 평북 의주 출신으로 서당에서 한문을 수학하였으나 유교적 소양이 깊은 유학자가 아니고 평안북도 지역 유지인 인물이었다. 그는 한일병합 후 일제와 협력의 길을 선택하여 1912년에 평안북도 대표로서 일본 메이지(明治) 천황 장례식에 참석하였다.[96)] 그 후 평안북도 도평의회원,[97)] 중추원 참의[98)] 등을 역임하는 등 일제의 식민통치에 협력하였다. 결국 1910~1920년대에 활동하는 경학원 강사는 여규

이관구의 기록을 믿는다면, 양봉제는 이중 스파이 노릇을 한 셈인데, 양봉제는 경학원에서 활동을 가장 활발히 한 강사 중에 한 명이라서 그런 평가를 쉽게 받아들이기가 어렵다. 어쩌면 양봉제의 경우는 친일·반일의 이분법적 시각에서 바라볼 수 없는, '저항과 협력의 복합성과 중층성'을 상징하는 사례일지도 모른다. 참고로 그가 大正 천황과 황태자(훗날 昭和 천황)에게 바친 시가 있는데 그중에 立太子禮獻頌文 한 편을 소개한다(『경학원잡지』 12호, 1916, 9~10쪽).

붉은 해가 동쪽에서 둥실 떠올라　　日出于東
사방에다 밝은 빛을 내려 비추네　　照臨四方
만대 동안 한 계통이 이어 왔거니　　萬世一系
밝은 광채 다시 빛나 퍼지는구나　　式宣重光

붉은 해가 동쪽에서 둥실 떠올라　　日出于東
방에다 밝은 빛은 내려 비추네　　四方照臨
두 밝음이 서로서로 뒤를 이으매　　明兩繼之
모든 나라가 마음에 기뻐하는구나　　萬國歡心

백관들이 축하하는 말을 올리니　　百僚申賀
의전 이에 융숭하게 갖추어졌네　　儀典備隆
어찌 하여 찬란하게 아니 빛나랴　　曷不煌煌
붉은 해가 동쪽에서 떠오르는구나　　日出于東

95) 이관구, 『의용실기』, 崔正鉉條.

96) 「13도 대표자」, 『신한민보』, 1912년 11월 4일, 2면.

97) 『조선총독부관보』, 1921년 1월 14일; 1924년 4월 7일; 1927년 4월 25일; 1929년 9월 26일.

98) 『조선총독부관보』, 1921년 5월 3일, 1922년 4월 26일, 1929년 3월 12일, 1929년 10월 5일.

형, 정만조, 성낙현, 한창우 등 대동학회에 참여하였던 인물들과 조선총독부의 회유로 들어온 유림, 그리고 소수의 지역 유지로 이루어졌다.

그리고 경학원을 전 시대의 성균관을 계승한 기관으로 인식하고 의견을 제시한 유림도 존재하였다. 1915년 5월에 이병헌(李炳憲)은 유교와 경학원의 역할에 대해 조선총독부에게 8조목의 청원서를 올리기도 하였다.[99] 이런 점은 개인의 친일 성향의 여부와는 무관하게 유교 전통에 중요한 가치를 두는 유림도 존재하며, 이들은 상황과 여건만 허락된다면 경학원의 활동에 협조할 수 있다는 것을 의미하기도 한다. 이는 조선총독부의 경학원이 성균관의 후신이라는 이미지 구축이 어느 정도 성공하였다는 것을 의미한다.

총독훈시에 따라 경성 경학원에서는 매월 둘째 주 토요일을 강연회 일자로 잡아 주로 명륜당에서 월차 강연회를 가졌다. 지방은 각 도에서 선발된 13도 강사들이 해당 지방 도내를 순회하며 강연하거나, 경학원의 부제학, 사성 이하 직원들이 출장하여 순회강연을 하였다. 조선총독부는 이를 위해 1913년 '경학원 강사 순강에 관한 건'을 마련하여 강사들은 매년 춘추 2기 석전제를 행한 후 순회강연을 하도록 하고 대제학 이하 강사들이 순강을 할 때에는 일정을 정하여 도장관과 경무국장에게 계출(屆出)하면 이에 따른 편의를 제공하도록 각 지방에 통첩하였다.[100] 그리고 조선총독부는 경학원 직원과 강사들에게 지방 순회강연을 조사하고 보고하게 하였다. 다음의 표는 그런 사정을 잘 보여 준다.

---

99) 「경상남도 함양군 유생 이병헌 근재배상서」, 『경학원잡서류철』.

100) 이명화, 「朝鮮總督府의 儒教政策(1910~1920년대)」, 『한국독립운동사연구』 7, 1993, 94쪽; 『경학원잡지』 1호, 1913, 57~58쪽.

〈표 3-7〉 각 도 강사 순강 상황표(各道講士巡講狀況表)[101]

연월	도별	순회 군 수	순회 면 수	강연 횟수	강사	청강자 수
1912년 4월	경기	3	3	3	黃敦秀	376
5월		6	6	6	〃	375
8월		2	2	2	〃	178
10월		3	3	3	〃	233
	전남	14	15	15	曺協承	1,926
	황해	6	6	6	吳憲泳	370
11월	경기	6	6	6	黃敦秀	376
	충남	7	7	7	成樂賢	492
	경남	5	5	5	孫庚賢	497
12월	충북	1	3	3	韓昌愚	136
1913년 1월	경기	3	3	3	黃敦秀	541
	충남	1	1	1	成樂賢	42
2월	충북	1	10	10	韓昌愚	314
4월	경기	3	3	3	黃敦秀	458
5월	함남	1	1	1	朴長鴻	57
6월	황해	1	3	3	吳憲泳	229
10월	경기	17	17	17	黃敦秀	2,350
	충북	13	16	16	韓昌愚	1,400
	충남	18	19	19	成樂賢	1,545
	전북	10	10	10	金東振	832
	황해	7	7	7	吳憲泳	1,069
	평남	11	11	11	金光鉉	1,605
	평북	9	12	12	梁鳳濟	801
	강원	9	9	9	鄭鳳時	3,458

1910~1920년대의 경학원 강사들 중에서 적극적인 활동을 한 강사들로

101) 이 상황표는 『경학원서류』에 수록되어 있다. 원래 1918년까지 강사들의 지방 순회강연 상황이 작성되었는데 여기서는 1912~1913년의 상황만 소개하였다. 소개한 강사 외에 鄭鳳鉉, 李鶴在, 鄭準民 등의 활동 상황이 들어 있다.

여규형, 황돈수, 성낙현, 오헌영, 정봉시, 김광현, 정준민 등을 들 수 있다. 그렇다면 그들은 지방 순회강연에서 어떤 내용의 연설을 하였을까? 『경학원잡지』「지방보고」에 그들이 강연한 내용을 경학원에 보고한 기록이 있는데 간혹 강연한 전문이 실려 있다. 성낙현은 1913년 1월경에 신창군(新昌郡) 향교에서 '유교종지(儒敎宗旨)'를 강연한 것을 보고하였는데, 이것을 예로 들어 살펴보자.[102)]

> 我朝鮮이 數千年以來로 所以尊崇其敎하고 培養其道者 靡所不用其極而挽近敎化 寢衰하고 習俗이 解弛하야 人不修學하고 士不講道하니 於是乎滔天之慾浪을 莫遏하고 掃地之廉防을 難回하야 斯道晦塞이 達於極度러니 先帝陛下(메이지 천황: 필자) 庸是憂慮하사 頒下帑金하와 刱設經學院하시고 以斯道闡明으로 爲出治之大本이실새 總督閣下 對揚聖意하야 一般職員을 任命하고 各道講士를 選任하야 文廟享祀를 永久不絕하며 彝倫을 扶持하고 弊風을 矯正하야 使斯民으로 共臻文明之域케 하시니 本人이 猥膺是任하야 現將行巡列郡하야 <u>經學院趣旨를 說明하고 總督府訓示를 傳布하며</u> 仍以倫理風敎로 築底勸諭코자 하오니 顧此蔑學이 極知僭踰이오나 (강조는 필자)

여기서 그는 유교종지의 제목과 맞지 않게 경학원 취지를 설명하는 것과 총독부훈시를 전포하는 것을 자신의 임무로 여기고 있다. 즉 메이지 천황이 경학원 설립을 찬양하고 총독부가 그 뜻을 이어받은 정책을 높이 평가하고 있는 것이다. 그는 조선총독부의 유교정책을 기쁜 마음으로 수행하고 있으며, 그 내면에는 자신이 일본천황의 신민이라는 의식이 들어 있다.

다음은 1916년 3월경 경기도 강사 황돈수가 도내를 순강하면서 향교 및 학교의 정황을 보고한 내용이다.[103)]

102) 『경학원잡지』 1호, 1913, 87~89쪽.
103) 『경학원잡지』 11호, 1916, 81~83쪽.

一. 公立學校學生을 見하오는즉 浮薄한 態色이 無하고 能히 德性의 涵養하고 知識의 發展함을 努力奮勵하는 思想이 有하며 私塾學生도 當日應講者 三千餘人에 能通庸學語孟章句하고 經義를 問하온즉 應答이 如流하오니 此는 教育勅語의 聖旨의 萬分之一이라도 奉體하는 兆朕이오.

一. 紳士의 風儀를 見하온즉 隨時變易하는 造詣가 文明化域에 優優이 到達하온 中 前博士李學魯씨가 直員 兪相晦氏와 協議하야 發言호대 帝國文化가 猗歟盛矣라. 御帑金을 降하사 特히 經學院을 設立하고 孔子를 奉崇하사 春秋俎豆를 精享하고 地方 文廟에 享儀가 昭格하니 其爲一般儒林者 豈無一半分對揚之心이리오하야 乃報于本郡郡警兩廳하고 旁通于一郡多士하야 頗得自願誠義金多少額하야 修補位櫝之朽傷과 籩豆之破缺과 床卓之折碎하야 皆着染하고 樽爵을 一新改造하고 書册을 一切準備하야 使一方多士로 知有聖學하오니 此는 國家에서 聖人을 崇奉하야 敎化發達하시는 至意를 萬分之一이라도 奉行하는 兆朕이라. (강조는 필자)

황돈수는 도내 학생과 유림의 기풍이 아름답게 변화된 것은 천황의 교육정책 때문이라고 하며 일제의 지배정책을 찬양하고 있다. 아마 다른 경학원 강사들의 강연 내용도 성낙현, 황돈수와 크게 다르지 않았을 것이다. 유교적 소양이 깊은 강사들이 하는 경학강연이 수준이 낮게 진행된 이유는 무엇일까?

먼저 조선총독부가 강사들의 활동과 강연 내용을 통제하였기 때문에 초래된 현상이라고 지적할 수 있다. 1918년 9월에 나온 「강사주의사항」[104]과 「경학원강연개량에 관한 건」[105]에서 강사의 활동과 강연 내용의 통제 및 변화를 어느 정도 알 수 있다. 「강사주의사항」은 강사에게 11조목의 주의사항을 논하고 있다. 그중 몇 가지를 살펴보면 먼저 경학원은 정권을 행사하는 기관이 아니라 인심을 감화하는 사회적 기관이기 때문에 사람

104) 『경학원잡서류철』.

105) 『경학원잡지』 19호, 1918, 34쪽,

을 대할 때 거만한 태도를 삼가고 정치에 관한 평담(談評)을 신중히 할 것을 들고 있다. 그밖에 순회강연은 교육에 관한 칙어를 근본으로 하고 성경현전(聖經賢傳)의 교훈을 여기에 대응시키고 시의(時宜)에 적합하게 연설하고 미리 해당지역의 폐풍(弊風)을 조사하여 강연할 때 그것을 개선하는 데 노력할 것과 순회강연의 상황은 실행한 후 지체 없이 대제학에게 보고하라는 등의 내용이다.

여기서 주목해야 할 것은 교육칙어를 근본으로 하고 성경현전의 교훈을 대응시켜 시의에 적합하게 연설하라는 사항이다. 결국 경학 강연은 더 이상 유교의 진리를 설파하는 것이 아니라 유교의 충효를 가지고 교육칙어를 해설하는 강연으로 전락된 것이며 천황을 칭송하는 것은 당연한 일이 된다.

「경학원강연개량에 관한 건」에서 경학원 강사들이 지방에 순회강연을 할 때에 대제학이 지방장관과 함께 강연일정을 정하도록 하였는데, 이때부터는 강사 강연 외에 도, 부, 군청 관리와 관공립 학교 직원들의 강연을 병행케 하는 것을 공식화시켰다. 경학원 강사들이 주로 경학을 강연하였기에 평소 지방에 칩거하던 유림이 경학 강연을 듣고자 모였다. 총독부에서는 이 기회를 이용하여 그들에게 식민지 교육, 권업, 기타 신정의 취지와 총독부가 사회교화의 일환으로 진행된 사업을 선전하려는 목적 때문이었다.[106)]

이렇게 경학원 강사들은 해당 지역 유림의 정황을 시찰·보고하는 한편, 유교의 충효덕목을 강조하며 일제의 지배정책을 홍보, 지지하는 순회강연을 실시하였다. 그들의 역할은 순회강연을 통해 지방 유림의 항일의식을 억제하고 그들을 일본제국의 충량한 신민으로 변화시키는 것이었다.

106) 이명화, 「朝鮮總督府의 儒教政策(1910~1920년대)」, 『한국독립운동사연구』 7, 1993, 97쪽.

3. 일제협력유림의 현실 인식

1) 일제협력유림의 유교 인식

한국 유교의 전통적인 특징은 우선 성리학을 절대시하였으며 인간 내면의 심성문제에 관심을 기울였다.[107] 천인(天人)관계에서 천과 인이 직접 무매개적으로 결부된 것(天人合一)이 한국 성리학의 특징이었다. 특히 천인무간(天人無間)의 근거로 인의예지가 거론되는 것은 퇴계학의 특징이었다.[108] 그래서 중국의 이기심성론(理氣心性論)에서도 볼 수 없는 사단칠정론(四端七情論)과 인물성동이론(人物性同異論)의 철학적 논쟁을 낳기도 하였다. 그러나 한편으로는 같은 유학사상인 양명학이나 실학의 학풍에 대해서는 배타적인 모습을 보였다.[109]

한국 유학의 특징이자 장점으로 '의리론'를 들 수 있다. 유학자의 정신을 대표하는 '의리정신'은 크게 세 가지 형식으로 볼 수 있다. 한 사람의 선비가 벼슬에 나아가거나 물러나는 처신의 정당성을 평가하는 기준은 '나아가고 물러남의 분별(出處之辨)' 곧 '출처의 의리(出處之義)'이고, 인간의 모든 행위나 사회적 문제에서 동기와 지향의 정당성을 평가하는 기준은 '의리와 이욕의 분별(義利之辨)'이며 국제질서와 문화적 기반의 정당성을 평가하는 기준은 '중화와 이적의 분별(華夷之辨)'이다. 이러한 정신의 '의리'는 개인의 생각과 행위에서 나타나는 미세한 문제에서부터 한 사회와 국제 관계의 정당성을 판단하는 중대한 문제에 이르기까지 모든 문제에 대해 평가하는 분별기준이자 실천적 행동원리로서 작용한다.[110]

107) 금장태, 『유학사상과 유교문화』, 한국학술정보, 2001, 48쪽.
108) 이기동 지음, 정용선 옮김, 『동양삼국의 주자학』, 성균관대학교 출판부, 1995, 222쪽.
109) 조남욱 · 조윤래, 「일제시대의 韓國儒教와 儒教教育」, 『한국민족문화』 16, 2000, 204쪽.
110) 금장태, 『한국의 선비와 선비정신』, 서울대학교출판부, 2000, 65쪽.

그렇기 때문에 아무리 정치적 지위와 학자적 식견이 높더라도 언행이 일치하지 않거나 '불사이군(不事二君)'의 정신을 저버린 경우에는 칭송의 대상이 될 수 없었다.

마지막으로 유학은 서민들에 이르기까지 공통적인 생활 규범으로 작용하고 있는 점을 들 수 있다. 국가에 대한 충성과 부모에 대한 효성의 단순한 차원을 넘어서 관혼상제(冠婚喪祭)의 의례로서는 물론 일상적인 생활양식 전반에 걸쳐 작용하였다.[111] 민간에까지 인륜도덕을 숭상하고 청렴절의를 존중하게 만든 것도 한국 유학의 큰 특징 중에 하나이다.[112]

그러나 시대가 흐를수록 성리학이 교조화되고, 붕당정치가 심해지면서 큰 폐단이 드러나기 시작했다. 더구나 19세기 조선사회에 닥친 민족적 모순과 계급적 모순이 중첩된 위기에서 중세사회를 옹호하는 사유체계인 성리학은 시대적 과제를 해결하는 데에 큰 한계를 드러냈다. 당시 유림은 그동안 자신이 처한 정치적 · 사회적 · 경제적 상황과 학문적 · 당파적 입장에서 사회현실을 인식하고 대처하는 태도를 버리고 민족을 통합하며 앞으로 닥쳐올 근대화의 흐름에 동참할 수 있는 사상과 학문을 제시해야만 했다. 그러나 시대적 과제를 자각하고 노력한 유학자들은 그리 많지 않았으며 오히려 시대 흐름에 역행하는 성리학의 옹호를 주장하는 유학자들이 더 많았던 것이 현실이었다.

결국 일제가 대한제국을 강점하자, 당시 지식인들 사이에서 유교에 대한 전면적 비판이 제기되었다. 특히 개신유림 중에 신채호 같은 이는 유교를 부정의 대상으로 바라봤다. 왜냐하면 그는 유교가 소극적이어서 국가를 구제하는 데 힘을 보태지 못했을 뿐 아니라 민족의 자주정신을 말

111) 조남욱 · 조윤래, 「일제시대의 韓國儒教와 儒教教育」, 『한국민족문화』 16, 2000, 204~205쪽.

112) 玄相允, 『朝鮮儒學史』, 현음사, 1982, 5쪽.

살한 노예사상이었다고 보았기 때문이다.[113]

한편에서는 유교사상의 개혁을 통해 새로운 시대환경에 적응하고자 하는 유교개혁론도 제기되었다. 박은식, 장지연[114] 등의 개신유림은 기본적으로 유교를 사상적 기반으로 하면서 서구의 근대문물을 수용하고자 하였다. 이들은 당시 드러난 유교의 폐단을 비판하였지만 한국 유교가 지닌 장점까지 부정하지 않았다. 특히 박은식은 『유교구신론(儒敎求新論)』에서 한국 유교가 지닌 폐단을 벗어나기 위해 핵심 과제를 3조목으로 제시하였다. 첫째 군주 중심을 벗어나 인민 중심으로 전환하는 것, 둘째 소극적 폐쇄성을 벗어나 적극적 전파 활동으로 전환하는 것, 셋째 산만한 주자학의 학풍을 벗어나 간단하고 절실한 양명학의 학풍을 추구해야 한다는 것이다.[115] 그리고 정통적인 성리학의 의리론을 바탕으로 하면서 근대사상을 수용하며 적극적으로 독립운동을 펼친 대표적인 유학자로 김창숙을 들 수 있다.

김창숙은 "우리나라는 유교의 나라였다. 실로 나라가 망한 원인을 따져 보면 이 유교가 먼저 망하자 나라도 따라서 망한 것"[116]이라고 반성하고 "나는 세속 학자들이 한갓 성리의 오묘한 뜻만 고담(高談)할 뿐, 구국의 시급한 일을 강구하지 않음을 병폐로 생각하고 탄식하여, 성인의 글

113) 鄭崇敎, 「韓末 民權論의 전개와 國粹論의 대두」, 서울대학교 국사학과 박사학위논문, 2004, 139쪽.

114) 장지연은 19세기 말부터 1910년 이전까지 개신유림이자 계몽운동가로 언론·교육·학술 등을 통해 기울어 가는 국권을 회복하는 데 앞장섰다. 때문에 일제의 감시와 탄압, 회유도 끊이지 않았다. 그러나 '합병' 이후 1910년대에는 일제의 식민통치를 합리화하고 미화하는 글을 발표함으로써 전혀 다른 삶의 행적을 보여주고 있다(이용창, 「1910년대 전후 친일언론인 연구: 장지연을 중심으로」, 『2006년도 학술연구용역논문집 2』, 친일반민족행위진상규명위원회, 2007, 86쪽). 장지연은 저항과 협력 사이에서 갈등의 모습을 보여주는 유학자 중의 한명이다.

115) 금장태, 『유교개혁사상과 이병헌』, 예문서원, 2003, 228~229쪽.

116) 『김창숙문존』, 성균관대학교 출판부, 2001, 272쪽. "我韓卽儒敎國也 苟究亡國之原 寔以儒敎先亡而國亦隨之矣."

을 읽고도 성인이 세상을 구제한 뜻을 깨닫지 못하면 가짜 선비이다. 지금 우리는 무엇보다 먼저 이따위 가짜 선비들(僞儒)들을 제거해야만 비로소 치국평천하(治國平天下)의 도를 논하는 데에 참여할 수 있을 것"[117]라고 하였다. 김창숙은 이렇게 실천 지향의 경세론과 의리론을 역설하였다.

김창숙이 말하는 가짜 선비들에 해당되는 인물들은 바로 경학원에 참여한 유림이라고 볼 수 있을 것이다. 그렇다면 경학원에 참여한 일제협력유림은 한국 유교를 어떻게 인식하였을까? 우선 그들은 한국 유교의 장점에 대해선 언급을 하지 않고 한국 유교(성리학)의 지리한 담론을 비판하며 오히려 일제가 경학원을 창립한 것이 진정한 유교의 부흥을 가져오는 중요한 업적이라고 칭송하였다.

> 조선은 옛날부터 經學을 중시했다. (중략) 깊이 산림에 숨어 작은 부분을 차지하고 徒弟들을 불러 모은다. 날마다 講學을 일삼아도 이미 治國平天下의 쓰임과는 무관하니 부득불 지리한 담론만 하며 일생을 마친다. (중략) 이리하여 세상에 진실한 경학이 날로 드물어진다. 지금 말하는 사람들은 깊이 생각하지 않고 선비가 배우지 않는다고 탓한다. 그러나 내가 생각하기엔 위에 있는 사람(在上者)이 어떻게 인도하느냐에 달려 있을 뿐이다. 經學院이 창립하자 단번에 學規가 옛 도를 회복하고 學官은 당대 인망을 받는 이들에서 많이 뽑았다. (중략) 바라건대 여러 학관이 잘 인도하기를 바란다. 잘 인도하면 한갓 책을 잡고 세상에 진실한 경학이 없다고 탄식하는 일은 없을 것이다.[118] (강조는 필자)

117) 『김창숙문존』, 성균관대학교 출판부, 2001, 255쪽, "翁 病世之學者 高談性理之奧旨 而不講救國之急務 歎曰讀聖人書 而無得於聖人救時之義者 是僞儒也 今之謀國者 必先去此等僞儒然後 始可與論於治平之術也."

118) 鄭萬朝, 「上經學院書」, 『경학원잡지』 1호, 1913, 28~29쪽. "朝鮮舊重經學 (中略) 深藏山林 自占地步 號召徒弟 日事講學 而旣無關於治國平天下之用 則不得不支離談論 以終其年 (中略) 於是乎 世之眞經學 日以鮮矣 今之談者 矢口罪士之不學 而愚以爲在在上者之導之如何耳 自經學院之創立 而學規一復古道 學官多選時望 (中略) 惟諸學官 善導之 善導之 無徒執書而歎曰 世無眞經學也."

정만조는 1913년에 『경학원잡지』 편찬고문으로 들어오면서 경학원 경성강사, 부제학, 대제학까지 오른 인물이다. 그는 학문과 재주로 명망이 높은 사람이었지만, 여규형과 함께 대표적인 일제협력유림이었다. 앞 장에서 언급한 것처럼 그는 일본관광단을 다녀오면서 친일적인 성향을 강하게 드러냈으며 대동학회와 공자교회에 참여하는 등 일제 강점 이전부터 항일의식을 지닌 유림에게 큰 비판을 받고 있었다.[119] 그는 유교의 부흥은 민중을 지도할 수 있는 위치에 있는 사람의 인도에 달렸다고 주장하고 있다. 이미 한일병합이 이루어진 상황 속에서 민중을 지도할 수 있는 위치에 있는 사람은 바로 일본천황과 그의 명을 받들어 조선총독부에서 조선을 식민 통치하는 일제 관료들을 의미할 수밖에 없다. 결국 정만조의 담론은 유교의 부흥은 일제의 힘에 달려 있다는 것을 말하고 있는 것이다.

경학원의 기관지인 『경학원잡지』에 실린 경학원 직원과 강사의 경학 강연은 한국 유교의 장점이나 전통에 대한 언급은 없고 폐해만을 비판하고, 단지 유교의 충효덕목을 강조하며 일제의 지배정책을 홍보, 지지하는 내용이 대부분이다. 그리고 조선총독부는 기관지인 『매일신보』를 통해 유생들이 붕당을 체결하여 세력상쟁(勢力相爭)을 일삼고, 또 권문(權門)과 결탁하여 정권의 쟁탈에 열중하고 있다고 지적하며 유림의 각성을 촉구하는 등[120] 유교와 유림에 대한 회유와 비판을 동시에 다루고 있다.[121]

정만조와 함께 『경학원잡지』 편찬고문을 맡았던 일본인 학자 다카하

119) 黃玹은 그들에 대해서 '여규형과 정만조는 재주와 학문으로 널리 알려진 사람인데 개화(開化) 이후 외세에 아부하며 좇아다니기를 미처 따르지 못할까 걱정하는 듯이 하므로 사람들이 모두 이들을 침 뱉고 욕하였다.'라고 기록하였다(황현 지음, 임형택 외 옮김, 『매천야록』 하, 문학과 지성사, 2005, 619쪽). "呂鄭 俱以才學聞 開化以來 趨附外人 逐逐如不及 人皆唾罵"

120) 『매일신보』, 「儒林의 覺醒」, 1911년 8월 8일.

121) 성주현, 「日帝의 同化政策과 宗敎界 動向」, 『식민지 조선과 매일신보: 1910년대』, 신서원, 2003, 181쪽.

시 도루(高橋亨, 1878~1967)는 1915년에 유자(儒者), 유학자(儒學者) 논변을 하면서 "도학자는 성리의 연구에 힘을 쏟아 고담(枯淡)에 흐르고 공론에 달린다"고 하여 조선 성리학에 대한 비판적 의견을 냈다. 그러자 장지연은 『매일신보』를 통해 이런 다카하시 도루의 주장을 실증적으로 반박하며 부유속사(腐儒俗士)의 행동을 도학자의 행동으로 잘못 안 것이지 정주학(성리학)은 고담공론(枯淡空論)이나 일삼는 학문이 결코 아니라고 주장하였다.[122)]

일제강점기에 성리학의 의리론을 실천으로 보여주는 김창숙은 일찍이 한일합방론을 주장한 송병준, 이용구 무리들을 성토하는 글을 중추원과 서울 각 신문사에 투고하자, 성주에 주재하던 일본 헌병 분견소 소장 아시다 야노스케(蘆田彌之介)에게 심문을 당했다. 당시 아시다 야노스케가 "귀국 황제가 만약 합방을 허용한다면 당신들은 어떻게 할 참인가?"라고 소리치자 김창숙은 "우리 황제께서는 결코 매국노의 말을 들어 허락하지 않을 것이다. 설령 허락하신다 하더라도 그것은 난명(亂命)이다. 난명이니 나는 따르지 않겠다."고 했다. 그러자 그는 "황제의 명을 따르지 않으면 곧 반역이 아닌가?"라고 묻자 김창숙은 "사직이 임금보다 중한지라, 난명은 따르지 않는 것이 바로 충성하는 일이다"라고 답변하였다.[123)]

김창숙의 이런 모습에서 한국 유교의 특징인 실천적 의리관을 엿볼 수

122) 다카하시가 1915년 6월 3일 『매일신보』에 '유자'와 '유학자'를 구별하여 유교사를 이해해야 한다고 주장하자, 장지연은 5월 18일부터 6월 6일까지 이에 대한 비판의 글을 『매일신보』에 싣기 시작하였다. 이에 관한 연구로 다음과 같은 논문이 참고된다. 권오영, 「張志淵의 『朝鮮儒教淵源』」, 『제7회 韋庵張志淵 기념 학술세미나』, 2001, 50~54쪽; 李承律, 「日帝時期 '韓國儒學思想史' 著述史에 관한 一考察」, 『동양철학연구』 37, 2004, 65~70쪽.

123) 『김창숙문존』, 성균관대학교 출판부, 2001, 261쪽. 『김창숙문존』, 성균관대학교 출판부, 2001, 261쪽. "貴國皇帝 若許合邦 則公等 將何以處之 翁曰我皇帝 斷不因賣國逆臣之言而許之矣 藉使許之 是亂命也 亂命則吾不從也 彼曰不從皇命 是逆也 翁曰社稷爲重 君爲輕 不從亂命 是乃所以爲忠也."

있을 뿐만 아니라 군주보다 국가가 중요한다는 것을 밝히고 있어서 전통적인 '충군애국(忠君愛國)' 사상과 다른 모습을 보여주고 있다. 김창숙은 분명히 일본이 아닌 한국을 조국으로 생각하고 있으며 황제의 명령이라도 도리에 맞지 않으면 거부하는 것이 충성이라고 못 박고 있다.

그에 반해 일제협력유림은 전혀 다른 의식을 가지고 있었다. 그들이 충성을 다할 대상은 한국이 아니라 일본이라고 생각하고 있었다. 여기서는 경학원 경기강사 황돈수가 1915년 11월 10일에 다이쇼 천황의 즉위대례식에 제진한 글을 살펴보겠다.

> 대정 4년 11월 10일은 바로 嗣皇帝陛下께서 즉위하는 大禮式을 거행하는 날입니다. 공경히 생각건대 황제폐하께서는, 거룩하고 신명하며 문예롭고 무예로우며, 총명하고 밝으며 슬기롭고 지혜로우십니다. 그리하여 黃河가 천 년에 한 번 맑아지는 운에 응해, 九五의 寶位에 바르게 임하시었습니다. (중략) 신은 외람스럽게도 천박한 견해를 가진 일개 서생으로서 현재 講院의 직임을 맡고 있습니다. 太學의 賢關에서는 옥을 쪼는 領域에 나아가지를 못하였고, 圓冠과 句履를 착용함에 실로 선비들의 반열에 끼어있기가 부끄럽습니다. 그러나 <u>昇平의 시대를 즐겁게 목도하였는바, 이는 천 년 만에 한 번 있을까 말까한 것입니다.</u> 이에 들은 바를 높이 받들고 아는 바를 직접 실천해 교육하는 데에서 저버리지 않을 것을 구하였고, 그 誼를 바로 하고 그 道를 밝히어서 정치 교화에 보답하기를 생각하였습니다. 그리하여 경축하면서 기쁜 마음을 금치 못하겠기에, 삼가 두 번 절하고 머리를 조아린 다음 시를 올립니다. 그 시는 다음과 같습니다. (강조는 필자)
>
> 동방에서 뜨는 해는　　　　　　東方之日
> 새벽녘에 빛 비추네　　　　　　載昕其陽
> 즐거운 저 군자께선　　　　　　樂只君子
> 만수 무강 누리소서　興이다.　　萬壽無疆
>
> 동방에서 뜨는 해는　　　　　　東方之日
> 때맞추어 하늘 도네　　　　　　載曬其時

즐거운 저 군자께선　　　　　　樂只君子
만수 무강 누리소서　흥이다.　　萬壽無期

동방에서 뜨는 해는　　　　　　東方之日
저녁나절 빛 비추네　　　　　　載晛其景
즐거운 저 군자께선　　　　　　樂只君子
만수 무강 누리소서　흥이다.[124]　萬壽無競

우선 황돈수는 당시 한국 민중에게 억압과 수탈이 심했던 1910년대 무단통치시기를 승평의 시대로 인식하고 있다. 그리고 자신이 경학원의 직임에 들어간 것을 자랑스럽게 생각하고 있다. 그는 일본천황의 성덕을 칭송하였으며 충성을 바칠 대상은 망국인 대한제국이 아니라 떠오르는 태양(東方之日) 일본이라는 점과 자신들은 일본천황의 신민임을 자인하였다. 그리고 경학원에 참여한 일제협력유림은 전 왕조에 대한 최소한의 의리나 회고의 감정조차 지니고 있지 않았다.

2) 일제 협력 행위에 대한 자기 합리화

(1) 일본 유학의 영향

일제협력유림이 이렇게 김창숙을 비롯한 개신유림과 너무나 다른 인

124) 『경학원잡지』 9호, 1915, 9~10쪽. "維大正四年 十一月 十日 嗣皇帝陛下卽位大禮式也 欽惟皇帝陛下 聖神文武聰明睿知 膺千一之淸運 正九五之寶位 殷宗之三年已闋 虞帝之上日可追 巍功盛德 在三皇而可四 宏業文章 與二儀而同參 體道恭儉 遊心聖賢 乃者纘承大統 合衆心於輿地 紹述鴻運 尊聖人於學宮 頓回淳古之美風 一洗季世之陋習 粲然極備猗歟盛矣 竊嘗觀周衰道廢 汲汲以斯道 維持世敎者 未有如今日之盛 此所以五百復興 億兆咸戴者也 猥以書生淺見 現居講院 太學賢關 未造琢玉之域 圓冠勾履 寔慚縫掖之列 樂睹昇平 千載一時 尊所聞行所知 求不負於敎育 正其誼明其道 思補報於治化 不任歡慶欣愛之忱 謹再拜稽首而獻詩曰 東方之日 載昕其陽 樂只君子 萬壽無疆 興也 東方之日 載曬其時 樂只君子 萬壽無期 興也 東方之日 載晛其景 樂只君子 萬壽無競 興也 大正四年 十一月 十日 經學院講士 臣 黃敦秀製 進"

식과 행동을 하게 된 이유는 무엇이며, 자신들의 행위를 어떻게 합리화하고 있는지 살펴보자. 우선 일본 유학의 영향을 들 수 있다. 중국이나 한국이 추상적으로 파악하던 천(天)은 일본에서는 나카에 도주(中江藤樹), 구마자와 반잔(熊澤蕃山)에 이르러 현실사회에서 신봉의 대상이 되는 부모와 임금으로 구체화되어 나타난다. 인간의 형이상학적 지향성은 부모에 대한 효와 군주에 대한 충으로 현실화되고 형이상학은 형이하학으로 변모된다. 따라서 천명을 안다고 하는 것은 하늘에 의해 운명적으로 부여된 부귀 · 빈천 · 이적 · 환난 등 자신의 명분에 입각하여 하늘을 원망하지 않고 사람을 허물하지 않으며 각자의 명분에 맞게 어울리는 행위를 알아서 한다는 것을 의미한다. 즉 현재의 상태에 의심을 품지 말고 그 상태에 적합한 실천을 하도록 요구하는 실천 중심의 운명론을 띠고 있다.[125)]

인간이 개체적 존재로 파악될 때 문제가 되는 것은 서로 구별되는 각각의 인간이 함께 살아가기 위한 공통의 장(場)인 사회의 안정과 질서의 유지이다. 후지와라 세이카(藤原惺窩) 이래 일본 유학에서 오륜(五倫)이 특별히 부각되는 이유는 오륜이 사회의 질서를 대표하는 도덕이기 때문이다. 예컨대 천자부터 서민에 이르기까지 모든 사람이 하나의 유기체를 이루고 있다고 한다면 사람들의 존재가치는 각각의 주어진 직분에 입각하여 주어진 임무를 적극적으로 수행함으로써 유기체 전체의 생명활동에 도움을 주는 데에서 찾아질 것이다. 우선 집단을 만들고 그 집단의 일원이 되는 데에서 존재가치를 추구하는 이른바 일본의 집단주의는 이러한 사고방식에서 유래하였다고 볼 수 있으며, 이것은 쉽게 국가주의적 성격으로 갈 수 있다.[126)] 결국 일본 유학은 충효의 실천 윤리를 강조하는 방향으로 나가는데 충효의 원리는 메이지 유신을 거치면서 일본이 천황

125) 이기동 지음, 정용선 옮김, 『동양삼국의 주자학』, 성균관대학교 출판부, 1995, 227~230쪽.
126) 이기동 지음, 정용선 옮김, 『동양삼국의 주자학』, 성균관대학교 출판부, 1995, 236~237쪽.

체제의 강화를 위해 내세운 이념이었다.

경학원에는 일본인 학자들이 다수 참여하고 있었는데, 조선총독부의 유교 정책에 핵심적인 역할을 한 사람이 바로 다카하시 도루이다. 다카하시 도루는 일제강점기에 조선의 사상을 연구한 일제 식민주의 관학자이다. 그는 조선 유학자들의 유학사상의 흐름과 계통을 연구하여 현대 학자들이 조선의 유학 사상을 연구하는 데 이론적 토대를 마련해주어 현재 우리가 조선 유학 사상을 연구하는 데에 좋든 싫든 적지 않게 영향을 미친 가교자적인 인물로 평가받고 있다.[127)]

그는 경학원 강사, 잡지 고문, 제학 등을 역임하면서 조선총독부가 유교정책을 식민지 교육, 교화정책의 일환으로 적극 이용하는 데에 이론가의 역할을 하였다.[128)] 그는 국가주의적 특성의 일본 유학을 한국 유림에게 주입시키는 데에 노력하였으며 결국 1930년대 말에 '황도유도(皇道儒道)'를 제창하여[129)] 한국 유학의 특성을 말살하고 일본 유학으로 편입시킨다.

경성고등보통학교 교유(敎諭)였던 다카하시 도루는 1916년 10월 9일 제15회 경학원 강연회 연사로서 '유교의 근본의(根本義)'란 주제를 가지고 경학원에서 강연을 했다.[130)] 여기서 그는 유교의 근본되는 사상으로 중용, 예, 인을 들고 있다. 그는 중용, 예, 인을 각각 설명하면서도 서로 종합하였는데, 그중에서 그가 가장 강조한 핵심 개념은 '중(中)'이었다.

127) 이형성, 「다카하시 도루의 조선 유학사 연구의 영향과 그 극복」, 『다카하시 도루의 조선유학사: 일제황국사관의 빛과 그림자』, 예문서원, 2001, 363~364쪽.
高橋亨의 조선유학사연구가 미친 영향과 그에 대한 국내학자의 비판들을 검토한 연구는 朴性淳, 「高橋亨의 朝鮮儒學史와 그 反應에 대한 檢討」, 『한국사학사학보』 6, 2002가 참조.

128) 朴性淳, 「高橋亨의 朝鮮儒學史와 그 反應에 대한 檢討」, 『한국사학사학보』 6, 2002, 107~108쪽.

129) 高橋亨, 「王道儒道より皇道儒道へ」, 『朝鮮』 제295호, 1939, 10~28쪽.

130) 『경학원잡지』 10호, 1916, 64~68쪽.

당시 내빈으로 함께 왔던 이완용은 다카하시 도루의 강연의 속뜻을 파악하고 다음과 같이 부연하였다.

> 내가 유교 속에서 생장하여 유교의 본의를 聞知함이 많았으나 오늘 高橋氏 강설이 가장 마음을 깨닫게 했다. 유교의 근본이 과연 중용과 인, 예에 있으나 단순히 말하면 中字 하나에 있다. 중은 無過無不及함을 말함이니 사람마다 그 中을 잘 알고 잘 지키는 자가 드물다. (중략) 道德의 中은 더욱 알기가 어려운 바이니 우리는 반드시 도덕의 중이 어느 곳에 있음을 마음 속으로 항상 연구하여 그 中을 知得하기로 自期함이 可하다 할 수 있다.[131]

일제가 경학원을 설립한 목적과 경학 강연이 일반 유림과 대중들을 상대한다는 점, 그리고 일본 유학의 특성을 염두에 둔다면, 다카하시가 말한 중의 개념은 원시 유교나 성리학에서 말하는 중의 개념이 아니다. 다카하시가 강연에서 논하고 이완용이 마음속으로 항상 연구해야 한다고 부연한 도덕의 중은 당시 시대적 맥락에서 파악해야 한다. 그들이 원하는 도덕의 중은 한국인에게 문명이 열등한 대한제국이 문명이 월등한 일본에 합병당한 현실을 인정하고 식민지 백성으로서 본분을 지키며 일본제국의 순량한 신민이 되는 것을 항상 생각하고 행동하라는 의미인 것이다.

1917년 5월에 당시 대구고등보통학교 교장이었던 다카하시는 '유교의 서민적 발전'이란 주제로 강연을 했다.[132] 그는 이 강연에서 조선에서 유교가 서민을 교화시키는 데에 실패한 이유로 조선의 유학자들이 성리학에 몰두하여 공자의 도가 수신제가이용후생(修身齊家利用厚生)에 있다는 것을 생각하지 못하게 했다는 점을 들고 있다. 그리고 어려운 교리가

131) 『경학원잡지』 10호, 1916, 68쪽.
132) 『경학원잡지』 15호, 1917, 69~75쪽.

아닌 쉬운 말로 서민에게 성인의 교리(孝)를 가르친 일본유학자 나카에 도주(中江藤樹)의 사례를 유교의 서민적 발전으로 들고 있다.

나카에 도주는 일본 양명학의 시조로 평가받는 인물로 양명학의 형이상학적 개념들을 모두 실천을 위한 수단으로 파악하였다. 그는 유학에서 제기된 다양한 수양 이론 중에서 실천적인 수양 방법으로 효를 강조하였다. 그리고 제자인 구마자와 반잔(熊澤蕃山)은 나카에 도주가 강조한 효의 실천 철학을 계승·발전시켜 임금(천황)과 부모를 섬겨야 할 대상으로 구체화시켰다.[133] 이런 맥락을 염두에 두고 이해한다면, 결국 강연의 속뜻은 한국인에게 현실을 직시하고 '순종'과 '충효'를 덕목으로 여기는 일본 유학을 본받으라는 의미이다.

사실 일제협력유림도 나카에 도주를 알고 있을 뿐만 아니라 매우 좋은 평가를 하고 있었다. 여규형은 일본에서 교과서에 실린 나카에 도주(中江藤樹) 전기를 읽고 크게 감탄하고 그에 대한 글을 『경학원잡지』에 소개하였다.[134]

> 내가 東京文科大學에 유학하면서 대략 교과서를 열람하였는데 鹽谷氏가 지은 「中江藤樹傳」이란 글이 있었다. 읽어보고는 숙연히 공경하게 되고 환하게 깨우칠 수가 있어, 두세 번이나 거듭해서 장엄한 마음으로 읽지 않을 수가 없었다. 藤樹公은 유용한 학문을 하기로 뜻을 세우고 쓸데가 없는 支流 餘裔의 학문은 하지 않아 학문이 이루어지고 향리가 교화되었다. 藤樹公이 죽은 뒤에는 近江에 사는 백성들은 어느 한 사람도 그릇된 짓을 하여 잘못된 데에 빠져든 자가 없었다. 그러니 이 사람이야말로 어찌 진짜 성인의 무리가 아니겠는가. 내가 생각건대 근대의 학자 가운데에는 학문이 높은 자도 고질적인 병폐를 그대로 답습하면서 실제의 공부를 하지 못하는 자들이

133) 이기동, 「일본 사상의 시작」, 『日本 思想의 理解』, 시사일본어사, 2002, 33~37쪽.

134) 이에 대해 연구는 박영미, 「근대 조선 유림의 눈에 비친 나카에 도쥬(中江藤樹) 像: 여규형의 「錄學校編纂教科書塩谷世弘氏所撰中江藤樹一段」을 중심으로」, 『일본학연구』 29, 2010 참조.

많다. 그러므로 이에 대해 논하여 雜誌의 文苑 원고 속에 써넣어서 同志들과 함께하는 바이다.[135]

여규형은 조선 성리학이 실용에 무익한 이론에 빠진 것을 병폐로 여겼고 일본 유학의 장점을 실제의 공부에 유용한 것으로 파악하였다. 이런 인식은 다카하시를 비롯한 일제 식민주의 관학자의 인식과 맥락을 같이하는 것이다. 이렇게 다카하시를 비롯한 일제 식민주의 관학자들과 일본 유학은 일제협력유림의 유교 인식에 일정한 영향을 주었을 것이다.

(2) 유교 논리를 이용한 자기 합리화

앞에서 다카하시 도루의 유교의 학설 중 '중'의 개념을 든 것처럼 일제협력유림도 유교의 가르침을 통해 자신들의 행위를 합리화시켰다. 그들은 일제의 한국 강점을 어쩔 수 없는 현실로 받아들이면서 '시의(時宜)' 내지는 '시중(時中)'를 내세우는 것이다.

> 日往月來하고 寒退暑進은 天地의 恒例오 古今의 原則이라. 人은 靈覺이 有한 動物이 되야 萬物首位에 巍然 特占함은 能히 隨時制宜하야 萬化의 根本을 主張함으로 以함이라. 然하나 此事業을 何人이 能辨하는고하면 唯儒者 其人이로다. (중략) 斷髮者를 指斥하야 日異類라 新書籍을 排毁하야 日邪術이라 하는 儒者가 比比有之하니 此人이 果然 儒者인가. 孟子 不云乎아 彼一時也며 此一時也라하고 易에 日 隨時之義 大哉矣라 하얏스니 思하고 思할지어라.[136]

135) 「錄學校編纂教科書塩谷世弘氏所撰中江藤樹一段」, 『경학원잡지』 3호, 1914, 13쪽. "余遊東京文科大學 略閱教科書 有鹽谷氏所撰中江藤樹傳 盖肅然而敬憬然而悟 三復莊誦而不能已也 藤樹公立志于有用之學 不爲無用之支流 餘裔學成而鄉里化之 藤樹公死後近江小民無一人爲非陷戾者 斯豈非眞聖人之徒歟 余惟近代學者 其高者因循痼弊 不能爲實工者或多 故亟論之著于雜誌文苑藁中 以公同志焉."

136) 『매일신보』, 「地方儒生에게 警告함」, 1911년 7월 26일.

이 논설은 변화하는 현실에서의 삶의 태도로서 시의의 중요성을 지적하고 이를 경시하는 것은 참된 유학자가 아니며 유교 경전의 본의에도 어긋난다고 말하고 있다. 논자는 『맹자』의 "피일시야(彼一時也) 차일시야(此一時也)"라는 구절과 『주역』의 "수시지의(隨時之義) 대재의(大哉矣)"라는 구절을 자신의 주장의 근거로 인용하고 있는데, 경전의 본래 맥락에 따라 사용하기보다는 자신의 목적에 따라 왜곡하여 사용하였다. 『맹자』의 '시(時)'는 당연히 따라야 할 현실로 사용한 것이 아니라 오히려 개혁의 대상으로 간주되고 있었던 것이며 『주역』의 '시'는 연못(澤)과 우레(雷)가 어울려 있는 조화로운 상황인 '수괘(隨卦)'의 형상을 전제하고 있는 것이기 때문이다.[137]

유교 경전의 내용을 근거로 하여 망국의 현실을 인정하고 그 안에서 최선을 찾자는 주장은 경학원 강사의 강연에서도 많이 볼 수 있다. 하나의 예를 들어보자. 경학원 평북강사 양봉제는 1913년 10월, 11월에 도내 의주, 용천, 철산, 선천, 곽주, 정주, 가산, 박천, 영변, 운산군 등을 순회하며 강연을 하였는데, 의주군에서 행한 강연의 제목이 "군자지중용야군자이시중(君子之中庸也君子而時中)"이었다.

> (주자)집주에 (君子가 中庸을 하는 까닭은) 君子의 德이 있고 또 능히 때에 따라 中에 처하기 때문이요, 또 中은 一定한 體가 없어 때에 따라(隨時) 있다고 했으니, 隨時 두 글자는 가장 완미해야 한다. (중략) 군자만이 時中하는 것이 아니라 士農工商 모두 다 時中이 있다. 그렇다면 금일 우리 민족은 어떻게 해야 時中할 수 있는가? 불쌍한 우리 민족은 예부터 쌓인 폐단의 남은 재앙으로 지극한 빈약에 빠져 있으니 이 폐단을 바로 잡고자 할진댄 利用厚生을 버리면 무엇을 할 수 있는가? 공자도 부유하게 하면 가르쳐야 한다고 하셨고 맹자도 떳떳한 재산이 있는 자는 떳떳한 마음이 있다고 하셨으니 이때를 당하여 공자와 맹자가 다시 나오셔도 반드시 利用厚生으로 급

137) 조남욱 · 조윤래, 「일제시대의 韓國儒教와 儒教教育」, 『한국민족문화』 16, 2000, 216~217쪽.

선무를 삼을 것이다. 현재 당국의 정치가 利用厚生 아님이 없어서 학교를 넓혀서 지식을 개발하고 경학원을 설립하여 좋은 풍속을 조장하니 곧 백성에게 中을 쓰는 것이다. 우리 민족은 명령에 복종하여 각각 자기 생업에 부지런히 일하고 충효로 서로 권면한다면 저절로 時中의 도에 합하는 것이다. 힘쓸지어다. 힘쓸지어다.[138] (강조는 필자)

원래 시중(時中)은 실천하기가 매우 어려운 유교의 가르침이다. 유교에서 오직 성인 공자만이 시중을 하였다고 평가받고 있다.[139] 그리고 모든 상황 속에서 시중을 하는 것은 어디까지나 의(義)를 따르기 위함이요,[140] 때에 따라 변역(變易)하는 것도 도(道)를 따라야 하기 때문이다.[141] 만일 한국의 유학자가 한국 유교의 특성인 의리론의 관점에서 망국의 현실에 대해 시중을 한다면, 유인석이 거론한 '처변삼사(處變三事)' 중에 하나를 선택해야 한다. 즉 유인석처럼 멸망한 사직을 회복하기 위하여 '거의소청(擧義掃清)'하거나 아니면 전우처럼 '거지수구(去之守舊)'를 행하거나, 또는 송병선처럼 '자정치명(自靖致命)'을 선택해야 한다.

이렇게 볼 때, 일제협력유림이 설명하는 '시중'은 의리나 도의 기준에서 나온 것이 아니다. 망국의 현실, 즉 대한제국에서 일본제국으로 시대가 변했으니 시대에 따르라는 현실 순응의 태도를 유교의 '시중'을 끌어다가 자신을 합리화시킨 것에 불과하다. 따라서 양봉제가 행한 강연의

138) 『경학원잡지』 2호, 1914, 85~86쪽. "集註以其有君子之德 而又能隨時以處中 又日中無定體 隨時而在 隨時二字 最當玩 (中略) 非但君子而時中而已 士農工商 皆有時中 然則在吾今日民族何以則時中 哀我民族 以舊來積弊之餘殃 陷於貧弱之極 欲求此弊 舍利用厚生而何 子日富而教之 孟子日有恒産者有恒心 當此之時 孔孟復起 必以利用厚生爲急務矣 現今當局政治 無非利用厚生 而廣學校開發知識 立經學助長良風 卽是用中于民 凡吾民族服膺命令 各勤其業 忠孝相勉 則自合于時中之道 勉旃勉旃."

139) 『孟子』, 萬章下. "孟子日 伯夷 聖之清者也 伊尹 聖之任者也 柳下惠 聖之和者也 孔子聖之時者也."

140) 『論語』, 里仁. "子日 君子之於天下也 無適也 無莫也 義之與比."

141) 『周易』, 易傳序. "易 變易也 隨時變易以從道也."

본의는, 군자(일제협력유림)의 시중은 일제의 식민 정책에 따라 유교의 보편적인 가치(충효)를 일반 식민지 백성에게 잘 설명하여 따르도록 하는 것이고, 사농공상(식민지 백성)의 시중은 이용후생을 위해 노력하는 정부(일본)의 명령을 따라 각각 생업에 종사하여 새로운 국가에게 충효를 다하라는 것이다.

일제협력유림에게 대한제국의 멸망은 단순히 고려에서 조선으로 왕조가 교체된 것처럼 역성혁명의 의미로 받아들인 것이 아닐까 한다. 『경학원잡지』에 실린 유교 강설 중에 의리에 대한 강설이 없는 것도 이런 맥락에서 이해할 수 있다. 그렇기 때문에 유교의 보편적 가치이지만 지배층에 의해 얼마든지 자의적으로 이용할 수 있는, 일본 유학의 특성이 반영된 '충효'가 더욱 강조될 수밖에 없는 것이다.

(3) 식민지 체제 유지를 위한 유교 논리 강화

1919년에 3·1운동이 일어나자 그때까지 무단통치를 강행하던 일제는 통치정책을 바꿔야만 했다. 즉 식민지 내부의 종족적·계층적·종교적 대립을 이용한 민족 분열 정책을 '문화정치'라는 이름으로 한국을 통치하게 되었다.[142] 3·1운동 이전에는 경학원을 제외하고는 이렇다 할 유림단체가 없었으나, 3·1운동 이후 각종 유림단체들이 나오기 시작하였다. 이는 조선총독부가 1920년대로 들어오면서 각종 친일유림단체를 민간단체로 위장하여 조직하고 유림을 포섭하여 일본의 식민지 통치에 협력하도록 도모하였기 때문이다. 경성에서 조직된 대동사문회(大東斯文會), 유도진흥회(儒道振興會)는 전국적 조직망을 가진 대표적인 친일 유림단체였다. 이밖에도 강원도의 유도천명회(儒道闡明會), 전남의 유도창명회(儒

142) 姜東鎭, 『日帝의 韓國侵略政策史』, 한길사, 1980, 11~13쪽.

道彰明會), 평남의 유림회(儒林會) 등 지방에서 많은 유림단체들이 조직되었다.[143] 즉 1910년대는 경학원을 통해 유교의 중앙집권화를 시도하였다면 1920년대에는 다양한 유림단체를 조직하도록 유도하여 유림의 분열화를 적극 추진하였다.[144]

이들 단체들의 일제협력유림은 경학원을 중심으로 밀접한 관계를 맺으면서 반일 성향의 유림을 회유하고 일제에 협력하는 유림을 끌어들였다. 그리고 기관지를 발행하여 1910년대와 마찬가지로 유교의 경전에서 나오는 내용으로 자신들의 협력 행위를 적극적으로 합리화시켰고, 일제의 통치 체제에 순응하는 논리를 강화시켰다.

> 古語에 何事非君 何事(使의 誤記)非民이라 云하얏나니 是卽王道의 精神이란 大抵 政治의 目的은 民衆의 幸福을 爲하는 者인즉 此를 目的으로 하는 者이 卽君主요 此君主下에 民衆은 其人生의 榮光을 增하고 享樂함을 謂함이니 王道를 行하는 자는 堯나 舜이나 李나 朴이나 敢히 問할바가 아니니라 民衆도 또한 周民이 되던지 殷民이 되던지 其幸福을 爲主하는 者인즉 王道之下에 誰가 非民이리요. 所謂 當今 歐米各國에서 高唱되는 民本主義라는 것도 吾王道와 同一한 趣旨에 不外하니라 (중략) 民族自決主義로 分立한 歐洲各小國은 果然 民衆의 幸福을 齎來하얏는가 彼等은 今에 更히 互相合同의 必要를 痛感하야 其氣運이 漸次로 勃興함을 看取함을 得하지 안이하는가. (중략) 況吾人은 決코 被征服民族도 안이오 又附庸的民族도 안이디오 吾人은 吾人 將來의 幸福을 爲하여 合意的 合倂을 決行한 特等한 家族의 一員인즉 吾人은 毫末도 自卑하고 猜忌할 것이 無할지라 然한대 亡國으로 自任하고 被征服民族으로 自認하야 悲觀的 消極的 態度를 持하고 장차 自暴自棄에 陷함과 如함은 將來 大民族될 자격이 無하다 謂할지니라(후략).[145]

143) 이명화, 「朝鮮總督府의 儒敎政策(1910~1920년대)」, 『한국독립운동사연구』 7, 1993, 115~119쪽.

144) 경성과 지방에서 결성된 유림단체에 대해서는 본고의 제4장 참조.

145) 愛族生. 「儒道上으로 見한 日韓倂合(承前)」, 『儒道』 3호, 儒道振興會, 1921, 13쪽.

거국적인 3·1운동의 여파를 수습하고 독립운동의 정신을 꺾기 위해서 고어(古語)라고 인용한 "하사비군(何事非君) 하사비민(何使非民)"은 『맹자』에 나오는 말이다. 맹자는 이윤(伊尹)에 대해서 다음과 논평하였다.

> "'어느 분을 섬긴들 내 군주가 아니며, 어느 사람을 부린들 내 백성이 아니겠는가.' 하여, 세상이 다스려져도 나아가고 혼란해도 나아감은 伊尹이었고"[146]

맹자는 제자 공손추의 질문에, 백이·이윤·공자 세 성인의 같은 점과 다른 점을 든 후, 공자를 가장 높게 평가하고 배우고 싶다고 답하였을 뿐이지 이윤의 행동에 대해 특별한 의미 부여를 하지 않았다.[147] 그런데 일제협력유림은 왜 굳이 이것을 들었을까? 이윤의 예를 든 것은 바로 반일 성향의 유림에게 주는 메시지가 숨어 있다. 즉 도(道)가 떨어진 나라(한국)가 도가 있는 나라(일본)와 우호적으로 합병이 되었으며, 일본천황은 왕도(王道)를 행하는 분이니 충분히 왕으로 섬길 만한 존재라는 점을 강조하면서 유교의 왕도 정치를 일제의 식민 통치를 정당화하는 중요한 근거로 삼았다. 아울러 왕도를 행하는 사람이 다스리는 나라가 자신들의 왕이며 조국이니 독립운동과 같은 허망한 꿈은 버리고 일제의 식민 통치에 협력하라는 의미도 들어 있다. 그리고 이 왕도의 용어는 1930년대 말에 들어가면 황도(皇道)의 용어로 바뀌면서 황도유학의 논리를 형성하게 된다.

1920년대에 들어오면 이미 일제협력유림은 일본의 식민 통치를 당연

146) 『孟子』, 公孫丑上. "何事非君 何使非民 治亦進 亂亦進 伊尹也."

147) 『孟子』, 公孫丑上. "曰 伯夷 伊尹 何如 曰 不同道 非其君不事 非其民不使 治則進 亂則退 伯夷也 何事非君 何使非民 治亦進 亂亦進 伊尹也 可以仕則仕 可以止則止 可以久則久 可以速則速 孔子也 皆古聖人也 吾未能有行焉 乃所願則學孔子也."

한 것으로 여겼고 일본천황의 신민이라는 의식을 내면화하게 되었으며, 그것을 다시 유교의 가르침에서 정당성을 구하였다. 그렇기 때문에 일제 협력유림은 백이에 대한 맹자의 언급을 아예 외면한 것이 아닐까 한다. 유교에서 만세의 청절(淸節)을 지닌 성인으로 인정하는 백이의 처세는 "섬길 만한 군주가 아니면 섬기지 않으며, 부릴 만한 백성이 아니면 부리지 않아서 세상이 다스려지면 나아가고 어지러워지면 물러가"는 것이다. 전우도 백이와 같은 마음과 처신으로 일제와의 협력을 거부하고 섬에 들어가 유교의 도를 지키며 후학을 길렀다. 분명 독립운동을 한 유학자들과 은거한 유학자들 모두 일본천황은 섬길 만한 군주가 아니며 일본의 신민이 되는 것을 치욕으로 생각하였을 것이다.

1920년대에 일제협력유림은 1910년대와 마찬가지로 '시중', '시의'의 논리를 주장하였고 아울러 '이윤의 가르침(伊尹之訓)'[148]에서 자신들의 협력 행위를 정당화시켰다. 그리고 일제협력유림은 이제 유교의 '도(道)'는 중국과 조선이 아니라 일본에 찬연히 존재하고 있다고 인식하였다.

> 支那는 유교의 발원지입니다. 그런데 淸 황실이 전복되고 中華民國이 조직된 오늘날에 미쳐서는 의논이 셋으로 갈렸습니다. 守舊派와 反對派와 革新派가 그것입니다. 수구파라는 것은 옛날을 그대로 지키는 것입니다. 반대파라는 것은 共和國의 政體를 띠면서 『춘추』의 의리를 무시하는 자들입니다. 혁신파라는 것은 때에 따라서 절충하여 처지가 바뀌어도 어긋남이 없는 자들입니다. 분열됨이 이와 같아서 서로 통일될 수가 없습니다. 그러나 일본의 경우에 있어서는, 學界의 領袖와 學士와 博士 등의 사람들이 마음을

148) 정만조는 『大東斯文會報』 1호에 斯文(유교)의 연원을 설명하는 글을 쓰면서 '伊尹之訓' 이란 용어를 사용하였다(「原斯文」, 『大東斯文會報』 1호, 1920, 11쪽). 유교의 연원에 이윤이 반드시 들어가야 할 타당한 이유가 없는 데도 집어넣었다. 아마도 자신들의 행위를 정당화시키려는 의도에서 나온 것 같다. "有虞之典 夏之謨 伊尹之訓 箕子之範 文武之雅頌 周公之禮 孔子之春秋 論語 從孔子而孟氏之七篇 及曾氏子思氏之書作 皆著之施之而載籍而可考者 此斯文淵源也."

> 같이하고 힘을 합쳐 우리 유도를 힘써 진흥시켜서 백성들의 마음을 편안하게 하였습니다. 그리하여 萬世一系의 크나큰 교화를 우러러 찬양하고, 과격하고 조리가 없는 이상한 사상을 미리 막고 있습니다.
>
> 지난번에 경학원의 직원과 각 도의 유림들이 한 무리가 되어 東京斯文會가 주최하는 '공자가 죽은 뒤 2400주년을 맞이하여 공자를 추모해 올리는 기념 제사(孔子歿後二千四百年追遠紀念祭)'에 가서 참여하여 祭典의 성대한 모습을 우러러 보았습니다. 그리고 또 東京帝國大學 강당 안에서 井上博士의 강연을 들었는데, 그의 고매한 식견과 명쾌한 논변은 환히 통달하였고 드넓었습니다. 이에 비로소 우리 유학의 도가 서쪽에서 동쪽으로 넘어왔다는 것을 깨달았으며, 또한 우리들이 평소에 능히 글을 읽으면서도 제대로 연구하지 못했던 것에 대해 깊이 탄식하였습니다.[149] (강조는 필자)

일제협력유림은 보수유림이 자부하였던 '화하일맥(華夏一脈)'이 이제 조선에 남아 있는 것이 아니라 오히려 일본에 남아 있을 뿐만 아니라 더욱 발전시켰다고 보았다. 이는 항일 성향의 보수유림이 가졌던 저항의식의 기반을 분쇄하는 것이다. 일제협력유림은 동아시아에서 일본만이 근대 문명과 유교를 동시에 발전시킨 나라로 여겼다. 그래서 자신들은 경전을 읽었지만 일본의 학자들보다 연구를 제대로 하지 못했다고 탄식하였다.

일제협력유림에게 '문명'과 '도'를 발전시킨 일본은 보수유림처럼 이적시(夷狄視)하는 원수가 아니라 오히려 우리가 배워야하고 받들어야할 대상이 된 것이다. 그들에게 '문명'과 '도'를 찬란하게 발전시킨 일본이 '문

149) 김완진, 「時代之儒教」, 『경학원잡지』 24호, 1923, 83~88쪽. "支那是儒教之發源地 而及乎清室顚覆 民國組織之今日 議論三分 守舊派反對派及革新派是也 守舊者株守故常者也 反對者謂以共和之政體無事乎春秋之義者也 革新者則欲以隨時折衷而易地無悖者也 分裂若是 莫見統一 然在乎日本 則學界之領袖學士博士者流 齊心協力 務興斯道 以靖民心 仰贊萬世一系之鴻化 豫杜過激無倫之異想 頃日院職與各道儒林一團往參東京斯文會主催之孔子歿後二千四百年追遠紀念祭 而仰瞻祭典之盛儀 又於東京帝國大學講堂之內參聽井上博士之講演 其高識明辯 暢達淹博 始覺斯道之自西徂東也 深歎吾輩平日之能讀而不能究也."

명'과 '도'가 떨어진 조선을 식민통치하는 것은 사회진화론뿐만 아니라 유교의 논리 안에서도 정당한 것이었다. 이는 자연스럽게 한국 유학의 특징이자 일제에 대한 저항 의식의 기반이었던 실천적인 의리론을 약화시키는 결과를 가져왔다.

김창숙이 새로운 독립운동 기지 건설을 위한 자금을 모집하기 위해 비밀리에 국내에 잠입하여 독립운동에 심혈을 바치던 시기에 일제협력 유림은 일제의 식민 통치를 받는 현실을 유교가 부흥될 수 있는 성대한 시대로 생각하였다. 그렇기 때문에 경학원의 일제협력유림은 각 지방 유림 단체와 함께 신학(新學)과 조화를 이루는 유교의 보편적인 가치의 부활을 조선의 유림에게 촉구하였다.[150] '이윤의 가르침'과 '인의충효'와 같은 유교의 논리가 결국 일본천황과 일본제국에 대한 충성과 복종 이념으로 변질되었다. 이는 일제의 식민 통치를 순응시키는 논리가 되었을 뿐만 아니라 1939년에 본격적으로 등장하게 될 '황도유학'의 산파 역할을 하였다.

150) 이대영, 「儒者之地位及義務」, 『경학원잡지』 26호, 1925, 49~52쪽.

제4장

1920~1930년대 유림단체의 조직과 활동

1. 대동사문회(大東斯文會)의 조직과 활동

일제의 가혹한 무단통치에 저항하여 일어난 1919년 3·1운동은 거족적 항일독립운동이었다. 3·1운동에 놀란 일본제국주의는 조선 지배정책을 전면 수정하여 대응책으로 '문화정치'를 내세웠다. '문화정치'는 일제의 조선지배정책의 기본방침을 근본적으로 바꾼 것이 아니라, 반일민족독립운동의 앙양에 대응하여 종래의 노골적인 무력지배를 철회하고 '문화의 발달과 민력의 충실'이라는 슬로건을 내걸어 동화정책을 한층 강력히 추진하며, 민족의 상층계급의 일부를 매수하고, 조선 지배에 지장이 없는 약간의 출판물·결사를 허용한 것으로 더욱 교활한 분열지배정책이었다. 일제는 '문화정치'를 내세우면서 헌병경찰제도를 폐지하였으나 오히려 보통경찰을 대폭 증가시켜 식민통치체제를 한층 더 강화하였다. 그리고 치안유지법을 제정하여 사상 통제와 사회운동에 대한 탄압을 강화하였으며, 친일세력을 양성, 확대시켜 민족해방운동전선을 분열시키는 기만적인 정책을 펼쳤다.[1)]

일제의 기만적인 '문화정치'는 유림에 대한 정책에서도 나타났다. 일제는 1910년대에 경학원을 중심으로 조선의 유림을 통제하는 정책을 펴면서 일체 다른 단체의 결성을 유림에게 허락하지 않았다. 3·1운동이 일어난 후, 조선총독부 3대 총독으로 부임한 사이토 마코토(齋藤實)는 1920년에 친일세력 육성·이용을 통한 민족운동 분열정책을 골격으로 하는 '조선민족운동에 대한 대책'이라는 구상을 세웠다. 즉 그는 친일 인물의 확보가 일본의 조선통치의 성패가 걸린 문제라고 보고, 귀족·양반·부호·실업가·교육가·종교가 등에 친일인물을 침투시켜 각종 편의와 원조를 제공하여 친일단체를 결성하도록 하였다.[2] 이는 유림계에도 적용되었으니, 1920년대부터 경성과 지방에서 조선총독부의 후원 아래에 각종 친일적인 유림단체가 결성되었다. 조선총독부는 이 단체들을 통하여 일제협력유림을 결집·양성하여 유림을 분열시키면서 저항하거나 침묵하는 항일 성향의 유림을 회유하려고 하였다. 이때 각종 유림단체 조직에 참여한 일제협력유림의 주요 인물들은 대동학회와 공자교에 활동하였던 인물들이었다.

여기서는 경성에서 결성된 친일 유림단체의 조직 과정, 주요 인물과 활동, 성격 등을 구체적으로 살펴보려 한다. 이를 통해서 1920~1930년대 지방 유림의 동향을 일부나마 엿볼 수 있을 것이다.

1) 대동사문회의 조직과 성격

사이토 마코토는 조선총독으로 부임 직후부터 유림의 친일화 공작을 중요하게 생각하였다. 유림은 지방의 중소지주일 뿐 아니라 명망가이자

1) 朴慶植, 『日本帝國主義의 朝鮮支配』, 청아, 1986, 193~220쪽.
2) 강동진, 『일제의 한국침략정책사』, 한길사, 1980, 167~168쪽.

유식층이며 일본에 대한 항일의식도 강하였다. 더구나 근대교육을 받은 많은 청년은 유림의 자제이고 이들 청년은 반일운동의 핵심이 되었기 때문이다.[3] 그래서 3·1운동 이전에는 경학원이 유림 통제의 중심기관으로서 지방 강사를 파견하여 지방 유림의 동향을 감시하고 회유하였지만, 3·1운동이 일어난 후에는 각종 편의와 지원을 제공하여 해당 지역에 유림단체를 조직하고 유림을 분열, 흡수하려 하였다. 그렇다고 해서 경학원의 영향력이 이전보다 약화된 것은 아니었다. 경학원의 위상은 각 지방 유림단체들의 상급 기관과 같았으며, 경학원의 직원과 강사가 지방 유림단체의 결성과 활동에 주도적으로 참여하였다. 아울러 유교의 보편적인 가르침을 이용하여 일본화된 유교 이데올로기를 유림에게 심으려는 노력은 이전과 동일하게 이어졌다. 경성에서 조직된 대동사문회와 유도진흥회를 통해 이런 사실을 확인할 수 있다. 먼저 대동사문회가 조직되는 과정을 살펴보자.

1919년 12월 5일 오후 4시 경성 종로 태화관에서 홍긍섭(洪肯燮), 정만조 등 24명이 모여서 대동사문회 발기회를 열었다. 이범철(李範喆)이 대동사문회 설립취지를 설명한 발기문을 발표하고 24명은 자연스럽게 대동사문회 발기인[4]이 되었다. 그들 중에 이범철, 박노학(朴魯學), 김정기

3) 강동진, 『일제의 한국침략정책사』, 한길사, 1980, 226쪽.

4) 대동사문회 발기인은 다음과 같다. 洪肯燮, 鄭萬朝, 沈鍾舜, 李舜夏, 崔永年, 徐相春, 韓晩容, 李琦, 劉秉澈, 魚允迪, 宋之憲, 玄采, 朴魯學, 李範喆, 洪憙, 韓敞履, 金正基, 金琪鉉, 睦容讚, 劉載性, 李明宰, 金見奎, 朴相珽, 朴元泰 총 24명이다(『大東斯文會報』 1호, 대동사문회, 1920, 61쪽). 그런데 『매일신보』(1919년 12월 21일, 2면)는 대동사문회라는 유생단체성립을 알리는 기사에서 박원태가 빠지고 姜南會 李漢九 河世潤 세 명을 추가하여 발기인이 26명이라고 보도하였다. 필자는 『매일신보』의 기록보다는 『대동사문회보』의 기록을 취신하고자 한다. 왜냐하면 『대동사문회보』는 대동사문회의 기관지로서 맨 마지막에 「會中記事」란을 두어 자신들의 조직 과정, 활동, 임원, 회원 등을 자세하게 기록하고 있어서 『매일신보』보다 신빙성이 높기 때문이다. 그리고 『매일신보』에 대동사문회 조직 과정과 임원 등을 알려주는 기사가 있지만 『대동사문회보』의 기사가 더 자세하게 기록되었기에 같은 내용이면 『대동사문회보』의 기록을 우선 주로 삼고 『매일신보』를 보조 자료로 삼는다.

(金正基), 김기현(金琪鉉), 한창리(韓敞履), 육용찬(睦容讚)은 대동사문회 창립위원이 되었고 한창리, 김정기는 회칙제정위원을 겸하였으며 그 외 최영년, 어윤적이 회칙제정위원이 되었다. 이어서 대동사문회 창립총회 일자를 이듬해 1920년 1월 25일로 정하였다.[5] 1919년 12월 27일에 대동사문회 본부사무소를 경성부 낙원동 64번지에 두었다.[6]

그런데 1920년 1월 25일 이전에 발기인이 모여서 발기인회를 한 것 같다. 1920년 1월 4일에 발기인회을 개최하여 1월 25일에 13도 유생을 경성에 초집(招集)하기로 통문을 발송하였고 대동사문회에 경의부(經義部), 치사부(治事部), 교리부(敎理部), 경현부(景賢部), 도서부(圖書部), 편찬부(編纂部), 서무부(庶務部)를 설치하였으며 오가키 다케오(大垣丈夫)를 고문으로 추천하였다고 한다.[7] 1920년 1월 25일 오후 1시에 대동사문회 발기회를 열었던 태화관에서 창립총회를 개최하였다. 창립총회에는 경성에서 102명, 지방에서 178명이 참석하였으며 임시회장은 홍긍섭이 되었다. 송지헌(宋之憲)은 발기문을 낭독하고 어윤적은 제정된 대동사문회 회칙을 통과시켰다.[8]

이어서 이사 30명[9]을 선정하고 임시회계 박노학이 창립 경비 회계를 보고하여 창립총회를 매조지었다. 동일 오후 4시에 발회식(發會式)을 거행하였는데 시바타 젠사부로(柴田善三郎) 학무국장, 유케 코타로(弓削幸太郎) 학무과장, 오가키 다케오 경성통신사 사장, 유민회(維民會) 주요

5) 『大東斯文會報』 1호, 대동사문회, 1920, 59~61쪽.

6) 『大東斯文會報』 2호, 대동사문회, 1922, 71쪽.

7) 「大東斯文會 各部」, 『매일신보』, 1920년 1월 7일, 2면.

8) 『大東斯文會報』 1호, 대동사문회, 1920, 61~65쪽.

9) 대동사문회 이사는 다음과 같다. 鄭萬朝, 洪肯燮, 沈鍾舜, 崔永年, 魚允迪, 宋之憲, 朴魯學, 李範喆, 李舜夏, 徐相春, 金正基, 洪憙, 韓敞履, 劉秉澈, 睦容讚, 李琦, 朴彝陽, 洪鎭裕, 安必中, 金尙默, 徐相勛, 權純九, 金琪邰, 孔聖學, 金龜濟, 宋泳權, 韓亨洙, 李種文, 康鳳薰, 李根宇, 李基繐(『大東斯文會報』 1호, 대동사문회, 1920, 65~66쪽).

간부 등이 참석하였다. 발회식은 이사 정만조의 식사(式辭), 최영년의 취지 설명, 시바타 학무국장의 축사, 오가키 다케오 경성통신사 사장의 축사, 이사 어윤적의 답사가 끝난 후에야 폐회되었다.[10)]

다음날인 1920년 1월 26일 오후 4시에 제1회 이사회를 열어 상무이사로 추천된 유림은 정만조, 홍긍섭, 최영년, 어윤적, 박노학, 송지헌, 이범철, 김정기 등 8인이다. 상무이사가 된 사람들은 다시 대동사문회 육부(六部) 분장주임(分掌主任)이 되었다. 즉 경학 강의를 담당하는 경의부 주임은 정만조, 정술(政術) 연구를 담당하는 치사부 주임은 어윤적, 탁행숭포(卓行崇褒)를 담당하는 경현부 주임은 홍긍섭, 도서 수집을 담당하는 도서부 주임은 송지헌, 서적 편찬을 담당하는 편찬부 주임은 최영년, 회무변리(會務辨理)를 담당하는 서무부 주임은 이범철이 되었다. 그리고 김정기는 서무부 문서과사무위탁, 박노학은 서무부 회계과사무위탁이 되었다.[11)]

대동사문회의 창립과정을 살펴보면, 회칙 2조에서 '유교 강명을 목적'으로 조직되었다고 표방한 것과 다르게 대동사문회는 결코 유림이 자발적으로 만든 조직이 아닌 점을 엿볼 수 있다. 아울러 대동사문회가 조직된 진정한 목적과 성격 등도 살펴볼 수 있다. 우선 대동사문회 발회식에 조선총독부 고위 관료인 시바타 젠사부로 학무국장, 유케 코타로 학무과장이 참석하였으며 시바타 학무국장은 축사까지 하였다. 그가 한 축사의 일부를 잠시 살펴보자.

> 此斯文會의 諸位는 道德觀念을 尊重하여 將來 斯會을 期하리라 思唯(惟의 오기)하며 且屬望하는 터이로되 一端 諸位의 注意를 要할 바는 時代의 變遷에 順應하여 事와 時가 적합하도록 할 것이오. 결코 時代의 趨勢에 超

10) 「大東斯文會 發會式」, 『매일신보』, 1920년 1월 22일, 2면; 1월 27일, 3면; 『大東斯文會報』 1호, 대동사문회, 1920, 66~73쪽.

11) 『大東斯文會報』 1호, 대동사문회, 1920, 74쪽.

越함이 無할 事이라 하옵니다. 何故이냐하면 凡百事爲가 悉皆同然한 理勢 일뿐 아니라 上述과 如히 物質과 思想이 相互別個의 軌道를 行함이 不可하고 且此斯文會로 論하더라도 幾許好個趣旨의 目的을 有하였으니 進行方法에 違誤가 生하면 反히 多大한 障害를 致할 것이니 第一根基를 堅確케 하고 其次로 方針을 嚴明히 하여써 目的한 바 彼岸에 得達하기까지 奮勵하고 進行할 覺悟하기 希望하노라. 余는 微力無爲의 人이나 從此로 文廟祭享과 如함도 極히 盛大하게 行하는 等으로 儒敎振興에 對하여 되도록 勉勵하라 하는 터인즉 諸位도 此際에 極히 盡力하여 這間萎縮하였던 朝鮮의 儒敎를 此斯文會로써 蔚興케 하기 切望不已하나이다 此로써 祝辭를 爲하노라.[12]

3·1운동의 여파가 아직 남아 있는 상황에서 시바타 학무국장은 대동사문회가 '시대의 변천에 순응'하여 일을 때에 맞게 하고 조선의 유교 진흥에 힘을 다하라고 말하고 있다. 이는 일본이 조선을 병합한 현실을 인식하고 일본제국의 신민에 맞는 처신을 해달라는 의미인 것이다. 이는 『매일신보』에서 "시국에 감(鑑)하여 유생이 단결하여 경학을 성(盛)히 하고자" 한다는 보도와 맥락을 같이하는 것이다.[13] 또한 시바타 학무국장이 언급한 유교의 부흥은 항일유림이 지녔던 의리에 기초한 유교가 아니라 일본제국에 충성을 바치는 체제 순응의 일본화된 유교의 부흥을 뜻한다. 일개 유림단체의 창립에 조선총독부 학무국장과 과장이 참석하였고 축사까지 하였다는 것은 대동사문회를 조선총독부가 지원하고 있음을 의미하는 것이다. 그렇기 때문에 대동사문회는 경학원이 하는 사업을 보조하는 역할을 하게 된다.

축사를 한 경성통신사 사장 오가키 다케오(大垣丈夫)는 대한자강회와 대한협회의 창립에 산파역을 한 인물이며 '아시아연대론', '한국부조론'의 신봉자였다. '아시아연대론'은 일본이 언제나 '동양의 문명선도자'로서 동

12) 『大東斯文會報』 1호, 대동사문회, 1920, 71~72쪽.
13) 『매일신보』, 1919년 12월 21일, 2면.

양의 다른 두 나라, 즉 조선과 청국의 문명개화를 지도해야 한다는 이른바 일본맹주론을 동반하고 있었다. 그리고 일본맹주론은 한국·청국에 대한 일본의 문명지도를 빙자한 침략을 정당화해 줄 수 있는 것이었다. 오가키 다케오의 '일한동맹론', '한국부조론'은 당시 한국의 지식인층 일부에 상당한 영향을 주었으며, 을사늑약에 대해 낙관적인 전망을 심어주었다. 또한 그는 한국이 건전한 독립국이 될 수 없는 경우 제국의 자위상 한국을 영유해야 한다고 주장하였다.[14] 이렇게 오가키는 일본이 한국을 강제 병합하는 데에 일정한 기여를 한 인물이었다. 이런 사람이 대동사문회 고문으로 추대되었으니[15] 대동사문회의 성격이 어떠할지는 미루어 짐작할 수 있다.

그리고 대동사문회에 참여한 주요 인사들은 모두 일본 제국주의에 협력한 친일파들이었다. 그들 중에 학문과 유교적 소양이 높은 유림이 있지만 그렇지 않은 인물들도 있었다. 이 점은 대동사문회의 상무이사이자 6부 주임을 맡은 인물들을 대상으로 당시 행적을 간략하게 검토하면 확실히 알 수 있다.

먼저 발회식에서 식사를 하였고 경의부 주임을 맡은 정만조(1858~1936)는 소론 명문가 출신으로 박학다식하고 유학과 문장으로 저명한 인물이었다. 그런데 일본이 유림을 친일화하기 위한 목적으로 1907년에 조직된 대동학회에 참여하면서 친일적 성향을 드러내기 시작하였다.[16] 1909년에 경성일보사에서 주최한 일본관광단에 참가한 이후 더욱 친일적 경향이 강해졌으며,[17] 같은 해 대동학회를 개칭한 공자교회에 발기인으로 참여하였

14) 박찬승, 『한국근대정치사상사연구』, 역사비평사, 1992, 57~62쪽.

15) 「大東斯文會 各部」, 『매일신보』, 1920년 1월 7일; 「儒教團の近況」, 『齋藤實文書』 10, 高麗書林, 1999, 625쪽; 細井肇, 『鮮滿の經營: 朝鮮問題の根本解決』, 自由討究社, 1921, 447쪽. 『개벽』의 기자는 大垣丈夫를 대동사문회의 배후 인물로 인식하고 있다(『개벽』 6호, 1920, 61쪽).

16) 『대동학회월보』 3호, 1908, 69쪽.

다.[18] 그는 한일병합 후 이왕직 전사를 역임하였고 일본정부로부터 한국병합기념장을 받았다.[19] 1912년 1월 친일관료들과 조선총독부 고위관리들이 중심으로 발족된 '이문회(以文會)'에 참여했으며,[20] 다이쇼 천황을 칭송하는 한시를 이문회의 계간지인 『이문회지(以文會誌)』에 게재하였다.[21] 그리고 1913년에 조선총독부의 '이데올로기적 통치기구'인 경학원에 『경학원잡지』 편찬주임으로 참여하였다.[22] 정만조는 1921년 경학원 경성강사를 시작으로 부제학, 대제학까지 올랐으며, 어윤적과 함께 조선사편수회 위

17) 『대한매일신보』, 1909년 4월 13일, 2면; 1909년 5월 11일, 2면; 『일본관광단기념사진첩』, 1909년, 51쪽.

18) 『孔子敎會之旣往及將來』, 1910년, 86쪽.

19) 『조선총독부관보』, 1913년 6월 2일 부록.

20) '以文會'의 조직, 성격, 참여한 인물, 활동 등에 대해서는 박영미, 「일제강점기 在朝日人의 漢詩 고찰: 『以文會誌』를 중심으로」, 『한국학문학연구』 39, 2007 참조.

21) 『以文會誌』 乙卯第三集, 1915년, 13上쪽. 정만조가 大正天皇을 칭송한 한시는 다음과 같다.

흰 깃발 선명하게 휘날리고	白旆央央
해는 중천에 떠 오르네	日之方中
모두들 복종하며	無思不服
사방이 함께 모였네	四方攸同
황통을 이어 천황의 지위에 계시면서도	陟降在上
선왕을 잊지 않았고	前王不忘
武를 이어 받으셨으니	嗣武受之
그 빛 드러나지 아니할까	不顯其光
사방을 둘러 보시고	乃眷四顧
이곳 鎬京에 거주하시며	宅是鎬京
행동은 장엄하고 時宜에 합하여	威儀孔時
마침내 성공을 보았다네	遹觀厥成
小東과 大東	小東大東
천황의 영토 아님이 없으며	莫非王土
깊으신 은덕에	偏爲爾德
노래하고 춤추며 기뻐하네	式歌且舞
사방에서 축하하러 오니	四方來賀
이미 복은 많이 받으셨지만	旣多受祉
천년 만년 榮華는	萬有千歲
이제부터 시작이라네	自今伊始

22) 『경학원잡지』 1호, 1913, 58~59쪽.

원이 되는 등 일제협력유림의 대표적인 인물이었다. 정만조의 이런 위상은 지방의 유림에게 분명 일정한 영향을 주었을 것으로 생각된다.[23)]

발회식에서 답사를 하였고 치사부 주임을 맡은 어윤적(1868~1935)은 노론 명문가 출신으로 유학 지식이 있으며 대한제국 시기 약 1년 동안 일본에서 유학하였고 학부 편집국장을 맡았던 인물이었다.[24)] 한일합병 후 그는 1910년 10월부터 1932년 12월까지 중추원 부찬의, 참의를 약 20여 년 가까이 역임하였으며 '내선융화'를 목적으로 하는 동민회의 평의원으로 활동하였다.[25)] 그는 역사에도 깊은 관심과 조예가 있어서 『동사연표(東史年表)』를 저술하였으며[26)] 정만조와 함께 조선사편수회 위원으로 활동하였다. 그리고 송지헌과 함께 1920년에 중추원 일본시찰단으로 참여하였다.[27)] 어윤적은 일본에 적극적으로 협력하였기 때문에 일본정부로부터 훈4등,[28)] 훈3등 서보장[29)]을 받기도 하였다. 그는 대동사문회의 조직과 활동에 중심적인 역할을 하였다.

경현부 주임을 맡은 홍긍섭(1850~1923)은 일진회(一進會)의 창립과 함께 평의원, 평의원장, 총무원, 부회장 등을 역임하였다. 그는 1907년 9월 19일에 열린 일진회 특별총무원회에서 의병 진압의 취지를 담은 '거의선언서' 공포를 제안하였다. 홍긍섭의 제안은 그대로 가결되어 선언서가 작성되었고, 같은 해 9월 21일에 열린 일진회 특별총회에서 참석회원 400여

23) 一例로 유교 종교화 운동을 펼쳤던 이병헌은 정만조가 찾아와서 대동사문회를 설명한 것을 듣고나서 대동사문회를 방문했다고 한다(금장태, 『유교개혁사상과 이병헌』, 예문서원, 2003, 52~53쪽).

24) 『순종실록』, 1907년 8월 2일.

25) 『同民』 1호, 3~21호, 24호, 26호, 32~33호, 35~38호, 55~56호, 1924년 6월~1929년 5월.

26) 『東史年表』에 대해서는 정욱재, 「『東史年表』의 간행과 그 의미」, 『장서각』 9, 2003 참조.

27) 「中樞內地視察」, 『매일신보』, 1920년 11월 10일, 2면.

28) 『조선총독부관보』, 1923년 3월 31일.

29) 『조선총독부관보』, 1928년 10월 9일.

명의 찬성으로 가결되었다.[30] 또한 그는 러일전쟁 당시에 일진회의 평의원으로 일본군에 협력하였고, 그 대가로서 1908년 11월 7일에 일본정부로부터 훈4등 서보장[31]과 한일합병 후 같은 이유로 한국병합기념장을 받았다.[32] 홍긍섭은 유교적 소양이 없고 경력으로 봐도 결코 유림이라 할 수 없으며 일진회 활동 시 많은 악행을 저질러서 용서받을 수 없는 자라는 평가를 받았다.[33]

도서부 주임을 맡은 송지헌(1872~1934)은 송시열의 후손으로 가학을 배워 15세에 이미 경전에 통달한 인물이었다. 대한제국기에 내부주사, 문헌비고 속찬위원, 내부참서관 등을 역임했으며[34] 1908년경 의병장 민긍호가 죽은 것을 축하할 정도로 친일적인 성향을 띤 인물이었다.[35] 한일합병과 함께 송지헌은 중추원 부찬의에 임명되었으며 1912년 일본정부로부터 한국병합기념장을 받았다.[36] 또한 그는 '내선융화'를 목적으로 하는 동민회의 평의원으로 활동하였다. 1921년 4월 28일 조선총독부 중추원 관제개정에 따라 송지헌은 중추원 참의로 재임용되어 1934년 11월 26일 사망할 때까지 그 직임을 유지하였다.[37] 송지헌은 어윤적과 함께 1920

30) 이인섭, 『元韓國一進會歷史』卷之五, 문명사, 1911, 20~25쪽.

31) 『공립공문서관 명치 41년 서훈록』 권7 외국인5, 1908.

32) 『조선총독부관보』, 1913년 5월 29일.

33) 「용서할 수 없다」, 『대한매일신보』, 1909년 12월 8일, 2면. "일진회 부회장 홍긍섭은 재작일에 퇴회하였다는데 홍긍섭은 본래 일진회의 중임으로 있어 궁흉극악한 문제를 주출하였는즉 그 죄악은 이로 말할 수 없을뿐더러 (중략) 우리는 제가 아무리 개과천선할지라도 그 죄악은 단당 용서치 못하리라 하노라."

34) 『대한제국관원이력서』, 국사편찬위원회, 1972, 279쪽.

35) 황현 지음, 임형택 외 옮김, 『역주 매천야록』 하, 문학과지성사, 2005, 462~ 463쪽. "義兵將閔肯鎬兵敗死之 (中略) 宋之憲者 時烈后也 時以內部書記官 對倭人鶴岡 賀肯鎬死 鶴岡正色曰 閔肯鎬可人 且君知義兵之根因乎 之憲甚慚 無以爲容 (後略)."

36) 『조선총독부관보』, 1913년 6월 2일 부록.

37) 『조선총독부관보』, 1921년 5월 3일, 1924년 5월 3일, 1927년 6월 8일, 1930년 6월 9일, 1933년 6월 9일, 1934년 12월 1일.

년에 중추원 일본시찰단으로 참여하여 일본에 다녀오기도 하였다.[38)]

도서부 주임을 맡은 최영년(1859~1935)은 신소설 작가 최찬식(崔瓚植)의 생부이다. 일진회 총무원, 일진회 기관지 『국민신보』 주필, 『조선문예』 발행인 겸 편집인 등을 역임하였으며 1910년 9월 일진회가 해산될 때 해산금 500원을 받았다. 최영년은 한학에 조예는 있지만 홍긍섭과 마찬가지로 유림으로 볼 수 없는 인물이었다. 그는 홍긍섭이 의병 탄압을 제안한 '거의선언서' 작성에 참여하였으며[39)] 일진회의 합방상주문 및 건의서 작성에도 참여하였다.[40)] 그는 한일합병에 적극 찬동하고 선전하였으며, 합병 이후 일제의 식민 통치 6, 7년 기간의 조선사회를 '문명의 기상이 증진하고 승평(昇平)의 광휘가 발양'되었다고 하여 일제의 조선 지배를 찬양했다.[41)] 또한 그는 식민지 조선사회와 민중이 일본의 식민 통치로 인해 '태평성대 태평한 사람들'이 되었다는 한시를 짓는 등 일본의 식민 통치를 찬양한 글을 남겼다.[42)]

서무부 주임을 맡은 이범철은 1907년 11월경 자위단원호회 제11부 위원장, 1909년 10월경에 일진회 삼파연합정견협정위원, 일진회 서기 등을 역임하였으며 홍긍섭과 함께 일진회 중요 간부로 활동한 인물이었다. 자

38) 「中樞內地視察」, 『매일신보』, 1920년 11월 10일, 2면.

39) 이인섭, 『元韓國一進會歷史』卷之五, 문명사, 1911, 20~24쪽.

40) 黑龍會 편, 『東亞先覺志士記傳』中卷, 原書房, 1967, 73쪽.

41) 「朝鮮文藝의 創刊」, 『朝鮮文藝』 1호, 조선문예사, 1917, 3쪽. "(전략) 근래 6,7년래로 문명의 氣像이 증진하고 昇平의 광휘가 발양함으로 문예의 풍조가 점차 진흥하는 기미가 발현함에 큰 추위 끝에 봄기운이 微動함과 같음을 볼진대 문예제가의 醉夢을 바야흐로 깨움과 같은 이 시대라 (후략)"

42) 「一聲聲賀太平春」, 『朝鮮文藝』 1호, 조선문예사, 1917, 125쪽. 최영년이 쓴 한시는 다음과 같다.

태평성대 태평한 사람들	太平昭代太平人
함께 보름날 저녁 새 달을 보고	共看元宵月色新
새로 조선문예사를 창설하니	新發朝鮮文藝社
한 목소리로 태평시대 봄을 축하한다	一聲聲賀太平春

위단원호회는 의병활동의 정찰 및 진압을 목적으로 하는 자위단의 설립을 선전하고 독려하기 위해 조직된 단체로 일진회 간부들로 구성되었다. 이범철은 1907년 11월부터 1908년 1월까지 경상남도 각 군에 출장하여 자위단의 조직을 역설하였다.[43] 또한 그는 한일합방에 매우 찬성하였고[44] 일진회의 합방청원운동에 적극적으로 참여하였다. 1910년 9월 일진회 해산 때까지 일진회 간부의 직위를 유지한 채 해산금 300원을 받았다.[45] 그 밖에 서무부 문서과사무위탁 김정기와 회계과사무위탁 박노학도 일진회 도회장, 평의원 등을 역임한 간부이며 일진회가 해산될 때 김정기는 해산금 200원, 박노학은 해산금 300원을 받았다.[46]

이렇게 대동사문회의 주요 인물들은 출신, 성향 등이 어울리지 않을 정도로 다양하였다. 주요 인사들 중에서 학문과 명망을 지녔으며 지방 유림에 영향력을 행사할 수 있는 인물로 꼽을 만한 사람은 정만조이다. 어윤적과 송지헌도 상당한 유교적 지식을 갖춘 인물이며 일제에 협력하여 당시 중추원 부찬의를 받았던 사람들이었다. 최영년은 문필가라 할 수 있겠으나, 홍긍섭 · 이범철 · 김정기 · 박노학은 유교적 소양이 깊지 못하며 어쩌면 무뢰배에 가까운 인물인 것 같다. 최영년, 홍긍섭, 이범철, 김정기, 박노학은 같은 일진회 회원으로 주요 간부로 활동하였으며 한일합병에 찬동하고 이에 진력하였던 적극적인 친일파였다. 특히 홍긍섭을 제외하고 네 사람은 '일한합방기념탑' 안 석실에 합방공로자로 이름이 새겨져 있었다.[47]

---

43) 「자위단 파송」, 『대한매일신보』, 1907년 11월 9일, 2면; 11월 19일, 3면; 「자위단 조직」, 『황성신문』, 1907년 11월 10일, 2면; 이인섭, 『元韓國一進會歷史』卷之五, 문명사, 1911, 47~50쪽.

44) 「형제각파」, 『대한매일신보』, 1909 12월 16일, 2면. "일진회에서 이범철은 송병준 이용구의 친밀한 사람인데 합방문제를 극력 찬성하고 (후략)"

45) 흑룡회, 『일한합방비사』 하, 1966, 726쪽.

46) 흑룡회, 『일한합방비사』 하, 1966, 727~728쪽.

대동사문회의 조직에 이와 같은 인물들이 주동이 되었다는 점에서 의식 있는 유림이 대동사문회를 어떻게 인식하였는지는 충분히 짐작할 수 있다. 실제로 대동사문회에 가입한 저명한 유학자는 없었고 부유(腐儒)에 속하는 사람들이 많았다고 한다.[48] 실제로 대동사문회에 회원이 되어 기부금을 내고 주요 행사에 헌금을 내는 사람들이 많이 있었다.[49] 이는 다른 각도에서 본다면 대동사문회가 유림을 일제에 협력하도록 포섭하여 유림의 분열에 일정하게 기여하였다는 뜻도 된다.

이와 같이 대동사문회는 일제협력유림과 적극적인 활동을 펼친 친일파들이 모여 조선총독부의 지원 아래에 조직된 관변단체로의 성격을 지닌 단체였다. 그런 성격을 잘 드러낸 것이 바로 대동사문회의 '대동(大東)'이란 명칭에 대한 '일제협력유림'의 설명이다.

> 그렇다면 朝鮮이라고 하지 않고 大東이라 한 것은 무엇 때문인가? 지금 세계는 말끝마다 천하에 문교가 밝다고 일컫고 있으나 진실로 문교가 밝은 모습을 볼 수 없다. 다만 강자가 약자를 먹는 것을 우승열패라고 말한다. 하찮은 것을 이익으로 삼고 훔치는 것을 욕망으로 여기며 생존경쟁이라고 말한다. 전쟁으로 서로 피를 바르고 백성들은 도탄에 빠져 있어 왕도에서 아득히 멀어진 것이 오래된 것은 물론이거니와 覇者가 仁義를 가장하는 것도 오히려 볼 수 없다. 이 때문에 풍기가 점차로 타락하고 도의가 모두 없어졌

47) '일한합방기념탑'은 일본이 한국을 병탄한 지 25주년을 맞아 아시아대연방을 주장했던 頭山滿, 杉山茂丸, 內田良平 등 3명의 흑룡회 간부들이 주동이 되어 1934년 동경 明治神宮 부근의 表參道에 건립했던 탑이다. 당시 이 탑의 건설에 맞춰 『日韓合邦記念塔建設に就て』라는 제하의 팜플렛이 발간되었다. 이 자료는 흑룡회를 중심으로 한 일본의 극우세력들이 일제의 한국 침략 과정에서 행한 역할, 또 그들과 밀접한 연관을 맺으면서 활동한 한국 내의 매국단체 일진회와의 합방 당시 활동상 등을 살펴볼 수 있는 귀중한 자료이다. 특히 탑내 석실에 새긴 합방공로자 방명에는 일진회 간부진과 각 도의 도회장 및 평의회 명단이 상세하게 기록되어 있어 일진회의 구체적인 조직 구성원들을 살필 수 있을 뿐만 아니라 합방 찬성의 上書를 올린 儒生들의 명단도 나와 있다(「자료 소개: 일한합방기념탑」, 『민족문제연구』 4, 민족문제연구소, 1993, 25쪽).

48) 강동진, 『일제의 한국침략정책사』, 한길사, 1980, 227쪽.

49) 『대동사문회보』 2호, 1922, 85~92쪽.

다. 유교 문화권의 오억만 인구가 모두 어둠과 고난 속으로 들어가고 있다. 이런 위급한 때를 만나서 유교가 부흥하여 대동을 彌綸하는 것을 구하는 것이 옳지 아니한가![50] (강조는 필자)

여기서 대동사문회의 '대동'은 조선을 의미하는 단어가 아니라는 점을 명확히 밝히고 있다. 그들이 말하는 '대동'은 유교 문화권의 '대동', 즉 한국·중국·일본을 포함한 동아시아 세계를 의미하는 것이었다. 그런데 '대동'이라는 용어가 조선 또는 한국을 의미하지 않은 것은 이미 그 선례가 있다. 대한제국기에 일진회와 당시 일부 지식인들에게 영향을 끼쳤던 다루이 도키치(樽井藤吉)의 『대동합방론(大東合邦論)』에서 말하는 '대동'이다. 그는 백인종인 구미열강의 아시아 침략에 대항하여 황인종이 단결해야 하는데, 그 방법으로 한국과 일본이 대등한 형태로 합방하여 '대동'이라는 연합국을 세우고 그 대동국과 청국이 긴밀하게 제휴해야 한다고 주장하였다.[51] 한국이 일본에게 강점당한 현실에서 대동사문회는 더 나아가서 유교로써 대동을 두루 다스리자고 하고 있다. 이는 바로 오가키 다케오 등이 신봉하였던 일본을 중심으로 하는 '아시아연대론'의 또 다른 표현이며, 적극적으로 해석한다면 중국대륙까지 내심 엿보고 있다고도 할 것이다.

이처럼 대동사문회란 단체의 성격은 단순한 일개 유림단체가 아니며 조선총독부의 통치 정책을 충실히 수행하는 목적으로 조직된 관변단체라는 것을 알 수 있다. 즉 대동사문회는 조선총독부의 지원 아래 일제협력유림과 중추원 부찬의들이 결집하여 만들었으며,[52] 항일의식을 지닌 유림을 회유하며 유림과 민중에게 일본 통치를 따르도록 하는 순응 이데

50) 「大東斯文會報創刊文」, 『대동사문회보』 1호, 1920, 1~2쪽. "然則不曰朝鮮而曰大東何也 方今世界口口稱天下文明 實未見文明之象 但弱之肉强之食 謂之優勝劣敗 以鷄鳴爲利蹩舟爲慾 謂之生存競爭 干戈相衅 元元塗炭 邈乎王道尙矣勿論 覇之假仁假義猶不可見 由是風氣漸墮 道義俱喪 斯文範圍之五億萬人口 渾入於長夜風雨之中 迨此咥尾之時 要斯文之復興 彌綸乎大東 不亦可乎"

51) 樽井藤吉, 『大東合邦論』, 장서각소장 필사본, 1910.

올로기의 확산을 위해 노력한 단체라고 할 수 있다.

2) 대동사문회의 활동과 평가

1920년 1월 26일에 중앙 조직을 정비한 대동사문회는 본격적으로 지방에 지회(支會)를 조직하여 지역 유림을 끌어들이고자 각 지방 전사(典事)를 다음의 〈표 4-1〉과 같이 선정하였다.

〈표 4-1〉 대동사문회 지방 전사(典事)[53]

지역		전사(典事)
경기 (24명)	시흥군	崔鎭龍, 李鼎善
	개성군	金謹鏞, 李鍾學, 申鍾億, 鄭弘教, 李淵教, 李明珪, 張爰植, 朴逌鎭, 閔泳華, 秦柄執
	강화군	黃範周, 李鍾灌, 黃義成
	파주군	黃遇顯
	진위군	李範昌
	양주군	張然哲
	연천군	李漢杓, 元泳義
	가평군	鄭喜奎
	광주군	安鍾燐, 南廷肅, 李胤鍾

52) 기존 연구는 齋藤實이 대동사문회에 가입한 친일유생을 중용해서 1921~24년 중추원 개편 때 대거 8명을 참의로 임명하였다고 하였다(강동진, 『일제의 한국침략정책사』, 한길사, 1980, 227쪽). 물론 그런 측면이 없다고 할 수 없다 그러나 李建春 · 魚允迪 · 吳在豊 · 朴熙陽 · 鄭丙朝 · 朴彝陽 · 柳基浩 · 宋之憲 8명 중에서 대동사문회 활동에 대한 공로로 중추원 참의가 되었다고 판단할 수 있는 사람은 대동사문회 이사 및 편찬위원인 박이양과 대동사문회 評事인 유기호 두 사람뿐이다. 더구나 박이양은 당시 중추원 부찬의 박희양의 형으로 동생보다 학문과 경력면에서 더 나은 평가를 받았다(「中樞院議員ニ關スル調書(大正13年 2월 1일 현재)」, 『齋藤實文書』 2권, 고려서림, 1999, 257~263쪽). 나머지 6명은 이미 대동사문회 조직 당시 중추원 부찬의에 재직하고 있었다.

53) 이 표는 『대동사문회보』 1호에 기록된 내용을 토대로 성주현이 작성한 것을 인용하되 원자료와 대조한 후 오탈자와 빠진 부분을 수정 · 보완하였다(성주현, 「1920년대 유림계 단체의 조직과 활동」, 『식민지 동화정책과 협력 그리고 인식』, 두리미디어, 2007, 73~76쪽).

지역		전사(典事)
충북 (16명)	보은군	朴龍鎬, 具昶祖
	옥천군	朴綺陽, 宋趾憲, 鄭錫鎔
	진천군	李範龜, 申珏濈
	충주군	韓聖會, *韓昌愚
	청주군	李舜珪
	괴산군	柳學根
	영동군	吳永基, 朴喜泰, 朴濟轒, 安欽, 南鍾祐
충남 (31명)	연기군	張在九, 張基洛, 黃穗, 李章休, 張基鑛, 宋來憲
	보령군	申夏永, 申赫均, 沈相喆, 李玄九, 李相武
	태안군	李基奭, 李時愚, 尹世輔, 趙壽顯, 金翼範, 韓兢履, 趙載一
	서산군	金泰濟
	공주군	沈泰燮
	천안군	李容默
	덕산군	金壽起
	한산군	權泰益
	논산군	宋秉直
	서천군	金東煥
경북 (32명)	달성군	郭鍾述, 郭泰淳, *金殷埴 金杓運
	김천군	呂永憲, 姜大植, 金聖根, 金昌植, 曺允默, 呂愚龍, 朴洼夏, 韓鎭錫
	영천군	朴晩守, 金燦鉉, 楊泰榮, 丁琦燮, 鄭東驥, 鄭箕瓊, 徐丙壎
	군위군	朴載璇, 朴文植
	청도군	朴載燮
	경산군	安炳喜, 李圭謹, 崔致祥
	성주군	裵仁喜
	칠곡군	張洛喜
	예천군	申漢均
	영일군	吳宗植, 吳鎭文, 皇甫奕
	청송군	沈東澤
경남 (57명)	동래군	文聲駿, 鄭寅準, 朴尙烈, 朴銓弼, 宋敏奎, 李光昱, 吳悳根
	합천군	卞承奎
	울산군	鄭泰元, 金正義, 朴載廈, 姜鳳岐, 成弼鍵, 孔龍秀, 宋瓊深, 辛養浩, 金孝東, 張丙鐵, 俞鎭九
	고성군	李完洙, 金泳培, 崔貞淳, 吳德根, 朴珽洙

지역		전사(典事)
	하동군	鄭在涴
	진주군	朴在鎬, 許萬正, 徐珍旭
	함양군	姜渭秀, 河翼鉉, *鄭汶鉉, 盧正鉉, 朴琫箕, 鄭德燮
	산청군	***趙顯珪
	사천군	崔演國, 朴相珽, 崔權敏, 鄭應柱, 高麟柱, 趙亨善
	거창군	林苾凞, 愼炳曒, 李埈燮
	창원군	魚在源
	영산군	宋炳德, 李承宅, 辛泳麟, 宋炳佑, 李愚哲
	김해군	梁弼錫
	창녕군	盧啓洪, 成謹鎬, 金性東, 曺錫八, 盧炳鍾
	함안군	周鎭會
전북 (38명)	진안군	元翼常, 李鎔鎬, 元容九, 白南晳, 金東奎, 全斗夏
	순창군	韓楨鎬
	전주군	高丙浚
	무주군	*金東振
	정읍군	朴興奎, 趙鏞夏, 金富坤, 金洛馨, 金思謙, 金直述, 金道卿, 金南植, 金永坤, 宋允權
	익산군	尹益炳, 李秉浩, 鄭東鮮, 李淵夏, 金文煥, 李芳雨, 俞致勳, 徐丙熙, 吳基仁, 河周容, 金英振
	금산군	朴天表
	옥구군	李漢勉, 李權濟, 姜在珍
	고창군	宋漢洪, 姜周永
	남원군	朴鍾模
	부여군	金周範
전남 (68명)	화순군	崔泳朝, 朴勝孝
	함평군	羅基宗, 鄭邦鉉, 尹恒植, 尹傑炳, 李啓華, 朴漢豊, 張佑植, 鄭寅夏, 尹鎔炳, 韓鳳燮, 李承奎
	나주군	吳弼善, 鄭遇慶, 金永文, 羅仁煥, 吳駿善
	순천군	趙圭晟, 趙泳燮, 趙鳳鍾, 金孝燦, 韓斗錫, 安津煥
	진도군	朴晋遠, 郭震權, 朴鳳欣
	광주군	朴魯正, 高彦柱
	장성군	白樂鼎
	영광군	申克善, 姜駬秀, 姜永崑, 姜澈秀, 沈殷澤

지역		전사(典事)
	완도군	黃鶴來
	해남군	尹柱英, 朴宗秀, 閔建植
	제주도	高性柱, 玄升圭, 宋萬玉, 梁應祥
	여수군	崔錫柱, 禹鶴春, 閔泳輔, 姜永穆, 金漢昇, 丁忠燮, 金在倫, 南鉉福, 鄭時幸, 金翊洙, 柳奎烈, 鄭濍, 梁昇敎
	고흥군	申瑞求, 宋箕浩, 申在求
	보성군	張東烈, 金性根, 曺勉承
	元낙안군	崔在鶴
	곡성군	趙明植, 丁鳳泰
	元창평군	李光秀, 高光烈
황해 (45명)	연백군	閔泳觀, 吳晋泳, 朴仁陽, 劉士澐, 孔炳憲
	평산군	李圭善, 權五翊
	해주군	金鴻植, 吳國東, 鄭秀元, 吳信根, 柳斗善, 李斗憙, 崔承學, 吳龍濟, 李泰熹
	신천군	張世燦, 金鍾艮
	황주군	孔鍙杓, 尹東淳
	옹진군	具滋杰
	장연군	金允文
	수안군	韓永洙, 石寅星
	서흥군	尹滋龍, 崔明璜, 廉遇哲, 柳炳一, 李萬協, 尹滋承
	봉산군	梁相雨, 張景賢, 李忠健, 李達元
	신계군	趙冕熙, 朴贊稷
	문화군	禹翰常
	금천군	柳宅熙, 尹致祚
	재령군	*李鍾白, 奇在善
	안악군	柳種悳
평남 (75명)	안주군	金俊璜, 玄道澈
	개천군	李基炳, 康炳斗, 玄熙燮, 李寅肇, 吳三柱, 金朋植, 金稷永, 玄命爀
	성천군	尹秉謙, 李鵬翼
	대동군	鄭致奎, 金炳河, *黃鎏, 朴禎鶴, 吳羲鍵, 趙智鴻, 洪濟龍, 蔡奎瓚, 趙心炯, 金德敏, 金炳濬, 洪淳倜, 金龍相, 高日蔡, 尹泰伸, 金弼柱, 金永理, 金德升, 崔得璿
	평양부	**黃錫龍, 李謹相, 李華鎭, 鮮于澳, 金守哲, 黃錫煥, 崔晶煥, 金鎭模, 金履洙, 崔益煥, 楊弼朝, 金謙植, 鮮于鐸, 洪在雲, 洪鍾瓚

지역		전사(典事)
	양덕군	尹錫英
	평원군	朴泰錫, 金兌玄, 玄命高, 朴兢濟, 全廷璉, 金錫龜, 金龍俊, 李寅煥, 金炯湝, 金天胤, 鄭胄華, 宋龜年, 崔漢謙, 金錫龍, 玄啓濬
	순천군	崔殷聖, 李寅高, 玄龍起
	강서군	金大煜, 金東洙, 李赫南, 金昌淳, 金弘烈
	중화군	金升植, 朴永軫, 金澤瑞
	용강군	張膺基
평북 (21명)	선천군	桂孝觀, 李熙綽, 李昇燁, 吳忠甲, 朴永采, 洪順楫, 趙昌周, 胡永玕
	용천군	李台煥, 李顯國, 文鳳岐, 張世瀞, 李永熙, 李燦觀, 李奎曾, 李永訥, 李昌欽
	창성군	許潾
	박천군	柳東建
	철산군	鄭元玉, 林禮漢
강원 (18명)	철원군	朴琪陽, 任武準, 任恒準, 安道煥, 金弘奎, 朴楚陽, 安奭煥, 沈宜性, 玄鳳轍, 李輔憲, 崔斗寧
	평강군	權炯河
	영월군	金振國
	고성군	金重睦
	회양군	劉錫祚
	이천군	金基斗
	홍천군	申錫祿
	인제군	李明榮
함남 (133명)	신흥군	朱亮燮, 李學淵, 韓復維, 柳承海, 柳榮壯, *魏大源, 全錫敎, 李榮健, 申哲均, 韓和鍾, 李俊默, 朴曾益, 洪光一, 朴長淵, 金昌乙, 李基績, 朱震鍾, 鄭在輔, 全用采, 全昇虬, 李澈淳, 尹鍾奎, 宋鍾會, 韓冕王舜, 李俊衡, 朱壔, 金熙鳳, 李王赫鎬, 李迺鎬, 魏仁煥, 韓國弘, 李建鎬
	함흥군	韓有氵股, 金昇煥, 朱東奎, 申錫定, 韓泳夏, 李杜卿, 韓溥憲, 杜冕燮, 韓仁淑, 韓用均, *朴長鴻, *韓晦善, 韓相武, 李愚烈, 韓國璘, 魏道源, 金舜善, 金聲甲, 韓憲敎 文錫烈, 朱頤鍾, 韓赳淵, 韓稷淵, 韓昌淵, 韓允鉉, 韓東植, 朱奎運, 權敦植, 李達周, 朱雲灝, 朱雯鶴, 朱鼎默, 韓有瀚, 朱鍾國, 朴性學, 朱奘鳳, 朱鍾翊, 朴孝植, 朱圭, 韓熙元, 全建燮, 金忠熙, 韓承敎, 朴軫述, 文庚運, 韓相高, 李普烈, 李圭夏, 任省宰, 朱瀅, 韓泳夏, *李基繐, 李達相, 韓儆熙, 韓章淑, 金聲集, 朱瓚, 韓弘善, 李錫升, 任純宰, 安鵬植, 千河運, 洪斑杓, 李泰浩, 韓鳳壎, 魏楨翊, 朱培鼎, 崔德彦, 韓錫九, 韓正淑, 朱榮完, 金宅集, 韓道善, 李奎五, 李勉祚, 朱榮燦, 朴駿燮, 朱昇烈, 朱秉奎, 金夏涉, 文昌魯, 韓震垛, 李澈瑀, 朱明昊, 柳秉奎, 金勉弼, 黃相勳, 全昌奎, 任賢宰, 朴奎濂, 金錫觀, 魏楨冕, 魏秀龍, 朴基龍

지역		전사(典事)
	정평군	元斗衡, 李達勛
	고원군	金權秀, 趙珉根
	홍원군	韓孝晚
함북 (5명)	성진군	李載植, 朴琪壽, 金秉鎬, 崔昌郁
	경원군	李愼國

* 경학원 강사 출신.
** 대동동지회 간부 출신.
*** 파리장서 서명자.

이렇게 총 563명의 인사가 대동사문회 전사가 되었다. 지방 각 도군 유림 중에 중망이 인물을 선정하였다고[54] 하나 과연 전사가 된 인물들이 각 지방에서 존경받고 영향력을 행사하는 유림인가는 일일이 확인하는 것은 현재로선 매우 어렵다.[55]

당시 각 지방의 명망 있는 유림 중에는 일본에게 적극적인 저항은 못하였지만 타협을 거부하고 침묵을 지키며 은둔한 사람들도 많았다.[56] 또한 전사로 선정된 사람들이 자발적으로 대동사문회에 가입하였는지의 여부도 파악하기 어려운 문제이다. 다만 대동사문회 회칙 4조 "본회 회원은 본회 취지를 찬성하는 인(人)으로 조직함. 단 신입원(新入員)은 발기인이나 회원이 추천함"을 살펴본다면, 발기인의 추천이 회원이 되는 데에 큰 역할을 하는 것을 알 수 있다. 즉 정만조 같은 인물이 어떤 인물을

54) 『大東斯文會報』 1호, 대동사문회, 1920, 75쪽.

55) 이는 훗날의 과제로 삼고자 한다. 지방 유림의 실상을 밝히는 것은 유림 자체의 연구뿐만 아니라 일제강점기 '지역유력자층' 또는 '지역유지집단'의 문제를 살피는 데에도 중요하다. 일제강점기 지방 유림의 동향 등에 대한 구체적인 연구는 미흡한 실정이며 향교를 중심으로 지역 유림의 동향에 대한 연구가 있을 뿐이다.
姜大敏, 「韓末 鄕校儒林의 動向 硏究: 嶺南地方의 鄕校를 中心으로」, 『부산사학』 17, 1989.

56) 곽종석, 전우, 김복한 등과 그 제자들은 모두 일제와 타협을 거절하고 은둔하였다. 이런 모습은 금장태 · 고광직 공저, 『儒學近百年』 1 · 2, 한국학술정보, 2004 참조.

추천하면 회원이 되고, 다시 30명의 이사회에서 선거하여 전사를 선정하게 된다. 그렇기 때문에 당사자의 자발적인 동의 없이 대동사문회 회원과 전사가 될 여지는 있는 셈이다.

전사 명단에서 특이한 점은, 우선 충청도 · 전라도 · 경상도의 전사 수(총 242명)보다 황해도 · 평안도 · 함경도의 전사 수(총 279명)가 많다는 점이다. 특히 함경남도는 전사가 133명이나 되어 전체의 23%를 차지한다. 조선시대부터 학문적 토대가 취약하여 문인 집단 형성이 상대적으로 늦은 함경도 지역에서[57] 이렇게 많은 수의 전사가 나왔다는 것은 역으로 유림이 아닌 인물들이 많이 들어왔음을 의미한 것일지도 모른다.

예를 들어 평안남도 평양부 전사로 선정된 황석용(黃錫龍)은 대동동지회(大東同志會) 문예부장을 맡은 인물이었다.[58] 대동동지회는 한말 이래 부르주아 민족주의 세력의 강력한 기반이었던 평안도의 중심지 평양에서 1920년 10월 26일 대표적인 '직업적 친일분자'인 선우순의 주도로 조직된 지방친일단체였다. 평남지방은 전통적으로 독립운동이 거센 고장으로 3 · 1운동에서도 가장 투쟁이 격렬한 지역이었다. 그래서 당국은 이 지방에 친일단체를 놓아야 할 필요를 뼈저리게 느껴서 평남지사 시노다 지사쿠(篠田治策)의 지원 아래 선우순 · 나일봉 · 전흥건 등에게 만들게 한 것이 바로 대동동지회였다. 대동동지회의 조직 목적은 3 · 1운동 이후 조선인들의 항일사상을 '선도'하는 것과 조선인과 일본인의 '공존공영'을 지향하는 것이다. 즉 내선융화를 위해서 대동동지회는 대중강연회를 개최하고 기관지 『공영』을 발간하는 등 적극적으로 '사상 선전' 활동을 펼친 단체였다.[59] 대동동지회의 주요 인물 중에서 경학원과 관련하여 특별히 언

57) 조선 후기 서북지역의 문인 집단의 형성과정과 동향에 대해서는 張裕昇, 「조선 후기 서북 지역 문인 집단의 성격: 평안도와 함경도의 지역 정체성 차이를 중심으로」, 『진단학보』 101, 2006 참조.

58) 『倭政時代人物史料』 4, 간행연도 미상.

급할 인물이 있는데, 바로 1930년대에 경학원 평남강사로 활동하는 나일봉이다. 나일봉은 평양 출신의 기독교인으로 신민회 평남지회 평의원으로 활동하다가 '105인 사건'과 관련하여 '암살미수죄'로 징역 8년을 선고받았던 인물이었다. 그러나 그는 윤치호와 함께 '105인 사건' 관련자 가운데 변절한 대표적인 인물로 평가받고 있다.[60]

유림이라고 볼 수 없는 이런 인물이 대동사문회 전사로 선정되었다는 점은 대동사문회의 조직이 순수한 유림단체가 아니라는 것을 여실히 보여준다. 또한 대동사문회가 3·1운동의 여파를 수습하기 위한 조선총독부의 유림 분열 정책에 발맞추어 수행하고 있다는 것을 말해주는 사례라고 할 수 있다.

한편, 전사 중에서 당시 경학원 강사들과 앞으로 경학원 강사로 임명되는 인물들이 대동사문회에 참여하고 있었다. 충북 충주군 전사 한창우는 대동사문회 조직 당시 경학원 충북강사였으며, 전라북도 무주군 전사 김동진은 당시 경학원 전북강사였다.[61] 함남 함흥군 전사 박장홍은 당시 함남강사였으나 1920년 4월 7일에 사망하였고, 그 직임을 함흥군 전사 이기헌이 이어받는다.[62] 뒤에 이기헌이 1923년 5월 5일에 사망하자[63] 신흥군 전사 위대원이 1923년 2월 12일에 경학원 함남강사를 후임으로 임명받았다.[64] 그밖에 경남 함양군 정문현은 1927년 3월 31일 경남강사,[65] 황해 재령군 전사 이종백은 1933년 5월 5일 황해강사,[66] 평남 대동군 전사

59) 강동진, 『日帝의 韓國侵略政策史』, 한길사, 1980, 222~223쪽; 박종린, 「『공영』을 통해 본 대동동지회의 현실인식과 친일논리」, 『역사와 현실』 69, 2008, 78~99쪽.

60) 박종린, 위의 논문, 80쪽.

61) 경학원 강사의 활동과 역할에 대해서는 본고 3장 참조.

62) 『경학원잡지』 21호, 1921, 91쪽.

63) 『경학원잡지』 23호, 1922, 57쪽.

64) 『경학원잡지』 24호, 1923, 57쪽.

65) 『경학원잡지』 28호, 1927, 52쪽.

황업은 1920년 11월 17일 평남강사에 각각 임명되었다. 그런데 함흥군 전사로 선정된 한회선은 경학원이 설립되자마자 경학원 함남강사를 임명되었지만 활동을 하지 않았던 인물이었다. 그런 그가 대동사문회에는 자발적으로 참여한 것인지 의심스럽다. 그리고 더욱 의아스러운 점은 파리장서운동에 참여하여 서명한 인물이 대동사문회 전사로 선정된 것이다.[67] 경남 산청군의 조현규는 곽종석의 제자로 파리장서운동에 참여하였으며 1995년에 건국포장이 추서된 인물이었다. 파리장서 서명자 137명 중에 유독 그만이 대동사문회 전사로 선정된 것은 어떻게 해석해야 할지 난감하다. 자료의 한계로 한회선, 조현규의 전사 선정은 본인의 자발적인 동의가 아닌 이사회의 추천으로 이루어진 것으로 해석해야 할지, 대동사문회의 회유에 들어온 것인지 확실한 판단을 내리기가 어렵다.

지방 전사가 대동사문회 지회의 간부로 업무를 한 것은 확실한 것 같으나 구체적으로 어떤 활동을 하였는지 현재의 자료로는 파악하기 어렵다. 그러나 대동사문회 지역 전사들 중에서 경학원 강사들이 배출되었다는 점은 적어도 그들이 조선총독부의 식민 정책에 협조하고 있다는 것을 의미하는 것으로 해석될 수 있다. 아울러 이것은 대동사문회가 유림을 분열시키는 데에 성과를 거두고 있었다는 것을 뜻하며, 대동사문회의 활동이 조선총독부 직속기구인 경학원과 연동되고 있다는 것을 보여주는 것이다.

대동사문회는 각 지방에 지회 설립과 회원 모집에 적극적으로 힘을 쏟았다.[68] 현재 남아 있는 『대동사문회보』의 기록에 근거하면, 1920년 2월 24일 영산지회 설립을 인가한 것을 시작으로 1921년 9월까지 지회 설립

66) 『경학원잡지』 36호, 1933, 24쪽.

67) 파리장서운동 서명자 연구에 대해서는 林京錫, 「파리장서 서명자 연구」, 『대동문화연구』 38, 2001 참조.

68) 『대동사문회보』 2호, 1922, 75~77쪽. 93쪽부터 100쪽까지 대동사문회 본부와 지방 지회의 직원 명단이 실려 있다.

을 인가하였다.[69] 그리고 대동사문회는 1920년 2월에 조선총독부에게 향교재산 환부와 그 구체적 방법의 위임을 요구하기도 했지만[70] 사실상 당시 유림의 일반적 현안문제를 표방하여 유림의 환심을 사고자 한 형식에 그친 건의였다.[71]

1920년 11월 27일 대동사문회는 임시 총회를 열어서 회칙을 개정하고 임원을 개선(改選)하였다.[72] 즉 종전의 이사공의제(理事共議制)를 변경하여 회장 이하 간부 등 집행기관 및 의사기관(議事機關)을 분리하였으며 6부 밑에 16과를 설치하였고 임원이 전보다 증가한 것이 특징이다.[73] 이는 지회 설립이 늘어나고 조직이 확장되면서 나온 변화인 것 같다.

이때 대동사문회 회장은 윤용구(尹用求, 1853~1939), 부회장은 정만조, 총무는 어윤적 등이 되었는데, 『대동사문회보』에 실린 본회 직원 명단을 살펴보면 회장은 결원 처리되고 있다.[74] 회장으로 선출되었던 윤용구는 1895년 을미사변 이후 법부·탁지부·내무부 등 대신에 임명되었지만 고사하고 부임하지 않았다. 또한 그는 일본이 한국을 강점한 후 남작을 주었으나 거절하였으며 두문사객(杜門謝客)하고 서화금기(書畵琴棋)로 세사(世事)를 잊으며 살던 인물이었다.[75] 그런 성향을 지닌 윤용구가 친일 유림

69) 대동사문회의 지회 설립과 지회 임원 현황은 성주현이 잘 정리하였다. 성주현, 1920년대 유림계 단체의 조직과 활동」, 『식민지 동화정책과 협력 그리고 인식』, 두리미디어, 2007, 77~81쪽 참조.

70) 『대동사문회보』 2호, 1922, 71쪽.

71) 姜大敏, 『韓國의 鄕校硏究』, 경성대학교 출판부, 1992, 313~314쪽.

72) 회칙과 임원 등을 개정한 것은 아무래도 대동사문회 주요 인사들 사이에서 갈등이 있었기 때문인 것 같다. 1920년 10월 2일에 개최된 이사회에서 상무이사 홍긍섭, 최영년, 김정기 세 사람이 事故에 의하여 물러난다고 하였다(『대동사문회보』 2호, 1922, 74쪽). 그들이 물러난 구체적인 이유는 알 수 없으며 이후 이 세 사람의 이름은 대동사문회에서 보이지 않는다.

73) 『대동사문회보』 2호, 1922, 74~75쪽.

74) 『대동사문회보』 2호, 1922, 93쪽.

75) 『朝鮮紳士寶鑑』, 조선출판협회, 1913, 51쪽.

단체인 대동사문회 회장을 기꺼이 맡지는 않았을 것이다. 일제협력유림이 윤용구를 포섭하려다가 실패한 사례로 해석할 수 있지 않을까 한다.

그런 까닭으로 초기에는 부회장 정만조와 총무 어윤적이 중심이 되어 대동사문회를 주도한 것 같다.[76] 경학원 대성전에서 거행하는 춘추석전에 대동사문회는 1920년 3월 20일에 대표를 참석시켰는데 유도진흥회 대표도 역시 참석하였다.[77] 이후 대동사문회가 1935년 8월까지 경학원 대성전에서 거행하는 춘추석전 거행에 대표를 참석한 기록이 있다.[78] 1922년 5월 7일 경학원, 유도진흥회와 함께 '공부자기신사십주갑추모식전작례(孔夫子忌辰四十周甲追慕式奠爵禮)'를 거행하였다.[79] 대동사문회는 1927년에 재단법인이 되었고 1928년에 『승무유현연표부십팔선생연보(陞廡儒賢年表附十八先生年譜)』를 간행하였으며 1929년에는 대동사문회 10주년 기념비를 경학원 지성전(至聖殿) 서측(西側)에 설립하였다.[80]

그런데 대동사문회에 관한 신문보도는 1920년부터 1925년까지 보이고 사실상 보이지 않다가 1940년 5월 26일에 재단법인 대동사문회는 민건식 등 관계자들이 모여 여자상업학교 설립기성회를 조직하고 앞으로의 활동에 대해 협의하였다는 기사가 보인다.[81] 이는 무엇을 의미하는 것일까. 사실 대동사문회뿐만 아니라 유도진흥회 및 기타 지방에서 결성된 유림단체도 1925년 이후로 활동이 보이지 않는 유명무실한 단체가 되거

76) 결원된 회장은 뒤에 충원되었는데, 閔泳徽 자작이 1922년 12월 28일 대동사문회 회장으로 선출되었다(「大東斯文會長: 閔泳徽子就任」, 『매일신보』, 1923년 1월 8일, 2면).

77) 『경학원잡지』 21호, 1921, 88~89쪽; 『대동사문회보』 2호, 1922, 71쪽.

78) 『경학원잡지』 40호, 1936, 34쪽.

79) 『경학원잡지』 23호, 1922, 58~59쪽.

80) 어윤적, 『동사연표』, 동국문화사, 1959, 347쪽. 필자가 이용한 『동사연표』는 어윤적이 1934년에 초판본을 수정·증보한 재판본을 다시 동국문화사에서 1959년에 증보하여 간행한 판본이다.

81) 『동아일보』, 1940년 5월 28일, 2면.

나 사라져 버렸다. 그나마 대동사문회만이 1940년까지 명맥을 유지하였던 것으로 보인다. 이것은 3·1운동 이후 유교와 유림에 대한 신망과 사회적 영향력이 급격하게 떨어진 현실도 일정하게 반영하고 있는 것이다.

중앙의 대동사문회와 지방의 지회의 주요 활동은 주로 경학 강연회 개최와 춘추석전 거행, 도서출판, 선행정포 등이었다. 그런데 대동사문회는 도서출판에 관심을 두었지만 기관지 발행은 생각보다 저조한 것 같다. 현재 남아 있는 『대동사문회보』는 1호, 2호밖에 없는데 그 뒤로는 간행된 것 같지 않다. 유도진흥회의 기관지인 『유도』가 15호까지 간행되었다는 것과 비교한다면 최소한 1940년까지 활동을 보인 대동사문회의 그것은 매우 의아스럽다. 현재 남아 있는 『대동사문회보』 1호, 2호에 실린 내용도 대부분 유교와 관련된 논설, 경의문답, 각종 시문, 효열정포(孝烈旌褒)에 대한 기록, 회중기사 등이다. 대동사문회의 활동과 기관지의 내용은 사실 경학원의 그것과 별 차이가 없다. 심지어 『대동사문회보』와 『경학원잡지』에 일본인 학자의 연설이 똑같이 실려 있는 경우도 있다.[82] 또한 『경학원잡지』에서도 열부와 효행에 대한 현창기록이 1910년대 후반부터 보이기 시작하여 1920년대에 들어서면 그 수가 급증하였다. 이는 3·1운동의 여파를 수습하고 민심을 안정하기 위해서 조선총독부가 유교를 이용한 것으로 볼 수 있다. 즉 조선총독부는 일본 유교의 특징인 '충효일체'를 기반으로 하여 일본국가에 대한 충과 일본천황에 대한 효를 조선인에게 심어주려고 하였다.[83] 따라서 대동사문회와 경학원이 각종 효열을 현창하는 활동을 편 것도 이런 맥락에서 이해해야 한다.

82) 『대동사문회보』 2호, 1922, 49~54쪽과 『경학원잡지』 22호, 1922, 59~65쪽에 宇野哲人이 '一貫之道'의 講題로 연설한 내용을 똑같이 싣고 있다. 그런데 이 내용은 유도진흥회의 기관지 『유도』 4호에도 동일하게 수록되었다. 여기에서도 경학원, 대동사문회, 유도진흥회의 활동이 조선총독부의 통치 목적을 따라 수행되고 있음을 엿볼 수 있다.

83) 류미나, 「일본 '국민도덕론'의 유입과 재생산: 1910년대~1920년대 경학원 활동을 중심으로」, 『인문연구』 52, 영남대학교 인문과학연구소, 2007, 70~80쪽.

그렇다면 대동사문회의 이런 활동에 대해서 당대의 인식은 어떠하였는지 살펴보자. 식민지 조선에서 발행한 신문에서는 현실상 대동사문회에 대한 비판적인 언급을 찾아보기 어렵다. 그저 대동사문회 지회 창립에 대한 기사가 상당수를 차지하고 있다. 그런데 상해 임시정부는 대동사문회를 조선총독부가 만든 대표적인 악질 단체로 인식하고 있었다. 그래서 기관지 『독립신문』은 대동사문회의 조직 목적을 정확히 꿰뚫어 보고 이에 대해 매우 강하게 비판하였다.

> 儒林中의 挾雜輩로 組織된 所謂 大同(東의 오식)斯文會의 罪惡이 某方面으로서 綻露되었는데 其內容의 怪惡함은 世人을 一驚케 하다 同會는 直接 所謂 朝鮮總督 齋藤實의 指揮下에 高等偵探과 韓民族同化云云의 目的을 가지고 陰謀를 遂하는 者인대 그 關係者로 韓國뿐만 아니라 日本 內閣 總理大臣 原敬 以下로 ○國人까지 포함되다. (후략)[84]

『독립신문』은 대동사문회의 결성을 '사이토(齋藤)의 우거(愚擧), 유가의 수치'라고 크게 비판하였고 고등정탐(高等偵探)과 한민족 동화를 목적으로 '협잡배(挾雜輩)' 유림이 조선총독의 지휘로 대동사문회가 만들어졌다고 파악하였다. 여기서 협잡배 유림은 일제에 협력한 정만조, 송지헌 등의 인물을 말한다. 그리고 고등정탐이라고 표현한 것은 아마도 일진회에 참여하여 한일병합에 힘을 다했던 홍긍섭, 이범철 등의 활동을 의미하는 것 같다. 그래서 임시정부는 대동사문회를 조선독립에 반대하는 "적(敵)의 주구(走狗)의 집합체(集合體)"로 인식하였다.[85]

그런 까닭으로 금문경학적 유교개혁운동을 펼쳤던 개신유림 이병헌은 공자의 초상을 얻기 위하여 중국에 왔을 때, '창귀배(倀鬼輩)의 집합'인

84) 「大同斯文會의 罪惡 發露: 韓日同化와 高等探偵」, 『독립신문』, 1920년 5월 20일, 2면.
85) 「敵의 走狗의 集合體인 大同斯文會: 敢히 口를 開하여 朝鮮獨立에 反對」, 『독립신문』, 1920년 6월 17일, 2면.

대동사문회와 통한다고 하여 '공자를 존상키 위하여는 적의 노예를 감작(甘作)하는 유교중독자'라는 혹평을 받았다.[86] 사실 이병헌은 유교를 민족의 국수(國粹)로 여겼던 인물이었을 뿐 일제협력유림과는 성향이나 행적이 달랐으며 대동사문회의 조직과 활동에 참여하지도 않았다.[87] 그러나 임시정부의 오해를 살 만한 요소가 있었기 때문에[88] 이병헌은 임시정부에 붙잡혀서 당시 경무국장 김구에게 심문을 당하는 고초를 겪다가 풀려났다.[89] 이렇게 대동사문회에 대한 임시정부의 인식과 평가는 매우 좋지 않았다.

사실 대동사문회와 유도진흥회가 조직될 당시에도 일제협력유림 사이에서 부정적인 의견이 나왔다. 김윤식은 유도진흥회, 대동사문회 같은 허다한 단체가 나온다고 해서 유도가 진흥되는 것이 아니라 각자가 유도의 정신에 맞게 사는 것이 유도를 진흥시키는 일이라고 말했다.[90] 그도 이런 단체의 효용성에 대해서 이미 불신을 가지고 있었다. 또한 위에서 언급한 것처럼 대동사문회는 유교의 부흥과 도덕 윤리의 선양 등을 목표로 내걸고 명망 있는 유림을 회유, 포섭하려고 노력하였지만, 그들이 바라는 유림은 들어오지 않았다. 오히려 일본인 스스로가 '계명구도(鷄鳴狗盜)의 부유(腐儒)를 일당(一堂)에 모으는 것'에 불과하다고 시인할 정도였으니,[91] 당시 항일의식을 지닌 유림이 대동사문회를 어떻게 인식하

86) 「孔子를 尊尙키 爲하여는 敵의 奴隷를 甘作하는 儒教中毒者 李炳憲의 行」, 『독립신문』, 1920년 5월 27일, 3면.

87) 이병헌의 생애와 활동, 사상에 대해서는 금장태, 『유교개혁사상과 이병헌』, 예문서원, 2003 참조.

88) 임시정부 경무국에서 그의 행장을 조사하여 압수한 문서 중에 「對鮮根本政策專在儒教論」과 이병헌을 비롯하여 몇 사람이 列名으로 1919년 5월 4일에 長谷川에게 보낸 書가 있었다(『독립신문』, 1920년 5월 27일, 3면).

89) 「李炳憲退去」, 『독립신문』, 1920년 6월 1일, 2면.

90) 「儒林界를 爲하야」, 『개벽』 7호, 1921, 16쪽.

91) 細井 肇, 『鮮滿の經營: 朝鮮問題の根本解決』, 自由討究社, 1921, 440쪽.

고 있었는가를 충분히 추찰할 수 있다.

2. 유도진흥회(儒道振興會)의 조직과 활동

1) 유도진흥회의 조직과 성격

유도진흥회는 대동사문회가 조직된 시기와 거의 비슷한 때에 조직되었으며 1920년대 중반까지 유도진흥회의 활동이 오히려 대동사문회보다 더 활발하였다. 1920년 1월 16일 경성구락부에서 경성 유림, 신사(紳士)와 경상남북도 유림, 신사 88명이 모여서 발기총회를 거행하고 유도진흥회를 조직하였다.[92]

그런데 유도진흥회가 결성된 배후에는 당시 경상북도 참여관이었던 신석린(申錫麟, 1865~1948)의 역할이 상당히 작용한 것 같다. 경북 유생 등이 일본시찰을 하고 돌아오자 그가 중심이 되어 별도의 계획 없이 전적으로 유도진흥회 사무를 관장하고, 경비가 없자 그에 대한 보조를 신청 의뢰하였다 한다.[93] 신석린은 상당한 학식을 지닌 인물로 참여관 외에 강원도지사,[94] 중추원 참의(칙임관 대우),[95] 국민협회 회장,[96] 동민회

---

92) 「朝鮮儒道振興會經過狀況報告書」, 『齋藤實文書』 9, 고려서림, 1999, 164쪽. "大正九年一月十六日 儒道振興會發起摠會擧行於京城南米倉町京城俱樂部內 發起人京城紳士儒林及慶尚南北道儒林紳士合爲八十八員."

93) 「儒林團の近況」, 『齋藤實文書』 10, 고려서림, 1999, 624쪽. 자료에는 '慶北道 申參與官'라고 하였는데 유도진흥회가 결성된 1920년 당시 경상북도 참여관은 申錫麟이었다.

94) 『朝鮮總督府施政二十五周年記念表彰者明鑑』, 1935, 33쪽.

95) 『朝鮮總督府官報』, 1923년 8월 16일, 1926년 8월 10일, 1927년 5월 24일, 1930년 1월 10일, 1932년 12월 27일, 1933년 6월 9일, 1936년 6월 8일, 1939년 6월 9일, 1942년 6월 10일, 1945년 6월 8일.

96) 「附表: 國民協會」, 『治安情況』, 1938년 9월, 국사편찬위원회 소장.

부회장,[97] 회장,[98] 조선지원병제도제정축하회 발기인,[99] 조선인 징병제 요망운동[100] 및 징병제실시 감사회 발기인,[101] 국민총력조선연맹 평의원, 이사[102] 등을 역임하며 일제의 식민통치에 적극 협력한 인물이었다. 특히 그는 1919년 3·1운동에 대응하여 조직된 대구자제단 발기인을 역임하였고[103] 경상북도 관내를 돌며 각 군의 자제단 조직을 독려하였다.[104] 따라서 그가 유도진흥회 조직에 힘을 쓴 것도 이러한 맥락에서 이해될 수 있다.

또한 경상남북도 신사와 유림이 경성에서 유도진흥회 조직에 참여한 것도 아마도 신석린의 힘이 작용되었을 것이다. 그런 연유로 유도진흥회의 대구 지부가 조직되었을 때 신석린은 장의(掌議)로 선출되었다.[105] 유도진흥회에 참여한 경성 유림, 신사와 경상남북도 유림, 신사는 자료의 미비로 구체적으로 파악하기 힘들다. 신석린 외에 유도진흥회 창립에 주도적 역할을 했던 인물은 당시 중추원 찬의였던 김영한(金榮漢, 1857~1927)이었다. 김영한은 대한제국시기에 법부와 탁지부 등에서 관료를 지냈으며, 탁지부 인쇄국장 시절이던 1906년 인쇄기계 구입을 위해 일본을 다녀오기도 하였다.[106] 그런 연유로 친일적인 성향을 가지고 있었으며 한일병합

97) 「同民會役員(本部)」, 『齋藤實文書』 12, 고려서림, 1999, 296~298쪽.

98) 『創氏記念名刺交換名簿』, 同民會, 1940년 10월, 1쪽.

99) 「志願兵 制定 祝賀의 具體的 事項 決定, 發起人은 七十三씨로」, 『每日新報』, 1938년 2월 10일, 2면.

100) 「조선인 징병제 요망운동: 崔麟氏 등이 발기하며」, 『삼천리』 제8권 12호, 삼천리사, 1936, 14쪽.

101) 「徵兵 感謝에 總蹶起, 全鮮에 十錢獻金運動」, 『每日新報』, 1943년 8월 4일, 2면.

102) 「國民總力朝鮮聯盟 役員」, 『每日新報』, 1940년 10월 17일, 1면.

103) 「寺內正毅宛朴重陽書簡及び同封文書(大邱自制團趣意書·規約·發起人氏名)」, 『寺內正毅文書』 31, 일본국립국회도서관 헌정자료실 소장.

104) 「自制團組織」, 『每日申報』, 1919년 4월 9일, 4면; 「慶北의 自制團」, 『每日申報』, 1919년 4월 21일, 4면.

105) 「유도진흥회」, 『매일신보』, 1920년 4월 1일, 4면.

후 중추원 찬의가 되면서 더욱 철저히 일본 제국주의에 협력하게 되었다. 김영한은 남작 민철훈(閔哲薰, 1856~1925)과 함께 유도진흥회를 조직하였고 대동사문회와 비슷하게 '유도의 진흥을 도모하고 퇴폐된 도의의 긴장(緊張)을 기하며, 세도의 진운에 공헌'하겠다는 목표를 내걸었다.[107)]

신석린이 배후에서 힘을 썼다면 김영한은 직접 앞장서서 유도진흥회를 이끌었다. 그리하여 유도진흥회가 결성된 지 불과 석 달 안에 경북, 경남, 충남 등 각 도에 지회가 생겼다.[108)] 그런데 김영한은 1920년 4월 15일 사이토 마코토 총독에게 유도진흥회의 진행상황을 보고하면서 현재 처한 어려움을 나열하며 '은택'을 간절히 청하는 보고서를 올렸다.

> 유도진흥회가 지탱하기 어려운 세 가지 단서가 있습니다. 첫째 재정난이 이어지고 있습니다(財政難繼). 처음에 大塚局長의 贊成한 몇백 원이 있었으나, 내외에 선전하는 과정에서 이미 소진되었습니다. 최근 김영한이 자력으로 몇백 의 빚을 내어 보충하였지만 내일을 기약할 수 없습니다. 둘째 세력을 확장하기 어렵습니다(勢力難振). 각 지방 道府郡島 소재의 많은 선비들을 끌어들이려 했는데, 비록 내무국장(大塚局長)의 도움이 있었으나 발전이 없으니 진실로 미력함 때문에 엎드려 탄식합니다. 셋째 같은 성격의 단체와 경쟁합니다(同質競爭). 갑자기 대동사문회가 함께 나와서 이르는 곳마다 방해가 되니 더욱 맹진할 수 없습니다.
>
> 대체로 조선의 儒道는 4천년 역사 이래 국민의 宗主하는 道입니다. (중략) 또 거기에 더하여 유사한 모임이 이르는 곳마다 경쟁하여 모든 면에서 방해하니 (중략) 각하의 특별한 은혜를 얻어 구제의 방책을 입지 못하면 진실로 유지하기가 어렵습니다. 下諒하시고 특별히 은혜를 베풀어 주시길 간절히 엎드려 바라옵니다.[109)]

106) 『대한제국관원이력서』, 국사편찬위원회, 1972, 802쪽; 「印機購入」, 『황성신문』, 1906년 4월 17일, 2면.

107) 『高等警察關係年表』, 조선총독부 경무국, 1930, 16쪽.

108) 「朝鮮儒道振興會經過狀況報告書」, 『齋藤實文書』 9, 고려서림, 1999, 164~167쪽. 유도진흥회의 지회 조직 상황은 성주현, 「1920년대 유림계 단체의 조직과 활동」, 『식민지 동화정책과 협력 그리고 인식』, 두리미디어, 2007, 83쪽 참조.

재미있는 사실은 유도진흥회가 처한 어려움 중에 재정문제와 조직 확장의 곤란과 함께 대동사문회와의 경쟁을 들고 있는 점이다. 유도진흥회 대표는 동일한 목적으로 결성된 대동사문회를 일종의 라이벌 조직으로 인식할 뿐만 아니라 자신들의 세력 확장을 방해하는 집단으로 견제하고 있는 것이다. 어쩌면 두 단체가 서로 비슷한 시기에 조직된 것과 서로 지부를 서둘러 만들며 확대를 도모한 것도 일본 제국주의 협력자들이 벌인 일종의 충성 경쟁에서 비롯된 것이 아닐까 하는 생각을 준다. 그리고 김영한은 총독을 유도진흥회 총재로, 정무총감을 부총재로, 고문은 각 국장으로 천망(薦望)하고 회장 이하 임원은 조선인으로 전과 같이 둔다고 하면서 동의를 간절히 바라고 있다.[110] 이는 유도진흥회가 조선총독부의 지원을 받는 완전한 어용단체로 나아가겠다는 것을 의미한다.[111]

또한 유도진흥회의 결성 당시 내무국장이 지원을 한 것도 이 단체를 이용하여 상해 임시정부 유림 출신과 내통시켜 임시정부를 내부에서 붕괴시키기 위한 목적이었으며 경무국 정보위원 기쿠치 켄조(菊池謙讓)이 조종하고 경무국이 협조하였다고 한다. 그리고 유도진흥회와 대동사문회가 다른 점은 지방관청의 관헌과 밀착되어 있다는 사실이며 기구상에서도 중앙의 대의원격인 장의를 지방 유림이 뽑으면 도지사가 임명하고, 장의가 모든 회무의 기본방침을 세우게 하는 반관적(半官的) 조직으로 한 것이다.[112]

109) 「朝鮮儒道振興會經過狀況報告書」, 『齋藤實文書』 9, 고려서림, 1999, 162~163쪽. "儒道振興會 難支之端有三 一財政難繼 初有大塚局長之贊成幾百円 宣傳中外之際業已消瀜近日以金榮漢之自力出債幾百円而補過朝不慮夕 二勢力難振 各地方道府郡島所在多士竊非移力支配 而雖有內務局長贊成 然尙無發展實緣微力伏歎 三同質競爭 忽有大東斯文會之并出一路 觸處妨害 尤不能猛進 盖朝鮮儒道由來四千年歷史 國民宗主之道也…又重之類似之會 觸處競爭 萬端沮戱…若不得閣下特殊之恩澤洒蒙救濟之策 亶難維持 下諒另施千萬伏望"

110) 「朝鮮儒道振興會經過狀況報告書」, 『齋藤實文書』 9, 고려서림, 1999, 168~169쪽.

111) 이명화, 「朝鮮總督府의 儒教政策(1910~1920年代)」, 『한국독립운동사연구』 7, 1993, 116쪽.

2) 유도진흥회의 활동과 평가

우선 유도진흥회의 주요 인물들을 살펴보자. 1921년 4월 25일 제2회 총회에서 '유사제(有司制)'를 '총무제(總務制)'로 개정하고 임원진은 회장에 박제빈(朴齊斌), 부회장에 윤희구(尹喜求), 장의장에 정진홍(鄭鎭弘), 총무에 윤필구, 이사에 정봉시, 김영한, 권순구(權純九), 서광전, 최강, 김진한, 정인욱, 홍우승을 뽑았다.[113] 그전까지는 위에서 언급한 것처럼 김영한이 유도진흥회 대표로 활동하였다.

유도진흥회 간부로 선임된 사람들 중에서 대동학회, 경학원에 참여한 인물이 상당수 있다. 간략하게 살펴보면, 회장 박제빈(1858~1921)은 을사늑약이 체결되자 고종에게 을사늑약 반대와 매국적신 처단을 요구하는 상소를 올렸던 사람이었다.[114] 그러나 1907년 일제협력유림을 형성시켰던 대동학회의 발기인, 평의원 등이 되면서 친일적 경향을 드러냈으며,[115] 한일병합이 된 후에 일본에게서 남작의 작위[116]와 은사공채 2만 5천 원을 받았다.[117] 또한 그는 한일병합 1주년이 되는 해에 『매일신보』에 병합축사를 게재하였다.[118] 유도진흥회 회장으로 선출된 당시 박제빈은 중추원 참의와 경학원 부제학을 겸임하였던 일제협력유림의 핵심 인물 중의 한 명이었다. 부회장 윤희구(1867~1929)는 한학의 대가로 1897년 사례소(史禮所) 직원(直員)에 임명되어[119] 장지연과 함께 『대한예전』을 편찬

112) 강동진, 『일제의 한국침략정책사』, 한길사, 1980, 227~228쪽.

113) 「儒道振興會 總會」, 『동아일보』, 1921년 4월 27일, 2면.

114) 『고종실록』, 1905년 11월 25일.

115) 『대동학회월보』 1호, 1908년, 60쪽, 71쪽.

116) 『조선총독부관보』, 1910년 10월 12일.

117) 「朝鮮人ニ對スル授爵ニ關スル意見」, 『齋藤實文書』 100-6-843, 일본국립국회도서관 소장, 1926.

118) 「合併紀念祝辭」, 『매일신보』, 1911년 8월 29일, 5면. 게재된 축사는 다음과 같다.

했다. 그 후 문헌비고 속찬위원, 시강원시독,[120] 규장각 전제관, 국조보감 찬집위원 등을 역임하였다.[121] 한일병합 후 일본정부로부터 한국병합기념장을 받았으며[122] 1917년부터 1918년까지 중추원 촉탁이 되어 구관조사(舊慣調査)에 관한 사무를 보았다. 1919년부터 1922년까지 중추원 편집과 촉탁, 1923년부터 1928년까지 중추원 조사과 촉탁으로 활동하였다.[123] 또한 1925년부터 1929년 사망할 때까지 경학원 부제학에 재직하였다.[124]

장의장 정진홍(1855~1926)은 명성황후 시해사건과 관련하여 일본으로 망명하였으며[125] 사면된 후 농상공부 농무국장 등을 역임하였다. 그도 역시 대동학회에 참여하여 함경도 지방총무,[126] 평의원이 되었으며[127] 한일병합 후 한국병합기념장을 받았다.[128] 정진홍은 1910년 10월 1일부터 1926년 4월 16일 사망할 때까지 중추원 부찬의 및 참의로 활동하였던 대표적인 일제협력유림 중의 한 사람이었다.

天皇의 큰 덕 하늘과 같이 커서	天皇大德與天同大
주군이든 신하이든 내외가 없도다	悉主悉臣罔有內外
천황의 깊은 은혜 바다와 같이 깊어서	天皇深恩與海俱深
반도강산의 모든 사람들이 歸心하도다	半島江山大小歸心
扶桑에 해가 떠오르니 玄海가 뭍이 되고	扶桑出日玄海成陸
東亞의 瑞運이 우리 皇國을 높이도다	東亞瑞運宗我皇國
合倂한 吉日 1주년이 되었으니	合倂吉辰載回一週
恭敬히 보잘 것 없는 글 龍樓에 바치노라	恭綴蕪辭拜獻龍樓

119) 『고종실록』, 1897년 7월 1일.
120) 『대한제국관원이력서』, 국사편찬위원회, 1972, 235쪽.
121) 『순종실록』, 1908년 9월 11일.
122) 『조선총독부관보』, 1913년 5월 23일 부록.
123) 『朝鮮總督府及所屬官署職員錄』, 각년판.
124) 『조선총독부관보』, 1925년 7월 11일.
125) 최준, 「乙未亡命者의 拿還問題」, 『백산학보』 8, 1970, 521쪽.
126) 『대동학회월보』 1호, 1908, 71쪽.
127) 『대동학회월보』 5호, 1908, 63쪽.
128) 『조선총독부관보』, 1913년 5월 31일 부록.

그리고 이사 정봉시(1855~1937)는 한학에 조예가 깊은 인물로 내부 회계국장, 지방국장, 함경남도 관찰사,[129] 국조보감 찬집위원 · 선사위원 · 감인위원 등을 역임하였다.[130] 역시 대동학회에 참여하여 강원도 지방총무 및 평의원이 되었으며,[131] 경성일보사 주최의 일본관광단에 참가한 후 더욱 친일적인 경향을 드러냈다.[132] 정봉시는 한일병합 후 한국병합기념장을 받았으며,[133] 유도진흥회 결성 당시 그는 1912년 경학원 강원도 강사였으며[134] 1937년 12월 3일 사망할 때까지 경학원 부제학,[135] 경학원 대제학 겸 명륜학원 총재를[136] 역임한 대표적인 일제협력유림이었다. 이사 권순구(1866~1944)는 대한제국기에 내부주사, 내부서기랑 등을 역임하였으며[137] 한일병합 후 한국병합기념장을 받았다.[138] 그 후 그는 울진군수을 지냈다가 1928년 정만조의 후임으로 경학원 경성강사가 되어 활동하였다.[139]

이렇게 대동사문회뿐만 아니라 유도진흥회에도 대동학회 출신, 경학원 인사들이 주요 간부로 참여하고 있다. 이는 일제협력유림의 유기적인 움직임을 보여주는 동시에 조선총독부의 유림 회유와 분열 정책이 경학원의 일제협력유림을 중심으로 친일 유림단체를 통제하고 있음을 의미

129) 『고종실록』, 1905년 11월 7일, 1906년 7월 13일, 1906년 8월 18일.
130) 『순종실록』, 1908년 9월 11일, 1908년 12월 11일, 1909년 2월 17일.
131) 『대동학회월보』 1호, 1908, 71쪽.
132) 『대한매일신보』, 1909년 4월 13일, 2면; 1909년 5월 11일, 2면; 『일본관광단기념사진첩』, 1909년, 51쪽.
133) 『관보(일본내각)』, 1913년 5월 23일 부록.
134) 『경학원잡지』 1호, 1913, 47쪽.
135) 『경학원잡지』 30호, 1929, 46쪽.
136) 『경학원잡지』 40호, 1936, 34쪽; 『조선총독부관보』, 1936년 1월 21일.
137) 『대한제국관원이력서』, 국사편찬위원회, 1972, 335쪽, 835쪽.
138) 『조선총독부관보』, 1913년 5월 24일 부록.
139) 『경학원잡지』 30호, 1929, 40쪽.

하는 것이라 할 수 있다. 유도진흥회는 윤필구를 발행인으로 하여 회지(會誌)인 『유도』를 1921년 2월부터 발행하였다.[140] 그런데 회장 박제빈이 1921년 9월 5일에 사망하자,[141] 10월 임시총회를 개최하여 회장에 박기양 남작, 부회장 정봉시, 총무 정진홍, 장의장 윤필구, 서무부장 권순구, 강습부장 이범규(李範奎), 편집부장 이정규(李庭珪), 상무이사 정인욱을 선출하였다.[142] 새로 회장에 선출된 박기양(1856~1932) 역시 한일병합 후 남작을 받은 대표적인 친일파로 당시 경학원 부제학에 재직하고 있었다. 여기서도 경학원을 중심으로 친일 유림 단체를 통제하는 모습을 볼 수 있다.

그렇다면 유도진흥회의 활동을 살펴보자. 유도진흥회도 대동사문회와 마찬가지로 1920년 3월 20일부터 경학원 대성전에서 거행하는 춘추석전에 대표를 참석시켰다.[143] 그리고 회지 『유도』는 1925년 1월에 15호를 발간되었고, 1927년까지 경학원 대성전에서 거행하는 춘추석전에 유도진흥회 대표가 참여한 기록이 있는 것으로 보아[144] 최소한 유도진흥회는 1927년까지 명맥을 유지한 것 같다. 앞에서 언급한 대로 김영한의 노력으로 유도진흥회는 조선총독부의 철저한 어용단체가 되었다. 그래서 조선총독부의 지원을 받은 영향인지 1920년대의 유도진흥회가 대동사문회보다 더 활발하게 활동하였다. 이는 회지 『유도』를 통해서도 분명히 알 수 있다. 대동사문회의 『대동사문회보』가 겨우 1·2호를 발행된 데에 비해 『유도』는 15호까지 발행되었다.[145] 수록된 내용도 『유도』가 『대동사문

140) 「儒道新聞許可」, 『매일신보』, 1921년 2월 9일, 2면.
141) 『조선총독부관보』, 1921년 9월 14일.
142) 「儒道振興總會」, 『매일신보』, 1921년 10월 10일, 2면.
143) 『경학원잡지』 21호, 1921, 88~89쪽; 『대동사문회보』 2호, 1922, 71쪽.
144) 『경학원잡지』 29호, 1928, 37쪽.
145) 현재까지 발행을 확인할 수 있는 『유도』는 1호부터 15호까지이다. 그 뒤로 계속 발행되었는지는 확인하기 어려우며 15호에서 그친 것 같다.

회보』보다 더 풍부하다. 유교에 관한 글뿐만 아니라 조선총독부가 공포한 법령, 규정 등과 대정친목회, 대동동지회 등의 당시 친일단체의 설립, 취지서 등의 내용도 수록되어 있다. 또한 『대동사문회보』의 필자는 일제협력유림인 데에 비해 『유도』의 필자는 다양하여 김윤식, 박기양 등의 일제협력유림과 다카하시 도루, 우노 테츠토(宇野哲人), 키다 사다키치(喜田貞吉)과 같은 일제 관학자들, 신석린, 도미나가 분이치(富永文一) 등의 총독부 관료들이 망라되어 있다. 그리고 실명이 아닌 필명의 글들이 많이 실려 있는 것도 『유도』의 특징이다.

일제협력유림이 식민지 공간에서 중심적으로 할 수 있는 일은 이데올로기적 협력이며, 그것을 위해 자신의 능력을 발휘하는 분야가 바로 문필 활동이다. 『유도』에 실린 글들을 검토하여 유도진흥회에 참여한 일제협력유림의 인식을 구체적으로 살펴보자. 무엇보다 3·1운동의 여파를 수습하기 위한 목적에서 나온 글들이 많다.

> 歐洲戰亂은 其思想界에 一大劇變을 招來하여 其餘波가 漸次 全世界에 傳播코저 하는지라 此를 隨하여 惟我朝鮮도 其渦中에 投함에 至하여 騷擾突發한 以來로 新來風潮가 滔滔然히 上下에 浸潤하여 思想의 根柢가 動搖하여 其趍歸할 바를 不知하는 現狀이라 今에 我朝鮮의 民心은 衝激驚動의 餘에 漸次 蔓延하여 社會秩序가 殆히 混亂한 狀態에 陷하여 頗히 向에 云한바 流水浮萍과 如히 聚散靡定하여 方玆興亡의 分岐點에 立하는 觀이 有하도다. 噫라 殆哉라.[146]

실명이나 필명도 밝히지 않은 이 글이 『유도』 창간문 다음에 수록된 것은 의미가 있다. 우선 3·1운동을 소요로 인식하고 있으며 서구 사상의 유입으로 조선의 사상계는 혼란하며 3·1운동 이후 민심이 크게 경동

146) 「吾人의 本領」, 『儒道』 1호, 1921, 3쪽.

되어서 지금 조선의 상황은 위태롭다고 파악하고 있다. 사실 3·1운동의 소용돌이가 점차 가라앉은 1920년부터 '조선공산당'과 같은 비밀결사조직과 조선노동공제회나 조선청년회연합회와 같은 전국적 규모의 대중운동 단체들이 속속 모습을 드러내며 사회주의 사상이 지식인층을 중심으로 급속하게 퍼져나갔다.147) 일제는 이런 상황을 매우 우려스럽게 인식하였는데, 이 글에서도 일제의 현실 인식을 대변하는 말을 하고 있다. 그렇기 때문에 일제는 식민지 통치를 안정적으로 뒷받침할 수 있는 사상과 협력자를 유교와 유림에서 구하고 있다. 다카하시 도루는 유림에게 유도 진흥을 통하여 "민지(民志)를 정(定)하며 교화(敎化)를 정(正)하여 조선 고유의 미풍양속를 유지하고 생민(生民)이 무군무부무장상역(無君無父無長上域)에 유입(流入)함을 방알(防遏)"하라고 경고하고 있다.148)

『유도』에 실린 일제협력유림의 글은 다카하시 도루의 '경고'를 충실히 따르고 있다. 일제협력유림이 유도를 해설한 글(儒道說)은 유교를 철저히 도덕윤리의 영역으로 한정시키고 있다.149) 또한 조선 성리학이 이룬 학문적 성취는 무시하고 조선 후기 붕당의 폐단을 지적하며 유교의 개선을 논하거나150) 유교의 기반이 되는 한문 폐지를 반대하고 한자와 한글의 병용을 주장하고 있다.151) 『유도』에 실린 일제협력유림의 유교에 관한 대부분의 글들은 일제의 식민통치를 전제하는 바탕에서 논의되고 있다. 즉 그들은 저항의 원천이 되었던 의리론 등은 언급하지 않고 인의충

147) 박종린, 「日帝下 社會主義思想의 受容에 關한 硏究」, 연세대학교 박사학위논문, 2007 참조.

148) 「儒林에게 警告」, 『儒道』 1호, 1921, 13~15쪽.

149) 李庭珪, 「儒道說」, 『儒道』 1호, 1921, 73~75쪽. "儒道者何道也 堯舜禹湯文武周公孔子之道也 (中略) 儒道之傳 固不越乎言語文字之間 而言語以求儒道 則口耳之學而已 文字以求儒道 則詞章之學而已 將於何而求之乎 聖人人倫之至 不特求之民生日用彛倫之外 故曰儒道倫理之學也 豈其高遠難行而不可求者耶."

150) 具然學, 「儒道의 改善」, 『儒道』 8호, 1922, 33~35쪽.

151) 權純九, 「漢文을 廢止함니 可할가」, 『儒道』 10호, 1922, 25~30쪽.

孝 등과 같은 전통적인 가치와[152] 서구사상의 유입으로 인한 폐해를 막는 유교의 역할을 강조하고 있다.[153] 또한 생존경쟁이 극렬한 시대에 사회의 진보와 실업의 발달이 최고의 의무로 여기고 문명의 신공기를 흡수하여 몽매를 벗어나자는[154] 주장들도 많이 나온다. 이런 주장들은 유교의 도덕적 가치를 인정하는 바탕 위에서 문명을 이룩하자는 내용으로, 대한제국기에 조직된 대동학회가 주장한 동도서기론의 맥락을 충실히 따르는 것이다.

그렇기 때문에 일제협력유림은 일본에 세금을 납부하는 것이 우리 민족의 의무이며 문명의 발전과 유도를 진흥을 이룩하여 우리 민족의 행복을 달성하자고 주장한다.[155] 사실상 『유도』에 실린 주요 내용은 거의 비슷하게 윤리도덕의 중요성을 강조하였다. 즉 유도진흥회에 참여한 일제협력유림은 일본의 식민통치를 인정 · 순응하여 문명의 발전을 이룩하자는 전제를 두고 유교의 부흥을 주장하고 있었다. 이는 당시 조선총독부 기관지 『매일신보』가 전통적인 부자 · 사제 · 장유 관계의 복원만을 반복해서 강요하는 것과 맥락을 같이하는 것이다.[156] 이런 성격 때문에 유도진흥회가 총독부 내무국이 상해 임시정부의 유생들과 내통, 임시정부를 와해시키기 위해 비밀리에 결성된 친일단체라는 지적도 있다.[157]

또한 일제협력유림은 유교의 논리를 이용하여 한일병합을 옹호할 뿐만 아니라 3 · 1운동 이후 고양된 조선 인민의 민족의식을 억누르고 일본의 신민으로 만들고자 하였다. 애족생(愛族生)이란 필명의 필자는 한일

152) 대표적인 일제협력유림인 呂圭亨의 글이 이에 해당된다. 「儒道原理」, 『儒道』 1호, 1921, 67~69쪽.

153) 具然學, 「儒道의 過去와 將來」, 『儒道』 5호, 1922, 48~54쪽.

154) 鄭松煥, 「腐儒의 頑夢을 覺醒하라」, 『儒道』 6호, 1922, 14~16쪽.

155) 朴鍾會, 「道德으로 思想界에 前進할 必要」, 『儒道』 6호, 1922, 20~21쪽.

156) 李基勳, 「日帝下 靑年談論 硏究」, 서울대학교 박사학위논문, 2005, 80~81쪽.

157) 강동진, 『일제의 한국침략정책사』, 한길사, 1980, 227쪽.

병합이 민중본위의 왕도사상에 의해 이루어졌다고 주장하며 동양의 평화와 한일 양민족의 공존공영이 한일합병이 단행된 이유라고 주장하였다.[158] 아울러 그는 3·1운동과 같은 조선의 독립 의도를 철저히 분쇄하려고 하였다.

> 古語에 何事非君 何事(使의 誤記)非民이라 云하였나니 是卽王道의 精神이란 大抵 政治의 目的은 民衆의 幸福을 爲하는 者인즉 此를 目的으로 하는 者이 卽君主요 此君主下에 民衆은 其人生의 榮光을 增하고 享樂함을 謂함이니 王道를 行하는 자는 堯나 舜이나 李나 朴이나 敢히 問할바가 아니니라 民衆도 또한 周民이 되던지 殷民이 되던지 其幸福을 爲主하는 者인즉 王道之下에 誰가 非民이리요. 所謂 當今 歐米各國에서 高唱되는 民本主義라는 것도 吾王道와 同一한 趣旨에 不外하니라 (중략) 此優勝劣敗의 實力時代에 當하여 吾朝鮮이 獨力으로 能히 此大勢에 抗하여 其存立을 維持함을 得할런지 吾人이 最히 愼重且冷靜히 考慮하여야 할 點이라 朝鮮의 運命 如何는 곧 日本의 運命에 影響하니 日本은 自己運命을 開拓維持하기에는 朝鮮과 共히 此에 當할 必要가 有할 것이라. 然則朝鮮의 運命을 任意로 放置하지 못함은 勢不得已하는 바다 故로 東洋平和의 基礎를 搖動함과 如한 朝鮮의 獨立은 日韓併合의 精神과 背反하니 日本은 斷然乎此를 許容치 아니할진즉 無謀之企圖는 結局 朝鮮民族이 自殺이 되고 말지라 (중략) 吾民族은 內鮮合力하여 共昌共榮할 外에 保存할 途가 無한다 할지라도 過言이 아님을 倡하노라[159] (강조는 필자)

애족생은 결론적으로 조선 인민이 백성을 위하는 정치를 하는, 즉 왕도를 펼치는 일본천황의 신민이 되었으며, 현실적으로 조선의 독립은 어렵기 때문에 조선의 독립 기도는 자살에 가까운 무가치한 것이라고 주장하였다. 그는 조선 인민의 민족의식을 없애기 위하여 유교의 왕도 정치를 자의적으로 해석하여 일제의 식민지 지배를 정당화시키는 근거로 사

158) 愛族生, 「儒道上으로 觀한 日韓併合의 精神」, 『儒道』 2호, 1921, 11~13쪽.
159) 愛族生, 「儒道上으로 見한 日韓併合의 精神(承前)」, 『儒道』 3호, 1921, 13~15쪽.

용하였으며, 한말에 유행하였던 사회진화론을 인용하여 조선의 실력 부족을 자인하고 일본과 하나가 되어 영원히 공존공영을 누려야 한다고 역설하였다.[160] 일제협력유림의 이러한 주장은 당시 은거한 항일의식의 유림에게 효과를 얻을 수 없었을 것이다.

한편 『유도』의 발행을 통하여 유도진흥회가 활발하게 활동한 기간을 추측할 수 있다. 유도진흥회는 1921년에 『유도』 1호에서 4호까지, 1922년에 5호에서 10호까지 발행하였다. 1921년부터 1922년이 유도진흥회가 활발하게 활동한 시기로 볼 수 있으며, 이는 앞에서 언급한 것처럼 3·1운동의 여파를 수습하려는 조선총독부의 목적과 일제협력유림의 적극적인 활동이 맞물려 돌아갔기 때문이었다. 그리고 1923년에서 1925년까지 발행된 『유도』가 5권(11호~15호)에 불과한 점은 유도진흥회의 활동이 그만큼 위축되었다는 것을 반영하는 것이다. 결국 1925년 이후 유도진흥회의 활동은 보이지 않으며 유명무실한 상태가 되어버렸다.

그렇다면 유도진흥회에 대한 당대의 평가는 어떠하였는지 살펴보자. 대동사문회와 동일한 이유로 유도진흥회에 명망 있는 양심적인 유림은 참여하지 않았으며, 이미 그때는 유교와 유림에 대한 민중의 인식도 좋지 않았다. 또한 유교와 유림이 망국의 원흉으로 비난받았음에도 불구하고 3·1운동에 유림은 참여하지 않았던 것도 민중의 인식을 더욱 나쁘게 만들었다. 그런 상황에서 유도진흥회는 1924년에 당시 대표적인 11개의 친일단체와 함께 각파유지연맹(各派有志聯盟)을 결성하였으며,[161] 이때 유도진흥회 대표는 중추원 참의 정진홍이었다.

---

160) 애족생의 글 다음에 조선과 일본의 同祖同源을 주장하는 喜田貞吉의 「內鮮兩民族同源論梗概」가 실린 것도 결코 우연이 아닌 것이다.

161) 각파유지연맹에 참여한 11개의 단체는 國民協會, 朝鮮小作人相助會, 維民會, 勞働相愛會, 朝鮮經濟會, 矯風會, 同光會, 儒道振興會, 青林教, 大正親睦會, 同民會이다(「所謂各派有志聯盟에 대하여」, 『동아일보』, 1924년 3월 30일, 1면).

각파유지연맹은 1923년 9월 관동대진재(關東大震災) 때에 일본이 자행한 조선인 대학살로 조선에서 반일감정이 매우 고조되자 그 대책을 논의하던 조선총독부의 지시로 결성된 단체였다. 조선총독부는 1924년 1월 16일 친일단체 대표들에게 각파유지발기인대회를 만들게 하였고 3월 25일 발기인회에 참여하였던 국민협회, 조선소작인상조회, 유민회, 동광회, 조선경제회와 교풍회, 대정친목회, 상애회, 동민회, 유도진흥회, 청림교 등의 단체의 대표들이 4월 11일 창립총회를 갖고 각파유지연맹을 설립하였다.[162] 각파유지연맹은 조선총독부가 작성한 '사상선도에 관한 실행조건'을 채택하였고,[163] 그 목적은 독립운동, 사회주의운동 등 '과격한' 사상을 일소하기 위한 것이었다.[164]

그렇기 때문에 『독립신문』은 유도진흥회가 참여한 각파유지연맹의 결성을 개, 돼지만도 못한 악노(惡奴)가 어지럽게 짖는다고 비판했으며,[165] 『동아일보』 역시 각파유지연맹의 결성을 '친일단체(親日團體)의 오합(烏合)'이라고 비판하였다.[166] 『개벽』도 각파유지연맹은 "종래에 친일을 표방하던 모든 구접스러운 파들을 규합"한 것이라고 인식하였으며, 그런 대가로 일제로부터 국유미간지, 삼림, 광산이나 기타 일체의 국유, 관유물에 대한 이권을 얻는 것이 목적이라고 논파하였다.[167] 이렇게 각파유

162) 강동진, 『일제의 한국침략정책사』, 한길사, 1980, 248~249쪽.

163) 「思想善導ニ關スル實行條件」, 『齋藤實文書』 14, 고려서림, 1999, 701～702쪽. 사상선도에 관한 실행조건은 다음과 같다.
1. 각파와 유지의 연명 성명서를 발표, 2. 각 단체와 유지연합 대강연회를 수시로 개최, 3. 내선인 융화에 필요한 연극과 음악을 개량하고 창설, 4. 내선인 관민 유지 懇親會를 수시로 개최, 5. 일본 내지에 각파 유력자를 수시로 파견해서 내선인 사이의 각종 오해를 해소.

164) 「각파유지연맹의 主旨에 대하야」, 『시대일보』, 1924년 5월 4일, 2면.

165) 「犬豕不若의 惡奴가 亂吠」, 『독립신문』, 1924년 4월 26일, 4면.

166) 「親日團體의 烏合」, 『동아일보』, 1924년 4월 11일, 2면.

167) 「甲子一年總觀, 생각나는 癸亥一年」, 『개벽』 54호, 1924, 8~9쪽.

지연맹에 대한 민중의 거센 반발은 유도진흥회에 대한 인식을 당연히 좋지 않게 만들었다. 각파유지연맹이 급속히 위축되는 것처럼[168] 조선총독부의 어용단체로 철저하게 활동한 유도진흥회도 1925년 이후로 유명무실한 단체로 전락한 것 같다. 그리고 일본인 스스로도 유도진흥회 같은 단체는 부유(腐儒)들만 모였으며 유림의 사회적 신망도 떨어졌기 때문에 그들이 벌이는 유학진흥운동이 하등의 성과를 낼 수 없었다고 평가하였다.[169]

3. 지방 유림 단체의 조직과 활동

1) 강원도의 유도천명회(儒道闡明會)

경성에서 대동사문회와 유도진흥회가 조직된 것처럼, 지방에서도 비슷한 성격의 유림 단체가 조직되었다. 대동사문회와 유도진흥회가 각각 회지를 간행하고 지방에 지회를 만들었듯이 지방의 유림 단체도 해당 지역에 지회를 만들고 회지를 간행하였다. 그중 대표적인 지방 유림단체가 바로 전라남도에서 결성된 유도창명회와 강원도에서 결성된 유도천명회였다. 유도천명회의 조직 목적은 다른 지방 유림 단체와 마찬가지로 유교를 이용하여 3·1운동 이후 흩어진 민심을 수습하는 것이었다. 당시 강원도 현직 참여관 김상연(金祥演, 1874~1941)과 전직 참여관 이학규(李鶴圭)는 유도천명회를 설립하기 위해 영동과 영서지역을 각각 순회하면서 강원도 유림을 회유하며 정지작업을 하였다.[170]

168) 강동진, 『일제의 한국침략정책사』, 한길사, 1980, 250~251쪽.

169) 細井 肇, 『鮮滿の經營』, 自由討究社, 1921, 440~447쪽.

170) 성주현, 「1920년대 유림계 단체의 조직과 활동」, 『식민지 동화정책과 협력 그리고 인식』, 두리미디어, 2007, 83~84쪽.

1921년 7월 27일부터 28일까지 이틀간 춘천군 춘천면에서 강원도 참여관 김상연, 오츠카 스에마스(大塚末松)·심상윤(沈相潤) 양 도속(道屬), 와타나베(渡邊) 춘천군수와 오고에(小越)·황도근(黃道根) 양 군속(郡屬), 이학규 참여관과 지방 유림대표 인제의 엄정환(嚴正煥)·정홍기(鄭弘基), 양구의 정종진(鄭鍾軫)·윤종도(尹鍾燾), 화천의 이희룡(李熙龍)·윤병선(尹秉善), 홍천의 남궁벽(南宮檗)·경전(慶銓)·남궁필(南宮苾), 춘천의 강석규(姜錫圭)·김민식(金敏植) 등이 참석하여 유도천명회 결성을 위한 설립협의회를 열었다. 8월 1·2일에는 원주와 철원에서, 8일에는 강릉에서 각각 설립협의회를 열었다. 춘천에서 한 것과 마찬가지로 식민지 관료와 해당 지역 유림 대표가 참석하였다. 강원도 각 지역에서 설립협의회를 개최하여 의견을 수렴한 후 8월 8일 유도천명회를 설립하고 본부 회장은 강원도 전(前) 참여관 이학규가 선출되었다.[171] 이어서 유도천명회는 강원도 각 지역에 지회 설치에 박차를 가하였다. 철원지회는 8월 1일에 조직되어 오히려 본부보다 먼저 만들어졌다. 9월 8일에 원주지회, 화천지회, 김화지회, 금성지회가 조직되었고 9월 10일에 홍천지회가 조직되었다. 9월 11일에는 춘천지회, 인제지회, 고성지회, 삼척지회, 정선지회, 영월지회, 횡성지회, 간성지회가 조직되었으며 9월 21일에 양구지회가 조직되었다. 10월 6일에 울진지회, 10월 13일에 강릉지회, 10월 15일에 회양지회와 통천지회, 11월 1일에 양양지회, 11월 15일에 안협지회, 12월 8일에 이천지회, 12월 18일에 평해지회가 조직됨으로써 유도천명회의 지회 설립이 마무리 되었다.[172] 유도천명회가 이렇게 신속하게 지회를 설립할 수 있었던 것은 당연히 식민지 당국의 적극적인 지원이 있었기 때문인데, 당시 강원도지사가 유도진흥회 조직에 노력하였던 신석린이었다. 김

171) 『會報』 1호, 강원도유도천명회, 1922, 69~70쪽.

172) 『會報』 1호, 강원도유도천명회, 1922, 70쪽.

상연 현 참여관과 이학규 전 참여관이 유도천명회 조직에 힘을 쏟을 때 신석린 역시 적극적으로 지원하였을 것이다. 이렇게 유도천명회도 경성의 유도진흥회나 전남의 유도창명회와 마찬가지로 식민지 관료의 적극적인 활동과 유림의 협력으로 본회와 지회가 조직되었다.

이렇게 관의 지원으로 결성된 유도천명회이지만 다른 지방 유림 단체와 마찬가지로 그 활동 기간은 길지 않았던 것 같다. 유도천명회도 회지인 『회보』를 간행하였는데, 현재 1 · 2호만이 남아 있다. 2호가 1923년 4월에 간행된 것으로 미루어 볼 때 최소한 1923년까지 유도천명회는 그 명맥을 유지한 것으로 보인다. 그리고 『회보』에 게재된 글들도 『유도』나 『창명』처럼 거의 비슷한 내용을 담고 있다. 필자는 일본인 · 조선인 식민지 관료, 강원도 유림이다. 특히 일본인 · 조선인 식민지 관료들의 글은 유림이 유도를 진흥시켜 3 · 1운동 이후 혼란한 식민지 사회를 안정시키고 일반 민중을 일제의 통치에 순응하는 데에 기여하기를 바라고 있다.

> 儒道는 實로 仁義博愛의 泉源이오 萬世不易의 聖道라 (중략) 儒道의 深遠한 哲理의 闡明과 吾人 警察官의 使命이라 함은 共히 文化의 발달을 翼弼할 자로서 極히 密接한 關係가 有함은 絮說을 不要할 바이온 (중략) 脆弱한 思想界를 善導하며 文化政治에 대한 莫大한 功績을 寄與하는 同時에 朝鮮統治의 大方針에 則하여 勤儉力行으로 範을 鄕黨에 垂하고 國利民福을 增進케 할 事를 翹望하는 者이라 聊히 感한 바 有하여 數言을 述하여 諸彦의 高慮를 希望하노라[173]

경찰관인 경시(警視)가 유도(儒道)와 경찰(警察)을 연결시켜 논한 글이다. 유교와 경찰은 문화의 발달을 돕는 밀접한 관계가 있다는 일종의 궤

173) 江原道警視 鈴木貢, 「儒道와 警察」, 『회보』 1호, 1922, 32~33쪽.

변을 늘어놓고 있으며 결국 유림에게 바라는 것은 사이토 마코토(齋藤實)의 문화정치에 협력하여 혼란한 사회를 안정시켜 달라는 것이다. 그리고 강원도 참여관 김상연은 1922년 1월 1일에 일본천황이 내준 시문제목(勅題)인 '욱광조파(旭光照波)'에 응하여 '제국의 신민'다운 시를 짓고 있다.

이글이글 붉은 것 동해에서 나오니	炎炎紅旭出扶桑
모든 만물 비쳐주는 태양이구나	萬象照來是太陽
아침 햇살 나는 곳마다 흰 파도 일어나고	朝暉生處白鷗起
밤안개 거둔 푸른 바다 길게 펼쳐있네	宿霧初收碧海長
찬란한 둥근 해 잠든 용을 놀라게 하고	日輪燦爛驚龍睡
수면은 영롱하게 옥빛을 내는구나	水面玲瓏放玉光
우주는 천년만년 변함 없으니	宇宙千年無變態
엄연한 영기가 진실로 충만하구나[174]	儼然英氣正洋洋

욱일승천(旭日昇天)하는 해의 모습은 바로 근대문명을 이룩한 일본을 상징하고 있다. 태양이 만물을 비추듯이 일본의 은혜가 조선을 덮고 있다는 것을 함축하고 있는 것이다. 그리고 이 시를 지은 김상연은 대한제국기에 관비유학생으로 1898년에 일본에 1년간 유학하였으며,[175] 1902년에 와세다대학(早稻田大學) 정치과를 졸업한[176] 근대적인 지식을 쌓은 인물이었다. 그는 귀국하여 황성신문사 부사장을 지냈고[177] 학술책들을 번역하거나 저술하였으며 대한구락부, 흥사단 등의 애국계몽단체에도 참여하였다. 그러나 한일합병 후 친일관료의 길을 걸었다. 1890년대 관

174) 「詞藻」, 『회보』 1호, 1922, 61쪽.

175) 『대한제국관원이력서』, 국사편찬위원회, 1972, 516, 537쪽.

176) 『대한제국관원이력서』, 국사편찬위원회, 1972, 516, 537쪽.

177) 『皇城新聞』, 1905년 4월 1일; 1906년 2월 19일.

비유학생의 상당수가 친일화된 이유에 대해서 이들이 본래 관료지향적 성격이 강했다는 점, 유학 과정에서 일본에 대한 거부감이 상당히 열어지면서 상당 부분 친일화되었던 사정, 또 대한제국 정부로부터 냉대받은 뒤에 통감부 설치와 함께 출세할 수 있었던 사정 등을 들고 있는데,[178] 김상연의 경우도 그런 것 같다. 특히 그가 일본 유학 시절에 일본의 발달된 모습을 보고 경도되었을 가능성이 높다.

그밖에 강원도 유림이 쓴 유교의 도(儒道)를 논하는 글들도 결국 현실에 순응하라는 메시지를 함축하고 있다.[179] 그리고 경학원 강원도 강사 정봉시,[180] 사성 김완진도[181] 글을 게재하였는데, 그들이 유도천명회 각 지회대표자협의회에 참석하여 강연한 내용이다. 역시 일제의 통치를 받는 현실을 수긍하는 바탕에서 유교의 보편적인 가치를 되살리려는 논의를 전개하였다. 또한 이것은 각 지방 단체가 조선총독부 직속기관인 경학원과 밀접한 관련을 맺으며 움직이고 있음을 보여주는 사례이기도 하다. 그리고 영월지회 고문인 엄달환(嚴達煥)은 조선과 일본이 한 뿌리임을 고대사 기록을 통해 논하고 있다.[182] 엄달환은 내선일체(內鮮一體)의 생각을 일찍부터 소신 있게 지녔기 때문에 1934년 4월 7일에 경학원 부설 명륜학원 평의원이 될 수 있었을 것이다.[183] 그래서 일제가 만주사변을 일으켰을 때 그가 '성전(聖戰)'으로 칭송한 것도 이런 맥락에서 이해할 수 있다.[184] 결국 유도천명회에 참여하여 『회보』에 글을 남긴 유림은 기본적

178) 박찬승, 「1890년대 후반 관비유학생의 도일유학」, 『근대 교류사와 상호인식』 1, 고려대 아세아문제연구소, 2001, 126~128쪽.

179) 嚴正煥, 「儒道와 時中」, 『회보』 1호, 1922, 35쪽.

180) 「講說」, 『회보』 2호, 1923, 15~16쪽.

181) 「時代之儒教」, 『회보』 2호, 1923, 16~18쪽. 이 글은 『경학원잡지』 24호, 1923, 81~88쪽에도 똑같이 수록되고 있다.

182) 「桑槿一根普略」, 『회보』 2호, 1923, 31~34쪽.

183) 『경학원잡지』 41호, 1937, 63쪽.

으로 일제가 식민통치하는 현실을 수용하는 태도를 지녔다고 볼 수 있다.

2) 전남의 유도창명회(儒道彰明會)

유도창명회는 1922년 3월 25일, 26일 이틀에 걸쳐 전남 도청 회의실에서 발회식을 거행하고 "시세(時勢)의 진운(進運)을 수(遂)하고 유도(儒道)의 본지(本旨)를 창명"하기 위해서 설립되었다.[185] 전남 도청 회의실에서 발회식이 거행된 것을 봐도 유도창명회의 성격이 어떠하리라는 것을 짐작할 수 있다. 그리고 회장에는 해남 출신의 유생 이재량(李載亮), 부회장에 광주 송정 출신의 박봉주(朴鳳柱)와 장성 출신의 김주환(金胄煥)을 각각 선출하였다.[186] 회장으로 선출된 이재량(1857~1938)은 전주 이씨 종친으로 1894년 8월 양호선무종사관(兩湖宣撫從事官)으로 임명된 이래 의정부주사, 남평현감, 중추원의관, 비서원승, 봉상사제조 등을 역임하였다. 그는 1902년 종2품인 종정원경에 임명되어 당시 호남출신으로서는 보기 드문 고위 관직 경력자이었다. 그런 연유로 이재량은 1908년에 호남학회 회장으로 추대되었으나 활동하지 않고 향리에 은거하였다.[187]

이재량이 유도창명회 회장으로 선출된 것도 지역에서의 그가 지닌 위

184) 『聖戰誠詩集』, 경학원, 1937, 10쪽. 엄달환이 쓴 한시는 다음과 같다.

중국인들 예로부터 전쟁하는 데 익숙하니	中原從古慣兵爭
비밀스런 계책 품고 천황 군영 습격했네	陰計深藏襲帝營
군사들을 정돈하여 항복한 자 용납하며	師旅整齊容降卒
육군 공군 호응하여 견고한 성 함락시켰네	陸空呼應拔堅城
적진에 몸 내던져서 천황에게 충성 바쳐	投身敵陣忠君國
비행기 타고 포탄 쏘며 생사를 잊었다네	爆彈愛機忘死生
남북에서 하는 전쟁 아직 아니 끝났거니	南北干戈猶不止
풍진 어느날에 끝나서 평화로운 세상 될까	風塵何日泰和平

185) 「儒道彰明會發會」, 『매일신보』, 1922년 3월 31일, 4면.

186) 「全南儒道彰明會の創立」, 『朝鮮』 86호, 1922년 5월, 196쪽.

187) 박찬승, 「한말 호남학회 연구」, 『국사관논총』 53, 1994, 148~152쪽.

상과 경력 때문일 것이다. 그런데 그는 회장으로 거의 활동을 하지 않은 것 같다. 유도창명회는 회지인 『창명(彰明)』 1호를 1923년 7월에 간행하였는데, 이재량의 글이 보이지 않는다. 즉 『창명』 1호에 당시 도지사, 경학원 대제학, 대동사문회 회장 등이 한 축사가 수록되었고, 유도창명회 부회장인 박봉주와 유도창명회 지회장들의 축사도 기재되었는데도 정작 회장인 이재량은 축사조차 남기지 않았다. 『창명』은 1925년 1월에 5호가 간행된 것이 마지막인데, 그때까지 이재량은 한 번도 글을 남기지 않고 있다. 그리고 1923년 1월에 간행된 『창명』 2호부터 부회장이었던 박봉주가 회장으로 기록된 것을 볼 때, 이재량은 회장으로 선출되었지만 유도창명회에 참여하지 않은 것 같다.

박봉주(1868~1936)는 광주군 송정리 출신으로 대한제국기에 궁내부에서 관직생활을 한 인물이었다. 그는 1904년에 내장원경,[188] 1905년에 봉상사제조,[189] 사직서제조[190]를 역임했으며, 1906년에 장례원부경,[191] 1907년에 궁내부 특진관[192] 등을 역임하였다. 그는 1912년 일본 시찰 당시 발전된 일본의 모습에 충격을 받아 생각이 변화한 것 같다. 이후 그는 청년교육과 실업 등에 힘을 쏟았다.[193] 박봉주는 일제와 타협을 한 인물로 보이는데, 전남유도창명회 발기인 및 부회장으로 참여하였을 때 중추원 참의로 재직하고 있었다.[194] 이로 미루어 볼 때 활동을 거의 하지 않은 이

188) 『관보』, 1904년 12월 20일.
189) 『고종실록』 권45, 1905년 6월 15일.
190) 『고종실록』 권46, 1905년 9월 15일.
191) 『고종실록』 권47, 1906년 8월 29일.
192) 『고종실록』 권48, 1907년 2월 20일.
193) 「可賀할 朴鳳柱氏」, 『매일신보』, 1912년 12월 28일, 3면.
194) 박봉주는 1921년 4월 28일부터 1924년 4월 26일까지 3년 동안 조선총독의 자문기구인 조선총독부 중추원 참의(주임관 대우)를 역임하였다(『조선총독부관보』, 1921년 5월 3일, 1924년 5월 3일).

재량보다는 부회장인 박봉주가 유도창명회를 이끌어 간 것 같다.

그렇다면 전남의 유도창명회에 대한 일반 민중의 인식은 어떠했을까? 다음의 언급은 유도창명회에 대해 많은 것을 알려준다.

> 全南에는 三大惡疾과 二大害毒이 있으니 日 癩病, 瘧疾, 肺지스도마, 儒道彰明會, 모루히네 注射다. 儒道彰明會 이외 몇 가지는 당국에서 그 방지를 督勵하야 점차 감소되는 경향이 있으나 소위 儒道彰明會는 문제인 七面島 叅與官의 遺■으로 其後 當局者가 極力援助하여 許多 腐儒富者의 돈을 거둬가지고 光州에다 宏大한 洋屋會館을 건축하여 놓고 하는 일은 소잡아 먹기와, 日本遊覽 그렇지 않으면 吟風弄月詩句 짓는 것뿐이다. 이것이 과연 儒道의 本質이냐. 그의 無形有形의 害毒은 모히中毒보다 심하다. 모히注射을 取締하는 當局은 한번 自省함이 何如할지[195]

> 儒道彰明會는 全南의 명물인 동시에 그 건물도 역시 光州郡內의 하이카라 대건물이었다. 朝鮮總督府의 大忠僕인 소위 七面島 參與官 石氏 당시에 조선 인심을 완화시키는 데는 儒教尊崇이 제일이라는 大政策下에 생겨나서 各郡의 케케묵고 썩어진 유생들을 모아가지고 詩會나 碁會로 세월을 보내더니 其後를 계승한 현 參與官은 一層 現代式 加味를 하여 하이카라의 벽돌집을 지어놓고 儒生 중에도 富豪儒生만 꼭 網羅하야 별별 珍奇의 일을 한다. 眞所謂 불공에는 정성이 없고 재밥에만 정성이 있다고 儒道彰明할 일은 하나도 하는 것이 없고 하이카라의 집이나 지여놓고 부패한 閑談冗事나 하면 斯文의 효과가 있을까 儒道의 彰明을 現代의 우리 朝鮮 사람이 그다지 필요하게 생각지는 않는다만은 애궂은 孔子의 팔리는 것이 너무 불쌍하여 한 말한다.[196]

청오(靑吾)와 무등산인(無等山人)이란 두 명의 필자가 냉소적으로 언급한 1925~1926년의 유도창명회 현실은 많은 것을 보여주고 있다. 1925

195) 靑吾, 「湖南雜觀 雜感」, 『개벽』 63호, 1925, 120쪽.
196) 無等山人, 「光州片言」, 『개벽』 72호, 1926, 69쪽.

년 이후는 경성의 대동사문회, 유도사문회뿐만 아니라 지방의 유림단체들도 사실상 활동이 보이지 않던 시기였다. 유도창명회의 회지인 『창명』이 1925년 1월에 5호가 간행된 이후 간행되지 않은 것을 봐도 짐작할 수 있다. 당시 유도창명회는 일반 민중에게 전남의 '2대해독(二大害毒)' 중의 하나로 인식되고 있었다. 최신식 현대 건물을 지었던 유도창명회는 '유도창명'의 일은 하지 못하고 그저 부유한 유생들과 식민지 관료들이 먹고 놀며, 음풍농월(吟風弄月)하는 단체로 전락되었다.

이런 모습은 아마 유도창명회에 한정된 것은 아닐 것이며 3·1운동 이후 우후죽순으로 발생한 지방 유림단체의 공통적인 모습일 것이다. 또한 일제의 강력한 식민통치라는 강요된 현실 속에서 어쩔 수 없었던 유림의 슬픈 자화상일 수도 있다. 그리고 '케케묵고 썩어진 유생들'이란 말에서 엿볼 수 있듯이 지방 유림단체에 참여한 유림은 민중에게 외면을 받은 존재라는 것을 확실히 알 수 있다. 적어도 근대 지식인은 유교를 이제 시대에 적합하지 않는, 고루하고 쓸모없는 사상으로 생각하여 더 이상 유교의 부흥을 바라지 않는 것도 확인할 수 있다.

근대 지식인들이 유림과 유교에 대해 이런 생각을 하게 한 것은 분명 유림의 책임이 있다고 할 수 있다. 일부 유림의 퇴영적인 모습은 그들에게 경멸을 불러 일으켰다. 시세에 영합하는 유림과 식민지 관료는 자신들이 가지고 있는 한문 지식을 바탕으로 일제의 식민통치를 찬양하거나 당시 시대적 분위기와 맞지 않는 음풍농월의 한시를 지었다.

예를 들어 당시 함경북도 참여관이었던 김서규(金瑞圭, 1875~1935)는 조선총독부 시정 15주년을 기념하여 장문의 한시를 지었다.[197] 그는 한시를 통해 한일병합 후 15년이 지난 당시까지 자신이 느낀 식민지 조선에서 일어난 변화상을 읊었다. 그는 일본천황과 조선총독부의 15년 식

197) 金瑞圭, 「朝鮮總督府 施政十五年 吉辰謹賦」, 『朝鮮』 125호, 1925년 10월, 208쪽.

민 통치를 크게 칭송하고 내선일체 · 일선융화를 강조하는 한편, 3 · 1운동은 군중들이 잠시 미혹에 빠져 일어난 우발적인 소요 사건으로 인식하고 있다.

유도창명회에 참여한 식민지 관료와 유림 역시 3 · 1운동을 겪은 후, 1920년대 초반을 일제의 통치에 의해 평온을 되찾은 태평한 시대로 보고 있다. 석진형(石鎭衡, 1877~1946)의 지은 시를 살펴보면 그런 분위기를 엿볼 수 있다.

꽃이 필 때 많은 선비들 서로 만났는데	多士相逢花發時
모두 훌륭한 명성을 지녀 다 내 스승이라네	齊齊名下盡吾師
조선 남국에 봄이 먼저 찾아 왔으니	朝鮮南國春先至
인생 진보가 더디다 말라[198]	莫使人生進步遲

유도창명회의 결성도 경성의 유림단체와 마찬가지로 식민지 관료, 그것도 조선인 관료의 역할이 크게 작용하였다. 유도창명회 탄생에 산파역을 한 '조선총독부의 대충복(大忠僕)인 소위 칠면조 참여관 석씨'는 바로 석진형이었다. 석진형은 1902년 7월 일본 동경의 와후쓰법률학교(和佛法律學校: 法政大學 전신) 법률과를 졸업하고 귀국한 후,[199] 1904년 11월 군부 주사를 시작으로 관리의 길에 들어선 인물이었다.[200] 유도창명회가 1922년 3월에 정식으로 조직되었을 때 석진형은 당시 전라남도 참여관이었으며[201] 일본의 식민통치에 적극 협력한 친일파이자 식민관료였다. 사

198) 『창명』 4호, 1924, 55쪽.

199) 崔鍾庫, 「槃阿 石鎭衡」, 『사법행정』 제25권 제5호, 1984, 83쪽.

200) 『대한제국관원이력서』, 국사편찬위원회, 1972, 444쪽.

201) 석진형은 1921년 2월 12일부터 1924년 11월 30일까지 전라남도 참여관(고등관 3등)으로 재직하다가 1924년 12월 1일에 충청남도지사로 승진하였다(『조선총독부관보』, 1921년 2월 18일, 19일, 1924년 12월 8일).

이토 총독의 '문화정치'에 발맞추어 경상북도 참여관 신석린이 유도진흥회를 결성에 큰 역할을 한 것처럼 그도 전라남도에 유도창명회 결성에 일조를 하였다.

유도창명회도 다른 지방 유림단체와 마찬가지로 경학원과 밀접한 관계를 맺고 있었다. 경학원 전남강사 심선택(沈璿澤, 1871~1943)은 『창명』 1호에 「유교설(儒敎說)」을 게재하였으며,[202] 1923년 10월에 광주에서 유도창명회 총회를 개최할 때에는 경학원에 직원과 강사의 파견을 요청하여 경학원 사성 김완진과 전남강사 심선택이 참석하였다.[203] 그리고 『창명』에 실린 대부분의 글도 유도진흥회의 『유도』나 강원도 유도천명회의 『회보』와 다를 바가 없었다.

1920년대에 경성과 지방의 유림 단체는 공통적으로 일제협력유림과 식민지 관료들이 주동이 되어 조직된 어용적인 성격이 강한 단체였다. 따라서 항일의식이 강한 보수유림은 참여하지 않고 시세에 영합하는 유림만이 참여하였다. 그들이 단체를 통해 벌인 활동은 회보 등의 서적 간행, 석전제 거행, 백일장, 효행자 포상 등에 그쳤다. 또한 그들이 지닌 사상도 이미 전 시대와 비교할 수 없을 정도로 퇴행되었다. 물론 일제 식민지치하라는 시대적 한계가 크게 작용하였지만, 그들은 유교를 단지 사회윤리의 한 분야로 전락시켜 식민통치에 순응하게 하는 도구로 만들었다. 그들은 이미 대한제국 때부터 일본의 발전된 문명에 압도당하였기 때문에 그것을 극복할 만한 사상적 계기를 만들지 못하였다. 결국 그들은 시대에 맞지 않는 유교의 도덕 윤리를 강조하며 정신문명의 발전을 부르짖거나 아니면 일본천황과 일본을 칭송하고 식민지 관료들과 음풍농월하는 시문 따위나 작성하였다. 그들의 그런 모습은 결국 유교와 전체 유림

202) 『창명』 1호, 1923, 13~15쪽.
203) 『경학원잡지』 25호, 1924, 39쪽.

에 대한 부정적인 통념을 더욱 강화시켰다. 또한 유림은 치열한 자기 개신을 할 수 없었으며 더 이상 시대를 일깨워줄 사상적 동력을 제공하지 못하였다. 그렇기 때문에 유림은 근대 지식인과 민중에게 '해독' 내지 '두상(頭上)에 일봉(一棒)'[204]을 맞을 존재로 인식되어 냉소와 경멸을 당할 수밖에 없었던 것이다.

4. 조선유교회(朝鮮儒敎會) 설립과 활동

1920년부터 경성과 지방에 결성된 친일유림단체는 1925년 이후로 활동을 보이지 않아 사실상 유명무실화되고 있었다. 유교를 고수하는 유림은 근대 지식인에게 '20세기 이 시대를 호랑이 담배 먹는 시절로 알아 천동(天動)벌거숭이의 짓을 하는'[205] 부류로 조롱과 비판을 받고 있었다. 반일의식이 강한 유림은 대부분 식민지 권력 지배체제와 일정한 거리를 두고 침묵하며 '자기 몸을 홀로 선하게 하는(獨善其身)' 데에 힘을 쏟았다.[206] 이미 일제의 식민통치가 강화되면서 반일의식이 강한 유림이 조선에서 할 수 있는 일은 거의 없었기 때문이었다.

그런데 1932년에 안순환(安淳煥, 1871~1942)이 조선유교회(朝鮮儒敎會)를 창립하였다. 1920년대에 결성된 각종 유림 단체들이 조선총독부의 지원 아래에 일제협력유림과 식민지 관료들에 의해 주도되었다면, 조선유교회는 그것과 상당히 달랐다. 조선유교회의 결성에 일제협력유림이 참여하였지만 반일의식이 강한 유림도 참여하였다. 그리고 조선유교회는

204) 「假明人頭上에 一棒(一)」, 『동아일보』, 1920년 5월 8일, 1면.

205) 「假明人頭上에 一棒(一)」, 『동아일보』, 1920년 5월 8일, 1면.

206) 하나의 예를 든다면, 南塘學脈의 李錫泰(1885~1967)는 일제 식민지 치하에서 향리에 은거하며 경학에 몰두하였다. 그는 일제를 매우 증오하였으며, 자녀들이 일본식 교육을 받지 않도록 하기 위해 근대 학교에 보내지 않고 직접 집안에서 성리학을 가르쳤다 한다. 이상은 이석태의 자제인 故 이지풍 선생(1929~2002)의 증언을 참조하였다.

1920년대 지방 유림 단체들이 받았던 조선총독부의 지원은 보이지 않으며 오히려 안순환 자신의 재산을 희사하여 운영되었다. 조선유교회의 성격에 대해서 견해가 엇갈리고 있으나,[207] 식민지 공간에서 유림이 활동할 수 있는 계기를 마련하였다는 점에서 창립자인 안순환과 조선유교회 및 참여한 주요 인물들을 살펴볼 필요가 있다. 조선유교회는 일방적으로 친일적인 성격이라 단정할 수 없으며 그렇다고 반일적인 성격이라고도 말할 수 없는 일종의 유림의 '회색지대'라 할 만하다. 그러므로 조선유교회에 참여하였던 유림의 활동과 사상을 조명하는 것은 의미가 있다. 왜냐하면 조선유교회는 유림이 그나마 목소리를 냈던 마지막 활동 무대였기 때문이다. 전시체제기(1937~1945)에 들어서면 일제 침략 전쟁의 지지 이데올로기인 '황도유학(皇道儒學)'을 표방하는 관변 최대 어용 단체인 조선유도연합회(朝鮮儒道聯合會)가 결성된다. 그리하여 대부분의 유림은 좋든 싫든 간에 일제의 태평양 전쟁을 지원하는 '어육(魚肉)'의 시대에 참여할 수밖에 없었다.[208]

1) 안순환과 녹동서원(鹿洞書院)의 설립

조선유교회를 살펴보기 위해서는 우선 창립자 안순환과 조선유교회의 근간이 된 녹동서원을 검토해야 한다. 안순환은 자(字)는 선후(善厚), 호는 죽농(竹儂)인데 뒤에 이름과 호를 각각 교환(敎煥)과 경재(敬齋)로 바꾸었다.[209] 본관은 순흥(順興)이며 매헌(晦軒) 안향(安珦)의 21세손(世孫)

207) 조선유교회의 성격에 대해 연구자에 따라 친일적인 성격과 민족운동적인 성격으로 크게 대립되고 있다. 정규훈과 삿사 미츠아키는 조선유교회를 친일 단체로 보는 데에 비해, 황영례는 안순환과 조선유교회의 주요 인물들을 분석하여 조선유교회의 민족운동적인 성격을 강하게 주장하고 있다.

208) 金冑現, 『定岡日記』 권5, 1943년 7월 29일(양력 8월 20일). "吾聞帝道降爲王道 王道降爲覇道 覇道降爲戰國 戰國降爲夷狄 夷狄降爲禽獸 禽獸降爲魚肉 粗知菽麥者 自當辨之矣."

이다. 참봉을 지낸 아버지 송석재(松石齋) 안순식(安舜植)과 숙인(淑人) 청주 한씨(淸州韓氏) 사이에서 1871년 2월 8일에 4형제 중 막내로 태어났고 영남에서 서울로 이주하여 살았다.

2세 때 친모가 갑자기 사망하자 이웃마을에 사는 전씨 부인의 수양 아들로 양육되었으며 5세에 국한문(國漢文)을 배웠다. 그러나 9세에 전씨 부인마저 사망하여 본가로 다시 돌아왔으나 부친은 이미 노쇠하고 집안은 가난하여 생활이 매우 어려웠다. 이런 상황에도 안순환은 16세에 서당에 들어가 한문을 배웠으나 기간이 짧았고 유교 정신이 강한 부친에게 엄격한 교육을 받았다.[210] 그는 깊은 유교적 지식은 없었으나 아버지의 교육으로 인하여 기본적인 유교적 소양을 갖추게 된 것 같다. 그는 자신이 안향의 후손이라는 것을 평생 자부심으로 여겼고 성격은 호매하고 효심이 깊었다.[211]

17세에 아버지가 돌아가시자 안순환은 성년이 되기 전에 부모를 잃게 되어(早失怙恃) 갖은 고생을 겪었다.[212] 그래서 그는 가족이나 다른 이에게 의지하지 않고 잘 살아보겠다는 자각을 하였다. 1890년 19세에 결혼을 하고 21세에 서화상(書畵商)을 시작하여 자수성가의 경제적 기반을 마련하는 동시에 고서화, 고물건에 관심을 가지며 예술적인 활동을 하게 되었다. 그가 서화상을 한 것도 예술적인 재능이 뒷받침되었기 때문에 가능하였던 것 같다. 그는 해강(海岡) 김규진(金圭鎭)과 교유하였으며, 김규진이 사찰의 편액에 글을 쓰면 안순환이 난(蘭)과 죽(竹)을 그렸다. 안순환은 김규진보다 사군자, 특히 난죽을 잘 그린다는 평을 들었으며 사찰의 편액에 글을 남길 정도로 글씨도 잘 썼다.[213]

209) 『日月時報』 1호, 1935, 76쪽.

210) 황영례, 「安淳煥의 儒教 宗教化 運動과 鹿洞書院」, 영남대학교 박사학위논문, 2004, 35~36쪽.

211) 『日月時報』 1호, 1935, 76쪽.

212) 『日月時報』 1호, 1935, 76쪽.

그는 대한제국기에 관청과 왕실에서 근무하기도 하였다. 29세 때인 1900년 윤 8월 27일에 탁지부 전환국(典圜局) 기수(技手)에 임용되었다가[214] 1901년 10월 24일(양력 12월 4일)에 면직되었다.[215] 그리고 안순환은 요리에도 특출난 솜씨를 지녔던 것 같다.[216] 임금의 음식을 담당하는 궁내부 전선사(典膳司) 장선(掌膳)이 되었으며 순종의 서북지역 순행 시에 수행원으로 참여하였다.[217] 그 외 내부대신 송병준이 일본에 사절로 갈 때 그는 수행원이 되었으며,[218] 순종의 황후가 수원 권업모범장(勸業模範場)으로 행행할 때에도 수행원으로 호종하였고,[219] 한일병합 직전에 정3품으로 승품(陞品)하였다.[220] 한일병합이 된 후 일제는 대한제국 황실을 이왕가(李王家)로 격하시키고 궁내부를 폐지한 후, 이왕가를 관리하는 기관으로 이왕직(李王職)을 설치하였다. 안순환은 이왕직 장시계(掌侍係) 사무관으로 임명되었으나[221] 얼마 되지 않아 스스로 퇴직하였다.[222]

그가 궁내부 전선사 장선을 역임한 경험이 요식사업에 큰 도움을 준 것 같다. 안순환은 궁내부가 폐지되어 직장을 잃은 궁중의 대령숙수(待令熟手)들을 데리고 1909년 명월관(明月館)이라는 궁중요리 전문의 고급 음식점을 열게 되었다. 명월관은 바로 3·1운동 때 민족대표 33인이 독립

213) 金一斗, 『名刹扁額巡歷』, 한진출판사, 1979, 117~118쪽. 서울 안암동 開運寺에 안순환이 초서로 개운사라 쓴 편액이 현존한다고 한다.

214) 『승정원일기』, 1900년 윤 8월 27일.

215) 『승정원일기』, 1901년 10월 24일.

216) 「明月館과 食道園의 料理戰」, 『삼천리』 제4권 제4호, 1932, 52~53쪽. 『삼천리』기자는 요리방면에 다소라도 소양이 있는 사람은 안순환을 모르는 사람이 없다고 하면서 그를 "상감님이 잡수시는 음식을 짓는 國手"라고 하였다.

217) 『순종실록』 권3, 1909년 1월 21일.

218) 『순종실록』 권3, 1909년 2월 8일.

219) 『순종실록』 권3, 1909년 5월 25일.

220) 『순종실록』 권4, 1910년 8월 19일.

221) 『李王職職員案』, 1911.

222) 「儒敎倡明文」, 『朝鮮儒敎會宣言書及憲章目錄』, 朝鮮儒敎會總部, 1933, 136쪽.

선언서를 낭독했던 태화관(泰和館)의 전신이었다. 그가 고급 음식점을 차린 것은 자신의 신념 때문이었다.

> 사람의 왕래가 끊어지고 國都에 內外國人間에 더불어 교제할 자리가 없었으니 二千萬民衆之國으로서 이러한즉 한심한 생각을 하고 보니 어느 나라를 물론하고 외국인이 와서 다녀갈 적엔 그 나라 정도를 알고자 할진대, 料理店과 病院과 公園을 한 두 번식 본 후라야 그 나라 진중함이 어느 정도에 이른 것을 알지니 이러함에 이르러서는 그 수치를 면코자 우리나라에서 남의 나라 사람에게 자랑꺼리될 만한 조선 요리를 발명하여 官民 上下 없이 婚禮披露와 各項宴會며 내외국인 교제하는 데와 모든 事業基礎上 議論하는 자리를 만들고 우리나라도 이런 것이 있다는 표시가 되게 他人을 사용하여 영업기관을 설비한 바 每朔 數百戶主가 고용함에 生活資料가 近於三十年間이나 되였는지라[223]

안순환은 외국에 대한 조선의 이미지를 좋게 만들고 다른 나라에게 자랑할 수 있는 조선 요리를 발명하기 위하여 고급 음식점을 개업하였다. 그리고 매달 수백 가구의 호주를 고용하여 영업하였다고 미루어 볼 때, 사업이 크게 번창하였음을 알 수 있다. 안순환은 뒤에 명월관을 팔았고 식도원(食道園)을 개업하였는데 정원익(鄭元益)을 내세워 운영하였다. 이렇게 안순환은 '조선 요리계의 원조 또는 왕자'로 일컬어졌으며,[224] '성근정직(誠勤正直)'을 실천하였고 항상 갓을 쓰며 시회(詩會)와 유림과 풍악을 즐긴 멋쟁이였다고 한다. 안순환이 사업가로서 확고하게 자리 잡았기 때문에, 훗날 조선유교회를 창립할 때에 많은 돈을 댈 수 있었다.

그런데 성공한 경제인으로 식민지 상황에서 사업을 확대 발전시키려

223) 「儒教倡明文」, 『朝鮮儒教會宣言書及憲章目錄』, 朝鮮儒教會總部, 1933, 135쪽.

224) 「明月館과 食道園의 料理戰」, 『삼천리』 제4권 제4호, 1932, 52~53쪽; 「萬華鏡」, 『별건곤』 66호, 1933, 23쪽.

면 필연적으로 조선총독부와 일정한 관계를 맺지 않으면 안 되었을 것이다. 안순환은 1916년 내선융화를 목적으로 조직된 대정친목회 발기인 및 간사,[225] 이사,[226] 평의원으로[227] 참여하였다. 대정친목회는 일본인도 '유일의 친일파로 주목된다'고 하며[228] '총독정치를 시인하고 공존공영을 목표로 하며 내선민족(內鮮民族)의 융화를 목적으로 하는' 내선융화단체로 인식하였고, '강연회 개최, 간행물 발행 등을 통해 내선융화의 촉진에 힘쓰고 역대 총독의 시책에 협력하는 취지의 목적을 달성하기 위해 상당한 공헌을 하였다'고 평가할 정도로 악명 높은 친일단체였다.[229] 또한 안순환은 대정친목회에 마찬가지로 내선융화를 내세운 동민회에 1925년 평의원으로 참여하여 최소한 1929년 5월까지 동민회 평의원을 유지한 것 같다.[230]

안순환이 대정친목회, 동민회와 같은 단체에 참여한 것이 사업상 이익 추구를 위해서인지 아니면 대정친목회와 동민회의 취지에 진실로 동조한 것인지 명확히 분간하기 어렵다. 그렇지만 그가 개업하였던 명월관, 태화관, 식도원 등이 모두 외국인과 국내 거물들이 출입하였던 고급 음식점이었다는 것을 감안하다면, 사업상의 목적 때문에 그런 단체에 참여한 가능성이 높을 것 같다. 그리고 안순환은 구체적으로 일제에 협력하는 활동을 보여주는 관련 자료가 없기 때문에 경제인으로 활발하게 친일활동을 한 예종석(芮宗錫), 한상룡(韓相龍) 등과 같은 적극적인 친일 협력자가 아닌 것만은 확실한 것 같다.

225) 「大正親睦會發起會」, 『매일신보』, 1916년 12월 1일, 2면.

226) 「大正親睦會 役員, 副會長 以下 改選」, 『경성일보』, 1919년 11월 13일, 3면.

227) 「內鮮融和の爲に一大暗示を與へた閔男の國語演說, 大正親睦會の總會」, 『경성일보』, 1921년 1월 15일, 2면.

228) 細井肇, 『鮮滿の經營: 朝鮮問題の根本解決』, 自由討究社, 1921, 446쪽.

229) 조선총독부경무국 편, 『朝鮮の治安狀況』 1927년, 302쪽; 朝鮮軍參謀部, 『昭和14年 前半期 朝鮮思想運動狀況』, 1939, 756쪽.

230) 『同民』 8~21호, 24호, 26호, 32~33호, 35~38호, 55~56호, 1925년 1월~1929년 5월.

안순환은 60세를 기점으로 성공한 사업가에서 유교 종교화에 힘쓰는 삶으로 전환한다. 그는 자신의 모은 재산으로 1930년 봄에 시흥군(始興郡) 송록동(松鹿洞)에 자신의 선조 안향을 추모하는 녹동서원(鹿洞書院)을 건립하고 다시 '사천여년(四千餘年) 민조(民祖)의 영혼이신 단성(檀聖)'을 모시는 단성존(檀聖殿)을 세웠다.[231] 우선 녹동서원이 설립된 과정을 간략히 살펴보자. 원래 안순환이 녹동서원을 창건하려고 하자 조선총독부 학무국은 처음에 승인하지 않았다. 그러자 그가 직접 사이토 총독을 만나 서원건설을 탄원한 결과 총독은 그 성의를 인정하여 스스로 "조선총독 사이토 마코토(朝鮮總督齋藤實)"로 서명한 3폭의 포어(褒語)와 함께 "녹동서원(鹿洞書院)" 4자를 현액(懸額)하였다 한다.[232] 녹동서원은 1930년 1월 22일에 시작하여 6월 7일 상량식을 하여 9월 2일에 준공되었다. 한옥으로 짓고 옛 서원의 관례대로 유생 양성과 경사(經史)를 강하는 곳으로 하였다. 유지 방법은 안순환이 연 수입 백 석 이상의 광토(廣土)를 서원용도로 헌납하여 재단법인으로 운영하고자 하였다. 그리고 안순환은 녹동서원의 가장 높고 화려한 곳에 선조의 사당을 짓고 유교전통 절차에 맞추어 임강(臨江) 폐원(廢院)에서 안향의 진상(眞像)을 옮겨와 봉안을 하는 등 노력을 다하였다.[233]

그가 녹동서원을 건립한 것은 자신이 평소 안향의 후손이라는 자부심을 가지고 있었으며, 비록 학문은 깊지 않았으나 유교적 소양은 지니고 있었기 때문이다. 그래서 그는 자기의 선조를 추모하고 쇠퇴해버린 유교를 부흥시키려는 마음에서 녹동서원을 건립하였을 것이다. 또한 안순

231) 「儒教倡明文」, 『朝鮮儒教會宣言書及憲章目錄』, 朝鮮儒教會總部, 1933, 137~138쪽.

232) 安淳煥, 「家庭으로는 左와 如히 處理한다」, 『家庭整理錄』, 15~16쪽; 삿사 미츠야키(佐佐充昭), 「한말 · 일제시대 檀君信仰運動의 전개: 大倧教 · 檀君教의 활동을 중심으로」, 서울대학교 박사학위논문, 2003, 201쪽 재인용.

233) 황영례, 「安淳煥의 儒教 宗教化 運動과 鹿洞書院」, 영남대학교 박사학위논문, 2004, 47~50쪽.

환은 몰락한 집안에서 태어나 자수성가하였기 때문에 사업가의 모습을 탈피하고, 가문의 위상을 세워서 정신적인 보상을 받으려는 마음도 작용하였을 것이다. 안순환이 세운 녹동서원은 이후 조선유교회의 근간이 되었다.

그런데 녹동서원이 건립된 1930년 당시 유교는 서구사상에 완전히 밀려 있었고 지식인과 민중에게 외면을 당하여 예전의 지위를 회복할 수 없는 단계에 이르렀다.

> 지금 조선의 사상계를 살펴보건대, 대체로 수구파, 즉 舊慣을 墨守하는 양반유생과 급진파, 즉 신진 청년학생들이 품고 있는 외래사상 등 두 가지로 대별할 수 있습니다. 수구파는 걱정할 필요가 없지만, 새로운 사상에는 민족주의, 사회주의, 공산주의, 무정부주의 등이 있고, 날로 악화되는 경향을 보이고 있어 실로 우려스럽습니다. (중략) 나쁜 사상에 감염되는 것입니다. 졸업생 지도는 경기도 문산공립보통학교처럼 실행한다면 졸업생들은 자연스레 직업을 감사히 여기게 되고 생활이 안정되며 사상도 온건하게 될 것으로 생각합니다.[234] (강조는 필자)

당시 중추원 참의이자 뒤에 경학원 사성이 된 이경식(李敬植)은 중추원 회의에서 조선 사상계의 동향에 대해 언급하면서 유림은 더 이상 정국에 걱정이 되는 대상이 아니라고 평가하고 있다. 더 이상 유림은 일제가 주목할 필요가 없는, 민중의 지지와 기대 및 자체적인 활력을 잃어버린 집단이 되어버린 것이다. 오히려 사회주의나 공산주의 등에 빠진 청년들이 일제에게 더 두려운 존재가 된 것이다. 그런 상황에서 안순환이 녹동서원을 건립한 소식은 당시 유림에게 호응과 동참을 불러일으켰다.[235]

234) 「第十回會議(昭和五年九月)」, 『中樞院ノ沿革調査』.

235) 「朝鮮儒敎會刱立者安淳煥略歷」, 『朝鮮儒敎會宣言書及憲章目錄』, 朝鮮儒敎會總部, 1933, 83쪽. "滿六十之庚午 (中略) 以東外山松鹿洞創建鹿洞書院全鮮之名士皆同聲共贊."

그리하여 녹동서원에 많은 유림이 참여를 하게 되었고,[236] 나중에 안순환이 조선유교회를 창립할 때 큰 힘이 되었다.

한편 녹동서원 서쪽에 단군을 모시는 단성전(檀聖殿)을 건립하였다. 사실 유교의 공자와 단군을 동시에 중시하는 것은 개신유림의 특징이기도 하다. 안순환이 단성전을 건립한 것은 분명 민족의 시조인 단군을 존경하는 마음에서 나온 것이라 할 수 있을 것이다. 안순환이 단성전을 건립한 계기는, 안순환이 빈한하게 살고 있던 정훈모의 집에서 단군의 소상(塑像)을 배견하고 크게 감동을 받았기 때문이라 한다.[237] 그리하여 안순환은 단군교의 정훈모를 돕게 되었고 결국 조선유교회와 단군교가 공동생활을 하게 되었다. 또한 안순환이 단군을 추숭하는 작업은 분명 1920년대에 민족일치 민족문화 상징으로 단군을 부각·선양하는 흐름이 1930년대 초반까지 이어졌던 당대의 민족문화운동에서도 영향을 받았을 것이다. 안순환이 단성전을 설립했던 1930년대 전반기는 부르주아 민족문화운동의 일환으로 위인·영웅 유적보존운동과 한글 보급운동 등이 전개되었다. 이 가운데 유적보존운동은 민족의 정통성이나 대외적으로 민족의 위기를 구한 '민족적 위인'의 유적을 대상으로 전개되었으며, 그 대표적 대상은 단군, 을지문덕, 이순신, 권율 등이었다. 『조선일보』가 후원한 '단군신전봉찬회(檀君神殿奉贊會)'의 활동이나 『동아일보』가 후원한 '단군릉수축운동(檀君陵修築運動)'도 이러한 맥락에서 전개된 것이다.[238] 따라서 안순환도 이런 흐름에서 크게 벗어나지 않았을 것이라 생각한다.

그런데 안순환이 유림계에서 인정을 받게 된 계기가 일어났다. 1930년

236) 당시 녹동서원에 이름을 올린 임원은 총 118명이다. 녹동서원 院長은 李義悳, 都監은 안순환, 副都監은 朴淵祚, 安承龜, 講長은 金東鎭 등이다. 여기에는 정만조, 박기양, 정봉시 같은 일제협력유림이 상당수 들어 있다. 녹동서원 임원 명단은 『曲阜聖廟慰安事實記』, 한성도서주식회사, 1931, 18~20쪽 참조.

237) 박미라, 「근대 유교의 檀君 國祖論 연구」, 『한국사상과 문화』 28, 2005, 249쪽.

238) 이지원, 『한국 근대 문화사상사 연구』, 혜안, 2007, 305~327쪽.

7월 중국 국민당과 공산당의 전쟁(中華南北軍)으로 곡부의 공자묘가 훼손당하는 사건이 일어났다. 그 소식이 알려지자 조선의 유림도 경동하였다.[239] 유교를 믿는 유림에게 공자라는 존재는 그야말로 지고한 위치였다. 강유위(康有爲)의 제자인 진환장(陳煥章)으로부터 곡부 공자묘 훼손 사건을 알리는 포고문이 오자[240] 9월 25일 하오 1시에 녹동서원 임원 및 모현사(慕賢社) 임원 일동과 서울에 있는 각 유림 단체 121명이 녹동서원에서 모여 곡부 공자묘 훼손 사건에 대하여 회의를 하였다. 이때 안순환은 곡부 공자묘 위문 사절을 파견(派人慰問)하자는 제의를 하였다.[241] 그러자 그 자리에 있던 모든 사람들이 감동하고 찬성을 하였으며, 안순환이 그 비용을 혼자 담당하였다.[242]

전국 유소(儒所)에 녹동서원의 이름으로 '곡부병화사변 통고문'과 '진환장 포고문' 등본(謄本)을 보내고 아울러 유생 파송비는 녹동서원에서 전액 부담함을 알리는 한편 2명의 유소 대표를 받아 곡부에 보내는 위안서에 기록할 것이라고 통문하였다.[243] 이에 조선의 유림은 호응하여 전국의 문묘(文廟), 서원(書院), 유회(儒會) 등에서 답장을 보냈다. 전국 유소에서 답장으로 보낸 통문이 279통, 연명한 사람이 8,425명이 되었다. 여기에는 어윤적, 송지헌 같은 대표적인 일제협력유림부터 파리장서운동의 중심으로 활동한 송준필(宋浚弼), 김황(金榥) 같은 반일유림까지 포함되어 있었다.[244] 1930년 11월 8일에 녹동서원 부도감(副都監)이었던 박

239) 「朝鮮儒教會刱立略歷」, 『朝鮮儒教會宣言書及憲章目錄』, 朝鮮儒教會總部, 1933, 74쪽. "二千四百八十一年六月六日 中華南北軍 戰禍及於曲阜聖廟 釀成二千年來無前大變 傳播于各國報道 薄海內外 莫不震驚 禮義東方 一人擧義 千萬人響應."

240) 「陳煥章布告文謄本」, 『曲阜聖廟慰安事實記』, 한성도서주식회사, 1931, 20~26쪽.

241) 「曲阜兵禍事變發通時會錄」, 『曲阜聖廟慰安事實記』, 한성도서주식회사, 1931, 13~15쪽.

242) 「朝鮮儒教會刱立者安淳煥略歷」, 『朝鮮儒教會宣言書及憲章目錄』, 朝鮮儒教會總部, 1933, 83쪽. "同年秋 倡起曲阜慰安發明 吾東前後經費 莫不獨擔."

243) 『曲阜聖廟慰安事實記』, 한성도서주식회사, 15~18쪽.

연조(朴淵祚), 안승구(安承龜)가 '곡부성묘위문' 대표자로 선정되어[245] 12월 22일에 중국 곡부로 출발하였다.[246] 다음해 1월에 위문을 마치고 77세손 연성공(衍聖公) 공덕성(孔德成)이 답례예물로 직접 글씨를 써서 준 녹동서원게액(筆鹿洞書院揭額) 1폭과 안순환찬사(安淳煥贊辭) 2폭 등을 가지고 귀국하였다.[247]

이렇게 곡부 공자묘 위문 사업이 전국 유림의 지지 속에 잘 이루어지면서 안순환의 이름은 유림계에 확실히 알려지게 되었다. 그리고 이 일을 계기로 침체되었던 조선의 유림이 일시적이나마 하나로 뭉치는 모습을 보였다. 사업가로서 수완이 좋았던 안순환은 녹동서원과 이런 분위기를 이용하여 조선유교회를 창립하는 기틀을 마련할 수 있었던 것이다. 뿐만 아니라 곡부 공자묘 위문의 일로 인하여 중국공교회와 밀접한 교류를 할 수 있게 되었다.

2) 조선유교회의 조직 구성

안순환이 조선유교회를 설립한 과정을 간략하게 살펴보자.[248] 그는 1931년 2월부터 재야의 유림을 만나 유교회를 창립할 뜻을 밝혔다. 그는 일행과 함께 만동묘(萬東廟)를 찾아가서 선현의 유적을 살피고 가는 곳마다 고인(高人)과 달사(達士)를 만나서 조선유교회를 창설하겠다는 뜻을 밝혔으며, 이때에 만난 유림은 모두 안순환과 생각을 같이하고 돕겠다고 하

244) 『曲阜聖廟慰安事實記』, 한성도서주식회사, 98~105쪽.
245) 『曲阜聖廟慰安事實記』, 한성도서주식회사, 27쪽.
246) 「朝鮮儒教會剏立略歷」, 『朝鮮儒教會宣言書及憲章目錄』, 朝鮮儒教會總部, 1933, 74쪽.
247) 『曲阜聖廟慰安事實記』, 한성도서주식회사, 26~58쪽.
248) 조선유교회의 설립 과정에 대한 자세한 논의는 황영례, 「安淳煥의 儒教 宗教化 運動과 鹿洞書院」, 영남대학교 박사학위논문, 2004, 65~85쪽 참조.

였다.[249] 안순환이 이런 번거로운 준비 작업을 한 것은 식민지 현실에서 개인이 공식적인 유림단체를 만드는 것은 어려운 일이기 때문에 사전에 명분과 지지를 쌓는 동시에 조선유교회에 참여할 수 있는 동지를 만들려는 목적이었을 것이다.

이렇게 유림의 동의를 확인한 안순환은 설립 작업에 박차를 가했으며, 결국 1932년 9월 25일(음 8월 25일) 조선유교회의 창립식이 경성부 삼각정(三角町) 61번지 조선유교회 총부에서 180여 명의 관계자가 참석하는 가운데에 거행되었다.[250] 조선유교회는 안순환이 거재(巨財)를 제공하여 '전조선 유림 단체의 호응' 아래 설립된 조선의 '유일한 유림 종가'였다.[251] 동아일보 기자가 조선유교회를 '유림의 종가'라고 평가할 정도로 조선유교회의 위상은 높았다. 이는 1920년대 경성과 지방에서 결성된 유림단체는 당시에 유명무실한 상태였으며, 곡부 공자묘 위문 사업을 성공적으로 이끈 안순환의 적극적인 노력에 조선의 유림이 호응하여 이루어졌기 때문이다.[252] 그러므로 조선유교회가 짧은 기간에 전국적인 유교 단체로 성장할 수 있었다.[253]

249) 「朝鮮儒敎會刱立略歷」, 『朝鮮儒敎會宣言書及憲章目錄』, 朝鮮儒敎會總部, 1933, 75~76쪽. "二月初旬 刱立者與權益相宋之憲沈相熙諸氏 南遊瞻謁萬東廟 欽服先賢之遺蹟 所到處 與高人達士 慷慨言及倡敎之意 同年三月九 日 與朴淵照柳東著 同發嶠南行 嶠南自是鄒魯舊鄕 先正之遺風 未泯法家之懿範尙存 實爲士林根據之地 (中略) 懇懇以倡道明敎之意爲言 莫不同情共贊."

250) 「朝鮮儒敎會創立」, 『동아일보』, 1932년 9월 26일, 2면.

251) 「朝鮮儒敎會 財團法人認可申請」, 『동아일보』, 1939년 10월 29일, 7면.

252) 조선유교회 창립에 동조한 유림(朝鮮儒敎會刱立同志代表者)이 11,716명이었다. 각 도의 유림 명단은 『朝鮮儒敎會宣言書及憲章目錄』, 朝鮮儒敎會總部, 1933, 31~71쪽.

253) 근대 지식인은 유림의 이런 활동을 여전히 냉소적으로 보고 있었다. 즉 녹동서원에 본영을 둔 유림대회에서 유림이 공자를 찬양한 시와 글을 많이 지어 중국의 曲阜縣長에게 보냈는데 그 현장이 그 글을 그대로 반송하되 그 봉투 뒤 면에다 '商女不知亡國恨隔江猶唱後庭花(장사하는 계집은 나라 망한 한을 알지 못하고 강을 격하야 아직까지 후정화 노래만 부른다)'란 옛 글을 써서 보낸 일을 거론하면서 그 현장을 높게 평가하고 유림의 코 끝은 납작해졌다고 논평하였다(「만화경」, 『별건곤』 66호, 1933, 23쪽). 이 일화는 근대 지식인이 중국의 공자를 사모하는 조선 유림의 행위들을 조선시대부터 내려온 뿌리 깊은 사대사상으로 인식하고 경멸하고 있었음을 보여 주는 사례인 것이다.

그런데 안순환이 유림을 만나러 떠날 때 처음 동행하던 사람 중에서 대표적인 일제협력유림 중의 한 명인 당시 중추원 참의 송지헌이 있었다. 그리고 조선유교회 설립 과정에서도 안인식(安寅植, 1883~1969)이 선언서 및 교헌 제정위원(制定委員)으로 참여하고 있었다.[254] 안인식은 당시 경학원 사성이었으며, 1930~1940년대에 '황도유학'을 제창하며 적극적으로 활동하였던 대표적인 이데올로그 일제협력유림이었다. 사실 식민지 공간에서 공식적으로 유림과 향교에게 일정한 영향력을 행사할 수 있는 기관은 경학원이며, 그런 일을 담당하는 집단은 일제협력유림이었다. 안순환이 조선유교회 같은 공식적인 단체를 설립하려면 이들의 협조를 구하지 않으면 안 되었을 것이다. 그렇기 때문에 조선유교회 주요 임원에 경학원 관계자가 들어갔다.[255] 그리고 조선총독부도 예전에 조직된 경성과 지방 유림단체가 유명무실한 상태인 데다가 경학원 종사자를 비롯하여 일제협력유림이 참여한 조선유교회를 조선 유림의 통제와 사회교화에 이용할 수 있다는 생각에 조선유교회 설립을 용인한 것이 아닌가 생각한다.

조선유교회의 총부(總部)는 경성에 두고 지방에 교부(教部)를 두었다.[256] 총부의 조직은 2원(院) 1사(司) 6부(部), 즉 종도원(宗道院), 명리원(明理院), 찬의부(贊議部), 종리사(宗理司), 명교부(明教部), 선교부(宣教部), 교전부(典教部), 경리부(經理部), 감리부(監理部), 원직(原職)으로 구성되었다. 종도원 안에 종도정(宗道正)·도정(道正)·교정(教正)·위정(衛正)을

254) 「朝鮮儒教會刱立略歷」, 『朝鮮儒教會宣言書及憲章目錄』, 朝鮮儒教會總部, 1933, 77쪽.

255) 정규훈은 친일 단체의 인물까지 조선유교회에 포용한 것은 당시 현실에 역행하는 처사라고 비판하지만, 오히려 1930년대 현실은 한 개인이 유림 단체를 공개적으로 만드는 것이 더 어려웠다. 더구나 일제협력유림을 배제한다면 과연 조선총독부가 그런 단체의 결성을 용납할 수 있었을지 의문이다.

256) 조선유교회는 1934년부터 1935년까지 경기, 강원, 경남, 황해, 평북, 함남 등 12개 지역에 지교부를 설립하였다(『일월시보』 1호, 1935, 76~83쪽).

두었으며, 명리원 안에 명리정(明理正)·이정(理正)·법정(法正)·학정(學正)·의정(議正)·찬정(贊正)·학사(學士) 등을 두었다. 찬의부는 찬의장(贊議長)·차석(次席)·찬의사(贊議士), 종리사는 사장(司長)·차석(次席)·사원(司員), 명교부는 부장(部長)·차석(次席)·강사(講士), 선교부는 부장·차석·전교사(傳教師). 교전부는 부장·차석·부원, 경리부는 부장·차석·부원, 감리부는 부장·차석·부원, 원직은 종학사(宗學師)·도학사(道學師)·경학사(經學師)·문학사(文學師) 등을 두었다.

종도원은 조선유교회의 교무(教務)를 통리(統理)하고 일반 교직을 임명하는 부서로 조선유교회의 핵심 기관이다. 조선유교회의 회장이라 할 수 있는 종도정은 윤용구(尹用求), 도정은 김동진(金東鎭), 교정은 안순환, 위정은 민건식(閔健植, 경리부장 겸임)이 맡았다. 윤용구는 대동사문회 회장 자리는 거부하였으나 조선유교회 종도정은 수락하였다. 이렇게 핵심 자리에 일제협력유림과 반일의식을 지닌 유림이 포진하고 있다. 명리원은 종도원과 같은 원이지만 종도원을 보좌하는 기관으로, 명리정은 퇴계종손 이충호(李忠鎬)가 맡았다. 법정에는 정만조, 정봉시, 유진찬(俞鎭贊), 박상준(朴相駿) 등의 경학원 관계자, 송지헌, 서상훈, 이기헌 등 대동사문회 관계자 등 일제협력유림과 남규희(南奎熙), 김윤정(金潤晶), 장헌식(張憲植) 등 식민지 관료가 다수 참여하고 있다. 종리사는 각 부서를 지휘 감독하는데 사장에는 곡부 공자묘 위안사를 맡았던 박연조가 되었다. 그리고 조선유도회에 대하여 지도권(指導權)이 있고 특수한 대우를 받는 원직에는 송준필, 김황 등과 같은 항일의식을 지닌 유림이 참여하고 있다.[257]

이렇게 조선유교회의 조직 구성의 특징은 다른 유림단체와 달리 선교부, 전교부 등의 부서와 전도사, 종학사, 도학사 같은 성직자 제도와 유사

257) 「朝鮮儒教會教職名錄」, 『朝鮮儒教會宣言書及憲章目錄』, 朝鮮儒教會總部, 1933, 21~29쪽.

한 품계 제도를 도입한 것이다. 또한 서양의 교회식 제도를 본받아서 매주 일요일에 해당하는 '복일(復日)'에 정오 12시 예식을 거행하고 경학강연회를 열었다. 여기에는 유림뿐만 일반인도 참석할 수 있었다.

조선유교회가 대동사문회나 기타 지방 유림단체와 다른 점은 서로 대척이 되는, 화합할 수 없는 인물들이 참여하였다는 점이다.[258] 이는 유교를 진흥시켜 중국의 공교회와 같은 조선유교회를 만들겠다는 안순환의 진정성과 노력에 그들이 공감하고 협조하였기 때문이라 생각한다. 그런데 조선유교회에 일제협력유림이 다수 참여한 것과 기관지인 『일월시보(日月時報)』에 실린 글에서 친일적인 성격이 보인다고 하여 조선유교회를 일제의 식민정책에 순응하기 위해 조직되었다고 일방적으로 규정하는 것은 지나친 것 같다.

1930년대는 일제의 식민통치가 1910~1920년대보다 상대적으로 더 안정되고 강화되어 독립운동이나 반일활동을 하기는 더욱 어려운 시기였다. 그리고 안순환이 60세가 되어서 사업가로서 삶을 버리고 선택한 새로운 삶은 친일활동도 아니며, 그렇다고 독립운동이나 반일활동도 아닌 유교 종교화 운동이었다. 물론 안순환이 내면으로는 보수유림이나 개신유림처럼 유교를 우리 민족의 국수로 인식하여 그런 운동을 펼쳤을 가능성은 있다. 그렇지만 이미 적과 함께 살아야 하며 선택의 여지가 없는 상황에서 공식적인 유림단체인 조선유교회를 설립하여 활동하기 위해서 그는 최소한의 '적응' 또는 '협력'을 감수해야만 하였다. 일제협력유림과 식민지 관료가 조선유교회에 참여한 것도 그런 맥락에서 이해해야 한다. 또한 그들은 어디까지나 외부 인사였으며 조선유교회를 실질적으로 운영하는 사람들은 아니었다. 그리고 조선유교회가 대동사문회나 유도진

258) 조선유교회 창립에 찬성한 각 지역의 유림 명단을 살펴보면, 대동사문회나 유도진흥회, 기타 지방 유림단체에 가입하지 않았던 유림도 많이 보인다.

흥회 같은 단체로 유림에게 인식되었다면 송준필, 김황, 송기식, 김동진 등과 같은 유림이 참여하지 않았을 것이다. 조선유교회에서 실질적으로 활동한 인물들을 분석하면 단순히 조선유교회를 친일단체로 규정하는 것이 단순한 문제가 아니라는 것을 알 수 있을 것이다.

3) 조선유교회의 활동과 사상

조선유교회가 추진하려는 주요 사업은 크게 네 가지였다. 첫째 덕육기관(德育機關)를 설치하여 인재를 양성하는 것. 둘째 잡지와 서적의 발행과 도서관을 건설하는 것. 셋째 일반사회의 풍화(風化)를 교정(矯正)하고 재래유림(在來儒林)의 폐습을 개혁하는 것. 넷째 실생활의 향상 발전을 도모하여 대중을 본위로 하는 산업기관을 건설하는 것이다.[259]

조선유교회가 설정하였던 네 가지 사업 중에서 그나마 실행된 것은 인재를 양성하는 기관을 두어 교육한 것과 잡지 · 서적을 간행한 것에 불과하다. 조선유교회는 교단을 홍보하는 목적으로 일월시보사를 1935년 2월에 설립하였다. 조선유교회는 일월시보사를 통하여 기관지『일월시보』1호를 1935년 2월에 간행하였다.

> 이 儒敎가 人倫에 뿌리박어 人生必須의 人道를 포함한 同時에 此道를 倡明, 宣傳, 發達함에 있어서는 日月時報가 탄생한 것님니다. 敎會가 身體라면 日月時報는 耳目이요 手足이올시다. 儒敎會와 日月時報는 相倚相須함으로써 그 最終의 目的인 道德文明, 人類의 平和의 頂點에까지 邁進할 것님니다. 日月時報는 最善의 採掘者로 最善의 發見者로 最善의 慰安者로 最善의 仲裁者로 最善의 維新者로 最善의 鐘소리로 되어 本務에 盡瘁할 것을 自信함으로써 愛讀者 諸氏 앞에 세우려 함인즉 愛讀者 諸位의 힘있는 支持를 願하고 바라는 바이올시다.[260]

259) 「朝鮮儒敎憲章」,『朝鮮儒敎會宣言書及憲章目錄』, 朝鮮儒敎會總部, 1933, 5쪽.

안순환은 인도(人道)인 유교를 민중에게 알리기 위해서 『일월시보』를 창간하였다고 밝히고 있다. 그는 조선유교회와 『일월시보』가 몸통과 수족처럼 서로 한 몸이 되어 당시 쇠퇴해가던 유교를 부흥시키겠다는 의욕을 드러냈다. 그러나 그의 기대와는 달리 『일월시보』는 1936년 2월에 6호를 끝으로 더 이상 '공식적'으로 간행되지 못하였다. 왜냐하면 『일월시보』 7호가 민족의식을 앙양하고 혁명운동을 시사한다는 내용 등이 있다고 하여 출판을 금지시켰기 때문이다.[261] 이와 함께 조선유교회의 활동도 위축된 것 같다.

『일월시보』에는 유교의 가르침에 대한 내용, 윤리와 도덕 문제, 산업과 경제 문제, 조선유교의 원류, 조선인의 발견과 발명, 지방문화의 실제 문제와 그 발전책, 기타 사회 여러 문제에 대한 각자의 견해, 조선유교회 지부 임원 등을 임명한 내용과 회원명단 등이 게재되었다. 필자는 안순환을 비롯한 조선유교회 관계자, 정봉시, 안인식 같은 일제협력유림, 조선유교회의 교육기관에서 교육을 받은 이유립(李裕岦, 1907~1986), 박장현(朴章鉉, 1908~1940), 이수락(李壽洛, 1913~2003) 등이 글을 남기고 있다. 염두에 두어야 할 점은 검열과 통제가 작동되는 식민지 공간에서 나오는 유교 단체의 글은 이미 처음부터 한계를 가지고 있다는 것이다. 오로지 유교의 보편적인 가르침만을 강조하거나 서양의 물질문명에 대하여 동양의 정신문명을 발전시키기 위하여 유교 진흥에 노력하자는 유(類)의 글들은 식민지에서 살아가는 어쩔 수 없는 유림의 한계를 보여준다. 조선유교회의 활동에서 가장 핵심적인 부분은 바로 인재 교육이었다. 조선유교회는 1933년 유교의 종교화 운동에 힘쓸 인재를 기르기 위해서 녹동서원에 명교학원(明教學院)을 두었다. 명교학원의 설치 목적은

260) 「創刊에 際하야」, 『일월시보』 1호, 1935, 7쪽.

261) 『朝鮮出版警察月報』 104호, 105호, 1937.

유교의 올바른 사상을 전파하는 유교 전교사 양성에 있었다. 그렇기 때문에 안순환은 자신의 생각과 일치하는 인물을 명교학원의 강사로 초빙하였다. 안순환이 강사로 초빙한 사람들은 바로 해창(海窓) 송기식(宋基植, 1878~1949), 성당(星堂) 강담(姜潭, 1878~1941), 성헌(惺軒) 박연조(朴淵祚, 1879~1941), 취주(翠洲) 신언직(申彦稷, 1884~1961) 등으로 대부분 개신유림에 속하는 인물들이었다.

송기식은 안동출신으로 마지막 산림이라 평가되는 서산(西山) 김흥락(金興洛)[262] 문하에서 수학한 유학자였다. 송기식은 1895년 18세의 나이로 권세연(權世淵), 김도화(金道和)의 의병진에 참가하였으며, 같은 동문이면서 스승이었던 이상룡을 도와 대한협회 지부를 결성하여 구국운동에도 참여하였다. 이때 이상룡이 자강운동으로 사상적 전환을 하여 개신유림이 된 것처럼[263] 송기식도 역시 보수유림에서 개신유림으로 변화하였다. 1919년 3·1운동에 앞장섰다가 주모자로 체포되어 2년형의 선고를 받아 대구에서 옥고를 겪었고 1920년 5월 영친왕 가례로 인하여 감형되어 풀려나게 되었다. 이후 송기식은 고향에 돌아와 교육사업에 진력하면서 1921년에 전통적 성리학의 퇴폐를 개혁하여 새로운 유교 개혁의 구체적인 방안을 제시한 『유교유신론(儒教維新論)』을 저술하였다.[264]

송기식의 유교개혁 사상은 중국의 사상가 강유위의 대동사상에서 영향을 받았다. 그는 유교의 본래 모습은 종교성과 철학성의 온전한 결합에 있다고 간주했으며, 당시 유교가 왜곡되고 퇴폐한 이유는 후세에 유교가 철학성에 치우쳤기 때문이라 하며 유교의 본래 모습을 유교의 종교성에서 찾고 있다. 또한 송기식은 보수유림이 시대적 임무를 외면하는

262) 玄相允, 『朝鮮儒學史』, 현음사, 2000, 460쪽. "論者謂朝鮮之山林 終於興洛及金平黙云."
263) 金基承, 「韓末 儒敎知識人의 思想轉換과 그 論理: 石州 李相龍의 境遇」, 『민족문화』 4, 한성대학민족문화연구소, 1989 참조.
264) 韓寬一, 「송기식의 『유교유신론』에 관한 연구」, 『한국사상과 문화』 41, 2008, 205~207쪽.

문제점을 지적하고, 다른 한편으로 개혁을 실현한다면 바로 이 시대가 유교 부흥의 기회가 됨을 강조하였다. 이런 생각을 가지고 있었기 때문에 안순환은 송기식을 녹동서원 명교학원 강사로 초빙하였으며, 송기식은 조선유교회에서 3년 동안 동고동락을 하며 자신이 저술한 『유교유신론』의 내용을 실행에 옮기게 되었다.[265)]

강담은 충청도 천안에서 출생하여 25세까지 한학을 공부하고 1904년 상경하여 기독교에 입교하였다. 그는 1906년 신민회에서 활동하다가 1907년 일본고등사범수법과를 졸업한 후 귀국하여 민족독립운동에 헌신하였으며 신 · 구학을 두루 갖춘 인물이었다. 그는 기독교 · 불교 등 세계사상과 세계동향을 가르쳤으며 특히 영어를 잘하였다고 하며 1934년 제2회 강사로 명교학원에 들어왔다.[266)]

박연조는 송기식과 마찬가지로 김흥락의 문인이며 안순환이 녹동서원을 건립할 때부터 참여하였으며, 곡부 공자묘 위문 사절로 중국에 갔다 온 인물이었다. 그는 조선유교회에서 종리사장, 기관지인 『일월시보』 발행자, 명교학원에서 강사를 맡으며 안순환을 보필한 인물로 조선유교회의 제2인자였다.[267)]

신언직은 경북 봉화 출신으로 의병장 신태운(申泰雲)의 아들이며 조선유교회 도정인 김동진(金東鎭)의 제자이다. 보수적인 환경에서 성장하고 교육받은 보수유림에 속한 인물이었는데, 스스로 신학문에 심취하여 서양 근대학문의 제반 영역에 깊은 이해를 갖추게 되면서 보수유림의 성격을 탈피하였다. 마침내 그는 개신유림의 특성인 전통학문과 신학문을 조

265) 韓寬一, 「송기식의 『유교유신론』에 관한 연구」, 『한국사상과 문화』 41, 2008, 207~219쪽; 금장태, 『유교개혁사상과 이병헌』, 예문서원, 2003, 240~242쪽.

266) 황영례, 「安淳煥의 儒敎 宗敎化 運動과 鹿洞書院」, 영남대학교 박사학위논문, 2004, 93쪽.

267) 황영례, 「安淳煥의 儒敎 宗敎化 運動과 鹿洞書院」, 영남대학교 박사학위논문, 2004, 126쪽.

화시킨 독특한 학문세계를 건설하였다. 그의 학문세계는 무엇보다도 전통과 근대의 두 요소가 거의 갈등을 일으키지 않고 훌륭하게 조화되고 있다는 점이 특징이다.[268)]

그는 새롭게 유교형식을 바꾸는 것이 유교부흥의 살길이라고 여기는 안순환의 생각에 공감하였다. 안순환은 신언직과 같이 신구학문을 겸비한 학자를 탐색하고 있었기 때문에 그를 3회 강사로 초빙하는 편지를 보냈다. 그러자 신언직도 편지로 조선유교회 인재 육성에 도움을 주고자 과학 예술교육인 4과 6예와 같은 이론이 담긴 유교개혁에 관한 글을 안순환에게 보냈으며[269)] 제3회 강사로 취임하였다.

이렇게 명교학원의 강사들은 공통적으로 유교적 소양이 깊고 신구학문을 두루 갖추었으며, 일제협력유림과는 다르게 민족의식과 애국사상이 강한 인물들이었다. 그들이 당시 어떤 사상을 지녔으며 어떤 식으로 학생들을 교육하였는지를 보여주는 자료가 명교학원 제1회 수강생이었던 심상석(沈相碩, 1909~1986)이 남긴 『녹동일기(鹿洞日記)』이다.[270)]

명교학원은 명교학술강습회(明教學術講習會)라고도 하는데[271)] 수업기간은 6개월이며[272)] 25세 이상 40세 이하의 학생을 대상으로 조선과 만주

268) 李迎春, 「韓末 傳統儒學者의 近代科學 理解: 『翠洲全書』에 나타난 申彦稷의 事例」, 『한국과학사학회지』 제14권 제2호, 1992, 242~247쪽.

269) 申彦稷, 『翠洲全書』 5권, 1988, 73쪽. "故日 儒教者 亦在乎革新而已矣 所謂革新者 非革去儒教而不行 不過乎復孔子之舊而維新焉已矣 周禮日儒以道得民 鄭氏注日 道謂藝也 然則儒之可得民者 在乎藝而已 故孔子立四科六藝之教 而七十子皆身通六藝矣."

270) 『녹동일기』는 황영례 선생의 호의로 입수할 수 있었다. 『녹동일기』는 심상석이 명교학원에 들어가기로 결심한 1933년 음력 3월 2일부터 수업과정을 수료하고 고향에 돌아온 그해 음력 8월 16일까지 겪었던 일들을 기록한 일기이다. 심상석과 『녹동일기』에 대한 자세한 내용은 황영례, 「安淳煥의 儒教 宗教化 運動과 鹿洞書院」, 영남대학교 박사학위논문, 2004, 120~125쪽 참조.

271) 심상석, 『녹동일기』, 필사본, 1933. "今此明教學術講習會 選拔海內英俊有素養於經典之人 講明聖學之理 兼習需用之具 第一回修業今日告畢."

272) 명교학원 제1회 수업은 1933년 4월 5일에 개강하여 9월 29일에 종료하였으며, 2회, 3회도 거의 같은 시기에 진행되었다.

까지 공모하여 시험을 통해 선발하였다. 선발된 학생들은 전원 기숙사에 수용하였고 안순환이 학생들에게 매월 7원 20전과 교과서 및 학용품 일체를 제공하였으며 수업료도 받지 않았다. 1933년 제1회 수강생 중에서 김황의 제자인 심상석 외에 심재(深齋) 조긍섭(曺兢燮, 1873~1933)의 제자인 박장현, 『환단고기』의 위작자로 인정받는 이유립 등이 있었다.[273]

교과목은 사서삼경을 비롯하여 종교학, 철학, 문학, 국어, 산술(算術), 공민(公民), 강연 등이었는데[274] 구학과 신학을 겸비한 것이 특색이다. 조선유교회의 인재 교육 목표는 신학은 능통하나 구학을 알지 못하여 수신제가치국평천하(修身齊家治國平天下)의 도리에 어두운 것과 구학만 능통하고 신학을 알지 못하여 시세에 어두운 것을 배격하고 양자를 조화시켜서 인재를 양성하는 것이었다.[275] 구학과 신학의 조화를 추구하는 것은 개신유림의 특징이다. 이 점은 명교학원 강사들의 사상과 교육방법에서도 알 수 있다.

명교학원 강사들의 수업방법은 강의와 토론 중심이었다. 송기식은 학생들에게 『예기(禮記)』 예운편(禮運篇)의 내용을 매우 중요하게 여기고 가르쳤다.

> 이것은 우리 유교회의 근본 취지이니 오늘날 마땅히 먼저 힘써야 할 것이다. 夫子의 大同의 뜻은 위대하도다. 禹湯文武의 치세도 오히려 少康이라 여긴다. 그렇다면 대동의 세상은 요순에 해당되니 부자가 능히 하실 수 있었을 것이다! 그러나 부자는 뜻을 세상에 행하지 못 하였으니 그때가 그러할 수밖에! 대저 우리 제군들은 반드시 이것으로 앞으로 가야할 길에 도움이 되는 표준으로 삼아야할 것이다.[276]

273) 『일월시보』 1호, 1935, 111~112쪽.

274) 제2회 때는 교과과목에 심리학이 추가되었고, 제3회 때는 영어, 중국어, 윤리학, 경제 등이 추가되었다(『일월시보』 1호, 1935, 116~122쪽).

275) 『일월시보』 1호, 1935, 122쪽.

송기식은 공자의 대동사상은 조선유교회의 근본 취지일 뿐만 아니라 오늘날 실현시켜야 할 급선무로 여기고 있었다. 그는 대동이 '유교유신(儒敎維新)'의 근간이 되며, 유교를 유신하는 것은 우리의 가문과 민족을 회복하는 것으로 생각하고 있었다.[277] 대동사상은 송기식뿐만 아니라 명교학원 강사들도 중요하게 생각하고 학생들을 가르쳤다. 조선유교회의 개신유림은 보수유림과 마찬가지로 민족의 국수는 유교에 있다고 보고 있다. 그러나 보수유림은 성리학을 수호하는 데에 비해 조선유교회에서 활동한 개신유림이 주장하는 유교는 서구 학문과 종교의 자극으로 재해석된 유교라는 점이 차이이다. 이미 국내에서 더 이상 독립운동을 할 수 없는 상황에서 개신유림이 할 수 있는 최선의 방법은 이런 교육을 통해 민족의 정체성을 유지시키는 일밖에 없었을 것이다.

명교학원의 강사들은 학생들에게 신학과 구학을 겸비하도록 가르쳤으며, 주제를 양립하게 정하여 놓고 자신의 의견을 조리 있게 주장할 수 있도록 토론식 교육 방법을 시행하였다.

> 저녁을 먹은 후에 여러 선생이 학생을 인솔하여 교당에 들어갔다. 科學과 理學으로 서로 토론을 하게 했는데, 甲은 科學을 주장하고 乙은 理學을 주장하였다. 박 선생(박연조)께서 그 우열을 평점하니 갑이 이겼다. 밤이 이미 깊어갔다.[278]

276) 『녹동일기』. "(三月)二十四日甲寅 (中略) 受禮記禮運于宋先生 先生日 此正吾儒敎會本旨 而今日之所當先務者也 夫子大同之義其大矣乎 以若禹湯文武之治猶爲少康云焉 則大同之世堯舜其當之 夫子其能之乎 然而夫子之志不得行於世 其時然也耶 凡我諸君必以此爲表準可資於前頭之路矣."

277) 금장태, 『유교개혁사상과 이병헌』, 예문서원, 2003, 242쪽.

278) 『녹동일기』. "(四月)九日己巳 (中略) 夕後諸先生率諸生入敎堂 以科學理學爭相討論 甲主科學 而乙主理學 朴先生評點其優劣 而甲乃得勝云 夜已深更矣."

저녁을 먹은 후에 여러 선생이 동서 제생과 함께 강당에 들어갔다. 법률과 경제로 토론 주제를 삼게 하여 갑은 법률을 주장하고 을은 경제를 주장하며 서로 토론하였다. 판결 결과 갑과 을이 서로 비겼다.[279]

명교학원 강사들은 학생들이 다양한 주제로 토론을 하게 하여 자신의 주장을 펼치도록 하였다. 이는 유림의 전통적인 교육방법과 다른 점으로 역시 서구 근대 학문의 방법을 수용한 것이라 할 수 있다. 그들은 학생들에게 구학과 신학을 함께 배우게 함으로써 완고한 유학자가 아닌 온고지신(溫故知新)의 통유(通儒)가 되도록 하였다. 그리고 강연이 교과목에 있는 것은 학생들이 수료 후에 조선유교회 전교사로 각 지방에서 활동하며 민중을 구제하고 유교의 대의를 밝혀주기를 기대하였기 때문이었다.[280]

이렇게 명교학원 강사들은 성리학이 아닌 '개신유교'와 신학을 가르쳤으며, 경학원의 경학강연이나 부설 명륜학원의 교육과도 달랐다. 비록 1930년대 상황에서 더구나 조선총독부에게 공식적으로 허가받은 기관에서 민족의식을 고취시키는 교육을 할 수 없었지만 그들의 교육은 학생들에게 조선의 현실을 성찰하도록 하였다. 학생들도 강사들이 가르쳐준 교육을 통하여 민족의식을 자각하고 있었다. 심상석의 경우 민족의 단결이 '개신유교'의 진흥에 달려 있다고 인식하였다.[281]

명교학원은 제3회 졸업생까지 배출하고[282] 더 이상 졸업생을 배출하지 못하며, 조선유교회의 인재 교육 활동은 중지되었다. 송기식을 비롯

279) 『녹동일기』. "(四月)十六日乙亥 (中略) 夕後諸先生與東西諸生入講堂 以法律經濟爲科論題 而甲主法律 而乙主經濟 爭相討論 而及其判決甲乙相等云."

280) 『녹동일기』. "(四月) 二十日己卯 (中略) 但願爲着實工夫 一以諸先生教授之課 訓勉之旨 當以實知實行 將欲以斯道傳播于各地方面 而救大衆於水火 明吾教於斯世 惟其責任也."

281) 『녹동일기』. "(七月)九日丁卯 (中略) 經濟者 保國安民之本也 (中略) 然而民族之團結在乎吾教之振興 吾教之未振興 而能使民族之團結 吾未之信也 故日 今日經濟之所當務者只在乎吾教之實行 民族之團結也云爾."

282) 「명교학원 졸업식」, 『동아일보』, 1935년 10월 10일, 2면.

한 강사들도 명교학원을 떠났는데, 재정상의 문제와 『일월시보』 발간 금지 문제가 겹치면서 조선유교회의 활동이 위축된 것이 원인이었다.

한편 경학원의 일제협력유림과 조선유교회 명교학원의 개신유림은 모두 유교를 중시하였지만 그 지향은 달랐다. 전자는 일제에 대한 이데올로기적 협력 수단의 유교로 전시체제기에 '황도유학'으로 연결되었으며 조선유교연합회에 참여하였다. 그러나 후자는 일제에게 협력하지 않았으며 전시체제기에도 조선유도연합회에 참여하지 않고 '독선기신(獨善其身)'을 선택하였다. 일제 통치가 허용하는 합법적인 틀 내에서 조선인의 사회적 권익과 정치적 지위를 개선하려는 활동은 상황에 따라 일제에 대한 저항이 되기도 하고 협력이 되기도 하는 것처럼 조선유교회는 어쩌면 유림에 대한 '식민지의 회색지대'일 수도 있다.[283] 따라서 조선유교회를 단순히 경학원과 지방 유림단체와 성격이 동일한 것으로 파악하여 친일단체로 무조건 규정하는 것은 무리가 있다고 본다. 또한 이미 국가가 망한 상황에서 조선 유교의 '도(道)'를 수호하고자 하는 조선유교회 관계자들의 열망이 일제협력유림 외에 다른 유림의 동참을 불러들였다고 생각한다. 그나마 곡부 공자묘 위문 사업을 비롯하여 유림이 일시적이나마 자기 목소리를 내고 정체성을 확인할 수 있는 계기를 마련해 준 것이 1930년대 전반기 조선유교회의 의의였다고 할 수 있다. 조선유교회를 마지막으로 유림은 더 이상 자신의 목소리를 내지 못하였으며, '어육(魚肉)'의 시대에 동참하여 '황도유학'을 지지하거나 아니면 침묵해야 하는 상황으로 내몰려야만 했다.

283) 윤해동, 「식민지인식의 회색지대: 일제하 공공성과 규율권력」, 『식민지의 회색지대』, 역사비평사, 2003.

제5장

1930~1940년대 조선유도연합회와 '황도유학'

1. 조선유도연합회의 결성과 활동

1939년에 결성된 조선유도연합회는 당시 중앙과 지방을 연결하였던 최대의 유림조직이었다. 각 지역의 유도연합회에 참여한 인물들은 유림뿐만 아니라 관료, 지역 유지, 근대 지식인 등도 포함되어 있었다. 그러므로 조선유도연합회에 대한 구체적인 모습을 파악하기 위해서는 각 지역의 유도연합회에 대한 조사가 선행되어야 한다. 현재 조선유도연합회에 대한 연구 성과가 매우 드문 데다가[1] 각 지역의 사례를 연구한 성과도 거의 없다.[2] 여기서는 『경학원잡지』와 조선유도연합회 기관지

1) 현재 조선유도연합회를 직접적으로 다룬 연구 성과는 류미나, 「전시체제기 조선총독부의 유림정책」, 『역사와 현실』 63, 2007; 「조선유도연합회의 결성과 활동 및 참여인사들에 대한 기초조사」, 『2007년도 학술연구용역 논문집』 2, 친일반민족행위진상규명위원회, 2007이 있다.

2) 임숙정이 『會員名簿: 全羅南道儒道聯合會順天郡支部』의 사료를 발굴하여 분석한 논문이 있을 뿐이다. 자세한 내용은 임숙정, 「조선유도연합회 순천군지부 회원의 현황과 특징」, 『한국근현대사연구』 73, 2015 참조. 각 지역의 유도연합회의 활동과 참여 인물에 대한 연구는 전시체제기 향촌사회의 동향과 '지역유력자층' 또는 '지역유지집단'의 문제를 고찰하는 데에도 매우 중요하다.

『유도』 등의 자료를 통해 조선유도연합회의 결성과 활동을 살펴보고자 한다.

일제는 1937년 7월 7일 노구교 사건을 계기로 중일전쟁을 전면적으로 일으키면서, 일본을 중심으로 조선, 대만, 남양군도, 가라후토와 같은 식민지를 포함한 '일본제국영토' 전 지역의 인적 및 물적 자원을 효율적으로 전력화(戰力化)하기 위한 체제 구축이 필요하게 되었다. 이를 위해 일제가 구상, 계획하고 전 영역에 걸쳐 형성한 것이 '총동원체제'였다.[3] 일제는 조선의 인적, 물적 자원의 수탈을 뒷받침하는 이데올로기로써 '내선일체'를 표방하는 '황민화(皇民化)'정책을 실시하였다. 이는 일본인과 한국인의 차이를 없애고 완전한 일체화를 통해 하나의 제국을 이루겠다는 것이었지만, 본질적으로는 전시상황에서 이 구호를 중심으로 일본의 전쟁수행에 필요한 모든 부담을 식민지 조선에게도 지우려는 것이었다.[4] 특히 조선의 인적, 물적 자원은 일본의 식민지 중에서 가장 많은 부분을 차지하였기 때문에 일제는 대규모의 전쟁동원을 정책적으로 가능케 하기 위해서 조선의 민족해방운동을 철저히 탄압하였다. 그리고 일본어, 신사 참배, '황국신민의 서사', 창씨개명을 강요하는 등 더욱 가혹한 민족말살정책을 전개하였다.

이런 상황은 유림에게도 예외는 아니었다. 당시 1930년대 전반기에 활동하였던 조선유교회는 1936년부터 사실상 유명무실한 상태에 빠져 있었다. 조선총독부는 유림의 인적, 물적 자원의 통제와 수탈을 위하여 조선의 모든 유림을 한 단체로 결성시키고자 하였다. 이런 조짐은 이미 평양에서 보이고 있었다. 1935년 11월 1일 평양 문묘 명륜당 앞에서 문묘이

3) 안자코 유카, 「조선총독부의 '총동원체제'(1937~1945) 형성 정책」, 고려대학교 박사학위 논문, 2006, 2쪽.

4) 권희영, 『한국사의 근대성 연구』, 백산서당, 2001, 194쪽.

건(文廟移建) 낙성식(落成式)을 거행한 후 명륜당에서 전선유림대회(全鮮儒林大會)가 개최되었다. 경학원에서는 당시 대제학 정만조와 사성 김완진이 참석하였다. 이 대회에 참여한 유림은 유교진흥방법, 유림단체를 중심으로 하는 사회교화와 자력갱생의 시설과 실행방법, 유림연락기관의 설치 및 충실방법에 대해 토의를 하였다. 그리하여 결정된 사항이 여섯 가지였는데, 그중에 군에는 유림회(儒林會), 도에는 유림연합회(儒林聯合會), 경성에는 유림총연합회(儒林總聯合會)를 설치하여 상호연락을 도모하기로 하였다.[5] 그렇지만 합의한 결과가 바로 실행되지는 않았다가 1939년 10월 16일에 이르러서야 전국적인 유림단체인 조선유도연합회가 결성되었다. 조선유도연합회는 일제강점기 마지막에 등장한 최대의 유림단체로 일제의 침략 전쟁에 적극적으로 협력한 조선총독부 관변 단체였다. 당시 신문도 조선유도연합회의 결성을 자세하게 보도하였다.

> 전 조선 30만 명의 유림(儒林)을 뭉쳐 한 단체로 결성시켜 유도의 진흥과 황도정신의 진작을 위하여 기보와 같이 16일 오전 9시 20분에 경학원 주최 유림대회는 경성 부민관에서 전 조선 각지 대표 3백여 명의 참집으로 윤덕영(尹德榮) 자작의 개회사로 회를 열었다. 황거요배 황대신궁요배가 있고 남(南)총독은 유도의 진흥과 그 시국상 긴장의 정신을 고조하고 염원(鹽原) 학무과장의 훈화, 대제학의 훈시가 있은 다음에 황국신민서사를 제창하고 경학원을 중심으로 전 조선 유림의 연락 통일 있는 단체를 조직하여 황도정신에 기한 유도진흥을 도함 등 세 조목의 선언을 결의하고 들어가서 유도진흥에 대한 시설안을 결의하였다. 규칙의 통과가 있고 각 도에 대표 한 명씩을 선정하였는데, 이로 하여 전 조선의 유림은 조선유도연합회(朝鮮儒道聯合會)를 조직하고 다시 각 도에는 도연합회가 있고 부군도(府郡島)에는 각지 지부를 두어서 긴밀한 조직계통을 세우기로 되었고 경비는 향교재산 기타로 이를 지탱해 가는데, 특히 이채가 있는 것은 회원은 성년 이상의 제국신민으로써 본회의 취지에 찬동하는 자로 한다고 하여 유림이라는 것을 조

[5] 『경학원잡지』 40호, 1936, 25~31쪽.

건으로 하지 아니한 점이다. 이 전조선대회를 마치고는 각 도에 도연합회가 결성되고 각군 지부가 결성된다.[6)]

조선총독부는 1939년 10월 16일 경성부민회관에서 '전선유림대회'를 개최하였다. 이 대회의 개최 목적은 국민정신총동원의 효과적 시행을 위해 조선의 각종 유림조직을 폐지시키고 조선유도연합회에 통합시켜 유림 통제를 담당하는 방안을 마련하려는 것이었다. 앞 장에서 살펴본 것처럼 1920년대에 경성과 지방에 조직된 각종 유림단체는 이미 유명무실화되었기 때문에 조선총독부는 중일전쟁을 계기로 이를 재정비할 필요가 있었다. 그리고 『동아일보』 기자가 지적한 대로 조선유도연합회의 회원에 유림이 아닌 인물도 들어올 수 있다는 것이 특색이었다. 이는 조선유도연합회의 목적이 유림의 통제뿐만 아니라 조선 민중의 전반적인 통제에 있었다는 것을 의미한다.

전선유림대회에 경학원의 일제협력유림을 비롯하여 각 지방의 향교를 중심으로 활동하고 있는 유지 300명과 각 부와 군, 도에서 1명씩 232명이 참가했고, 미나미 지로(南次郎) 총독을 비롯하여 조선군사령관 나카무라 고타로(中村孝太郎), 국민정신총동원 조선연맹총재 가와시마 요시유키(川島義之), 그리고 학무국장 시오바라 도키사부로(鹽原時三郎) 등 총독부 관계자, 중추원 부의장 민병석 등이 참가하였다. 이 대회는 '조선 미증유의 웅대한 기획'[7)]이라는 선전 문구를 걸었는데, 그것은 경학원을 필두로 한 '전 조선 유림'의 통합을 목적으로 하고 있었기 때문이었다.[8)]

전선유림대회에 참가한 유림과 지방의 유지들은 선언문을 작성하여 금후 유림들이 나가야 할 방향을 다음과 같이 천명하였다. 첫째 경학원

6) 「조선유도의 총본영」, 『동아일보』, 1939년 10월 17일, 2면.
7) 「全鮮儒林大會」, 『조선』 제294호, 1939, 123쪽.
8) 류미나, 「전시체제기 조선총독부의 유림정책」, 『역사와 현실』 63, 2007, 315쪽.

을 중심으로 한 전선유림의 연락 통일된 단체 조직과 황도정신에 입각한 유도 진흥을 꾀할 것, 둘째 국민정신총동원의 취지에 따라 널리 충효 도의의 신념을 고양하고 황국신민으로서 단결을 굳게 할 것, 셋째 동아 신질서 건설의 국시에 따라 동양문화의 진수를 천명하고 이로써 일본, 만주, 중국(日滿支)의 영구평화의 정신적 연계를 만드는 것이었다.[9)]

미나미 총독도 유림대회에서 20분 동안 고사(告辭)를 하였는데, "유림이 극(克)이 아(我) 국체(國體)의 만방무비(萬邦無比)한 소이(所以)를 인식하고 황국신민(皇國臣民)인 자각(自覺)을 심후(深厚)히 하여 사도(斯道)의 실천에 의(依)하여 시국(時局)하에 진충보국(盡忠報國)의 적성(赤誠)을 효(效)하면 성(誠)히 유도의 본의를 현양(顯揚)하고 대회소기(大會所期)의 목적에 적합한 것이라"라고 하면서 "총후국민정신(銃後國民精神)의 총동원에 자(資)하는 바 있기를 절차불이(切磋不已)"한다고 하였다.[10)] 여기에서도 조선유도연합회 결성의 궁극적인 목적은 바로 일제의 침략전쟁을 뒷받침하기 위해 조선의 인적, 물적 자원을 효율적으로 수탈하는 데에 있음을 알 수 있다.

1939년 10월 16일 결성된 조선유도연합회는 오노 로쿠이치로(大野綠一郎) 정무총감을 총재에, 윤덕영(1873~1940) 경학원 대제학을 회장에 각각 추대하고 유도진흥에 관한 사업을 다음과 같이 정하였다.

> 一. 경학원(經學院)과 명륜전문학원(明倫專門學院)을 더욱 확충하여 유도진흥에 노력케 함.
> 一. 이번에 결성된 유도연합회와 각 유림단체를 국민정신총동원조선연맹에 가맹하게 함.
> 一. 자주 전조선유도대회를 열어 황도정신에 기초하여 유도의 진흥을 도모함.

9) 『경학원잡지』 45호, 1940, 15쪽.
10) 「유도의 취지천명」, 『조선일보』, 1939년 10월 17일, 1면.

一. 향교(鄕校)는 지방청년단(地方靑年團)의 사업을 원조함.

一. 유림에게 정신총동원의 취지를 철저하게 함.[11]

조선유도연합회의 결성 단계에서 이제 유림이 공식적으로 할 수 있는 일은 일제의 침략 정책에 적극적으로 부응하는 일밖에 없었다. 그리하여 조선유도연합회에 참여한 유림은 일제의 황국신민으로 적극 활동하였다. 특히 황도정신에 기초하여 유도의 진흥을 도모하는 일은 실상 일본화된 유교, 즉 '황도유도' 또는 '황도유학'[12]을 이식하는 것을 뜻하였다. 그러나 '총동원체제'의 철저한 통제 정책에도 불구하고 항일의식을 여전히 견지한 유림은 조선유도연합회에 참여하지 않고 은거하며 침묵을 지켰다.

뒤에서 자세히 논하겠지만 황도유학은 조선의 인적, 물적 자원을 일제의 침략 전쟁에 동원하기 위해 등장한 철저한 어용 이데올로기였다. 일본 식민주의 관학자는 '황도유학'의 이데올로기를 주창하였고, 이것을 더욱 포장하여 확대시킨 것은 경학원의 일제협력유림이었다. 또한 지방의 향교 직원을 비롯하여 지방 인사들은 여기에 부화뇌동하게 되면서 조선시대 유림이 이룩하였던 높은 수준의 유학 사상도 이 시기에 와서는 철저히 변질되어버렸다. 즉 조선유도연합회의 이념은 바로 황도유학이었으며, 조선유도연합회에 참여한 유림은 '어육(魚肉)'의 시대에 동참하게 된 것이다.

조선총독부는 조선유도연합회를 결성한 후 곧 이어 각 도 연합회와 지부를 결성하는 데 힘을 쏟았다. 총독부는 정무총감 명의로 유도진흥을 위해 각 도지사에게 빠른 시간 내에 도연합회를 결성하도록 통첩을 보냈

11) 「儒道聯合會를 組織 '精動聯盟'에 加盟, 時局에 徹底 合流 決意」, 『매일신보』, 1939년 10월 17일, 2면.

12) 중일 전쟁 이후 '황도유도', '황도유학' 등의 명칭이 혼재되어 등장하고 있다. 그러다가 1941년 3월 조선총독부는 '황도유학'으로 명칭을 통일하라는 통첩을 내렸다. 자세한 사항은 류미나, 「전시체제기 조선총독부의 유림정책」, 『역사와 현실』 63호, 2007, 310쪽 주3) 참조. 본고에서는 일제 전시체제기에 침략전쟁을 뒷받침하기 위해 형성된 일본화된 유교 이데올로기라는 의미로 '황도유학'이란 용어를 사용하려 한다.

다. 또한 조선총독부 학무국은 임시도지사회의에서 "각 도에서는 도 단위로 유도연합회를 빨리 결성하여 중앙과 지방이 호응하여 유도정신을 부흥하기를 힘쓰라"[13]고 촉구하였다.[14] 조선총독부의 이런 독려와 지시에 따라 1939년 11월 14일 충청북도 유도연합회가 결성된 것을 시작으로 각 도 유도연합회가 빠른 속도로 결성되었다.

〈표 5-1〉 조선유도연합회 결성 현황[15]

도별 연합회	결성 일시	결성식 장소	참가 인원	진행 상황	비고
충청북도	1939년 11월 14일	충북도청 회의실	兪萬兼 / 대제학 尹德榮 / 상임이사 崔麟 / 편찬부장 金秉旭 / 경리부장 李敬植 / 교육부장 安寅植 / 유림 350여 명	개회사 → 좌장 추천 → 회칙 제정 → 회장 추대 → 회장 인사 → 역원 위촉 → 대제학 告辭 → 도지사 告辭 → 내빈 축사 → 선언 결의 → 황국신민서사 제창 → 폐회사 → 청주 신사 및 문묘 참배	유만겸(충북도지사) / 윤덕영(경학원 대제학) / 안인식(경학원 사성) / 이경식(경학원 사성 겸 중추원 참의) / 김병욱(총독부 사무관 겸 명륜학원강사) / 최린(매일신보 사장)
전라남도	1939년 11월 16일	전남도청 회의실	新貝肇 / 각 부, 군, 도 유림대표자 / 부윤 / 군수 / 도지사 / 도청관계 직원 / 유지	인사 → 궁성요배 → 묵도 → 도지사 인사 → 참여관 훈화 → 황국신민서사 제창 → 규칙 결의 → 서약 → 해산	新貝肇(전라남도지사) / 내무부장 金大羽의 훈시
경기도	1939년 11월 19일	경기도청 회의실	학무국장 鹽原時三郎 / 甘庶義邦 / 尹德榮 / 李大榮 / 李敬植 / 兪鎭贊 / 尹炳晧 / 安寅植 / 趙泰植 / 부회장 李昌根 / 도회 부의장 韓相龍 / 유림 500여 명	개회사 → 궁성요배 → 국가 합창 → 묵도 → 결성 취지서 낭독 → 좌장 추천 → 회칙 결의 → 임원 이름 발표 → 회장 式辭 → 선언문 낭독 → 총독 告辭 → 황국신민서사 제창 → 聖壽萬歲 삼창 → 폐회사	甘庶義邦(경기도지사) / 유진찬(경학원 부제학) / 이대영(경학원 부제학) / 윤병호(경학원 사성) / 조태식(경학원 직원) / 이창근(총독부 참여관) / 한상룡(중추원 참의)

13) 「도단위의 유도연합회 금후 결성촉진을 지시」, 『조선일보』, 1939년 11월 2일, 2면.

14) 성주현, 「1920년대 유림계 단체의 조직과 활동」, 『식민지 동화정책과 협력 그리고 인식』, 두리미디어, 2007, 108~109쪽.

15) 이 표는 류미나가 작성한 것을 수정하여 인용하였다(「조선유도연합회의 결성과 활동 및 참여인사들에 대한 기초조사」, 『2007년도 학술연구용역 논문집』 2, 친일반민족행위진상규명위원회, 2007, 93~95쪽).

도별 연합회	결성 일시	결성식 장소	참가 인원	진행 상황	비고
충청 남도	1939년 12월 1일	충남도청 회의실	李聖根 / 尹德榮 / 상임이사 朴相駿 / 崔麟 / 李源甫 / 경리부장 李敬植 / 교육부장 安寅植(경학원 사성) / 유림 350여 명	대전신사 참배 → 결성식 → 기미가요 제창 → 인형극 및 영화 상영	이성근(충남도지사) / 박상준(경학원 강사 겸 중추원 참의) / 이원보(총독부 사회교육부 과장)
전라 북도	1939년 12월 3일	전북도청 회의실	孫永穆 / 尹德榮 / 상임이사 朴相駿 / 崔麟 / 경리부장 李敬植 / 교육부장 安寅植 / 鄭碩謨 / 姜東犧 / 姜完善 / 李基燦 / 유림 500여 명 / 각 부 과장	개회식 → 궁성요배 → 기미가요 제창 → 묵도 → 결성 취의서 → 좌장 추천 → 회칙 결의 → 임원 발표 → 총독 인사 → 윤덕영 회장 훈화 및 인사 → 황국신민서사 제창 → 천황폐하만세 삼창 → 폐회식	손영목(전북도지사) / 강동희(중추원 참의) / 강완선(도회 부의장) / 정석모(경학원 전북강사) / 이기찬(중추원 참의)
평안 북도	1939년 12월 11일	평북도청 회의실	西本計三 / 尹德榮 / 상임이사 金思演 高元勳 / 경리부장 李敬植 / 교육부장 安寅植(경학원 사성) / 유림 500여 명	평안신사 참배 → 결성식 경과 발표 → 회칙 확정 → 임원 보고 → 회장 인사 → 총독 인사 → 윤덕영 회장 축하 → 선언 → 황국신민서사 제창 → 천황의 성수 및 만세삼창 → 폐회식 → 안인식의 강연	西本計三(평북도지사) / 김사연(중추원 참의) / 고원훈(전 전북도지사, 중추원 참의)
평안 남도	1939년 12월 14일	평양 공회당	石田千太郎 / 尹德榮 / 경리부장 李敬植 / 교육부장 安寅植 / 田德龍 / 부회장 金秉泰 / 野村調太郎 / 박상준 / 유림 500여 명	개회식 → 좌장 추천 → 회칙 확정 → 회장 인사 → 임원 발표 → 총독 인사 → 윤덕영 훈화 및 인사 → 선언, 결의 → 황국신민서사 제창 → 천황의 성수 만세삼창 → 폐회식 → 평양 신사와 문묘 참배	石田千太郎(평남도지사) / 전덕룡(전 평남유교진흥회장) / 노무라 초타로(평양복심법원 판사) / 박상준(명륜전문학원 평의원 겸 중추원 참의)
함경 북도	1939년 12월 20일	함북도청 회의실	児島高信 / 尹德榮 / 李敬植 / 俞鎭贊 / 安寅植		児島高信(함북도지사)
함경 남도	1939년 12월 22일	함남 공회당	笹川恭三郎 / 尹德榮 / 渡邊豊日子 / 李敬植 / 安寅植		笹川恭三郎(함남도지사) / 渡邊豊日子(전 총독부 학무국장 및 현 경학원 고문)
경상 북도	1939년 12월 29일	대구 공회당	上滝基 / 尹德榮 / 상임이사 金思演 / 高元勳 / 경리부장 李敬植 / 교육부장 安寅植 / 부회장 具滋環 / 李尙眞 / 유림 600여 명	개회식 → 좌장 추천 → 회칙 확정 → 회장 인사 → 임원 발표 → 총독 인사 → 윤덕영 훈화 및 인사 → 선언, 결의 → 황국신민서사 제창 → 천황의 성수 만세삼창 → 폐회식 → 신사와 문묘 참배	上滝基(경북도지사) / 구자경(총독부 사무관) / 이상진(주식회사 경일정미 사장)

도별 연합회	결성 일시	결성식 장소	참가 인원	진행 상황	비고
경상 남도	1940년 1월 14일	부산 제1심상 소학교 강당	山澤和三郎 / 尹德榮 / 渡邊豊日子 / 李敬植 / 安寅植 / 평의원 河駿錫 / 可知淸次郎 / 유림450여 명	개회식 → 궁성요배 → 기미가요 제창 → 묵도 → 결성취의서 낭독 → 좌장 추천 → 회칙 확정 → 회장 추대 → 임원 발표 → 회장 인사 → 총독 인사 → 윤덕영 훈화 및 인사 → 황국신민서사 제창 → 폐회식 → 와타나베와 안인식의 강연 → 15일 동래문묘 참배	山澤和三郎(경남도지사) / 하준석(도 평의원 및 중추원 참의) / 可知淸次郎(중추원 촉탁 서무주임)
황해도	1940년 3월 4일	해주 고등 여학교 강당	金村泰男 / 尹德榮 / 姜弼成 / 渡邊豊日子 / 이사 이대영 / 孔聖學 / 편찬부 김병욱 / 경리부장 李敬植 / 교육부장 安寅植 / 유림 400여 명	개회식 → 궁성요배 → 기미가요 제창 → 묵도 → 결성취의서 낭독 → 좌장추천 → 회칙 확정 → 회장 추대 → 임원 발표 → 회장 인사 → 선언문 낭독 → 총독 인사 → 도지사 인사 → 윤덕영 훈화 및 인사 → 내빈 축가, 축전 피로 → 황국신민서사 제창 → 폐회식 → 해주신사 및 문묘 참배 → 안인식의 강연	金村泰男(황해도지사) / 강필성(황해도지사) / 공성학(경학원 사성)
강원도	1941년 3월 12일	춘천 공회당	高尾甚造 / 박상준 / 김병욱 / 고원훈 / 이경식 / 안인식 / 공성학 / 朴濟鳳 / 嘉川久士 / 상임이사 平山泰仁 / 조태식 / 각 유림 300여 명	강원신사 참배 → 개회식 → 궁성요배 → 기미가요 제창 → 묵도 → 유도연합회 결성 경과보고 → 회칙 보고 → 회장 인사 → 임원 취탁 → 총독 인사 → 윤덕영 회장 인사 → 국사 → 선언 → 황국신민서사 제창 → 만세삼창 → 폐회식 → 고원훈 강연 → 영화 상영 → 춘천문묘 참배	高尾甚造(강원도지사) / 박상준(朴澤相駿, 경학원 대제학) / 김병욱(永田種秀) / 박제봉(경학원 사성) / 嘉川久士(경학원 강사)

조선유도연합회의 조직은 경학원 내에 설치한 본부와 각 도의 연합회, 그리고 그 하위 조직으로 각 부, 군, 도에 지부를 두었다. 조선유도연합회 간부로는 본부 총재와 회장, 부회장, 고문, 참여, 이사, 감사, 평의원 등을 두었으며, 당시 고문에 국민정신총동원 조선연맹총재 가와시마 요시유키, 전 총독부 학무국장이며 귀족원 의원 겸 중앙협화회 이사장 세

키야 테자부로(關屋貞三郎) 등 일본인이 임명되었다.16) 본부에는 총무부, 교화부, 교육부, 편찬부 경리부 등 5개의 부서를 설치하였다.17) 그리고 각 지방의 유도연합회 회장에는 각 도지사가 임명되었고 각 부와 군, 도에도 지부를 세워 부윤, 군수, 도사가 해당 지부 회장을 맡았다. 그 외 지방 유력자들도 각기 임원으로 선출되었으며, 본부와 마찬가지로 각 지방 유도연합회도 편찬부를 제외한 총무부, 교화부, 교육부, 경리부 등을 설치하였다.

조선유도연합회에 참여한 인물들을 살펴보면, 도지사가 각 지방의 유도연합회 회장에 임명되는 것에서 볼 수 있듯이 조선유도연합회는 명목상 유림단체일 뿐 실상은 조선총독부가 운영하는 관변단체였다. 조선총독부 직속기구인 경학원 안에 본부를 둔 것과 경학원 대제학이 조선유도연합회의 회장으로 임명된 것도 그런 사실을 보여주는 증거이다. 또한 경학원 사성 안인식과 이경식은 각각 교육부장과 경리부장으로 임명되었고, 지방의 경우 경학원 강사들이 중심이 되어 각 지방의 유도연합회에 참여하였다. 각 지방의 유도연합회의 주된 활동 장소는 각 향교의 명륜당과 학교 시설이었다.

조선유도연합회의 활동은 기관지 『유도(儒道)』를 통하여 어느 정도 파악할 수 있다. 『유도』는 1942년 1호가 창간되어 1944년 7호까지 발간되었는데, 게재된 내용은 『경학원잡지』를 비롯한 기존의 유림 단체의 회지에 실렸던 내용과 대동소이하다. 『유도』의 필자는 일제협력유림과 일본인 관료, 식민주의 관학자들이었다. 그들은 조선유도연합회의 이데올로기인 황도유학에 대한 글과 일제의 침략 전쟁을 유교를 통해 옹호하는 글

16) 『경학원잡지』 45호에 1939년 11월 1일에 임명된 조선유도연합회 간부 명단이 실려 있다. 이 명단을 본고의 부록에 정리하여 수록하였다.

17) 『경학원잡지』 45호, 1940, 15~19쪽.

등을 작성하여 『유도』에 게재하였다.[18] 그밖에 『유도』에는 유교 경전에 대한 글과 한시도 수록되어 있으며, 일제가 일으킨 이른바 '대동아전쟁'의 전황(戰況)을 '대동아전쟁일지'의 제목으로 매호마다 수록하고 있다. 그리고 '본회기사(本會記事)'와 '지방기사(地方記事)'는 조선유도연합회의 활동을 잘 보여주는 기록이다.

'본회기사'와 '지방기사'에 나타난 조선유도연합회의 활동을 살펴보면, 조선유도연합회 간부들이 시국강연회와 강습회 등을 활발하게 전개하고 있었다. 몇 가지 예를 들어보자.

> 충청북도 진천군 유도회가 1942년 11월 25일 오후 1시부터 진천 국민학교에서 총회를 개최하였다. 군내 유림 500여 명과 각 관공서 직원이 다수 모였는데, 여기에 平松 지사, 이경식 편찬부장과 春山(이명세) 상무이사가 참석하였다. 安原 진천군 유도회장이 사회를 보는 가운데 平松 충청북도 유도연합회장이 논어해설에 바탕을 둔 告辭에 일반 유림이 큰 감동을 받았고 閉式 후 춘산 이사가 강연을 하고 나서야 散會하였다.[19]
>
> 1944년 9월 15일 오후 2시부터 경북 안동군이 주최한 유림회를 안동 국민학교 강당에서 개최하였다. 군내 유림 200명이 출석하였고 有馬 군수가 사회를 보는 가운데 조선유도연합회 부회장이 강연을 하였다. 같은 해 9월 15일 오전 9시부터 9월 16일까지 이틀간 대구문묘 명륜당에서 대구부내 중견 유림 연성회를 개최하였다. 강사로 조선유도연합회 교육부장 안인식이 초빙되었으며 '황도유학'과 시국인식에 대해 약 8시간 동안 강습을 하였다.[20]

---

18) 대표적인 글들을 간략하게 소개하면 다음과 같다. 安寅植, 「皇道儒學」, 『유도』 1호, 1942년, 29~36쪽; 「皇道儒學(2)」, 『유도』 2호, 1942년, 34~43쪽; 春山明世, 「東亞共榮圈と儒教の役割」, 『유도』 1호, 1942년, 37~41쪽; 平沼騏一郎, 「日華提携の基調と儒教の復興」, 『유도』 3호, 1943, 4~9쪽; 宇野哲人, 「儒教と日本精神」, 『유도』 3호, 1943, 14~27쪽; 高田眞治, 「大東亞戰爭と斯文」, 『유도』 3호, 1943, 28~39쪽; 田保橋四朗, 「皇道王道辨」, 『유도』 6호, 1944, 8~9쪽.

19) 「地方記事」, 『유도』 3호, 1943, 102쪽.

20) 「地方記事」, 『유도』 6호, 1944, 69쪽.

조선유도연합회 주요 간부들이 각 지방을 돌면서 시국강연과 강습회 등을 활발하게 전개하고 있었다. 특히 경학원 사성이자 조선유도연합회 편찬부장인 이경식, 역시 경학원 사성이며 조선유도연합회 교육부장인 안인식과 조선유도연합회 상임이사 이명세 등은 전시체제기에 가장 대표적으로 활동하였던 일제협력유림이었다.

조선유도연합회가 시국 강연과 각종 강연 및 강습에 힘을 쏟은 것은 전쟁의 장기화로 인한 유림과 일반 민중의 정신적 동요를 막는 동시에 일본제국의 충량한 황국신민으로 세뇌를 시키려는 의도라 할 수 있다. 그밖에 조선유도연합회는 소위 '성지참배단(聖地參拜團)'을 조직하여 일본의 성지를 참배하였으며, 각 도 유림이 일본의 육·해군에 군용기구 자금으로 헌납한 10만 3천 원으로 일명 '유림호' 군용기를 만들게 하였다.[21]

그런데 조선유도연합회 간부들의 시국강연 등을 당시 반일의식을 지닌 유림은 어떻게 인식하고 있었을까? 조선유도연합회가 결성되어 활동하던 시기는 한국 역사상 가장 어려운 시기 중의 하나인 데다가 반일의식을 지닌 유림은 모두 은거하여 침묵을 지켰다. 그렇기 때문에 그런 정황을 보여주는 유림의 기록은 현재 찾아보기가 어렵다. 그러나 김주현(金冑現)이 쓴 『정강일기(定岡日記)』에서 편린이나마 당시 조선유도연합회의 활동에 대한 보수유림의 분위기를 읽을 수 있다.[22]

> 본 향교 직원 아무개가 각 면을 순회하며 시국강연을 하였다. 經史를 표절하고 옛 일을 인용하여 현재를 비유하는 것을 엿들어보니 꾸미고 간교하며 요망한 말들이라서 사람으로 하여금 포복절도하게 한다. 경사의 본의가 과연 그 말대로라면 옛날부터 지금까지 현인, 군자의 도덕 절의가 모두 완고

21) 「本會記事」, 『유도』 3호, 1943, 101쪽.

22) 『정강일기』에 대해서는 김희태, 「『定岡日記』: 일제말~광복 직후 장흥 유생의 일기」, 『지방사와 지방문화』 1, 학연문화사, 1998 참조.

> 하고 어리석은 것이 되고 亂臣과 賊子, 悖逆의 무리가 도리어 현명하고 지혜로운 자가 되는가! 이는 논변할 거리도 못 된다. 아! 사람 마음의 잃어버림이 어찌 이와 같은가![23]

김주현은 전북 장흥군에서 생장한 인물로 반일의식을 지닌 유림이었다.[24] 그가 언급한 향교 직원은 분명히 장흥군 유도회 소속 인물로 조선유도연합회의 지시에 따라 장흥군의 각 면을 순회하면서 시국 강연을 하였을 것이다. 그런데 주목할 점은 향교 직원이 한 강연 내용이 김주현이 보기에 논변할 가치가 없을 정도로 형편없다는 것이다. 그렇다면 일제협력유림이 역창하는 '황도유학'의 논리도 김주현 같은 유림에게는 하나의 사설(邪說)로써 인식되었을 것이다. 이는 결국 유교적 소양이 깊고 반일의식이 강한 유림에게 조선유도연합회에서 펼치는 시국강연이나 강습 등은 사실상 아무 효과가 없음을 의미하는 것이다. 또한 김주현 같은 유림이 볼 때, '난신적자패역의 무리(亂臣賊子悖逆之徒)'는 바로 일제에게 붙어서 날뛰고 있는 일제협력유림과 같은 사람들일 것이다.

2. '황도유학'의 등장과 전개

1) '황도유학'의 등장

일본 식민주의 관학자 다카하시 도루는 1939년 「왕도유도에서 황도유

23) 『定岡日記』 권5, 1943년 7월 20일(양력 8월 20일). "本鄕校直員舊時都有司者某 巡回各面以時局的講演 而仄聞其剽竊經史 引古比今 敷飾巧妄之說 令人絕倒矣 經史本意 果如其說 則自古及今 賢人君子道德節義 皆歸頑愚 而亂臣賊子悖逆之徒 反爲賢知乎 是亦不足辨也 嗚乎 人心之喪盖如是耶."

24) 金暎喜, 「일제 말기 향촌 儒生의 '日記'에 반영된 현실인식과 사회상」, 『한국근현대사연구』 14, 2000 참조.

도로」라는 글을 『조선』에 게재한 후[25] 식민지 조선에 '황도유학'이 본격적으로 공론화되었다. 다카하시는 이 글을 쓰게 된 동기에 대해서 다음과 같이 말하고 있다.

> 이제 조선에서 유교단체가 그 결속을 새롭게 하여 일어나서, 종래에 이곳의 지도계급 인사들의 자각 아래에 동아신질서 건립의 대업에 하나의 역할을 하겠다는 정신운동이 구체화하는 때를 맞이하였다. 이에 조금이라도 일본유도의 第一義諦를 밝혀서 이 운동이 목표해야 할 곳에 대하여 사견을 말하고자 하는 것이다.[26]

다카하시가 언급한 조선에서 새롭게 결속되어 일어난 유교단체는 바로 조선유도연합회를 의미한다. 그는 조선유도연합회가 결성되자 그것을 이데올로기적으로 지원하기 위하여 이 글을 작성한 것이다. 즉 그는 일제가 일으킨 태평양 전쟁을 '동아신질서 건립의 대업'이라 하면서 조선의 '지도계급 인사'인 유림에게 '하나의 역할'을 적절히 하도록 하기 위해서 일본 유학의 진정한 의미를 논하겠다는 뜻을 밝히고 있다.

다카하시는 '왕도'와 '황도'의 용어를 가지고 중국 유학과 일본 유학의 특징을 논의하였다. 즉 공자의 정치사상의 이상은 역성혁명을 인정하는 것으로 한(漢)민족의 국가조직의 근본 즉 국체(國體)에서 온 것이지만 일본은 세계 유일의 특별 국가로 만국(萬國)에 비교할 수 없는 국체를 가지기 때문에 공자의 정치사상을 받아들일 수 없다고 하였다.[27] 옛날 일본 학자들이 중국의 유학을 연구하여 유도 속에 수용하지 말아야 할 것이 존재함을 알게 되었는데, 그것이 바로 역성혁명이라는 것이다. 그래서

25) 高橋亨, 「王道儒道より皇道儒道へ」, 『朝鮮』 제295호, 1939년 12월호.
26) 高橋亨, 「王道儒道より皇道儒道へ」, 『朝鮮』 제295호, 1939, 10쪽.
27) 高橋亨, 「王道儒道より皇道儒道へ」, 『朝鮮』 제295호, 1939, 19~20쪽.

일본에서는 『맹자』를 교과서로 채택하지 않았다고 언급하였다.[28]

다카하시가 자랑스럽게 말하고 있는 일본의 국체는 이른바 '만세일세(萬世一系)의 천황제'이다. 중국의 왕조는 안정되지 않고 혼란이 오면 계속 변하였기 때문에 역성혁명은 인정할 수밖에 없지만 일본의 왕조는 끊어지지 않고 이어져왔기 때문에 중국의 역성혁명 같은 것은 인정할 수 없다는 의미인 것이다. 그는 중국과 일본은 국가조직의 근본, 곧 국체가 달라서 정치사상과 정치이상이 서로 일치하지 않고 이러한 차이는 양 국민의 도덕 사상에서 나타난다고 하였다. 그래서 중국이 가르치고 설명하는 도덕은 일본 국민의 도덕에 불충분하다고 주장하였다.[29]

그는 아무리 요 · 순 · 우 · 탕 · 문무 · 주공 · 공자의 성인이라도 일본의 국체는 역성혁명을 사상으로 삼는 것은 절대로 할 수 없었던 것이라 하면서, 일본의 정치사상은 곧바로 정치이상이며 또 그것은 국사에 잘 실현되고, 지선지미(至善至美)의 현묘(玄妙)한 것이라고 주장하였다. 왜냐하면 일본의 고대인 '신국일세(神國一世)'는 중국의 신화시대보다 더욱 뛰어난 풍속을 가지고 있었기 때문에 중국에서 전래된 유교는 본래 가지고 있던 일본의 아름다운 도에 이름을 붙인 것에 불과하기 때문이다.[30] 그래서 공자와 맹자가 설파한 정치이상은 왕도라고 말하지만, 일본의 정치는 황도라고 말하는 것이라고 그는 설명하였다.[31]

다카하시가 주장하는 일본의 국체, '만세일계의 천황제'는 사실 근대에 만들어진 전통이다. 이 천황제는 일본은 고유의 신들에 의해 만들어진

28) 高橋亨, 「王道儒道より皇道儒道へ」, 『朝鮮』 제295호, 1939, 13쪽.

29) 高橋亨, 「王道儒道より皇道儒道へ」, 『朝鮮』 제295호, 1939, 22쪽.

30) 高橋亨, 「王道儒道より皇道儒道へ」, 『朝鮮』 제295호, 1939, 12쪽. "我邦列聖保民如子 不讓堯舜禹湯 其風俗尊君親上相愛相養 又有過唐虞三代之民 則雖無經籍 其道固有在 特未有名而教之曰仁曰義者耳."

31) 高橋亨, 「王道儒道より皇道儒道へ」, 『朝鮮』 제295호, 1939, 20쪽.

나라이기 때문에 신들에 의해서 특별히 보호받고 있다는 신국사상(神國思想)에 바탕을 두고 있다. 신국사상은 일본이 ① '신이 옹호하는 나라(神明擁護)'라는 것과 동시에 ② 신 = 천황이 지배하는 나라(神孫降臨)이고 그럼으로 ③ '신성한 나라(국토의 종교적 신성시)'라고 믿게 하는 사상이라 할 수 있다. 신국사상은 이론도 체계적인 사상도 없고, "신대로부터 우리 조정은 시작했다"는 것에만 의지한 아주 원시적인 관념이었다.[32]

다카하시가 주장한 '황도유학'은 결국 일본의 신국사상, 즉 신도(神道)가 유교와 결합되어 이루어진 일본화된 유교를 의미하며 그 정점에 천황이 있다. 그러므로 '황도유학'은 일제의 침략 전쟁을 뒷받침하는 이데올로기 역할을 하는 이론이었다. 그가 조선유도연합회의 결성에 발맞추어 조선의 유림에게 '황도유학'을 강조하였던 목적은 다음의 말에서 뚜렷하게 알 수 있다.

> 최근에 와서 支那 정치당국의 좁은 소견으로 극동의 형세에 破天荒의 변화가 생겨 만주제국이 우리나라의 원조로 세우지고, 왕도국가를 표방하며, 이어서 우리나라 曠古의 대사업인 支那事變이 돌발하여, 유형무형의 국력 총동원을 하게 하였으며, 당당하게 이 사태에 직면해서 이것을 근본적으로 해결함으로써 국가 몇 백 년의 大計를 확립해야 할 중대한 시기를 만났다. 그리하여 <u>우리 조선은 일본에 부속된 지 아직 얼마 되지 않았으나 그 지리적인 위치가 중요한 것과 그 물적 인적 자원이 풍부함으로써 이러한 비상시에 일본에게는 자진해서 빛나는 한 역할을 담당하는 화려한 사태에 서게 된 것이다. 이때를 맞이하여 조선의 유교단체가 경향을 통틀어 총동원해서 일치단결 이러한 운동에 참가하게 된 것은 참으로 시의 적절한 것이다</u>. 동시에 옛날부터 있었던 지나와 조선의 유교와 일본유교가 그 정치사상의 근본요체가 서로 일치하지 않는 것이 존재하는 것은 내선의 식자들이 잘 알고 있지 않으면 안 되는 것이다.[33] (강조는 필자)

32) 高城幸一, 「신국사상과 메이지정부의 국가신도(神道)화 정책」, 『일본사상』 11, 2006, 125쪽.

일본은 제1차 세계대전 경험의 연구를 통해 앞으로 다가올 전쟁은 전방과 후방이 따로 없고 전투원과 비전투원의 구별도 없는 총력전이 펼쳐질 것이라는 사실을 인식하고 있었다. 이러한 총력전을 수행하기 위해서는 이른바 '내지(內地)'의 인적, 물적 자원뿐만 아니라 반드시 조선 같은 식민지의 인적, 물적 자원을 동원해야만 했다. 다카하시가 주창한 황도유학도 그런 맥락에서 나온 것이다. 조선 민중이 일본의 침략 전쟁에 자진하여 인적, 물적 자원을 바치도록 하는 정신과 태도를 갖게 하는 것이 '황도유학'의 목적이다. 즉 '황도유학'은 조선의 자원과 민중을 일본의 침략 전쟁에 동원하기 위해서 등장한 어용 이데올로기인 것이다.

> 오늘날 조선에서 크게 진흥해야 할 유교 교화는 그런 미지근한 유교의 가르침이 아니며, 충분하게 일본에 國粹에 동화한 국민정신과 국민도덕을 계발과 배양 및 함양해 온 황도적인 유도가 되어야 할 것이다. 우리는 지나 유교의 정치사상인 易姓革命, 禪讓, 放伐을 배제하고, 충효불일치, 효를 충보다 중시하는 도덕사상을 부인하고, 그리하여 우리 국체에 따른 대의명분으로써 정치사상의 근본을 세워, 충효일체로써 도덕의 골자로 삼아야 할 것이다. 또 지나를 중화로서 숭배하는 것을 폐지하고 우리나라를 中朝로 삼고, 우리 國史의 精華를 존중해야 할 것이다. 이러한 것은 참으로 우리 일본 儒敎徒가 품고 있는 정치도덕사상으로서, 그리고 이제부터의 조선 유교도도 이렇게 하여 세태에 기여하며 스스로를 살려나가야 하는 것이다. 조선의 유교단체는 황도유도를 선포하고 發揚하지 않으면 안 될 것이다.[34]

다카하시는 비록 조선의 유림이 전보다 위세와 권위가 비교할 수 없을 정도로 위축되어 있었지만 여전히 반일의식을 견지하고 있음을 알고 있었다. 향촌에 은거하며 침묵을 지킨 반일의식의 유림은 조선 성리학의

33) 高橋亨, 「王道儒道より皇道儒道へ」, 『朝鮮』 제295호, 1939, 17쪽.
34) 高橋亨, 「王道儒道より皇道儒道へ」, 『朝鮮』 제295호, 1939, 27~28쪽.

특징인 의리론을 굳게 지키고 있었다. 다카하시가 주창하는 일본화된 유교, 즉 '황도유학'은 일본의 신국사상을 바탕으로 충과 효를 일치시킨 것이다. 이것은 그들의 저항의식을 원천적으로 억제하는 동시에 조선 민중을 천황의 적자로서 황국신민으로 교화하는 것과 나아가서 천황을 위해 전장에서 목숨을 기꺼이 바치며 충성을 다할 수 있는 인물로 양성하기 위하여 나온 어용 이데올로기인 것이다. 그래서 다카하시는 중화사상을 지닌 유림에게 중국을 중화로 여기지 말고 일본을 중조(中朝)로 삼고 일본의 국사를 정화로 여기라고 하는 것이다. 그래서일까! 명륜전문학교 교수인 주병건(朱炳乾)은 조선유도연합회 기관지 『유도』에 '중조사실(中朝事實)'을 일본어와 한문으로 게재하여 다카하시의 요구를 충실히 따르고 있다.[35]

요컨대 다카하시가 주장한 '황도유학'은 일본천황을 정점으로 하여 신국사상에 바탕을 두고 충효일체의 국가주의적 · 전체주의적 논리를 지닌 것이었다. 또한 '황도유학'은 한국의 전통 유교를 비판하고 일본화시키는 한편, 조선의 민중을 일본천황에 충성을 바치는 충량한 신민으로 만들고 조선의 인적, 물적 자원을 일제의 침략 전쟁에 동원하도록 만드는 이데올로기였다.

2) 일제협력유림의 '황도유학' 추종

'황도유학'을 일제협력유림은 추종하고 더욱 확대 발전시켰는데, 그중에 대표적인 인물이 바로 안인식(1883~1969)과 이명세(1893~1972)였다.

35) 朱炳乾, 「中朝事實」, 『유도』 4호, 1943, 49~73쪽; 『유도』 5호, 1943, 37~48쪽; 『유도』 6호, 1944, 25~34쪽.

황도유학이란 우리나라 고유의 황도정신을 기본으로 하고, 여기에 동양도덕의 근원인 유교도덕의 진수를 융합하는 것을 말한다. 이것을 한 마디로 말하면 국체를 명확하게 하고, 人道를 올바르게 하는 데 있는 것이다. 다시 이것을 상세하게 설명하면, 국체를 중심으로 인륜의 길을 올바르게 할 수 있으며, 또 인륜의 길이 올바르게 되는데 따라서 국체는 더욱 益明하게 되는 까닭인 것이다. 이와 같이 해서 국체와 인도와는 서로 순환작용을 하고, 서로 떨어질 수 없는 관계를 갖는 것과 함께, 양자가 완전히 融合醇化되어 최고 至善의 국민도덕의 기준이 되는 것이다.[36] (강조는 필자)

안인식은 자신이 진정 일본제국의 신민이란 인식을 바탕으로 '황도유학'을 설명하고 있는데, 다카하시의 논리보다 더욱 세련되게 논하고 있다. 일본인보다 더 일본적으로 '황도유학'을 설명하는 안인식은 1883년 12월 14일 충청남도 면천군 송학동에서 태어났으며 호는 죽계(竹溪), 미산(嵋山)이다.[37] 그가 8세 때 1890년 아버지 안윤(安潤)과 함께 김윤식(金允植)을 방문하였는데 이 자리에서 당시(唐詩)를 송독(誦讀)하자 김윤식으로부터 기재(奇才)라고 칭찬을 받았다.[38] 그는 어릴 때부터 정규 교육을 받지 않고 가학을 통해 유학에 깊은 소양을 지녔다. 그는 한일병합 이후, 1911년부터 1914년까지 면천공립보통학교 부훈도를 지냈으며, 1919년에 충청남도 도시학(道視學)을 역임하였다. 이후 공주고등보통학교 교유를 지냈고 1925년 4월 일본 도쿄 대동문화학원(大東文化學院) 고등과 1학년에 입학하였다. 1926년 7월 귀국하여 대구공립보통학교 교유가 되었으며

36) 安寅植, 「皇道儒學の本領」, 『조선』 제347호, 1944, 26쪽. 이 글과 거의 비슷한 내용이 『유도』 1호(「皇道儒學」, 1942년, 29~36쪽)와 『유도』 2호(「皇道儒學(2)」, 1942년, 34~43쪽)에 게재되어 있다.

37) 安寅植, 「自敍傳」, 『嵋山文稿』, 嵋山先生記念事業會, 1973, 355~356쪽.

38) 『續陰晴史』 권5. "癸丑晴熱如三庚中 安潤 率其八歲兒寅植來 能誦唐詩二百首 且有筆才可奇也."
安寅植, 「自敍傳」, 『嵋山文稿』, 嵋山先生記念事業會, 1973, 357쪽. "先人往靈塔寺 謁雲養金尙書 雲養命之 講孝經及所誦唐詩若干篇 歎曰奇才也."

1927년 일본으로 돌아가 학업을 계속하여 1928년 3월 대동문화학원을 졸업하였다.[39] 그가 일본에서 학업을 할 때, 일본의 발전된 모습을 직접 확인하면서 일본에 경도된 것 같다.[40]

안인식이 본격적으로 일제협력유림의 대열에 합류하게 된 것은 1930년에 명륜학원 강사와 경학원 사성에 임명되면서부터였다.[41] 그는 누구보다 철저하게 일제에게 협력하였던 대표적인 친일파 중의 한 사람이었다.[42] 1937년 일본이 중일전쟁을 일으키자 일제의 침략 전쟁을 찬양하는 글을 작성하였으며,[43] 일제의 침략 전쟁을 정당화하고 옹호하는 강연을 활발하게 펼쳤다.[44] 그는 심지어 '조선인 징병제 요망운동'에 발기인으로도 참여하였으며,[45] 조선신궁에서 거행하는 국위선양무운장구기원제(國威宣揚武運長久祈願祭) 등에 적극적으로 참석하였다.[46] 1939년부터 국민정신총동원조선연맹 참사,[47] 조선유도연합회 상임이사와[48] 국민총력조선연맹 참사로[49] 왕성하게 활동하였다. 또한 그는 1944년 9월에 국민동원총진회 이사,[50] 1945년 6월에 조선언론보국회 참여,[51] 국민동지회 발기인[52]으로 참여하는 등 해방 직전까지 일제의 식민통치와 침략전쟁을 지원하기 위해 적극적으로 활동하였다. 특히 그는 지방을 돌아다니며 일제에 영합하는 시국 강연을 많이 했기 때문에 지방의 반일유림은 그를 좋지 않게 여겼다.

39) 安寅植, 「自敍傳」, 『嵋山文稿』, 嵋山先生記念事業會, 1973, 363~372쪽; 『조선총독부급소속관서직원록』, 1912년판, 1921년판, 1923~1924년판, 1927년판.

40) 안인식은 대동문화학원 창립의 유래를 설명하면서 관동대지진으로 대동문화학원이 부실해진 것을 안타까워하며, 당시 조선인이 무참하게 학살당했던 관동대지진을 동양문화의 일대액운이라고 말하고 있다(「自敍傳」, 『嵋山文稿』, 문조사, 1973, 369쪽). "要之 關東大震災 東洋文化之一大厄運也."

41) 『경학원잡지』 31호, 1930, 60쪽, 32호, 1930, 36쪽.

42) 안인식은 황민화 운동에 진력을 다한 자로 악명을 날려서 해방 후 반민특위에 체포당하였다(「安寅植을 逮捕」, 『동아일보』, 1949년 3월 16일, 2면).

43) 안인식이 중일전쟁을 찬양한 한시는 다음과 같다(『聖戰誠詩集』, 경학원, 1937년, 7쪽).

빛나는 해 하늘 위로 솟아올라서 旭日天上出
만고토록 부상 땅을 내려 비추네 萬古照扶桑
아름답고 아름답다 우리의 제국 猗歟我帝國
큰 복조가 영원토록 드리워졌네 洪祚垂永昌
운세 응해 제국 터전 열었거니와 膺運肇基業
보록 정히 끝이 없어 영원하구나 寶籙正無疆
혁혁하게 빛난 공렬 성대하니 赫赫盛功烈
역사책에 실려져서 빛이 나리라 竹帛載有光
고루 천황 은혜 크게 입었거니와 均被皇恩重
모두 무운 장구하길 축원하누나 咸祝武運長
이웃 나라 평화의 도 잃어버리고 隣邦失平和
제 스스로 교의 도리 손상시켰네 自致交誼傷
옳고 그름 다시 무얼 논하겠는가 是非更何論
유리하고 불리함을 못 헤아렸네 利鈍不自量
군대 정돈하여 대책 결정했거니 整旅決大策
명분과 의리 정히 당당하였네 名義正堂堂
지략을 써 신묘함을 실었거니와 智略輸神妙
위엄 권세 열강들을 압도하였네 威權壓列强
수천 명의 충의로운 군사들 모두 萬千忠義士
천황 은혜 갚을 마음 잊지 않았네 報國心不忘
개선할 날 가까운 걸 알겠거니와 凱旋知不遠
환성 소리 온 사방을 울리는구나 歡聲動四方
만세 삼창 온 나라에 두루 퍼지며 三呼遍匝域
우리 천황 만세 살라 축원을 하네 萬歲祝吾皇

44) 대표적인 것을 든다면, 「東亞의 大局과 吾人의 覺醒」, 『매일신보』, 1937년 8월 8일 호외, 2면. 안인식은 경성 종로 청년회관에서 이돈화, 권상로, 양주삼, 이종린, 전필순 등 각 종교 대표와 함께 일제의 침략 전쟁을 옹호하는 시국강연을 하였다. 이들의 시국강연은 「戰時下의 時局演說」, 『삼천리』 제9권 제5호, 1937, 6~9쪽에 실렸는데, 안인식의 연설은 내용이 약간 수정되어 '時局과 吾人의 覺醒'이란 제목으로 수록되었다.

45) 『삼천리』 8권 12호, 1936, 14쪽.

46) 「朝鮮神宮中心으로 祈願祭擧行準備」, 『매일신보』, 1937년 8월 25일, 1면; 『경학원잡지』 43호, 1938, 53~57쪽.

47) 「조선연맹역원 일람」, 『총동원』 1권 2호, 1939, 39~40쪽.

48) 『경학원잡지』 45호, 1940, 24쪽.

49) 국민총력조선연맹, 『국민총력』, 제2권 제11호, 1940, 23쪽; 국민총력조선연맹 편, 「국민총력조선연맹역원」, 『국민총력운동요람』, 1943, 110쪽; 『국민총력조선연맹역원명부』, 1944년, 42쪽.

50) 『매일신보』, 1944년 9월 23일, 3면, 1944년 9월 25일, 2면.

51) 『매일신보』, 1945년 6월 9일, 2면.

52) 『매일신보』, 1945년 6월 22일, 2면.

안인식은 '황도유학'의 본령은 국체를 명확하게 하고 인도(人道)를 올바르게 하는 데에 있으며, '황도유학'의 실시 방법은 교육칙어를 받드는 것이라고 주장하였다. 그는 국체를 다음과 같이 설명하고 있다.

> 황도란 황국고유의 길로, 나라를 세운 이래 天神의 길과 역대 천황의 御宇의 길을 가리키는 말로서, 혹은 神道라고 말하며 혹은 황도라고 말한다, 사실은 황도는 즉 신도이며 신도는 즉 황도로서 같은 황국고유의 길인 것이다. 대체로 동서고금을 통하여 지구상에 국가를 건설하는 자가 몹시 많으나, 건국 이래 한 姓이 전해 내려오는 것은 세계 각국 어느 역사를 보아도 발견할 수가 없는 것이다. 말할 것도 없이 3천년의 빛나는 역사를 가지며 萬世一系의 황통을 받드는 일본 국체 같은 것은 과거에 볼 수 없을 뿐만 아니라 미래에서도 꿈조차 꿀 수 없는 것이다. 이와 같은 유구한 역사를 갖는 것은 혹시 우연히 기적이었다고 해도 그래도 존귀한 것이라고 말하지 않을 수 없다.[53] (강조는 필자)

안인식도 다카하시와 마찬가지로 일본의 조작된 전통과 역사를 '황도유학'의 근거로 삼고 있다. 그러나 그는 다카하시보다 더 명확하게 황도는 신도이며 만세일계의 황통이 바로 일본 국체라고 설명하고 있다. 그는 유독 신국 일본만이 나라를 세울 당시 도의를 근본으로 하여 국가를 건설하였고, 역대로 이 도의를 신조로 하고 덕화(德化)를 홍포(弘布)했기 때문에 국민은 황실을 중심으로 도의를 지키고 황실은 도의를 중심으로 하고 신통(神統)을 계승하게 된 것이며, 이러한 것이 일본국체가 만방에 유례없는 까닭이라고 하였다.[54] 그렇다면 국체를 명확히 인식하면 어떤 효과가 나타나는가?

53) 安寅植, 「皇道儒學の本領」, 『조선』 제347호, 1944, 27쪽.
54) 安寅植, 「皇道儒學の本領」, 『조선』 제347호, 1944, 27쪽.

위에는 仁愛의 化身으로 아래에 미치며 아래는 충의의 도로써 위를 받들고 군민일체의 국가가 된다. 역대 천황께서는 至仁, 至慈民을 하는 것이 자식과 같이 사랑해 주시며, 국민은 忠孝道義를 다하여 나라를 위해 살고 나라를 위하여 죽겠다는 국민이 된다.[55] (강조는 필자)

그가 국체의 본의를 명확하게 하는 것이 '황도유학'의 본령의 시작이라고 주장한 것은[56] 바로 그것이 일본제국을 위해 죽을 수 있는 신민이 되는 중요한 토대가 된다고 보았기 때문이다. 일제가 중일전쟁에 이어 태평양 전쟁을 벌인 당시를 감안한다면, 안인식은 자신의 동족에게 자신들을 가혹하게 식민 통치한 일제를 위해 목숨을 바치라는 요구를 하고 있는 것이다.

다카하시가 공자의 정치 이상을 직접적으로 '황도유학'에 연결시키지 않았던 점에 비해 안인식은 공자를 '황도유학'의 논리 안으로 끌어들였다. 그것도 일제의 전쟁 논리에 공자의 이상적인 정치 사상을 결합시킨 것이다.

특히 공자의 손을 거친 춘추의 尊王의 大義 같은 것은 萬世君臣의 大防을 엄밀히 하고 천하후세의 큰 법을 정한 것이니 우리 국체를 배양하는 데 유일한 寶典이라고 말하지 않으면 안 될 것이다. 또한 공부자의 이상이라고 한 大同太平의 세계관은 오늘날 대동아공영의 이념에 합치된다고 보아야 하며, 유도의 본령이라고 말해야 할 仁의 길과 천지만물을 일체로 하고 四海는 동포이며, 천하는 한 집이라는 이상은, 원래부터 八紘一宇의 대 정신과 아무런 차이가 없다. 그렇게 보면 현재 시국에서 가장 필요불가결한 길인 것이다.[57] (강조는 필자)

55) 安寅植, 「皇道儒學の本領」, 『조선』 제347호, 1944, 27쪽.
56) 安寅植, 「皇道儒學の本領」, 『조선』 제347호, 1944, 28쪽.
57) 安寅植, 「皇道儒學の本領」, 『조선』 제347호, 1944, 29쪽.

역설적으로 안인식은 다카하시보다 '황도유학'을 논리적으로 더 발전시켰다고 볼 수 있다. 그는 공자의 대동사상을 터무니없게 일제의 이른바 '대동아공영'의 논리와 연결시켜버렸다. 이렇게 되면 공자를 존중하는 유림은 공자의 정치이상을 실현시키기 위해서라도 일제가 일으킨 전쟁에 자발적으로 참여해야 한다는 궤변으로 발전할 수 있다. 그렇다면 안인식은 '황도유학'의 완성을 어떻게 보았을까.

> 생각하건대 세계 만국 중에서 만세일계의 황통을 받들고 3천 년의 빛나는 역사를 갖는 것은 신국 일본을 두고서는 더욱이 없으며, 동양 수천 년 이래 중국의 혁명이 반복됨에도 불구하고 2천 5백 년을 통하여 인류의 尊仰을 받는 것은 공자 외는 없는 것이다. 여기에다 만방에 유례가 없는 국체에 萬世 人道의 大本을 채택하고, 잘 순화 융합하여 혼연일체를 이루고, 국체는 더욱 더 闡揚되어 인류역사상 지금까지 없었던 최고지선의 새로운 도덕을 건설하는 것이다. 이렇게 함으로써 동아공영권의 지도 원리로 삼고 나아가서는 세계 신질서의 건설에도 커다란 공헌을 바침으로써, 대동태평의 이상세계를 동아의 신천지에 건설하고 싶은 것, 이것이 황도유학의 본령의 완성이라고 말해야 할 것이다.[58] (강조는 필자)

일본의 국체와 유학을 결합시킨 충효일치의 일본화된 유학에 안인식은 다시 공자의 대동사상을 연결시켜 일제의 소위 대동아전쟁을 합리화시켰다. 또한 시대적 맥락 속에서 본다면 일본이 전쟁에 이겨야만 '황도유학'의 본령이 완성되는 것이다. 그렇다면 일본이 승리할 수 있도록 조선 유림과 민중은 당연히 몸과 마음, 그리고 자신의 목숨까지도 바쳐야 한다는 의미를 담고 있는 것이다.

이렇게 안인식은 공자의 사상까지 끌어들여서 다카하시의 '황도유학' 논리를 더욱 세련되게 포장시켰다. 즉 공자의 이상적인 정치 사상이 공

58) 安寅植, 「皇道儒學の本領」, 『조선』 제347호, 1944, 32쪽.

자 자신이 그토록 싫어하였던 명분 없는 전쟁을 뒷받침하는 이데올로기로 이용된 것이다. 다음의 글에서도 그런 점을 명확하게 볼 수 있다.

> 그들 米英민족의 소위 문명의 기조를 만든 사상은 개인주의, 유물주의 공리주의로서 민중의 모든 생활, 활동은 모두 개인의 이기적이고 향락적인 욕망을 만족시키는 데 그치고 있는 것이다. 그리하여 이러한 사상이 극도로 발달한 결과, 소위 국가정치라는 것도 양육강식을 정당시하고, 따라서 세계도처의 저급문화의 약소민족은 나름대로 자신들의 노예로 간주하여, 착취무역의 경쟁을 더욱 더 격렬화시켜서 (중략) 만주사변 · 지나사변 이번 대동아전쟁도 그들의 죄악을 성토하고 응징하기 위한 전쟁인 것이다.[59] (강조는 필자)

이명세는 일제가 자신들의 이익을 위해 일으킨 전쟁들을 미국 · 영국의 죄악을 성토하고 응징하기 위한 의전(義戰)이라고 강변하고 있다. 그는 1893년 11월 30일 충청남도 홍주군 홍북면 중계리에서 태어났으며[60] 자는 성도(聖道), 호는 의산(義山)이며[61] 창씨명은 하루야마 아키요(春山明世)이다. 7세에 가숙(家塾)에서 한학을 배운 그는 1911년에 양정 고등보통학교를 졸업하였고 1918년에는 경성 법학전수학교를 졸업하였다.[62] 같은 해에 대구지방법원 상주 지청 재판소에서, 1919년에는 공주지방법원 서산지청, 홍성지청에서 서기로 근무하였다.[63] 그는 1923년에 호서은행 대리로 들어가서 1924년에 호서은행 서무과장, 1927년에 호서은행 홍성지점장으로 근무하였다.[64] 그 후 1932년 9월 1일에 일본계 은행인 동

59) 春山明世, 「東亞共榮圈と儒教の役割」, 『유도』 1호, 1942년, 38쪽.
60) 이명세, 「年譜」, 『義山集』, 1972, 218쪽; 『유도』 7호, 1944, 142쪽.
61) 이명세, 「義山集附錄 家狀」, 『義山集』, 1972, 188쪽.
62) 이명세, 「年譜」, 『義山集』, 1972, 218쪽.
63) 『조선총독부급소속관서직원록』, 1920년판, 1921년판; 이명세, 「年譜」, 『義山集』, 1972년, 219쪽.
64) 이명세, 「年譜」, 『義山集』, 1972, 218~219쪽.

일은행(東一銀行) 검사역(檢査役)을 비롯하여 동년 10월 1일에 동일은행이 대주주로 대부업과 부동산 매매 위탁업을 하는 주식회사 남창사(南昌社) 취체역(取締役), 1933년 주식회사 철원창고(鐵原倉庫) 취체역, 1936년 주식회사 이문당(以文堂) 취체역 등을 지냈다.[65]

이렇게 이명세는 비록 어릴 때에 한학을 배웠지만 경력으로 보아 유림보다는 근대 지식인으로 주로 은행에서 직장 생활을 하던 인물이었다. 그러나 그는 1939년에 조선유도연합회 상임참사(常任參事)[66]가 되면서 일제협력유림의 대열에 들어섰다. 이명세는 1941년에 조선유도연합회 상임이사, 1944년에 경학원 사성이 되었으며[67] 안인식과 함께 황도유학을 제창하며 일제강점기 마지막을 장식한 일제협력유림이었다.

이명세는 일제가 저지른 태평양전쟁을 정의로운 전쟁일 뿐만 아니라 동양을 위한 숭고한 전쟁으로 격상시키고 있다.

> 그들의 개인주의·유물주의·공리주의는 그 뿌리에서 우리의 황도정신과는 서로 맞지 않아서 氷炭不相容의 차이가 있을 뿐만 아니라, 그들의 포악무도한 행동을 그대로 좌시할 때에는 동아인들의 동아는 그들의 식민지화가 될 우려가 시시각각으로 다가온다. 우리나라는 동아의 맹주인 입장에서 또한 道義國인 정신으로 동아인을 대신하여 대동아전쟁의 정의로운 깃발을 올려 동아신질서의 건설을 한 걸음 나아간 것이다.[68] (강조는 필자)

백인종 대 황인종이라는 인종 경쟁론적 관점과 서양의 물질주의 대 동양의 정신주의의 대결이라는 인식은 19세기 말부터 발생하던 것이었다. 이명세는 그 위에 유교의 도의를 이용하여 일제가 동양이 서양에게 식민

65) 이명세, 「年譜」, 『義山集』, 1972, 220쪽; 『조선은행회사조합요록』, 1933년, 1937년, 1939년.
66) 『경학원잡지』 45호, 1940, 42쪽.
67) 이명세, 「年譜」, 『義山集』, 1972, 221쪽.
68) 春山明世, 「東亞共榮圈と儒教の役割」, 『유도』 1호, 1942, 38쪽.

지화 되는 것을 막기 위하여 성전을 펼치는 것으로 포장하고 있다.

> 우리나라는 그들의 비정의적이고 비인도적인 침략주의를 聲名討伐해서 동아의 여러 약소민족을 도탄에서 구해 내는 것이 전쟁 목적인 것이다. 이것은 즉 세계 공론이 시인하는 바로서 동아의 여러 약소민족이 大旱에 구름 떼를 바라듯이 우리 황군의 활동을 기대하고 있음으로, 우리나라의 大義를 명백하게 하는 일장기 아래에, 무어라고 해도 끈질긴 敵도 자신의 죄악에 자신들의 심신을 넋을 잃고 무릎을 굽히고 오고 있는 것이었다. 우리는 무적 황군을 謳歌하고 있으나, 우리 황군은 仁義를 위하여 싸우기 때문에 무적인 것이다. '仁者無敵'이라고 말한 선현의 격언이 현재 사실을 증명하고 있지 않는가.[69] (강조는 필자)

이명세는 기본적으로 사실을 호도하고 있다. 조선민중도 일반적으로 중일전쟁을 일제의 야심에 의한 침략 전쟁으로 이해하였다.[70] 그런데 이명세는 일제가 벌인 침략 전쟁을 전 세계가 동양의 약소민족의 생존을 위한 전쟁으로 인정하고 있다는 주장을 거침없이 하고 있는 것이다. 그리고 일본군이 인의를 위해 싸웠기 때문에 승승장구하고 있다고 하며 인자무적(仁者無敵)의 말을 전혀 다른 맥락에서 쓰고 있으며 일본군의 승리에 대한 칭송도 남겼다.

> 新嘉坡陷落日志喜[71]
>
> | | |
> |---|---|
> | 미국과 영국 섬멸이 눈앞에 있음은 | 殲滅米英在眼前 |
> | 천황 군대 해공권을 제패했기 때문이네 | 皇軍制覇海空權 |
> | 여러 섬들 앞다투어 투항하는데 | 爭先群島投降早 |
> | 최후까지 싱가포르 굳게 저항했네 | 最後新嘉抵抗堅 |
> | 도시 함락되어 전공을 이룬 날 기념하며 | 入市功成紀元 |

69) 春山明世, 「東亞共榮圈と儒教の役割」, 『유도』 1호, 1942, 38쪽.
70) 변은진, 「日帝의 파시즘 전쟁(1937~45)과 朝鮮民衆의 戰爭觀」, 『역사문제연구』 3, 1999, 168쪽.
71) 『儒道』 1호, 1942, 49쪽.

성에 가득 찬 사람들 대화의 하늘 느끼네　　滿城人戴大和天
공영 건설은 지금부터 시작이니　　共榮建設從今始
동아시아 사람들과 하나의 권역 만드세　　東亞洲民作一圈

이명세는 일제가 싱가포르를 함락시킨 것은 약소국을 침략한 것이 아니라 '대동아공영'을 위해서 그런 것이며 오히려 동아시아 사람들과 함께 대동아공영권을 만들어야 한다고 말하고 있다. 여기에서도 '황도유학'이 이런 인식의 근저에 깊이 전제되어 있음을 충분히 볼 수 있다.

그런데 과연 이명세의 주장을 접한 유림은 이명세의 기대대로 받아들였을까? 중일전쟁이 장기화되고 독소(獨蘇)전쟁이 일어나자 조선인 사이에는 전쟁 자체에 대한 회의와 일제 측의 선전에 대한 불신이 더욱 깊어졌다. 그리고 태평양전쟁 이후 물자통제 등 각종 경제통제가 강화되는 상황 속에서 농촌의 평범한 노인들까지도 일제의 패망 가능성을 상정하고 있었다. 일부 선진적인 인식을 가진 조선인들 사이에서는 미일 · 소일 전쟁에서의 일본 패배뿐만 아니라 그 과정에서 조선인이 종전 이후 조성되는 국제정세와 이들 미 · 소 세력을 활용하여 독립을 쟁취할 것인가하는 문제로까지 접근하고 있었다. 이러한 시각은 1943년 이후 본격적인 패전 국면으로 돌입하면서 더욱 구체화 · 현실화되어 갔다.[72] 따라서 반일의식을 지닌 유림도 이명세의 이런 주장을 '부식교망의 말(敷飾巧妄之說)'로 치부하였을 것이다.

이명세가 '황도유학'을 주장하는 진정한 목적은 무엇인지 살펴보자.

> 유학의 진흥은 대내적으로는 우리나라의 政敎上 필요불가결한 중대한 문제일 뿐만 아니라, 대외적으로는 동아공영권 확립을 하는데 여러 약소민족

72) 변은진, 「日帝의 파시즘 전쟁(1937~45)과 朝鮮民衆의 戰爭觀」, 『역사문제연구』 3, 1999, 193~203쪽.

을 지도하며 보호하는 데에 가장 중요한 사항이 되는 것이 아닌가 생각하는 것이다. (중략) 마지막으로 우리 반도는 조선유도연합회 결성 이래, 관민이 일치하여 황도유학의 진흥에 착실히 힘을 쏟아 온 것은 欣快하지 않을 수가 없는 것이나, 유림이라는 사람은 먼저 우리 국체의 존경과 현대의 중대 시국을 인식하고, 종래부터 습득해 온 유교정신을, 황도정신에 합치시켜서 황국신민으로서의 길을 실천궁행함으로써, 국가적인 대사업에 공헌해 주기를 간절하게 바라마지 않는 바인 것이다.[73] (강조는 필자)

이명세는 조선의 유림에게 조선시대에 이룩한 난숙한 경지의 성리학을 버리고 일본화된 유교, '황도유학'을 수용하라고 요구하고 있다. 아울러 그의 담론은 충량한 황국신민으로 일본천황과 일본제국을 위하여 일제의 인적, 물적 수탈에 자발적으로 헌신하라는 메시지도 담고 있다. 달리 말한다면 '황도유학'은 높은 수준의 학문을 지닌 조선 유림에 대한 '황민화(皇民化)정책'인 것이다. 안인식 · 이명세 등은 유림을 '어육(魚肉)'의 시대에 강제로 밀어 넣고 있을 뿐만 아니라 높은 학문적 성취를 이룩한 조선의 유학사상을 훼손시켰다.

안인식과 이명세는 다카하시보다 '황도유학'을 세련되게 포장시키고 범위를 확대시켰다. 그렇다면 그들은 자신들이 역설한 '황도유학'을 어떤 식으로 체화시켰을까.

일제가 1942년 5월 9일에 1944년부터 조선에 징병제가 실시된다고 공표하였을 때, '황도유학'을 실천하는 일제협력유림은 크게 환영하였다. 조선유도연합회는 징병제실시에 관해 전국적으로 한시를 현상 모집하였고, 이에 응모하여 당선된 시와 조선유도연합회 간부가 지은 시를 합하여 『축징병제실시(祝徵兵制實施)』라는 책을 1943년에 간행하였다. 조선유도연합회 상임이사 이명세도 황국신민답게 다음과 같이 일제의 징병

73) 春山明世, 「東亞共榮圈と儒教の役割」, 『유도』 1호, 1942, 41쪽.

제 실시를 칭송하였다.[74)]

해마다 北伐하고 또 南征하다가	連年北伐又南征
이제야 반도에 새로이 징병제 실시하네	此際新徵半島兵
내외가 일체가 되어 은혜를 고루 입으니	外內均霑恩一體
앞뒤로 서로 호응하며 한 목소리로 의를 외치네	後先相應義同聲
집안에선 아들 난 것 중요하다는 걸 더욱 깨닫고	在家倍覺生男重
나라 위해 적과 싸워 죽는 것은 가볍게 생각하리	爲國當思死敵輕
우리들은 유감 없으나 바라는 것 있으니	無憾吾儕仍有願
빨리 전란 끝내고 승평 시대로 돌아오는 것이라네	遄勘戰亂返昇平

이미 안인식, 이명세 등의 일제협력유림은 일제를 진실로 자신들의 조국으로 여겼으며 일본군의 승패 여부에 따라 애경(哀慶)의 감정을 함께 할 정도까지 이르렀다. 안인식이 지은 다음의 시를 살펴보자.[75)]

追悼 山本元帥

무지한 미국과 영국 우리 동방을 침략하니	蠢爾米英侵我東
군대 거느리고 무용 떨치며 충정을 바쳤네	元戎奮武效精忠
여름날 벽력같은 위세 섬광처럼 내달리니	夏威霹火馬來電
전란 모두 사라져서 상서로운 해 붉게 타오르네	氛祲全消瑞日紅

---

74) 『祝徵兵制實施』, 조선유도연합회, 1943, 4~5쪽.

75) 『유도』 5호, 1943, 108쪽. 이명세도 안인식과 마찬가지로 山本五十六의 죽음을 애도하는 시를 다음과 같이 남기고 있다.

힘을 다하다 생명 바쳤으니 어찌 공을 구할까	盡瘁捐身豈取功
삶을 버리고 의를 따름이 온전한 충성이네	舍生就義是全忠
한 마음 일억 인민 끝없이 한탄하며	一心一億無窮恨
마음 속 깊이 묵도를 다하는도다	盡在深深黙禱中
머리 돌리니 바다 남쪽 석양이 붉게 비추며	回首洋南夕照紅
영웅의 죽음 슬프게 애도하는구나	挽歌悽切吊英雄
나라 수호하려는 충혼은 굳은 初志	忠魂護國堅初志
대업이 장차 유종의 미 이룸을 보리라	大業將看克有終

남쪽에서 온 슬픈 소식 천황 마음 괴롭게 하고	南來悲報惱宸衷
일억 인민 슬픔 사해가 똑같구나	一億哀愁四海同
동아시아 태평성대 멀지 않음 알고 있으니	東亞太平知不遠
영원히 역사에서 고상한 풍모 우러르리라	汗靑千載仰高風

당시 일본군 연합함대 사령장관(司令長官) 야마모토 이소로쿠(山本五十六, 1884~1943)은 1943년 4월 18일에 전선을 시찰하기 위해 비행기를 타고 나섰다가 미리 그런 정보를 도청하고 기다렸던 미군의 전투기에 의해 격추되어 사망한 인물이었다. 일제는 그의 죽음을 한 달 동안 극비로 알리지 않다가 5월 21일에 공개하였다. 그는 미국의 진주만을 공격하여 태평양전쟁을 일으킨 주범 중의 한 명이었다. 따라서 그의 죽음은 오히려 조선에게 좋은 소식이 될 수 있는 것이었으나 이미 '황도유학'으로 자신들을 황국신민화시킨 일제협력유림에게는 일본인과 똑같이 매우 애통한 소식이었다.

조선유도연합회가 결성된 1939년부터 1945년 해방될 때까지의 기간은 일제의 가혹한 동화정책에 의해 민족의 정체성이 없어질 위기에 처할 만큼 조선 민중에게 혹독한 시련의 시기였다. 또한 한국 유학사상의 관점에서 볼 때, 역시 이때는 매우 암울하고 수치스러운 시기였다. 안인식, 이명세 등의 일제협력유림이 제창한 '황도유학'은 일본화된 유교로 일제의 침략 전쟁을 뒷받침하고 일제가 조선에 대한 인적, 물적 자원을 수탈하는 데에 기여한 이데올로기였다. 뿐만 아니라 조선의 의식 있는 유림을 황민화시켜 자발적으로 일제의 침략 전쟁에 신명을 바치도록 요구하는 이론이었다.

이러한 일제협력유림의 활동은 조선 민중에게 더욱 유교와 유림에 대해서 환멸을 불러 일으켰으며, 가뜩이나 위축될 대로 위축된 유교는 사실상 재기할 수 없는 타격을 받았다. 또한 일제협력유림이 주장한 '황도유학'은 전 시대에 이룩한 높은 수준의 유학사상의 단절을 초래하여 한국 유학사상의 흐름을 끊은 악영향을 남겼다. 또한 해방 후 안인식, 이명세 등의 일제협력유림은 자신들의 행위를 역사 앞에서 반성하지 않은 채 일상생활로 돌아왔다. 특히 이명세는 광복 직후 위축되었다가 이승만 정권이 등장하면서 부활하여 1954년 4월 30일 재단법인 성균관대학교 이사장이 되었다.[76)]

[76)] 이후 이명세는 재단 및 유도회의 주도권을 놓고 항일유림이자 독립운동가인 김창숙과 크게 대립하였는데, 그에 대해서는 趙漢成, 「1950년대 중·후반기 유도회 사건 연구」, 성균관대학교 석사학위논문, 2003 참조.

제6장

결론

지금까지 19세기 후반부터 1940년대까지 일제협력유림을 중심으로 유림의 활동과 사상에 대해서 고찰해 보았다. 19세기 중반부터 조선은 이미 대내외적으로 위기에 처하고 있었다. 유림은 조선의 엘리트 집단으로서 나름대로 조선에 닥친 위기를 극복하려고 노력하였다. 그러나 서구 문물을 받아들여 근대화에 성공한 일본이 조선을 강제로 개항시키면서 유림의 분화가 촉진되었다. 즉 유림은 성리학과 전통 문화의 수호와 서구 근대 문물의 수용 여부에 따라 크게 보수유림과 개신유림으로 분화되었다.

보수유림은 중화사상을 바탕으로 유교(성리학)의 가르침을 고수하고 상투 · 넓은 소매 등 유교적 생활 양식을 지키며 강한 항일의식을 지니고 있었다. 개신유림은 신학의 영향을 받아 성리학적 가치체계에서 벗어나고 근대 문명의 도입의 필요성에 공감하여 『황성신문』 등 언론기관이나 계몽운동단체에 참여한 유교지식인들이었다. 그들은 유교를 비판하였지만 결코 유교 그 자체를 배척한 것은 아니었으며, 민족의식을 고취시켜 근대 민족국가를 건설하려고 노력하였다. 특히 일부 개신유림은 보수유림의 위정척사적 의리사상을 민족 독립 사상으로 전환하여 수용하였다. 보수유림의 정신적 유산을 발전적으로 수용한 개신유림은 일제와 타협하지 않고 끝까지 저항하였다.

그런데 보수유림과 개신유림 중에서 일부는 일본의 근대화된 문명의 힘에 압도되어 다른 길을 선택하였다. 그들은 사회진화론에 입각한 문명개화론과 아시아연대론에 매몰되어 국가의 독립보다는 문명화와 유교의 보존을 중요하게 여겼다. 그들은 특히 일본을 직접 방문하여 근대화된 일본의 발전상을 보고 경도되는 모습을 보였다. 그리하여 그들은 1907년 일제가 유림계를 친일화시키려는 목적에서 설립을 지원한 대동학회에 참여하면서 일제의 조선 침략에 협력하게 되었으며, 그들의 부일활동은 일제강점기 내내 이어졌다. 대동학회에 참여한 상당수의 유림이 바로 일제협력유림을 형성하게 되었다. 일제협력유림은 일제의 침략을 미화하고 찬양하였으며, 아시아연대론과 문명개화론에 경도되어 일본의 침략 본질을 간파하지 못하고 오히려 일제의 침략 정책과 식민 통치에 협력하였다.

대동학회에서 시작된 일제협력유림은 일제가 대한제국을 강제 병합하면서 더욱 활발한 협력 활동을 하게 되었다. 일제가 1911년 성균관을 폐지하고 경학원을 설치하자, 일제협력유림은 경학원에 적극적으로 참여하였다. 경학원은 조선총독부 직속기구로 '이데올로기'적 교화기관이었다. 경학원의 직제는 명예직인 강사와 직원으로 이루어져 있다. 경학원의 직원 중에서 대제학, 부제학은 일제로부터 작위를 받은 귀족이거나 친일적 성향의 인물 중 상당히 명망이 있는 인물들이 임명되었다. 대제학, 부제학은 경학원의 업무를 총괄하는 자리였으나, 경학원의 업무를 실질적으로 담당하며 활동하였던 것은 사성이었다. 사성은 경학원의 일상적 주요업무인 각종 강연과 기관지의 발행을 총괄하여 수행하였다. 경학원규정에 재임연한에 대한 규정이 없었으므로 경학원의 직원은 특별한 결격

사유가 발생하거나 스스로 물러나거나 옮겨가지 않는 이상 대체로 종신직으로 유지되었다.

경학원의 강사는 경학원의 직원에 포함되지 않는 명예직이지만 매년 일정한 수당을 받았고 교통비도 지원받을 수 있었다. 경성부와 13도에서 그 지역을 대표하는 유림이 강사로 임명되었는데, 경학원의 핵심 사업 중의 하나인 경학강연과 지방 순회강연을 이들이 담당하였으므로 조선총독부는 각 도 강사를 선정하는 일에 상당한 주의를 기울였다. 강사 중에서 경학원 부제학, 대제학까지 임명되는 인물들이 나오기도 하였다. 강사 역시 1930년대까지 재직기한이 규정되지 않아 사망하거나 스스로 사임하지 않은 한 직을 유지할 수 있었다.

경학원의 활동은 실질적으로 사성과 강사가 큰 역할을 담당하였다. 사성은 경학원의 운영뿐만 아니라 강사들의 지방 순회강연을 시찰하면서 전국 유림들의 동향을 살피고 보고서를 올리는 한편, 직접 일본의 지배정책을 적극 홍보하고 조선과 일본의 완전한 동화를 주장하는 강연을 하였다. 그리고 조선총독부 주최의 황실 관련 주요 의례에 참여하여 일본 황실에 충성을 다짐하는 시문을 지어 올렸다.

또한 사성은 경학원 주요 사업 중의 하나인 기관지 『경학원잡지』의 간행을 주관하였다. 『경학원잡지』는 계간지로 1913년 12월 5일에 처음 발간되어 1944년 4월까지 총 48호가 발행되었다. 『경학원잡지』에 실린 글들은 유교를 이용하여 일제의 통치를 합리화하는 내용이 주를 이루었다. 구체적으로 조선왕조시대의 유교 비판, 조선총독부 정책의 성과와 성공사례, 일본 위인의 소개 등과 함께 총독부 지배정책에 협력을 요구하는 내용이 다수를 차지하였다. 그리고 사성을 비롯한 경학원 직원과 강사들의 일본천황 칭송문, 일제의 지배정책 찬양, 한국인의 일본 동화를 촉구하는 글 등이 실려 있다. 『경학원잡지』는 유교 지식인들에게 일제의 지배정책을 홍보하고 회유·포섭하며 일제의 충량한 신민으로 변화시키려는 수단이었다.

경학원 강사들은 해당 지역 유교 지식인들의 정황을 시찰·보고하는 한편, 유교의 충효덕목을 강조하며 일제의 지배정책을 홍보, 지지하는 순회강연을 실시하였다. 그들은 일본 황실 관련 주요 의례에 참여하기도 하였으며, 일본천황을 칭송하는 시문 등을 지어 올렸다. 『경학원잡지』에는 강사들이 올린 시문, 논설 등이 다수 수록되어 있다. 경학원 강사들의 중요 역할은 순회강연을 통해 지방 유교 지식인들의 항일 의식을 제압하고 그들을 일본제국의 충량한 신민으로 변화시키는 것이었다. 이렇게 1910년~1920년대에 보여준 경학원 사성과 강사의 역할은 그 후에도 계속 이어진다.

김창숙을 비롯한 개신유림은 한국 유교의 실천적 의리론을 바탕으로 일본에 저항하였으나, 일제협력유림은 한국 유교의 특징이자 장점인 심성론과 의리론에 대해선 언급을 하지 않았으며, 오히려 성리학의 공리공담을 비판하였다. 그들은 일제가 경학원을 창립한 것이 진정한 유교의 부흥을 가져오는 중요한 업적이라고 칭송하였다. 경학원에 참여한 일제협력유림의 유교 인식에는 다카하시 도루(高橋亨)로 대표되는 일본 유학의 영향이 들어 있었다. 일제 식민주의 관학자인 다카하시는 국가주의적 특성의 일본 유학을 한국 유림에게 주입시키는 데에 노력하였으며 후에 '황도유학'을 제창하여 한국 유학의 특성을 말살시키고 일본 유학화시킨 인물이었다. 그가 유림과 일반 대중에게 유교의 가르침을 가지고 강연한 내용은 모두 한국인들에게 일본의 식민 통치를 받는 현실을 인정하고 '순종'과 '충효'를 덕목으로 여기는 일본 유학을 수용하여 일본제국의 충량한 신민이 되어 달라는 것이었다.

일제협력유림은 또한 유교의 가르침을 통해 자신들의 협력 행위를 합리화시켰다. '시의(時宜)' 또는 '시중(時中)'을 내세우며 일제의 한국 강점을 어쩔 수 없는 현실로 받아들이고 그 안에서 최선을 다하고자 하였다.

그러나 이들이 내세우는 논리는 유교의 진정한 맥락에서 나온 것이 아니라 일종의 아전인수격인 논리였다.

한편, 3·1운동이 일어나자 일제는 여파를 수습하고 민족의 역량을 분열시키고자 1920년대에 문화정치를 시행하였다. 일제는 1910년대에 경학원을 중심으로 조선의 유림을 통제하는 정책을 펴면서 일체 다른 단체의 결성을 유림에게 허락하지 않았으나, 1920년부터 경성과 지방에 각종 유림단체를 결성하도록 지원하였다. 그리하여 경성의 대동사문회, 유도진흥회가 조직되었고 강원도의 유도천명회, 전라남도의 유도창명회 등이 결성되었다.

경성의 대동사문회와 유도진흥회는 일제협력유림과 식민지 관료가 중심이 되어 조직되었으며, 지방에 지회를 설치하고 회지를 간행하였다. 두 단체에 참여한 중심적인 일제협력유림은 대동학회, 경학원에 참여한 유림이었으며 경학원과 밀접한 관계 속에서 활동이 이루어졌다. 이 단체들은 조선총독부의 지원을 받았으며 그들이 벌인 활동과 남긴 글들은 대부분 일제의 식민통치에 부응하는 것들이었다. 그렇기 때문에 당시 인식이 매우 안 좋았으며 일제가 원하는 항일 유림은 참여하지 않았다. 결국 1920년대 중반에 이르면 경성의 두 단체는 유명무실화가 되었다.

강원도 유도천명회와 전남 유도창명회는 식민지 관료가 중심이 되고 일부 유림이 참여하여 결성되었다. 지방의 이 두 단체는 경성의 단체와 마찬가지로 해당 지역에 지회를 설치하였고 회지를 간행하였다. 초기에 식민지 관료의 주동적인 활약으로 움직임이 활발하였으나 역시 1920년대 중반에 이르면 경성의 단체들과 똑같이 유명무실한 존재가 되었다.

1920년대에 경성과 지방의 유림 단체는 공통적으로 일제협력유림과 식민지 관료들이 주동이 되어 조직된 어용적인 성격이 강한 단체였다. 따라서 항일의식이 강한 보수유림은 참여하지 않고 시세에 영합하는 유림만이 참여하였다. 그들이 단체를 통해 벌인 활동은 회보 등의 서적 간행, 석전제 거행, 백일장, 효행자 포상 등에 그쳤다. 또한 그들이 지닌 사상도 이미 전 시대와 비교할 수 없을 정도로 퇴행되었다. 그들은 유교를 단지 사회윤리의 한 분야로 전락시켜 식민통치에 순응하게 하는 도구로 만들었다. 그들은 이미 대한제국 때부터 일본의 발전된 문명에 압도당하였기 때문에 그것을 극복할 만한 사상적 계기를 만들지 못하였다. 결국 그들은 시대에 맞지 않는 유교의 도덕 윤리를 강조하며 정신문명의 발전을 부르짖거나 일본천황과 일본을 칭송하고 식민지 관료들과 음풍농월하는 시문 따위를 작성하였다. 그들의 그런 모습은 결국 유교와 유림에 대한 부정적인 통념을 더욱 강화시켰기 때문에 유림은 근대 지식인과 민중에게 냉소와 경멸을 받았다.

그런데 1920년대에 결성된 유림단체와 다른 성격의 유림단체가 1932년에 결성되었다. 요리업계에서 성공한 사업가인 안순환이 자신의 재산을 내어서 조선유교회를 창립하였던 것이다. 안순환은 녹동서원을 설립한 후 곡부 공자묘 위문 활동을 통해 유림의 인정과 지지를 받았다. 그것을 바탕으로 조선유교회를 창립하였는데, 여기에 일제협력유림도 참여하였지만 항일 의식을 지닌 보수유림과 개신유림도 참여하였다. 특히 조선유교회의 인재 양성 기관인 명교학원의 강사들은 반일 의식을 지닌 개신유림이었다. 그들은 신학과 구학을 겸비하였으며 학생들에게도 신학과 구학을 함께 가르쳤다.

경학원의 일제협력유림과 조선유교회 명교학원의 개신유림은 모두 유교를 중시하였지만 그 지향은 달랐다. 전자는 일제에 대한 이데올로기적 협력 수단의 유교로 전시체제기에 '황도유학'으로 연결되었으며 조선유교연합회에 참여하였다. 그러나 후자는 일제에게 협력하지 않았으며 전시체제기에도 조선유도연합회에 참여하지 않고 '독선기신(獨善其身)'을 선택하였다. 따라서 조선유교회를 단순히 경학원과 지방 유림단체와 성격이 동일한 것으로 파악하여 친일단체로 일방적으로 규정하는 것은 무리가 있다고 본다. 조선유교회도 1935년을 기점으로 하여 재정상의 문제와 조선총독부의 통제로 인하여 활동이 위축되었다. 조선유교회를 마지막으로 유림은 더 이상 자신의 목소리를 내지 못하게 되었다.

일제는 1937년 중일전쟁을 일으키면서 조선의 인적, 물적 자원의 수탈을 뒷받침하는 이데올로기로써 '내선일체'를 표방하는 '황민화(皇民化)'정책을 실시하였다. 이런 상황은 유림에게도 예외는 아니었다. 조선총독부는 1939년 10월 16일 전국적인 유림단체인 조선유도연합회를 조직하고 오노(大野) 정무총감을 총재에, 윤덕영(1873~1940) 경학원 대제학을 회장에 각각 임명하였다. 조선총독부는 조선유도연합회를 결성한 후 곧이어 각 도 연합회와 지부를 결성하는 데 힘을 쏟았다. 그리하여 1939년 11월 14일 충청북도 유도연합회가 결성된 것을 시작으로 1941년 3월 12일 강원도 유도연합회의 결성까지 전국 각 도별 조직이 완료되었다. 이렇게 조선유도연합회는 일제강점기 마지막에 등장한 최대의 유림단체로 일제의 침략 전쟁에 적극적으로 협력한 조선총독부 관변 단체였다.

조선유도연합회의 결성 단계에서 이제 유림이 공식적으로 할 수 있는 일은 일제의 침략 정책에 적극적으로 부응하는 것뿐이었다. '총동원체제'의 철저한 통제 정책 아래에서 항일의식을 여전히 견지한 유림은 은거하며 침묵할 수밖에 없었다. 그리고 조선유교연합회의 활동을 이념적으로 뒷받침한 것은 '황도유학'이었다.

조선유도연합회는 주로 시국 강연과 각종 강연 및 강습에 힘을 쏟았다. 이는 전쟁의 장기화로 인하여 유림과 일반 민중의 정신적 동요를 막는 동시에 일본제국의 충량한 황국신민으로 세뇌를 시키려는 의도였기 때문이다. 그러나 반일의식을 견지한 유림은 그들의 시국 강연 등을 邪說로 여기는 등 매우 비판적으로 인식하였다.

'황도유학'은 일본 식민주의 관학자 다카하시 도루에 의해 식민지 조선에 본격적으로 공론화되었다. 다카하시가 주장한 '황도유학'은 일본의 신국사상, 즉 천황이 정점에 있는 신도가 유교와 결합되어 이루어진, 충효일치의 일본화된 유교를 의미하였다. 그가 '황도유학'을 주창한 목적은 조선 민중이 일본의 침략 전쟁에 자진하여 인적, 물적 자원을 바치도록 하는 정신과 태도를 갖게 하는 것이었다.

일제협력유림인 안인식과 이명세는 이런 '황도유학'을 더욱 확대하고 포장하였다. 안인식은 일본의 국체와 유학을 결합시킨 충효일치의 일본화된 유학에 다시 공자의 대동사상을 연결시켜 일제의 소위 대동아전쟁을 합리화시켰다. 그리고 이명세는 일제가 저지른 태평양전쟁을 정의로운 전쟁일 뿐만 아니라 동양을 위한 숭고한 의전(義戰)으로 격상시켰다. 그가 이렇게 인식한 근저에는 '황도유학'이 자리 잡고 있었다. 안인식, 이명세 등은 조선의 유림에게 조선시대에 이룩한 난숙한 경지의 성리학을 버리고 일본화된 유교, '황도유학'을 수용하여 충량한 황국신민으로 일본천황과 일본제국을 위하여 일제의 인적, 물적 수탈에 자발적으로 헌신하라고 요구하였다.

일제협력유림은 다카하시보다 '황도유학'을 세련되게 발전시키고 범위를 확대시켰을 뿐만 아니라 '황도유학'을 스스로 체화시켰다. 그리하여 일제를 진실로 자신들의 조국으로 여겼으며 일본군의 승패 여부에 따라 애경(哀慶)의 감정을 함께할 정도까지 이르렀다.

조선유도연합회와 '황도유학'이 풍미하던 시기는 한국 유학사상의 관점에서 볼 때, 매우 암울하고 수치스러운 시기였다. 안인식, 이명세 등의 일제협력유림이 제창한 '황도유학'은 일본화된 유교로 일제의 침략 전쟁을 뒷받침하고 일제가 조선에 대한 인적, 물적 자원을 수탈하는 데에 기여한 이데올로기였다. 뿐만 아니라 조선의 의식 있는 유림을 황민화시켜 자발적으로 일제의 침략 전쟁에 신명을 바치도록 요구하는 이론이었다. 또한 이러한 일제협력유림의 활동은 조선 민중에게 더욱 유교와 유림에 대한 환멸을 불러 일으켰으며, 가뜩이나 위축될 대로 위축된 유교는 사실상 재기할 수 없는 타격을 받았다. 일제협력유림이 주장한 '황도유학'은 전 시대에 이룩한 높은 수준의 유학사상의 단절을 초래하여 한국 유학사상의 발전적 흐름을 끊은 악영향을 남겼다. 그리고 해방 후 일제협력유림에 대한 역사적 청산을 하지 못하였기 때문에 그 여파는 지금까지 남아 있다.

韓國近代儒林

제2부
한국 근대 유림의 제(諸) 양상

韓國近代儒林

제7장

한말·일제하 양봉제(梁鳳濟)의 변신과 활동

1. 머리말

일제협력유림 중의 한 명인 양봉제(梁鳳濟, 1851~1926)는 1926년 12월 10일 평안북도 박천군(博川郡) 덕안면(德安面) 동서리(東西里) 자택에서 76세의 나이로 사망하였다.[1] 그는 조선총독부 직속기구이자 '이데올로기'적 교화기관인 경학원에서 평북강사로 14년 동안 근무하였다.[2] 그가 사망하였다는 소식이 전해지자 경학원의 직원 일동은 조문치부(吊問致賻)를 하였고, 조선총독부도 그의 평소 노고를 감안하며 그의 집으로 100엔의 위로금을 보냈다.[3] 그런데 유인석(1842~1915)의 제자로 사상적 전환을 한 개신유림이자 저명한 독립운동가인 이관구(1885~1953)는[4] 『의용실기』

1) 경학원, 『경학원잡지』 28호, 1927, 46쪽.

2) 경학원의 인적 구성과 역할, 기능 등에 대한 연구는 상당한 성과를 이루었다. 이에 대한 연구 성과는 이 책의 제1부 제1장 참조.

3) 경학원, 『경학원잡지』 28호, 1927, 46쪽.

4) 이관구는 화서학파 유인석의 제자로 애국계몽기에 사상적 전환을 한 개신유림이다. 그는 1910년대에 국내외의 가장 대표적인 비밀결사조직이었던 광복회를 조직하는 데

를 저술하였는데,[5] 그 속에 양봉제에 대한 매우 이채로운 기록을 남기고 있다.

> 爲人이 重厚하고 經濟의 才略이 有하며 交際가 餘함으로 當時 倭賊의 警察網이 稠密한 때에 李華史의 黨이 多數히 梁鳳濟家에 出入하야도 倭警에게 發覺이 되지 아니하게 하며 外面으로는 日本을 近히 交際하는 듯하여도 內面으로는 참으로 國家을 爲하야 많은 일을 하얐다. 더욱 平南北의 富豪家을 多數히 交結하였음으로 李華史에게 常言하기를 財政은 내가 當하여 볼터이니 貴君은 忠烈의 士을 多數히 連絡하얐다가 期會를 보와서 全國이 一時에 擧義하게 하라고 하고 范增과 如하야 老年에도 奇計를 좋아하였다. 그럼으로 他人이 想出치 못하는 計謀을 李華史에게 만히 말하야 주었다. 一生을 朝鮮光復에 獻하얐음으로 臨終에 子孫에게 訓戒하야 日 "我는 朝鮮獨立을 보지 못하고 죽으나 汝等은 我의 志을 繼하야 朝鮮에 獻身하라."고 하였다.[6] (강조는 필자)

이관구는 양봉제가 재략이 있고 겉으로는 일본과 협력하였지만 속으로는 독립운동에 힘을 쏟으며 자신의 독립운동을 많이 도와준 인물로 평가하고 있다. 그리고 그가 임종할 때 자손에게 조선의 독립운동에 헌신하라는 유언을 남겼다고 한다. 일제강점기 경학원 강사를 지낸 양봉제는 잘 알려져 있지 않은 인물이다. 그런 인물에 대해 이런 평가를 남긴 것은

박상진과 중추적인 역할을 한 인물이었다. 이관구에 관련된 연구 성과는 다음과 같다. 조동걸, 「대한광복회의 결성과 그 선행조직」, 『한국학논총』 5, 1983; 조준희, 「大韓光復會 硏究: 黃海道支部와 平安道支部를 中心으로」, 『국학연구』 6, 2001; 이충구, 「화사 이관구의 생애와 학문」, 『화사 이관구선생 서거 50주년기념 학술강연회』, 독립기념관, 2003; 정욱재, 「華史 李觀求의 『新大學』 硏究」, 『한국사학사학보』 10, 2004; 이성우, 「光復會硏究」, 충남대학교 박사학위논문, 2007; 박환, 「華史 李觀求의 민족의식과 항일독립운동」, 『숭실사학』 23, 2009; 정욱재, 「한말·일제하 유림 연구: 일제협력유림을 중심으로」, 한국학중앙연구원 한국학대학원 박사학위논문, 2009; 박영석, 『화사 이관구의 생애와 민족독립운동』, 선인, 2010.

5) 『義勇實記』의 사료적 가치와 연구에 대해서는 박환, 「大韓光復會에 관한 새로운 史料: 『義勇實記』」, 『滿洲韓人民族運動史硏究』, 일조각, 1991 참조.

6) 李觀求, 「梁鳳濟」, 『義勇實記』. 필자가 참고한 『의용실기』는 『국학연구』 6(국학연구소, 2001)의 '資料紹介'란에 영인된 것을 이용하였다.

현재까지 오직 이관구의 기록 외엔 없다. 지금까지 경학원과 참여인사들에 대한 연구가 상당히 이루어졌다. 식민지 권력과의 관계 형성, 친일 협력에 대한 논리와 구체적인 실상 등이 밝혀지고 경학원과 참여인사들의 친일성을 규명하는 데에까지 이르렀다.[7)]

그렇다면 양봉제에 대한 이관구의 기록은 어떻게 해석해야 하는가? 이관구가 저술한 『의용실기』는 이미 그 사료적 가치를 인정받고 있으며, 그의 성격상 이런 내용을 거짓으로 꾸미지는 않았을 것이다. 진실로 우리가 모르는 어떤 비밀스러운 진실이 숨어 있을지도 모른다. 그러나 양봉제가 일제협력유림으로 전환한 후, 일제의 식민통치를 위해 활발한 활동을 한 사실은 부인할 수 없다. 자료에 확인되는 양봉제의 행적과 그에 대한 이관구의 평가가 너무 상반되게 나타난다. 바로 여기에서 본고의 문제의식이 시작된다.

1910년 일본제국주의가 대한제국을 강점한 사건은 당시 조선사회의 지배 엘리트였던 유림에게 큰 충격을 주었다. 특히 '중국이 망한 후 사천 년의 화화일맥(華夏一脈)과 이천 년 공맹의 남긴 법도가 조선에만 있다'는[8)] 자부심을 지녔던 보수유림은 금수처럼 여겼던 일제에 의해 자신들의 조국이 멸망당한 현실을 더욱 받아들이기 어려웠다. 조수도 슬피 울고 강산도 찡그린다고 표현할 정도로 무궁화 세계의 멸망은(鳥獸哀鳴海岳嚬 槿花世界已沈淪)[9)] 보수유림에게 견딜 수 없는 정신적 고통을 주었다.

7) 주3) 참조.

8) 柳麟錫 지음, 서준섭, 손승철, 신종원, 이애희 옮김, 『宇宙問答』, 의암유인석선생기념사업회, 2002, 148쪽. "爰自中國陸沈以後 四千年華夏一脈 未嘗不寄寓在朝鮮 二千年鄒魯遺緖 未嘗不寓在朝鮮矣."

9) 황현, 『매천야록』 권6. "韓亡, 前進士黃玹仰藥死之 (中略) 隆熙四年八月三日 合邦令自郡衙頒布閭里 即日夜, 仰鴉片 而翌日殞絕 有遺詩四首 亂離滾到白頭年 幾合捐生却未然 今日眞成無可奈 輝輝風燭照蒼天 妖氛掩翳帝星移 九闕沉沉晝漏遲 詔勅從今無復有, 琳浪一紙淚千絲 鳥獸哀鳴海岳嚬 槿花世界已沉淪 秋燈掩卷懷千古 難作人間識字人 曾無支厦半椽功 只是成仁不是忠 止竟僅能追尹穀 當時愧不躡陳東."

항일의식이 강한 보수유림 중의 일부는 '조국의 멸망에 눈물을 흘리며(國亡淚未已)'[10] 일제의 치하에서 사는 것을 거부하고 자결순국의 길을 선택하였는데, 그 대표적인 인물이 바로 송병순, 황현, 이만도, 김도현 등이었다.[11] 유인석, 이상룡 등과 같은 인물은 해외로 망명하여 독립운동에 매진하였으며, 전우 같은 인물은 국내에 남아 일제에 타협하지 않고 도로써 국권을 회복해야 한다는 처변의리(處變義理)를 굳게 지니고 있었다.[12] 국내에 남은 유림들 중 일부는 독선기신(獨善其身)의 태도로 일제에게 순응하지 않겠다는 뜻을 분명히 보이고 있었다.[13] 그러나 일부 유림은 일제가 대한제국을 강점할 무렵부터 자발적으로 '협력(collaboration)'[14]의 길을 가기도 하였다. 또한 저항과 협력 사이에서 갈등하다가 조국의 현실에 절망감을 느끼고 자의 반 타의 반으로 일제와 타협하거나 협력으로 향하는 유림도 있었다. 이렇게 '지식인 노릇하기 어려운(難作人間識字人)'[15] 시대에 처하여 조선의 유림은 깊은 모색과 갈등 속에서 자신의 길을 선택해야만 했다.

본고에서는 현재 남아 있는 자료를 바탕으로 역사적 격변기에서 양봉

10) 宋相燾,『騎驢隨筆』, "金燾鉉字鳴玉 金海人 居英陽小青 慷慨有氣節 丙申 (高宗三十三年) 倡義兵 累遭摧敗 危險而不挫 乙巳庚戌間 憤不顧身 每欲有爲 而有九十老親 不得行其志 常鬱悒 乙卯 (一九一五年) 遭父喪 旣卒哭 遂步至東海上賦詩曰 我生五百末 赤血滿腔腸 中間十九載 鬚髮老秋霜 國亡淚未已 親沒痛更長 獨立故山碧 百計無一方 欲觀萬里海 七日當復陽 白白千丈水 足吾一身藏 坐海濱盤陀石 使傍人浪誦一過 脫衰服 置石上 持苴杖赴水 時 海波洶湧 朝日方出 燾鉉步水上至眼窮處, 不知所終 (後略)"

11) 한말 · 일제 초기의 자결순국한 인물들에 대해서 권대웅,『1910년대 국내독립운동』, 한국독립운동사연구소, 2008, 40~44쪽 참조.

12) 金文俊,「艮齋 田愚의 抗日精神과 韓國 精神史的 意義」,『한국철학논집』14, 2004, 222쪽.

13) 유림의 이런 모습은 李性雨,『公州忠義列傳』, 공주문화원, 2004 참조.

14) 존 갤러거와 로널드 로빈슨이 제기한 개념으로 "식민제국과 식민지 사회의 집단이나 계급 간의 이해관계의 접근을 표현하는 용어로서 개인적 이익을 위해 공동체 전체의 희생을 감행하기도 하는 연관관계"를 의미한다. 박지향의『제국주의: 신화와 현실』제6장(서울대학교출판부, 2000)에서 협력이론의 장점과 한계 등을 자세하게 다루고 있다.

15) 黃玹,『梅泉野錄』권6.

제가 보수유림이나 개신유림과는 다른 길로 나아가는지, 즉 19세기의 양봉제와 20세기의 양봉제가 어떻게 변화하고 있는지를 양봉제의 행적을 통해서 살펴보려 한다. 철저한 위정척사이념에 기반을 두고 일제에 저항을 했던 화서학파의 문인이 일제협력유림으로 전환하여 어떤 활동을 하였는지 검토하겠다. 이것을 통해 역사적 격변기를 겪었던 유림의 또 다른 모습을 파악함으로써 일제강점기 유림에 대한 전반적인 이해를 넓히는 데에도 도움이 되리라 생각한다.

2. 조선왕조와 대한제국의 근실한 관료로 활동

양봉제는 본관이 남원(南原)이며, 자는 대용(大用), 호는 벽서(碧棲)이다. 그는 양우준(梁禹浚, 1823~1870)의 차남으로 1851년 1월 30일 평안북도 박천군 덕안면에서 태어났다.[16] 그의 집안은 대대로 평안북도에서 살았는데, 5대조까지 올라가도 문과는 그만두고 생원, 진사시에 합격한 사람도 보이지 않는다. 그러다가 양봉제가 1879년(고종 16년) 기묘식년시(己卯式年試) 병과(丙科)로 급제하였다.[17] 양봉제의 가문에 뚜렷하게 현달한 조상이 없다는 점과 그에 이르러서야 비로소 과거 합격자 나왔다는 점은 당시 여러 가지 정황들을 함축하고 있다.

양봉제가 생장하였던 평안북도는 함경도 · 황해도와 함께 조선왕조에서 차별을 받았던 '서북지역(西北地域)'이었다.[18] 서북지역은 삼남지역과

16) 양씨대동보편찬위원회, 『梁氏大同譜: 兵部公篇』 권8, 1979, 365~474쪽; 『경학원잡서류철』; 『매일신보』, 1914년 9월 28일, 3면. 족보와 『박천군지』의 자료를 제공해주신 조준희 선생에게 지면을 빌려 사의를 표한다.

17) 『국조문과방목』(http://people.aks.ac.kr).

18) 서북지역은 원래 평안도 · 함경도 · 황해도를 함께 지칭하는 용어였다. 그런데 조선시대 사료들을 보면 평안도와 함경도만을 서북지역으로 지칭하는 경우가 많아서 연구자에

달리 사족 계층이 성장하지 못하였을 뿐만 아니라 성리학도 조선후기까지 발달하지 못하여 성리학적 가치체계에 근거하여 향촌 사회를 운영할 수 없었다. 자연히 조선시대 사족은 사족 및 사족 중심의 문화와 질서가 존재하지 않는 서북지역을 '먼 지역(遐土·遐方·遐鄕)'으로 인식하며 서북지역 인사들을 차별하였다.[19]

그런데 양봉제가 과거에 합격한 시기는 서북지역 출신 급제자가 가장 많이 배출되었던 고종대였다.[20] 서북지역이 조선후기에 문과 급제자가 증가한 이유는 정확히 알 수 없으나 성리학보다는 과거 공부를 지향하는 서북지역의 학문 풍토도 일정하게 작용하였을 것이다. 평안도의 성리학은 17세기 선우협(鮮于浹, 1588~1653) 이래 영조대의 계덕해(桂德海, 1708~1775), 정조대의 이응거(李膺擧, 1715~1807)와 같이 저명한 인물들이 산발적으로 돌출하였을 뿐 박문일(朴文一, 1822~1894)·박문오(朴文五, 1835~1899) 형제가 등장하기 전까지 뚜렷한 학통의 뿌리를 내리지 못하고 있었다. 과거를 중시하여 시부(詩賦) 작법에만 힘쓰고 사서삼경을 읽어도 의리가 아닌 명물(名物)만 익히며 간혹 경학가가 있으면 조소와 배척의 대상이 되기 십상이었다는 평안도 귀성(龜城) 지역의 향속(鄕俗)은 평안도 지방의 전반적인 분위기를 반영하는 것으로 볼 수 있다.[21]

따라 황해도를 제외하고 함경도·평안도만을 서북지역으로 파악하고 있다. 자세한 사항은 吳洙彰,『朝鮮後期 平安道 社會發展 硏究』, 일조각, 2002, 10쪽 참고. 그러나 본고에서 언급하는 서북지역은 통상적으로 평안도·함경도·황해도를 포함하는 개념으로 사용되었다.

19) 吳洙彰,『朝鮮後期 平安道 社會發展 硏究』, 일조각, 2002, 16~22쪽.

20) 이런 차별과 별도로 서북지역 출신 문과 급제자의 수는 오히려 조선후기로 갈수록 증가하였다. 서북지역 출신 문과 급제자는 16세기까지 전체의 3~4%에 불과하였으나 17세기에 7.5%, 18세기에 거의 14%, 19세기에 15.4%로 증가하며, 과거가 시행된 마지막 30년 고종대에는 서북지역 거주자의 비율이 무려 22.8%에 이르렀다. 이것은 전체 급제자의 약 4분의 1에 해당된다. 합격자의 절반 이상이 서울과 경기 지역에서 배출되었다는 사실을 고려한다면, 조선후기 지방 출신 문과 급제자 가운데 서북지역 출신이 차지하는 비율은 다른 어떤 지역보다 높았다(에드워드 와그너,『조선왕조 사회의 성취와 귀속』, 이훈상·손숙경 옮김, 일조각, 2008, 54~58쪽).

그런데 양봉제는 평안도에 성리학의 학풍을 크게 일으킨 박문일의 문인이었다.[22] 그가 언제부터 박문일에게 수학하였는지 자료의 한계로 구체적으로 알 수 없다. 이관구는 양봉제가 박문일의 제자일 뿐만 아니라 박문오의 장남인 박동흠(朴東欽, 1854~?)과 동창(同窓)의 의(誼)가 있는 지기였다고 기록하였다.[23] 화서학파의 종장인 이항로(1792~1868)에게 학문을 배운 박문일은 활발한 강학활동을 하면서 많은 제자들을 양성하였다. 그의 노력으로 황해도와 평안도에 성리학의 학풍이 널리 퍼지게 되었는데, 양봉제도 그런 분위기에서 성리학을 배웠다. 나중에 문학과 재주, 식견이 많다는 평가를 받은 것도 아마 박문일의 문하에서 학문을 배우면서 그 토대가 단단히 구축된 것으로 보인다. 그러나 그는 비록 박문일에게 성리학을 배웠지만, 과거를 중시하는 평안도의 학문 풍토를 쉽게 벗어나지 못하였다. 양봉제는 보통 양반가의 자제들처럼 유학을 수학하면서 과거공부를 병행한 것으로 보인다.

양봉제가 급제한 1879년은 이미 국가가 일본에 의해 문호를 강제로 개방한 이후 서구 문물이 들어오면서 보수유림이 그토록 지키고자 했던 성리학적 가치체계가 흔들리던 시기였다. 박문일은 1876년 개항을 하게 되는 중대한 역사적 변환기를 맞이하여 제자들에게 도학정통이 처한 위기 상황과 도학을 지켜야 할 사명을 강조하였다.[24] 이런 태도는 이항로의 위정척사이념을 면면히 계승하는 화서학파에게 공통적으로 나타나는 것인데, 자료의 한계로 양봉제가 화서학파의 이런 가르침을 어떻게 받아들였는지 알 수 없다. 그의 화서학파 동문들은 관직에 나아가지 않고 향촌

21) 盧官汎, 「대한제국기 朴殷植과 張志淵의 自强思想 연구」, 서울대학교 박사학위논문, 2007, 142~146쪽.

22) 李觀求, 「梁鳳濟」, 『義勇實記』.

23) 李觀求, 「梁鳳濟」, 『義勇實記』.

24) 금장태, 2001, 『華西學派의 철학과 시대인식』, 태학사, 285쪽.

에 은거하는 것에 비해 그는 과거로 통해 관직으로 나아갔다. 이런 점으로 보아 그의 현실 인식은 화서학파 동문들과 달랐던 것으로 보인다.

양봉제는 과거에 급제한 이후 관료의 길을 걸었다. 어쩌면 그가 박문일의 제자라는 사실이 과거 합격과 그 이후 관직 생활에 유리하게 작용된 점도 있었던 것 같다. 박문일은 이미 1860년대부터는 학문과 덕행으로 명망이 높았고 중앙정부에서도 인정받아 사복시(司僕寺) 주부(主簿),[25] 사헌부 지평,[26] 사헌부 집의 등의 관직을 제수받았다.[27] 그러나 박문일은 관직에 부임하지 않고 향거에 은거하며 독선기신(獨善其身)의 태도로 경서와 강학에 몰두하였다. 유림사회에서도 박문일을 당대 산림 학자 중의 한 사람으로 인정하며 선우협의 계승자라고 평가하였다.[28]

양봉제는 1879년 5월 28일 창덕궁 중희당에서 임금께 신은(新恩)의 사은례를 올린 후,[29] 6월 5일 가주서에 임명되면서 관직 생활을 시작하였다.[30] 그 후 1880년 8월에 의정부 사록, 1882년 9월에 기린도 찰방, 1885년 4월에 성균관 전적, 1885년 5월에 사헌부 감찰, 1886년 6월에 사간원 정언 등을 제수받았다.[31] 그는 1880년대 격변하는 정세 속에서도 중앙과 지방을 오가며 비교적 무난하게 관직 생활을 하였다. 1887년 9월 당시 친군서영사(親軍西營使) 남정철(南廷哲)은 장계를 올려 양봉제를 문학과 재략이 있고 식견이 풍부한 인물로 평가하며 군사마(軍司馬)에 임명하기를 청하였으며, 고종의 허락을 받았다.[32]

25) 『고종실록』 권3, 고종 3년 10월 1일(병술).

26) 『고종실록』 권19, 고종 19년 8월 19일(임신).

27) 『고종실록』 권25, 고종 25년 4월 13일(갑오).

28) 황현 지음, 임형택 외 옮김, 『매천야록』 하, 문학과 지성사, 2005, 396~397쪽.

29) 『국역 승정원일기』, 고종 16년 5월 28일(신축).

30) 『국역 승정원일기』, 고종 16년 6월 5일(정미).

31) 『국역 승정원일기』, 고종 17년 8월 8일(갑진); 고종 19년 9월 1일(갑신); 고종 22년 4월 30일(무술); 고종 22년 5월 8일(병오); 고종 23년 6월 29일(경인).

이렇게 양봉제는 관직 생활을 하면서 중앙으로부터 문학과 재략, 식견을 인정받았다. 이는 그가 지닌 학문적 소양이 상당한 수준에 도달해 있었음을 알려주는 동시에 당시 성리학만 묵수하던 보수적인 유학자는 아니라는 점도 보여주고 있다. 그는 서북지역 출신이란 한계 때문인지 중앙 요직에 오르지는 못하였다. 그러나 이미 능력을 인정받았기 때문에 1890년 후반에는 자신의 출신지인 평안도의 지방 군수를 지냈다. 그는 1895년 12월에 삼등군수를 시작으로[33] 대한제국기인 1897년 11월에 선천군수, 같은 해 12월에 숙천군수가 되었다.[34] 그런데 그가 숙천국수로 재임하던 1899년 12월에 재임(齋任)을 교체하는 데 새로 정한 법식을 어겼다는 관찰사의 논보(論報)를 받고 내부(內部)는 그를 폄면(貶免)하였다.[35] 그렇지만 다음해 1월에 바로 징계를 사면받았다.[36] 몇 년이 흘러서 양봉제는 1904년 2월에 운산군수(雲山郡守)로, 1907년 12월에 영변군수로 임명되어, 대한제국이 일제에 강점될 때까지 충실한 관료로 종사하였다.[37]

그가 지방군수로 재직하던 때는 을미사변과 단발령 공포 이후 의병봉기가 일어나는 등 사회적으로 혼란했던 시기였으며, 아울러 유림사회도 크게 동요하고 변화하던 시기였다. 중국에 망명하고 있었던 화서학파 동문인 유인석은 1900년 7월 중국에서 의화단의 난이 일어나자 귀국한 뒤 황해도와 평안도 각지를 돌며 위정척사 이념에 기반을 둔 강학으로 항일

32) 『고종실록』 권24, 고종 24년 9월 5일(기미); 『국역 승정원일기』, 고종 24년 9월 5일(기미).

33) 『국역 승정원일기』, 고종 32년 12월 17일(계미, 양력 1월 31일).

34) 『국역 승정원일기』, 고종 34년 11월 15일(경자, 양력 12월 8일); 고종 34년 12월 6일(신유, 양력 12월 29일).

35) 『일성록』, 1899년 12월 19일(임진 양력 1900년 1월 19일).

36) 『일성록』, 1900년 1월 9일(임자 양력 2월 8일).

37) 『국역 승정원일기』, 고종 41년 2월 6일(을묘, 양력 3월 22일); 『일성록』, 1907년 12월 31일(양력).

의식 고취에 전념하였다. 그에 비해 양봉제는 유인석과 다른 길을 걸었다. 1905년 '을사조약'의 강제 체결을 전후하여 일본 제국주의 한국침략이 본격적으로 시작되자, 기존의 유학으로는 급박하게 오는 시대적 위기를 수습할 수 없다고 생각한 유학자들이 증가하였다.

양봉제도 대한제국의 관료로 다가오는 위기 상황을 보수적인 유학 사상으로는 해결하기 어렵다고 생각하고 신학문을 수용하면서 개신유림의 대열에 합류하였다. 그들은 조국의 독립과 국권의 유지를 위해서 서구문물의 수용이 무엇보다도 필요하다고 생각하여 보수적인 성리학적 가치체계를 버리고 근대사상을 받아들이는 사상적 전환을 하였다. 특히 서북지방의 유림은 개신유림으로 전환하며 서구문물을 수용하였다.

이런 극적인 변화를 잘 보여주는 것이 바로 양봉제의 지기이자 박문오의 장남인 박동흠의 사상적 전환이다.[38] 박동흠은 1908년 여름에 상경하여 각종 신서(新書)를 열람하고 각 학교의 배우는 현황을 시찰한 후, 기존의 보수적 유학 사상을 버리고 사상적 전환을 결심한 것이다.[39] 그는 고향에 돌아와 구사상을 계속 지키려는 동료들의 만류를 뿌리치고, 나라와 민족을 위해 신학문을 수용하고, 유림계에 대해 비판과 혁신을 선도하였다.[40]

양봉제는 박동흠보다 몇 년 먼저 사상적 전환을 하고 애국계몽운동에

38) 박동흠과 관련된 연구는 다음과 같다. 이광린, 「舊韓末 關西地方 儒學者의 思想的 轉回: 雲菴 · 誠菴의 弟子를 中心으로」, 『두계이병도박사구순기념한국사학논총』, 지식산업사, 1987; 조준희, 「海山 朴東欽의 항일민족운동」, 『숭실사학』 24, 2010.

39) 今之人이 新學舊學에 對ᄒᆞ야 大相逕庭ᄒᆞᆫ줄노 認ᄒᆞ나 其原理를 硏究ᄒᆞ면 今之學이 即古之學인ᄃᆡ 特其古今의 時宜를 因ᄒᆞ야 其規模가 愈加完備ᄒᆞ고 其氣象이 愈極活發ᄒᆞᆫ者로다. 吾於在鄉之日에 學界上變通的思想이 有ᄒᆞ야 若個人士와 學校를 設立ᄒᆞ야 時務의 教育을 實施ᄒᆞ기로 擬議ᄒᆞ나 同儕中에 固執舊見ᄒᆞ야 反對者가 多有ᄒᆞᆷ으로 其成立을 不得ᄒᆞ얏스나 余ᄂᆞᆫ 定見이 旣有ᄒᆞᄆᆡ 斷當實施를 是圖ᄒᆞ여야 吾의 國家와 民族을 可以保存ᄒᆞᆯ거이오 吾儒家의 道德을 可以扶植ᄒᆞᆯ것이오 吾의 先人緒業을 可以勿墮ᄒᆞᆯ지니 决코 他人의 旁撓로ᄡᅥ 遲疑趑趄ᄒᆞᆯᄇᆡ 無ᄒᆞ도다(『황성신문』, 1908년 7월 4일, 2면).

40) 조준희, 「海山 朴東欽의 항일민족운동」, 『숭실사학』 24, 2010, 55쪽.

참여하였는데, 1906년 11월 서우학회에 가입하였다.[41] 그가 친구인 박동흠보다 더 빨리 사상적 전환을 할 수 있었던 것은 관료 생활을 통해 국내외의 정세를 지방의 유림보다 더 상세하고 정확하게 파악하였고, 당시 대한제국이 펼치는 근대화 노력에 그도 보조를 맞추었기 때문이다. 운산군수로 재직할 때 양봉제는 구학을 배웠지만 행정은 신식으로 한다(學舊新政)는 좋은 평가를 받았다.[42]

당시 애국계몽운동은 '교육개발'과 '식산흥업'이 중심이었는데, 특히 '교육개발'을 현실적으로 중요하게 여겼다. 양봉제 역시 지방군수로 재직하면서 교육을 통한 실력 양성의 중요성을 깊이 인식하고, 학교 설립에 대한 지원을 아끼지 않았다. 양봉제는 유신학교(維新學校)의 설립과 발전을 위하여 각 면장들을 설득하여 각 면리에 있는 사숙의 자본을 모아 교비로 충당할 수 있게 하였다. 그의 노력으로 1908년 7월 4일 서북학회 영변군 지교가 될 무렵에는 학생이 150여 명에 달했으며, 졸업식 때 지회 임원, 회원들과 함께 참석하여 축하와 격려를 잊지 않았다.[43] 1908년 1월에 양봉제는 자신의 거주지인 평안북도 박천군 덕안면 동사동에 덕명학교(德明學校)를 설립하여 후학을 양성하였는데, 그 운영은 박내양(朴來陽)이 담당하였다. 양봉제가 설립한 덕명학교는 1920년 4월에 덕명공립보통학교로 바뀐다. 그리고 도내 인사들에게 양봉제와 박내양은 덕안인맥의 주목(主峰)으로 박천의 자랑이란 평가를 받았다.[44]

이렇게 양봉제가 사상적 전환을 하고 애국계몽운동에 동참하며 교육진흥에 힘을 쏟게 된 사상적 배경에는 문명개화론과 사회진화론이 깔려 있었다. 문명개화론은 교육과 실업의 발전만이 근대국가를 이룰 수 있다

41) 『西友』 4, 「新入會員氏名(第四回)」, 46쪽.
42) 『大韓自强會月報』 11, 71쪽.
43) 조준희, 「海山 朴東欽의 항일민족운동」, 『숭실사학』 24, 2010, 58쪽.
44) 博川郡民會 編, 『博川郡誌』, 博川郡民會, 1969, 70쪽.

는 실력양성론으로 구체화되었다. 특히 조선의 유림에게 생존을 위해 경쟁하는 것이며 경쟁을 통해 문명에 도달한다는 사회진화론의 주장은 유교 경전의 가르침을 통해 세상을 인식하고 판단하는 유림에게 커다란 지적 충격을 주었다. 생존경쟁 · 약육강식 또는 우승열패를 핵심으로 하는 사회진화론은 서구사회에서 산업혁명이 어느 정도 완결된 이후인 19세기 후반 노동자 계급의 사회적 저항이 심화되고 있던 시기에 이를 무마하고 호도하기 위해 나온 것이었다.[45] 즉 사회진화론은 이미 지배계급으로서 보수화하고 있던 부르주아계급의 입장이 반영된, 강자의 약자 지배를 합리화하기 위한 이론이었다. 그러나 대한제국기 지식인은 사회진화론을 약자가 강자가 될 수 있는 논리로 받아들였다. 사회진화론에 입각한 양계초의 『음빙실문집(飮氷室文集)』이 들어와 유림들에게 널리 읽히면서 지식인들 사이에서 완전히 대중화된 이론이 되었다.[46]

하지만 사회진화론을 따르게 되면, 경쟁이 인간의 본성이며 문명은 끊임없는 경쟁을 통해 쟁취하는 하는 것이기 때문에 20세기의 끊임없는 침략과 살육도 늘어나는 인구에 직면해 생존을 확보하기 위한 인간 본성의 자연스러운 발현으로 정당화된다.[47] 즉 강자만이 살아남는 비정한 현실이 자연의 법칙으로 정당화되기 때문에 결국 문명화된 강대국이 문명화되지 못한 약소국을 침략하여 강점하는 것은 자연스러운 이치로 받아들

45) 한말 사회진화론에 대해 참고한 연구 성과는 다음과 같다.
李光麟, 「舊韓末 進化論의 受容과 影響」, 『韓國開化思想硏究』, 일조각, 1979; 박찬승, 『한국근대정치사상사연구』, 역사비평사, 1992; 박찬승, 「한말 일제시기 사회진화론의 성격과 영향」, 『역사비평』 32, 1996; 전복희, 『사회진화론과 국가사상: 구한말을 중심으로』, 한울, 1996; 朴成鎭, 「한말~일제하 사회진화론 연구」, 한국정신문화연구원 한국학대학원 박사학위논문, 1999; 최기영, 『한국 근대 계몽사상 연구』, 일조각, 2003; 서명일, 「계몽운동기(1905~1910) 사회진화론 수용의 논리」, 고려대학교 석사학위논문, 2006; 최기영, 『애국계몽운동Ⅱ: 문화운동』, 독립기념관 한국독립운동사연구소, 2009.

46) 박찬승, 『한국근대정치사상사연구』, 역사비평사, 1992, 37~38쪽.

47) 서명일, 「계몽운동기(1905~1910) 사회진화론 수용의 논리」, 고려대학교 석사학위논문, 2006, 22~23쪽.

일 수밖에 없게 된다. 유교의 가르침을 통해 세상을 인식하고 판단하던 유림에게 사회진화론은 당시 대한제국에 닥친 '문명'과 '침략'이 공존하는 현실의 양면성을 어쩔 수 없이 수용하게 만든 것이었다. 더 나아가 국가의 멸망은 타인의 책임이 아니라 전적으로 자신의 책임으로 인식하기 때문에 침략자에 대한 비판의식을 약화시킬 우려가 있었다.

사회진화론은 보수유림의 사상적 전환에도 일정한 영향을 끼쳤다. 일례로 안동의 보수유림이었던 김대락(金大洛, 1845~1913)도 협동학교(協東學校)의 설립과 신교육 실시에 반대하였으나, 신학문을 수용하며 사상적 전환을 하였다. 그는 서구의 사회진화론을 수용하고, 사회진화론에 기초한 경쟁을 지향하였다.[48] 양봉제가 아마도 일제와의 협력을 선택하며 일제협력유림으로 변신한 것은, 실력을 기르지 못하여 근대화를 이룩하지 못한 대한제국을 실력을 양성한 근대화를 이룩한 일본 제국주의가 강점한 사태는 사회진화론의 관점에서 정당한 일이라고 인식하였기 때문일지도 모른다. 양봉제는 대한제국이 일제에게 강점당하고 난 뒤에도 사퇴하지 않고 지방군수직을 유지하였는데, 1912년까지 박천군수를 지내며 주민들의 계몽에 힘쓰고 있었다.[49] 이렇게 19세기의 양봉제는 전국적으로 명망이 높은 인물은 아니더라도 평안북도를 대표하는 인물로서 조선왕조·대한제국의 근실한 관료로 활동하였다. 그러나 대한제국이 일제에게 강점당한 전후부터 그는 다른 길을 걷게 된다.

48) 강윤정, 「白下 金大洛의 현실인식과 민족운동」, 『백범과 민족운동연구』 제7집, 2009, 67~78쪽.

49) 『신한민보』, 1912년 2월 12일, 2면. 기사 내용은 박천군수 양봉제가 주민들에게 신문을 보라고 독려하는 일을 언급하면서 볼만한 신문도 없는 것을 알면서 그런 말을 하는 것은 결국 매일신보나 경성일보를 보라는 일밖에 안 된다고 비판하였다. 그러나 그가 행정에 치적이 있는 인물이라는 점은 인정하였다.

3. 일제강점기 일제협력유림으로 활동

1910년 대한제국을 강점한 일본제국주의는 식민지 조선의 안정을 위하여 유교와 유림을 주목하고 있었다. 비록 근대의 다양한 사상조류가 들어오고 유교적 윤리 · 도덕, 신분질서의 규범 등의 권위가 전에 비해 매우 약해졌지만, 조선왕조의 지배이데올로기였던 유교는 아직 무시할 수 없는 영향력을 지니고 있었다. 더구나 일제는 대한제국을 강점하는 과정에서 투철한 항일의식을 지닌 유림의 투쟁으로 곤욕을 치렀으며 또한 지방에 있는 유림의 위상과 영향력 역시 소홀히 여길 수 없었다. 그러므로 당시 엘리트였던 유림의 항일 의지를 제압하는 동시에 안정된 식민지 사회를 구축하기 위해서는 유교와 유림에 대한 대책은 무엇보다 중요한 사항이었다.[50]

조선총독부는 조선 유림의 항일 의지를 꺾고 그들을 통제하며 일제의 정책에 협력하는 유림을 양성하기 위한 목적으로 직속기구를 설립하였는데, 그것이 바로 경학원이었다. 조선왕조에서 유학 교육에 관한 일을 관장했던 성균관을 폐지하고 조선총독부는 1911년 6월 15일에 총 17조의 경학원규정(經學院規程: 조선총독부령 제73호)을 공포하여 경학원을 설립하였던 것이다.[51]

50) 이하 경학원에 관련된 전반적인 서술은 정욱재, 한말 · 일제하 유림 연구: 일제협력유림을 중심으로」, 한국학중앙연구원 한국학대학원 박사학위논문, 48~93쪽, 2009의 내용에 근거하였다.

51) 경학원규정은 크게 일본어 원문과 한국어 역문 두 종류가 있다. 『총독부관보』, 1911년 6월 15일자에 일본어 원문이 실려 있고, 경학원의 기관지 『經學院雜誌』 1호에는 한국어 역문이 실려 있다. 그리고 『經學院雜書類綴』에도 경학원규정이 실려 있는데 이것은 일본어 원문 옆에 한글로 토를 달았다. 본고에서는 친일반민족행위진상규명위원회에서 간행한 『친일반민족행위관계사료집』 I (2007, 311~312쪽)에 실린 경학원규정을 수정, 인용하였다.

제1조 經學院은 조선총독의 감독에 속하며 經學을 강독하고 風教德化를 돕는 것을 목적으로 한다.

제2조 경학원은 京城에 둔다.

제3조 조선총독은 각 道에서 학식과 덕망이 있는 자를 講士로 하여 경학원에 있도록 한다.

제4조 경학원은 매년 봄과 가을 2회 文廟 제사를 거행한다. 제사는 조선총독의 지휘를 받아 대제학이 거행하고 경학원 강사도 여기에 참석한다.

제5조 경학원에 아래의 직원을 둔다.

大提學 1명

副提學 2명

祭酒 5명

司成 약간 명

直員 약간 명

앞 항 직원의 진퇴는 조선총독이 맡는다.

제6조 대제학은 조선총독의 지휘감독을 받아 院務를 총괄한다.

제7조 부제학은 대제학을 보좌하며 대제학에게 사고가 있을 때에는 그 직무를 대행한다.

제8조 좨주는 위의 명을 받아 원무를 분장한다.

제9조 사성은 위의 지휘를 받아 원무에 종사한다.

직원은 위의 지휘를 받아 庶務에 종사한다.

제10조 경학원의 직원에게는 수당을 지급할 수 있다.

제11조 만 60세 이상의 강사로 공로 또는 덕망이 두드러진 자에게는 특별히 수당을 지급할 수 있다.

경성 이외에 거주하는 강사로 경학원에 참여하고 있는 자에게는 여비를 지급한다.

제12조 제11조의 수당과 여비액, 그 지급 방법에 대해서는 별도로 정한다.

제13조 경학원의 직원과 강사의 수당·여비, 기타 경비는 기본 재산에서 나오는 수입과 기타 수입으로 충당한다.

제14조 경학원은 기부를 받을 수 있다.

제15조 기본 재산은 토지·건물·국채증권 또는 확실한 유가증권 또는 은행 예금으로 보관해야 한다.

기본 재산은 조선총독의 인가를 받지 않으면 이를 처분할 수 없다.

제16조 대제학은 매 회계연도 세입세출 예산을 작성하여 연도 전에 조선총독의 인가를 받아야 한다. 예산의 추가 또는 정정을 하고자 할 때도 마찬가지이다.
대제학은 매 회계연도 세입세출 결산을 작성하여 그 연도 후 3개월 이내에 조선총독에게 보고해야 한다.
앞 2항의 회계연도는 정부의 회계연도를 따른다.
제17조 본 규정의 시행과 관련해 필요한 사항은 조선총독의 인가를 받아 대제학이 정한다.

경학원규정 중에서 주목해야 할 부분은 바로 경학원의 인적 구성과 역할을 규정한 제3조와 제5조~제9조이다. 경학원의 직제는 직원과 명예직인 강사(講士)로 이루어져 있다. 그런데 강사에 대한 규정이 경학원 직원의 규정보다 먼저 나온다. 이는 조선총독부가 강사의 역할을 중요하게 생각하고 있었음을 의미하는 것이다. 실제로 조선총독부는 처음 경학원 강사를 임명할 때 각 도의 명문가 출신이면서 학문적 명망이 높고 유교적 소양이 깊은 인물을 중심으로 선정하였다. 그런데 조선총독부는 강사들에게 의사를 먼저 묻지 않고 일방적으로 임명하고 나서 추후 승인을 받도록 하였다.[52] 자료에 드러난 강사 선정의 사례를 살펴본다면, 조금 뒷 시기이지만 경학원은 1920년 7월에 함경북도 강사 이학재가 사망하자 후임으로 신태악을 임명하였다. 이때 경학원 강사의 추천과 채용은 학무국이 담당하였고, 경학원은 학무국에서 추천한 인물들을 검토하여 선정하였다. 또한 관할 경찰서는 경학원 강사 후보자의 성품과 행실(性行)·학식·자산·세평 및 신용 정도·가정 상황·건강 상태·참고 사항 등 세밀하게 신분조사도 실시하였다.[53]

52) 그런 까닭으로 초대 경학원 강사로 항일의식이 강한 박은식, 송병순, 곽종석 등이 선정되었다. 박은식은 당시 만주로 망명 상태였고, 송병순은 경학원 강사의 직첩이 내려오는 것을 큰 모욕으로 여기서 음독자살하였으며, 곽종석 역시 조선총독부의 요구를 거절하였다.

이렇게 조선총독부는 각 도의 강사 선정에 상당한 공을 기울였으며, 임명된 강사들을 각별하게 대우하였다. 경학원의 직원 중에서 대제학, 부제학은 일제로부터 작위를 받은 귀족이거나 친일적 성향의 인물 중 상당히 명망이 있는 인물들이 임명되었다. 대제학, 부제학은 경학원의 업무를 총괄하는 자리였으나, 경학원의 업무를 실질적으로 담당하며 활동하였던 것은 사성이었다. 사성은 경학원의 일상적 주요업무인 각종 강연과 기관지의 발행을 총괄하여 수행하였다. 경학원규정에 재임연한에 대한 규정이 없었으므로 경학원의 직원은 특별한 결격사유가 발생하거나 스스로 물러나거나 옮겨가지 않는 이상 대체로 종신직으로 유지되었다.

양봉제는 62세 때인 1912년 10월 30일 조선총독부로부터 평안북도 강사로 임명받았다.[54] 처음 경학원이 설립된 후 평안북도 강사로 선정된 사람은 원래 박용흠(朴龍欽)이었다. 박용흠은 위정척사파의 거두인 이항로의 제자이자 관서 유림계의 종장인 박문일의 장남이었다.[55] 그는 화서학파의 철저한 항일의식과 학문을 계승하였던 인물이었기 때문에 경학원 강사직을 받아들이지 않았다.[56] 그리고 양봉제의 지기이자 박문오의 장남인 박동흠도 경학원 평안남도 강사로 선정되었으나 역시 받아들이지 않았다.[57] 그런데 같은 박문일의 제자인 동문 양봉제는 해임된 박용흠의 후임으로 평안북도 강사직을 받아들였을 뿐만 아니라 활발한 활동을 펼쳤다. 사료로 나타나는 19세기의 양봉제는 조선왕조와 대한제국의

53) 『경학원서류』, 「경학원강사 채용의 건」, 「함북강사 추천의 건」.

54) 경학원, 『경학원잡지』 1호, 1913, 52쪽,

55) 朴文五, 『誠菴集』 권4, 「先考稼隱公行狀」.

56) 경학원, 『경학원잡지』 1호, 47쪽, 1913, 52쪽

57) 경학원, 1913, 『경학원잡지』 1호, 51쪽, 55쪽. 조선총독부가 평안남도 강사로 선정한 첫 번째 인물은 朴殷植이었다. 박은식은 당시 만주로 망명하여 독립운동을 펼치고 있었기 때문에 조선총독부는 1912년 9월 4일 박은식 후임으로 박동흠을 선정하였다. 그러나 박동흠 역시 경학원 강사직을 거부하였기 때문에 조선총독부는 1913년 3월 31일 평남 강사 박동흠을 해임하고 金光鉉을 임명하였다.

근실한 관료로 활동하였다면, 20세기의 양봉제는 일제의 지배정책을 충실하게 수행한 협력자의 모습이었다.

경학원 강사 중에는 양봉제처럼 19세기의 모습과 20세기의 모습이 다른 인물들이 몇 명 있었다. 그중에 대표적인 인물이 경상북도 강사로 선정된 미강(渼江) 박승동(朴昇東, 1847~1922)이다. 박승동은 헌종·철종대 낙학(洛學)의 종장인 홍직필(洪直弼, 1776~1852)의 제자인 서찬규(徐贊奎, 1825~1905)에게 학문을 배운 인물이었다. 그는 1889년 서울에서 청국 문인 손경종(孫慶鍾)을 만나 학문적 필담을 나누며 조선 성리학의 가르침을 전해 줄 정도로 학문적 자부심이 높았으며,[58] 연재학파의 종장인 송병선(1836~1905)과 교유를 나누었다. 그러나 그도 대한제국기에 문명개화론과 사회진화론의 영향을 받으며 변화하면서 결국 일제의 회유에 말려들어 일제협력유림의 대열에 합류하였다. 그는 일본천황을 칭송하는 한시를 짓는 등 사망할 때까지 약 10년 동안 경상북도 강사로 활동하였다.[59]

그리고 1923년 12월에 평안남도 강사로 선정된 송암(松菴) 최정현(崔正鉉, 1862~1931)도 이관구의 평가가 있다는 점에서 양봉제와 매우 비슷

58) 朴昇東, 「瀛海筆」, 『渼江集』; 노관범, 『(고전의 향기 168) 1889년 서울, 조선 선비가 중국 선비에게 들려준 학문의 비결』, 2011년 5월 30일.

59) 그의 문집인 『渼江先生集』(경인문화사, 1999)을 살펴보면, 행장에는 송병선과의 친분 등이 수록되었지만, 그 외 경학원 강사로 활동한 사실과 일본천황과 황태자에게 바친 글 등은 모두 빠져 있다. 참고로 박승동이 당시 大正天皇에게 製進한 한시를 한 편 소개한다(경학원잡지』 9호, 1915, 13쪽).

자신궁의 궁전 안에 상서로운 빛 엉기어	紫宸宮殿瑞光凝
좋은 점괘 드러나서 황제 자리 등극했네	顯筴揚徽寶座登
빛이 나는 병풍에는 해와 달이 걸려 있고	晃曜罘罳懸日月
추창하는 검패 소리 속에 장수 축원하네	趨蹌劍佩祝崗陵
사 년 동안 현풍 속에 흠뻑 젖어 떠받들고	四年愛戴玄風浴
만대토록 대력 이음 기쁘게들 바라보네	萬世欣瞻大曆承
산골짝과 물가 사는 함령 모두 교화됨에	陬澨含靈齊嚮化
부상 땅의 하늘 멀리 바다 파도 깨끗하네	榑桑天遠海波澄

한 경우이다. 최정현은 평안도의 유명한 문장가로 화서학파 문인과 교유가 있었으며, 서북학회에 참여하여 『서북학회월보』에 자신의 의견을 개진하기도 하였다.[60] 이관구는 『의용실기』에서 최정현에 대해서 자신의 음으로 양으로 독립운동을 많이 도와주었으며, 그 때문에 일제의 주목을 받자 말년에 고의로 경학원 강사직을 맡아서 여생을 억지로 보냈다고 기록하였다. 이관구는 양봉제와 같이 최정현을 조선의 독립운동에 힘쓴 애국심이 강한 인물로 평가하였다.[61]

경학원 각 도 강사는 경학원의 핵심 사업 중의 하나인 경학강연과 지방 순회강연을 담당하였다. 또한 경학원 강사들은 지방 순회강연을 하면서 해당 지역 유림의 정황을 시찰·보고해야 하는 임무도 있었다. 그래서 조선총독부는 경학원 강사에게 매년 일정한 수당을 주었고 지방 순회강연을 위한 교통비도 지원하였다. 양봉제도 평안북도를 돌며 조선총독부가 요구하는 지방 순회강연을 하였다. 경학원의 기관지인 『경학원잡지』에 경학원 강사들의 지방강연 내용이 종종 수록되는데, 양봉제가 행한 강연 내용도 들어 있다. 그는 1913년 10월, 11월에 도내 의주, 용천, 철산, 선천, 곽주, 정주, 가산, 박천, 영변, 운산군 등을 순회하며 강연을 하였는데, 의주군에서 행한 강연의 제목이 '군자지중용야군자이시중(君子之中庸也君子而時中)'이었다.

> (주자)집주에 君子가 中庸을 하는 까닭은) 君子의 德이 있고 또 능히 때에 따라 中에 처하기 때문이요, 또 中은 一定한 體가 없어 때에 따라(隨時) 있다고 했으니, 隨時 두 글자는 가장 완미해야 한다. (중략) 군자만이 時中하는 것이 아니라 士農工商 모두 다 時中이 있다. 그렇다면 금일 우리 민족은 어떻게 해야 時中할 수 있는가? 불쌍한 우리 민족은 예부터 쌓인 폐단의

60) 조준희, 「海山 朴東欽의 항일민족운동」, 『숭실사학』 24, 2010, 59쪽.
61) 李觀求, 「崔定鉉」, 『義勇實記』.

> 남은 재앙으로 지극한 빈약에 빠져 있으니 이 폐단을 바로 잡고자 할진댄 利用厚生을 버리면 무엇을 할 수 있는가? 공자도 부유하게 하면 가르쳐야 한다고 하셨고 맹자도 떳떳한 재산이 있는 자는 떳떳한 마음이 있다고 하셨으니 이때를 당하여 공자와 맹자가 다시 나오셔도 반드시 利用厚生으로 급선무를 삼을 것이다. <u>현재 당국의 정치가 利用厚生 아님이 없어서 학교를 넓혀서 지식을 개발하고 경학원을 설립하여 좋은 풍속을 조장하니 곧 백성에게 中을 쓰는 것이다.</u> <u>우리 민족은 명령에 복종하여 각각 자기 생업에 부지런히 일하고 충효로 서로 권면한다면 저절로 時中의 도에 합하는 것이다.</u> 힘쓸지어다. 힘쓸지어다.[62] (강조는 필자)

양봉제가 행한 강연의 본의는, 군자(일제협력유림)의 시중은 일제의 식민 정책에 따라 유교의 보편적인 가치(충효)를 일반 식민지 백성에게 잘 설명하여 따르도록 하는 것이고, 사농공상(식민지 백성)의 시중은 利用厚生을 위해 노력하는 정부(일본)의 명령을 따라 각각 생업에 종사하여 새로운 국가에게 충효를 다하라는 것이다. 결국 그는 자신의 민족에게 일제의 명령을 순량하게 따르는 신민이 되라는 요구를 하고 있는 것이다.

만일 한국의 유학자가 한국 유학의 특성인 의리론의 관점에서 망국의 현실에 대해 시중을 한다면, 화서학파 동문인 유인석이 거론한 '처변삼사(處變三事)' 중에 하나를 선택해야 한다. 즉 유인석처럼 멸망한 사직을 회복하기 위하여 '거의소청(擧義掃淸)'하거나 아니면 전우처럼 '거지수구(去之守舊)'를 행하거나, 또는 송병선처럼 '자정치명(自靖致命)'을 선택해야 한다. 모든 상황 속에서 시중을 하는 것은 어디까지나 의를 따르기

62) 경학원, 『경학원잡지』 2호, 1914, 85~86쪽. "集註以其有君子之德 而又能隨時以處中 又日中無定體 隨時而在 隨時二字 最當玩 (中略) 非但君子而時中而已 士農工商 皆有時中 然則在吾今日民族何以則時中 哀我民族 以舊來積弊之餘殃 陷於貧弱之極 欲求此弊 舍利用厚生而何 子日富而教之 孟子日有恒產者有恒心 當此之時 孔孟復起 必以利用厚生爲急務矣 現今當局政治 無非利用厚生 而廣學校開發知識 立經學助長良風 卽是用中于民 凡吾民族服膺命令 各勤其業 忠孝相勉 則自合于時中之道 勉旃勉旃."

위함이요,[63] 때에 따라 변역(變易)하는 것도 도를 따라야 하기 때문이다.[64] 그러나 일제협력유림이 된 양봉제는 더 나아가 일본제국의 신민임을 자처하며 1915년 11월 일본천황에게 극진한 칭송의 글을 바친다.

크고 크며 위대하다 저 건원이여	大哉乾元
만물이 다 의지하여 시작 되도다	萬物資始
진방에서 나와서는 우뚝하여서	首出于震
밝은 곳을 향하여서 다스림 펴네	嚮明之治
빛나고도 빛난 우리 황제께서는	於赫我皇
만대토록 기강 잡아 통솔하리라	萬世統紀
그 밝음은 해와 달과 나란할 거고	明并日月
그 덕은 또 하늘 땅과 합해지리라	德合天地
진저에서 머무시던 그 시절부터	自在震邸
목을 길게 빼고 모두 기대하였네	延頸戴已
크고도 큰 황가 기업 이어받아서	嗣承丕基
온 천하를 굽어보며 임어하셨네	臨御寰區
미처 의식 거행을 할 겨를도 없이	縟儀未遑
양암 속에 삼 년 세월 보내시었네	亮陰三秋
능히 선대 잘 잇고서 능히 조술해	克纘克述
세덕 이어 짝이 되길 구하시었네	世德作求
무예롭고 이에 또한 문예로우며	乃武乃文
관대하고 이에 또한 어지시었네	以寬以仁
밝은지라 후세에서 잘 계승하여	昭茲來許
하늘이나 사람에게 잘 순응했네	應天順人
세차로는 을묘년이 되는 올해에	維歲乙卯
성대할사 의식 크게 거행하였네	誕擧盛典
선인의 뜻 따라 효가 오게 했으매	遹追來孝
아아 어찌 드러나지 아니했으랴	於乎不顯
온 사해의 안이나 밖 어느 곳이고	薄海內外

63) 『論語』, 里仁. "子曰 君子之於天下也 無適也 無莫也 義之與比."
64) 『周易』, 易傳序. "易 變易也 隨時變易以從道也."

분주하게 와서 명에 복종하누나	奔走服命
광주리에 현황 담아 폐백 올리며	篚厥玄黃
함께 경사 축하함을 그치지 않네	極不同慶
하늘에서 잘 돌보며 보우하여서	天其保佑
더해지지 않는 것이 없게 하리라	以莫不增
산과 같고 또한 언덕과도 같으며	如山如阜
보름달로 되는 달과 뜨는 해 같네	月恒日升
바람과 비 순조롭게 때맞춰 내려	風調雨順
여러 차례 풍년이 들 상서 얻었네	屢獲豊瑞
온 동방이 태산 반석 되게 한 거는	環東磐泰
어느 누가 우리에게 내려 준 건가	伊誰之賜
나라 위엄 떨쳐져서 빛이 나거니	國威國光
먼 곳까지 미치지가 않는 곳 없네	無遠不暨
멀리에서 봉래 있는 곳 바라보니	遙瞻蓬萊
오색 구름 서려 상서 바치는구나	五雲呈祥
송축 시를 지어 화봉 축하 바치며	祝華獻頌
만수무강 누리시길 축원합니다	萬壽无疆

1915년 11월 10일에 경학원 강사 正八位 신 梁鳳濟는 지어서 올립니다.[65]

양봉제에게 이제 조국은 멸망한 대한제국이 아니라 찬란한 태양처럼 솟아오르는 일본제국일까! 당시 다이쇼 천황(大正天皇)이 즉위하자 경학원 직원들과 함께 즉위를 축하하며 올린 그의 시문에는 차마 눈 뜨고 보기 어려울 정도 온갖 전거와 화려한 용어들이 난무하다. 한 때 조선왕조와 대한제국의 녹을 먹었던 관료가 자신의 조국을 멸망시킨 적의 수장에게 이런 수준의 글을 작성한다는 것이 쉽게 이해가 되지 않는다.[66] 그는 정말 진심으로 이런 글을 작성한 것일까, 아니면 이관구의 표현대로 겉

65) 경학원, 「即位大禮式獻頌文」, 『경학원잡지』 9호, 1915, 19쪽.

66) 양봉제는 일본 황태자(훗날 昭和 천황)에게도 바친 시가 있는데, 그것은 다음과 같다(경학원, 「立太子禮獻頌文」, 『경학원잡지』 12호, 1916, 9~10쪽).

으로 친하는 모습을 보이기 위해 일부로 이런 글을 작성하였을까? 자료로 드러난 20세기의 양봉제는 분명 일제협력유림으로서 일본제국의 충량한 신민의 모습을 보여주고 있다. 그런 양봉제를 광복회 황해도 지부장이었던 이관구는 독립운동에 헌신한 사람이라고 평가하였을까?

이관구가 활동하였던 광복회는 일제의 무단통치기였던 1910년대에 국내독립운동 단체로는 유일하게 전국적 조직을 갖춘 비밀결사조직이었다. 광복회는 의협투쟁을 전개하여 의열투쟁의 선구적 역할을 담당하였다.[67] 앞에서 언급하였지만, 이관구는 광복회 황해도 지부를 조직할 때 양봉제, 최정현 등의 도움을 많이 받았다고 하며 그들을 모두 평안도 지부원으로 기록하였다. 그리고 그들이 도와준 일을 짧게 기록하였지만, 상당히 구체적으로 기록하고 있어 그들을 잘 알고 있는 사람이 아니면 결코 기록할 수 없는 내용이다. 더구나 양봉제와 최정현에 대한 내용이 수록된 『의용실기』는 이관구 자신을 비롯한 광복회 동료들의 독립운동의 실상을 인멸되지 않고 후세에 전하려는 목적에서 저술된 것이다. 때문에 현재 학자들도 광복회 연구의 중요한 사료로 『의용실기』를 인정하고 있다.

특히 양봉제가 비밀리에 평안남북도의 부호가와 노소동지를 규합하여

붉은 해가 동쪽에서 둥실 떠올라　　日出于東
사방에다 밝은 빛을 내려 비추네　　照臨四方
만대 동안 한 계통이 이어 왔거니　　萬世一系
밝은 광채 다시 빛나 퍼지는구나　　式宣重光

붉은 해가 동쪽에서 둥실 떠올라　　日出于東
사방에다 밝은 빛은 내려 비추네　　四方照臨
두 밝음이 서로서로 뒤를 이으매　　明兩繼之
모든 나라가 마음에 기뻐하는구나　　萬國歡心

백관들이 축하하는 말을 올리니　　百僚申賀
의전 이에 융숭하게 갖추어졌네　　儀典備隆
어찌 하여 찬란하게 아니 빛나랴　　曷不煌煌
붉은 해가 동쪽에서 떠오르는구나　　日出于東

67) 광복회에 연구 성과는 이성우, 「光復會研究」, 충남대학교 박사학위논문, 2007 참조.

이관구에게 소개시켜 준 것과 일제의 경찰망이 조밀할 때 다수의 지사들이 그의 집에 출입해도 발각되지 않도록 도왔다는 기록은 충분히 그럴 수 있다는 생각이 든다.[68] 양봉제는 경학원 평북강사로 해당지역의 군현들을 돌며 지방강연을 하고 다수의 사람들을 만날 수 있었다. 해당 지역의 유림의 동향도 보고해야 할 임무도 있기 때문에 조선총독부의 지원도 받는 위치였다. 얼마든지 일제의 감시망을 피해 이관구를 도울 수 있는 여건은 가지고 있었다. 어쩌면 이관구의 기록대로 양봉제는 광복회의 독립운동을 물심양면 도왔을 지도 모른다.

그러나 이관구의 기록을 뒷받침할 만한 다른 자료는 현재 보이지 않고 있고 양봉제의 친일 협력 활동을 보여주는 자료는 뚜렷하게 남아 있다. 그들이 활동한 광복회는 비밀결사조직인 데다 그들의 활동이 잘 드러나지 않고 더구나 그들 모두 평안도 출신이라서 자료가 더욱 남아 있지 않을 공산이 크다. 이관구의 기록을 전적으로 신뢰한다면 양봉제는 정말 겉으로는 친일 행위를 하였지만 속으로는 광복회 황해도 지부원으로 독립운동을 한 일종의 이중 스파이 역할을 한 인물로 볼 수밖에 없다. 그러나 앞에서 살펴보았듯이 일제협력유림으로서 양봉제의 친일 협력 행위도 부인할 수 없다. 어쩌면 양봉제의 경우는 친일·반일의 이분법적 시각에서 바라볼 수 없는, '저항과 협력의 복합성과 중층성'[69]을 보여주는 사례일지도 모른다.

4. 맺음말

양봉제는 조선시대에 차별을 받았던 서북지역 출신의 문인이었다. 그

68) 李觀求, 「梁鳳濟」, 『義勇實記』.
69) 윤해동, 「식민지 인식의 '회색지대'」, 『근대를 다시 읽는다』 1, 역사비평사, 2006 참조.

는 1851년 평안북도 박천군 덕안면에서 태어났으며, 화서학파의 박문일에게 유학을 배워 상당한 수준의 학문을 지니고 있었다. 양봉제는 1879년에 문과에 급제하면서 관료의 길로 들어섰다. 그는 승정원 가주서를 시작으로 의정부 사록, 기린도 찰방, 사헌부 감찰, 사간원 정언, 군사마 등에 올랐고, 선천, 숙천, 운산, 영변, 박천 등의 군수를 지냈다. 그가 서북지역 출신이기 때문에 중앙요직에 오르지는 못하였지만, 학문과 능력 등을 인정받아 관료 생활을 지속할 수 있었다.

양봉제는 철저한 위정척사이념으로 무장한 가장 보수적인 화서학파의 문인임에도 불구하고 사상적 전환을 하여 신학을 수용하면서 개신유림으로 변하였다. 그가 적극적으로 신학을 수용하게 된 이유는 관료 생활을 통해 국내외의 정세를 정확하게 파악할 수 있었고, 기존의 유학으로는 현실 문제를 해결할 수 없다는 의식 때문이었다. 양봉제가 그런 의식을 갖게 된 것은 당시 유행하던 문명개화론과 사회진화론의 영향 때문이었다.

애국계몽기에 양봉제는 지방군수로 재직하면서 교육을 통한 실력 양성의 중요성을 깊이 인식하고, 학교 설립에 대한 지원을 아끼지 않았다. 1908년에 자신이 직접 평안북도 박천군 덕안면 동사동에 덕명학교를 설립하여 후학을 양성하였다. 19세기의 양봉제는 전국적으로 명망이 높은 인물은 아니더라도 평안북도를 대표하는 인물로서 조선왕조 · 대한제국의 근실한 관료로 활동하였다.

20세기 들어오면서 자료로 드러난 양봉제는 분명 다른 길로 나아가고 있었다. 그는 62세 때인 1912년 10월 30일 조선총독부로부터 평안북도 강사로 임명받아 1926년에 사망할 때까지 만 14년 동안 경학원 평안북도 강사로 활동하였다. 경학원은 일제가 조선 유림의 항일 의지를 꺾고 그들을 통제하며 일제의 정책에 협력하는 유림을 양성하기 위한 목적으로 설립된 조선총독부 직속기구였다. 경학원 강사는 의무적으로 해당 지역

유림의 정황을 시찰·보고하는 한편, 유교의 충효덕목을 강조하며 일제의 지배정책을 홍보, 지지하는 지방 순회강연을 해야 하였다.

양봉제는 일제의 지배정책에 따르라는 내용의 지방 순회강연을 하였으며, 다이쇼 천황과 황태자(뒷날 昭和 천황)를 칭송하는 시문을 지어 올리는 등 일제협력유림으로서 상당히 적극적인 활동을 하였다. 그런데 그를 단순히 시대에 영합하여 친일로 변절한 유학자라고 단정할 수도 없다. 화서학파의 동문이자 광복회 황해도 지부장으로 활동한 독립운동가 이관구는 그를 평생 독립운동에 헌신한 사람으로 평가하고 있기 때문이다. 현재 양봉제가 독립운동을 하였다고 증명할 수 있는 자료는 이관구가 저술한『의용실기』외엔 없다. 그렇다고 거짓으로 보기에는 어려운 것이,『의용실기』는 이미 검증된 사료로 인정받고 있는 데다가 기록된 내용이 상당히 구체적이라서 그 상황을 모르는 사람이면 절대로 알 수 없는 내용이다. 어쩌면 양봉제의 경우는 친일·반일의 이분법적 시각에서 바라볼 수 없는, '저항과 협력의 복합성과 중층성'을 보여주는 사례인 동시에 일제강점기 유림에 대해 또 다른 면을 알 수 있는 좋은 사례이다.

제8장

1920년대 식민지 조선 유림과 일본의 유시마성당(湯島聖堂)

1. 머리말

19세기 중후반에 태어나서 19세기 말, 20세기 초반의 역사적 격변기를 거친 사람들은 대부분 정체성의 혼란을 겪을 수밖에 없다. 전통사회에서 근대사회로, 조선왕조에서 일제의 식민지로 급격하게 변화된 시대적 상황은 당시 모든 사람에게 큰 충격과 혼란을 주었다. 그중에서 유림이 받은 충격과 혼란은 다른 계층보다 더 컸다. 유림은 통상적으로 일본을 조선보다 문화가 낮은 외이(外夷)로 여겼는데, 그런 일본이 하루아침에 소중화로 자부했던 자신의 조국을 강점하였다. 유교, 정확히 말하자면 성리학을 자신들의 정체성의 근거로 삼았던 유림에게는 감당할 수 없었던 역사적 현실이었다.

국가의 멸망과 식민지 체제하 근대사회로의 진입은 유교적 가치체계에서 모든 것을 생각하고 행동하며 인식하고 판단했던 유림에게 정치적 선택을 강요하게 만들었다. 그런데 유림 중에서 자칭 '조선 13도 유생대표'처럼 일본 제국주의가 대한제국을 강점한 사실을 공포한 1910년 8월

29일 당일에 바로 일본천황에게 병합을 축하하는 장문의 서한(日鮮合併紀念祝賀書)[1]을 보낸 경우도 있었다. "나라를 잃은 현실에 눈물이 그치지 않아(國亡淚未已)"[2]서 자결하거나 만주로 망명하여 독립운동에 헌신한 유림이 있는가 하면, "나라의 운명이 경술년에 새로워(邦命新於庚戌)"져서 일본천황을 위해 "저 동해를 안고 만수 축배를 든다(挹彼東海 萬壽稱觥)"[3]고 말하며 일제에게 자발적인 협력을 선택하여 충성을 다짐하는 유림도 있었다.[4]

이렇게 대한제국을 강점한 일제에 대해 비타협 항일 독립운동을 한 유림과 자발적인 협력과 충성을 한 유림 사이의 간극은 매우 컸다. 또한 두 극단의 사이에서 자신의 삶을 고민·갈등하였던 유림도 많이 있었다. 글재주를 가지고 일제에 아부하며 살거나 생계를 위해 구차하게 생활하면 사람들에게 매도를 당하고 그렇다고 황현처럼 자정하거나 김택영, 혹은 이건승처럼 망명하여 독립운동을 펼치는 것도 너무나도 힘든 일이라서 전자든 후자든 모두 할 수가 없고 하고 싶지도 않다는 어느 유교지식인의 언급[5]은 당시 일제강점기를 살았던 대다수 유림의 솔직한 심정이

---

1) 『日鮮合併紀念祝賀書』는 일본 宮內廳 書陵部에 소장되어 있다. 국내에서는 국사편찬위원회가 원본을 사진으로 촬영하여 소장하고 있다. 필자도 2006년 11월 1일에 궁내청을 방문하여 이 자료를 實見하였는데, 크기는 60.5×230㎝이다. 겉봉(皮封)에 '天陛進獻'이라고 적혀 있으며 크기는 60.5×12.8㎝이다. 이 서한에 서명한 유생은 宋鍾洙, 金弘植, 宋憙榮, 李春榮, 洪璉燮, 宋堯哲, 南啓薰, 金禧錫, 李承老, 李重善, 朴容和, 李海謙, 千秉浩, 殷成雨, 尹宗河, 宋萬榮, 林翊相, 邊錫龍 등 18명이다. 그리고 이름 밑에 각자 자신의 도장을 찍었다.

2) 宋相燾, 『騎驢隨筆』.

3) 『日鮮合併紀念祝賀書』. "朝鮮十三道儒生代表臣宋鍾洙等 誠惶誠恐謹百拜 慶祝于天皇陛下 (中略) 聖德巍蕩 匝域歡情 天地感應 異瑞自生 木中二字 合併有聲 挹彼東海 萬壽稱觥 明治四十四年八月二十九日."

4) 일제강점기 日帝協力儒林의 형성과 활동에 대해서는 정욱재, 「한말·일제하 유림 연구: 일제협력유림을 중심으로」, 한국학중앙연구원 한국학대학원 박사학위논문, 2009 참조.

5) 李範世, 「上耕齋宗丈書」, 『恥齋集』. "竊觀當世能文者可屈指而數也 或挾其文辭 甘心附賊 或爲飢渴所迫 偷祿苟活 不爾則爲梅泉爲滄江爲執事耳 以彼則爲人唾罵 以此則自苦其身也 此皆世所不能爲亦不欲爲耳."

었을 것이다. 어찌되었든 간에 유림은 자신의 조국이 일제 식민지로 전락된 냉혹한 현실을 받아들이면서 어떤 형태이든 정치적 선택을 할 수밖에 없었다. 특히 일제와의 협력과 충성이라는 길을 선택한 유림은 자신들의 행위에 명분과 의미를 부여하고 합리화하는 과정을 거쳐야만 했다.

본고는 자발적인 협력과 충성을 선택한 이들이 어떻게 자신들의 행위에 명분과 의미를 부여하고 합리화하는지를, 그리고 이전까지 이적시(夷狄視)한 일본을 강제 병합 후 어떻게 인식이 변하였는지를 일본 도쿄 소재의 유시마성당(湯島聖堂)을 통해서 살피고자 한다.[6] 에도막부 때 석전제와 막부의 인재 교육을 담당했던 유시마성당은 19세기 말엽까지도 조선 유림에게 전혀 알려지지 않은 생소한 장소였다. 메이지 유신 이후 방치되었던 유시마성당을 유교가 일본의 국가주의를 뒷받침할 수 있다고 믿었던 일본 계몽지식인들이 주목하고 그곳을 자신들의 거점으로 이용하였다. 이들에 의해 유시마성당이 당시 조선과 중국에 알려지게 되었고, 일제의 힘이 절정기에 이를 때에는 유시마성당이 동아시아 유교의 중심 장소로 부각되기까지 하였다. 이곳이 조선 유림에게 갑자기 의미 있는 장소이자 새로운 상징으로 떠오르게 된 것은 일제의 강제병합 이후였다. 특히 1920년대에 들어오면 식민지 조선의 유림은 일본을 방문할 때마다 반드시 유시마성당을 참배하고 조선으로 돌아왔다.

유교를 자신들의 정체성의 핵심으로 삼고 있었던 식민지 조선 유림은 일제의 대한제국 강점 후 유시마성당을 주목하기 시작하였으며, 일부 유림은 유시마성당을 통하여 일본과 유교를 새롭게 인식하는 한편 자신들의 행위를 합리화하는 데에 이용하였다. 우선 유시마성당이 일본에서 어

6) 국내에서는 일제강점기 湯島聖堂에 주목한 연구는 거의 없으며, 다만 1935년 재건된 湯島聖堂에서 열린 湯島聖堂復記念興儒道大會에 참석하였던 孔聖學의 『湯島紀行』을 분석한 박영미의 연구가 있다. 그 논문에서 湯島聖堂에 관해 개략적으로 언급하고 있다. 박영미, 「공성학(孔聖學)의 『탕도기행(湯島紀行)』에 대하여」, 『한문학보』 32, 2015.

떤 유래를 가진 장소이었으며, 그것이 20세기에 들어와서 어떻게 재발견되고 부각되었는지를 개략적으로 살피고자 한다. 그런 다음 1920년대를 중심으로 식민지 조선 유림이 재발견된 유시마성당을 어떻게 주목하고 인식하였으며, 그것을 통하여 일본과 유교를, 더 나아가서 자신들의 행위를 어떤 식으로 합리화하고 있는지를 파악하고자 한다. 이를 통하여 본고가 일제강점기 조선 유림의 역사적 실상을 이해하는 데에 일조하였으면 한다.

2. 유시마성당(湯島聖堂)의 연혁과 재발견

1) 유시마성당(湯島聖堂)의 연혁

일본은 상당 기간 동안 조선의 성균관 대성전처럼 석전을 설행하는 장소가 없었다. 백제의 왕인이 논어와 천자문을 가지고 들어오면서 일본에 유교 경전이 소개되었으며, 몬무 천황(文武天皇) 때인 701년에 태학료(太學寮)에 가서 처음으로 석전을 행하면서 일본에서의 석전이 시작되었다.[7] 그러다가 무로마치·전국시대를 거치면서 석전이 완전히 사라졌다가 에도막부 5대 쇼군인 도쿠가와 츠나요시(德川綱吉) 때에 이르러서야 국가적인 차원에서의 석전이 다시 시행되는데, 이때 유시마성당이 일본 역사에 처음으로 등장한다.[8] 도쿠가와 츠나요시는 유학을 숭상하여 일본의 정치를 문치 위주로 전환시키려고 노력한 인물이었다. 그는 1690년 7월에 막부의 성당(聖堂, 즉 문묘)를 짓기로 결정하고 새로운 성당이 들

7) 장지연 지음, 황재문 옮김, 『萬國事物紀原歷史』, 한겨레출판, 2014, 156쪽.
8) 三宅米吉, 「湯島聖堂沿革略」, 『斯文』 제7편 제2호, 1925, 17~18쪽.

어설 간다다이(神田臺) 일대를 쇼헤이(昌平)라 이름하였다. 그는 1691년(숙종 17) 간다다이에 새로 공자묘를 세우고 묘전의 명칭을 '대성전(大成殿)'이라 지었으며, 편액의 글씨를 직접 쓰고 공자의 화상에 대한 제자(題字)도 직접 하였다.[9] 간다다이는 유시마(湯島)라고도 불려서 이 때문에 유시마성당(湯島聖堂)이 된다.[10]

그런데 에도막부가 유시마성당을 조성하는 데에 중요한 계기를 마련한 인물이 있었다. 우리에게 일본의 주자학자로 알려진 하야시 라잔(林羅山, 1583~1657)이다. 그의 스승은 원래 불교의 승려였으나 퇴계학을 접하고 유학자로 변신하여 일본 주자학의 개조로 평가받는 후지와라 세이카(藤原惺窩, 1561~1619)이다. 후지와라 세이카의 수제자인 하야시 라잔은 도쿠가와 이에야스(德川家康)에게 치국의 요체를 말하고 유학을 바탕으로 한 학교 건립을 진언하였는데, 당시 여러 가지 사정으로 학교 건립이 이루어지지 않았다. 1630년 제3대 장군 도쿠가와 이에미쓰(德川家光)이 그의 시독(侍讀)인 하야시 라잔에게 우에노(上野) 시노비오카(忍岡)의 땅을 주고 사숙(私塾)을 열게 하였다. 1632년 오와리번(尾張藩)의 초대 영주인 도쿠가와 요시나오(德川義直)가 그곳에 공자묘를 지은 후, 그것을 공자 · 안자 · 증자 · 자사자 · 맹자 다섯 성인의 상(像), 제기(祭器) 등과 함께 하야시 라잔에게 기증하였다. 당시 공자묘를 선성전(先聖殿)이라 하였으며 그 편액을 도쿠가와 요시나오가 썼다. 그리고 이듬해인 1633년 하야시 라잔의 사숙에서 일본 근세 최초의 석전의식을 행하여 문묘로서의 성격을 명백히 드러냈다.[11] 즉 하야시 라잔의 사숙이 바로 유시마성당의 전신이 되는 것이다.

9) 박종배, 「일본 근세 문묘의 설립과 변천에 관한 일 고찰」, 『교육사학연구』 제24집 제1호, 2014, 40~41쪽.

10) 三宅米吉, 「湯島聖堂沿革略」, 『斯文』 제7편 제2호, 1925, 18쪽.

11) 『서울문묘 실측조사보고서(上)』, 문화재청, 2006, 262쪽.

하야시 라잔은 자신의 사숙에 공자묘를 조성한 이후 비록 정기적인 것은 아니었지만, 꾸준히 석전을 거행해 오다가 1657년 큰 화재를 입자 그 충격으로 상심하다 75세의 나이로 세상을 뜨고 그의 셋째 아들인 하야시 히로시(林恕, 1618~1680)가 뒤를 잇게 된다. 그는 에도막부로부터 공식적 지원을 강화하는 성과를 얻어내었다. 1660년 그는 에도막부로부터 500금을 하사받아 공자묘를 개축하였고, 1663년 서원에 '홍문관(弘文館)'이라 이름을 지었으며 자신은 막부로부터 '홍문원학사(弘文院學士)'라는 공식 칭호를 받았다. 이는 하야시 라잔이 만들었던 사숙이 막부의 공인을 받았다는 것을 의미하는 것이다.[12)]

앞에서 언급하였듯이 숭유호학(崇儒好學)으로 유명한 제5대 장군 도쿠가와 쓰나요시는 1690년 우에노(上野)에 있던 것을 유시마(湯島)로 이전하여 새롭게 학사와 묘당 등을 신축하였고 선성전을 대성전으로 개칭하면서 유시마성당의 시대를 열었다. 1691년 2월 11일(음력) 새롭게 마련된 유시마성당에서 처음 석전을 거행하였을 때, 도쿠가와 쓰나요시도 친림하였으며 직접 경전을 강설하였다고 한다.[13)] 이때부터 에도막부가 하야시 라잔의 사숙을 접수하여 유시마성당을 막부의 문교 정책을 시행하는 중심기관으로 이용하기 시작하였다.

유시마성당은 1704년 · 1772년 · 1786년에 대화재를 만나고 각각 재건하는 과정이 반복되면서 그 규모가 계속 축소되었다. 그러다가 1797년 에도막부가 학제 개혁을 실시하여 유시마성당은 큰 변화를 겪게 되었다. 1797년 학제 개혁은 두 가지 의미를 가지고 있었다. 하나는 '묘(廟)'와 '학(學)' 중에서 '학'으로의 중심 이동이며, 다른 하나는 묘학에 대한 막부의

12) 박종배, 「일본 근세 문묘의 설립과 변천에 관한 일 고찰」, 『교육사학연구』 제24집 제1호, 2014, 37~38쪽.

13) 三宅米吉, 「湯島聖堂沿革略」, 『斯文』 제7편 제2호, 1925, 18쪽.

직할 체제 수립이다. 에도막부는 학사의 부지를 확장하여 창평판학문소(昌平坂學問所: 昌平黌, 약칭 學問所)을 개설하였고, 창평판학문소는 에도막부의 인재를 양성하는 교육 기관의 역할을 담당하였다. 그로 인해 문묘는 그 위상이 현저히 낮아져서 학문소 부속의 대성전으로 의미가 축소되었다.[14)]

1862년 에도막부는 학정(學政)의 진흥을 위해 학문소봉행(學問所奉行)을 두었고, 저명한 학자를 발탁하여 유직(儒職)에 맡기는 등 학문소의 혁신을 꾀하였다. 그러나 이미 이때는 19세기 말부터 다가오는 서구의 개국 압력과 에도막부의 실정으로 인해 학문소가 제 역할을 하지 못하였다. 1876년 메이지 유신으로 에도막부가 멸망하고, 새로 들어선 메이지 정부는 유시마성당을 접수하면서 유시마성당의 시대는 막을 내리게 되었다. 요컨대 에도시대 유시마성당은 막신(幕臣)과 제번사(諸藩士)의 교육과 막부의 문화, 교육사업을 통괄·실시하던 장소였다.[15)]

그런데 흥미로운 점은 우리 역사와 아무런 연관이 없었을 것으로 보이는 이 장소가 에도막부 시대에 조선 지식인과의 인연이 있었으며, 그 흔적을 현재 그대로 전하고 있다는 점이다. 즉 1632년 도쿠가와 요시나오(德川義直)가 공자묘를 건축하여 기증한 후, 공자와 기타 성현의 화상 21폭도 그곳에 안치하였다. 1636년(인조 14) 김세렴(金世濂, 1593~1646)이 이른바 제4차 조선통신사로 일본에 갔을 때, 하야시 라잔이 21폭의 성현 화상을 그에게 보여주면서 모든 그림마다 찬(贊)을 써달라고 부탁하였다. 그래서 김세렴이 그림마다 찬을 작성하였는데, 그가 쓴 찬의 내용은 모두 하야시 라잔이 선택한 고인(古人)의 문장이었다고 한다. 1923년 9월

14) 박종배, 「일본 근세 문묘의 설립과 변천에 관한 일 고찰」, 『교육사학연구』 제24집 제1호, 2014, 44~48쪽; 三宅米吉, 「湯島聖堂沿革略」, 『斯文』 제7편 제2호, 1925, 20쪽.

15) 橋本昭彦, 「江戸時代の教育」, 『湯島聖堂と江戸時代』, 斯文會, 1990.

1일에 발생한 관동대지진으로 유시마성당이 모두 전소되었을 때, 다행스럽게도 이 그림들은 당시 다른 장소에 있었기 때문에 피해를 면할 수 있었다.[16]

2) 유시마성당(湯島聖堂)의 재발견

메이지 유신으로 왕정복고를 단행한 일본은 모든 분야에서 서구 근대화 정책을 펼쳤는데, 유시마성당도 그 변화에서 벗어날 수 없었다. 1868년 6월 일본 정부는 유시마성당을 대총독부의 소관으로 만들었으며, 대성전과 학문소를 비롯하여 유시마성당이 가지고 있던 부지와 건물 등을 모두 근대학문을 가르치는 학교나 공간 등으로 이용하였다. 대성전에서 지냈던 석전제는 메이지 유신 이후 정지되었다.[17]

일본 정부는 당초 학문소를 대학교 · 대학으로 개칭하여 존치시켰으나 1871년에 그것을 폐지하고 문부성(文部省) 등을 설치하였다. 1872년 3월 10일 대성전에서 문부성 박물국 주최의 일본 최초의 박람회인 유시마성당박람회가 개최되었다. 당시 유시마성당의 구내(構内)에 문부성, 국립박물관(현재의 도쿄국립박물관과 국립과학박물관), 도쿄사범학교(東京教育大學을 거쳐 현재의 筑波大學)과 그 부속학교(현재의 筑波大學附屬小學校와 筑波大學附屬中學校 · 高等學校), 도쿄여자사범학교(지금의 お茶の水女子大學)과 그 부속학교(지금의 お茶の水女子大學附屬中學校 · お茶の水女子大學附屬属高等學校) 등이 함께 있었던 적이 있었다.[18] 에도막

16) 三宅米吉, 「湯島聖堂沿革略」, 『斯文』 제7편 제2호, 1925, 18쪽. 당시 21폭의 그림 중에서 宋의 6賢(周敦頤·張載·程顥·程頤·邵雍·朱熹)을 그린 6폭은 東京高等師範學校에 나머지 15폭은 東京帝室博物館에 소장되었다. 현재 湯島聖堂에는 김세렴의 贊이 기록된 화상들(복제품)을 전시하고 있다.

17) 三宅米吉, 「湯島聖堂沿革略」, 『斯文』 제7편 제2호, 1925, 20쪽.

18) 이상은 일본 위키백과사전 湯島聖堂 참조(https://ja.wikipedia.org/wiki).

부 시대에 인재 교육 등을 담당하였던 유시마성당은 메이지 시대에 들어와서도, 비록 성격은 다르지만 학문소의 전통을 계승하여 일본 현대 교육의 발상지라는 명예를 얻게 되었다.

그런데 일본 정부가 등한시하던 석전제를 되살리고 유시마성당 자체를 부각시킨 집단이 있었으니, 그것이 바로 사문회(斯文會: 일명 東京斯文會)이었다.[19] 사문회의 전신은 1880년 6월 6일에 결성된 사문학회이다. 이 단체는 메이지 유신의 주역 중의 한 명인 이와쿠라 도모미(岩倉具視)가 유럽을 시찰하고 돌아온 후 유교에 근거한 사상을 양성하여 국가의 기초를 공고히 하자는 주장에서 비롯되었다.[20] 이와쿠라 도모미는 궁정 귀족 출신으로 메이지 유신 이후 보수주의 정치가로 활동한 인물이었다. 당시 일본에 서구화와 민본주의가 팽배해짐에 따라 메이지 정부는 위기감을 느꼈고, 이에 대한 반동으로 유교를 기반으로 한 사상적 공세를 취하게 된 것이다.[21]

사문학회에 참여한 인사들은 모두 유교 교양을 갖추면서도 동시에 서구 학문을 익힌 사람들이었다.[22] 이들이 사문학회를 조직하면서까지 유

[19] 斯文會의 연혁과 특징, 참여인물들의 학문적 계통과 성향, 그리고 식민지 조선의 經學院과의 교류에 대해서는 박영미, 「經學院에 보이는 근대 일본 유학의 경향: 東京斯文會의 관계를 중심으로」, 『일본학연구』 제27집, 2009 참조.

[20] 斯文會編, 『斯文會八十年史』, 財團法人 斯文會, 1998, 5쪽.

[21] 박영미, 「經學院에 보이는 근대 일본 유학의 경향: 東京斯文會의 관계를 중심으로」, 『일본학연구』 제27집, 2009, 102쪽.

[22] 1880년 6월 6일 神田錦町의 學習院에서 斯文學會 發表式을 거행한 후, 6월 19일 發起人會를 개최하여 文學 25명, 會幹 25명을 두어, 그들이 회의하여 趣意書 立案과 會則 制定 등의 일을 시작하였다. 당시 문학과 회간에 임명된 사람은 다음과 같다(斯文會編, 『斯文會八十年史』, 財團法人 斯文會, 1998, 5쪽).

(文學) 川田剛 三島毅 南摩綱紀 重野安繹 長炭 中村正直 鷲津宣光 廣瀬範治 阪谷素 岡松辰 龜谷行 藤野正啓 岡千仭 小野長愿 巖谷修 島田重禮 堤正勝 箕作麟祥 秋月胤永 四谷恒之 根本通明 大郷穆 蒲生重章 萩原裕 島地默雷

(會幹) 廣瀬進一 谷干城 股野琢 内藤耻叟 奥並繼 秋月新太郎 岡本監輔 名瀬時衡 長松幹 小原重哉 松本順 成島柳北 秋月種樹 松田道之 小野梓 栗源鋤雲 杉孫七郎 大内青巒 福地源一郎 篠野傳平 何禮之 日下部東作 藤田茂吉 矢野文雄 石黑忠悳

교를 지키려는 이유를 찾고자 한다면 당시 시대적 상황을 염두에 두지 않으면 안 된다. 일본에서도 서구 근대 문물을 적극적으로 수용한 계몽지식인들은 대부분 동아시아의 전통을, 특히 유교를 비판하였다. 즉 메이지 초기의 많은 계몽지식인들은 유학을 구제도의 허학으로 비판·경멸하고 유자를 '쓸모없는 학자'라고 도려냄으로써 자기들의 학문을 자리매김하였다. 그들은 과거, 구학문 = 유교와의 철저한 결별을 선언하며 동시에 '지식인'의 자립성을 선언하였다. 그런 대표적인 인물 중의 한 명이 바로 후쿠자와 유키치(福澤諭吉)였다. 메이지 초기 계몽지식인들에게 유교(유학)은 부정되어야 할 대상임과 동시에 근대적 시점에서 재구성되는 대상이었다. 그렇지만 당시 모든 계몽지식인들이 명쾌하게 과거를 도려낼 수 없었으며, 계몽지식인들 중에서도 미약한 형태나마 유교를 옹호하는 사람들이 있었다. 특히 사문학회의 문학으로 참여한 나카무라 마사나오(中村正直)는 후쿠자와 유키치 등의 유교 비판에 대해 '한학불가폐론(漢學不可廢論)'을 주장하며 유교를 옹호하던 대표적인 인물 중의 한 명이었다. 사문학회에 참여한 사람들은 메이지 유신으로 탄생한 근대 국가를 위한 새로운 '근대적 유교'를 구축하려고 노력하던 집단이었다.[23] 그들이 지향하는 '근대적 유교'는 일본적인 특색으로 점철된 학문이며 일본의 국가주의를 뒷받침하는 성격을 지녔다. 당시 근대 문물에 대항하여 유교를 지키려고 노력하였던 조선 유림의 그것과는 내용과 성격이 전혀 달랐다.

유교가 일본의 국가 건설에 도움을 줄 수 있다고 믿었던 유교적 소양을 갖춘 계몽지식인들은 자신들의 목적을 펼칠 수 있는 장소로 유시마성당을 재발견하였다. 그들은 유교를 보존하고 공자를 숭배하는 일환으로, 메이지 시기에 들어와서 정지된 석전제를 다시 거행하였다. 사문학회에

23) 나카무라 슌사쿠 지음·김선희 옮김, 『에도 유교와 근대의 知』, 선인, 2010, 67~92쪽.

서 석전제를 다시 정기적으로 시작한 것은 1907년이라고 한다. 즉 1907년에 공자제전회(孔子祭典會)를 조직하여 대성전에서 제1회 제전을 거행하였다고 한다.[24] 그런데 그들이 정리한 기록에서 분명하게 유시마성당에서 제전을 거행하였다고 서술한 시기는 1917년 4월에 열린 제11회 제전부터였다.[25] 그리고 이듬해인 1918년 사문학회는 획기적인 변화를 맞이하였다. 당시 부회장이었던 마사노 다쿠(股野琢)는 사문학회의 해산을 결의하고 공자를 숭배하고 유교를 발전시킬 것을 목적으로 연경회, 동아학술연구회, 한문학회, 공자제전회을 규합하여 바로 사문회를 결성한 것이다.[26] 사문회는 사무소를 도쿄의 유시마성당에 두고,[27] 유교 연구 · 강연 · 강습과 공자를 비롯한 유교 성현에 대한 제사를 지냈는데, 이는 그들의 잡지인 『사문(斯文)』의 발행과 함께 중요한 사업이었다.[28]

사문회에 의해 재발견된 유시마성당은 유교가 일본의 국가 건설에 도움을 줄 수 있다고 믿었던 일본의 유교적 계몽지식인들을 결집시키는 장소로 이용되었다. 특히 1919년 2월 20일 사문회는 이사회의 결의를 거쳐 연구부원을 위촉하였는데, 중국철학을 연구한 도쿄대 교수 우노 테츠토(宇野哲人), 동양사학자 도리야마 키이치(鳥山喜一), 도쿄대 교수이자 퇴직 후 조선에 들어와 경성제대 총장에 취임한 핫토리 우노키치(服部宇之

24) 이는 湯島聖堂의 홈페이지에서 제공하는 湯島聖堂略年表의 기록이다(http://www.seido.or.jp/year.html).

25) 斯文會編, 『斯文會八十年史』, 財團法人 斯文會, 1998, 18쪽. 1923년 관동대지진으로 인하여 湯島聖堂 내 사문회 사무소가 전소되어 초기 기록이 많이 사라졌는데, 특히 1900년~1915년까지의 기록이 사라졌다고 한다(斯文會編, 『斯文會八十年史』, 財團法人 斯文會, 1998, 17쪽).

26) 斯文會編, 『斯文會八十年史』, 財團法人 斯文會, 1998, 19~20쪽.

27) 지금도 사문회의 사무소는 湯島聖堂에 있으며, 孔子祭, 先儒祭, 文化講演會 등을 실시하고 있다.

28) 박영미, 「經學院에 보이는 근대 일본 유학의 경향: 東京斯文會의 관계를 중심으로」, 『일본학연구』 제27집, 2009, 102~103쪽.

吉), 『조선사』를 저술한 식민사학자 하야시 다이스케(林泰輔), 『한화대사전(漢和大辭典)』의 편찬자로 유명한 한학자 모로하시 데츠지(諸橋轍次) 등이 들어 있었다.[29] 유학적 소양을 갖춘 일본의 최고 학자들이 사문회를 통하여 유시마성당에 집결한 셈이다.

이렇게 유시마성당과 사문회는 일본 내에서도 무시할 수 없는 존재가 되었다. 나아가 유시마성당은 일본 제국주의의 힘이 강해짐에 따라 그 존재감이 강화되어서 마침내 동아시아에서의 유교 성지가 되었다. 뒤에서 언급하겠지만, 1922년 '공자가 죽은 뒤 2400주년을 맞이하여 공자를 추모해 올리는 기념 제사(孔子歿後二千四百年追遠紀念祭)'를 유시마성당에서 거행할 때, 식민지 조선 유림뿐만 아니라 중국의 유교 지식인도 참석하였다. 한·중·일 유교 인사들이 유시마성당이란 장소에 함께 모여서 공식적으로 공자의 제사를 지낸 것은 처음 나타나는 이례적인 현상이었다. 그리고 1923년 관동대지진이 발생하여 유시마성당이 전소되었다가 1935년에 재건되었고, 그해 4월 13일에는 만주국황제 푸이(溥儀)도 유시마성당에 와서 참배를 하였다. 뿐만 아니라 같은 해 4월 28일 유시마성당 재건을 축하하는 유림대회를 개최하였고, 많은 한·중·일 유교 인사들이 유시마성당에 와서 참배하였다.[30] 이렇게 유시마성당은 동아시아에서 새로운 유교 성지로 표상되었다.[31]

29) 斯文會編, 『斯文會八十年史』, 財團法人 斯文會, 1998, 21쪽.

30) 鹽谷溫, 「滿洲國皇帝陛下を湯島聖堂に迎へ奉りて」, 『斯文』 제17편 제6호, 1935, 8~10쪽.

31) 1935년 재건된 湯島聖堂과 儒道大會에 관련하여 방대한 자료가 『聖堂復興記念儒道大會關係一件』으로 수집, 정리되어 현재 일본 외교사료관에 소장되어 있다. 필자도 일본에서 이 자료를 열람하였으며 그중 일부분을 수집하였다. 참고로 1935년 4월 28일부터 4월 30일까지 열린 유림대회에 참여한 식민지 조선의 유림은 鄭萬朝, 兪鎭贊, 李尙鎬, 黃錫龍, 孔聖學, 孔義東, 金完鎭, 安寅植, 安敎煥 등이다. 이 자료를 참고하지 않았지만 당시 참석했던 공성학의 기행보고서인 『湯島紀行』를 분석하여 당시 湯島聖堂에서 열린 유도대회를 개략적으로 밝힌 연구로 박영미, 『탕도기행(湯島紀行)』, 「공성학(孔聖學)의 『탕도기행(湯島紀行)』에 대하여」, 『한문학보』 32, 2015가 참조된다.

3. 식민지 조선 유림의 유시마성당(湯島聖堂) 인식과 자기 합리화

1) 식민지 조선 유림의 유시마성당(湯島聖堂) 방문

19세기 후반부터 본격적으로 들어온 서구 열강의 압력과 서구 문물의 유입은 당시 엘리트 집단이었던 조선 유림의 분화를 조장하였다. 이런 경향은 20세기 초에 들어오면서 더욱 심해져 성리학적 가치체계를 고수하는 보수유림과 시대적 변화를 인정하고 근대 학문을 수용해야 한다는 개신유림으로 분화되었다. 1910년 8월 22일에 일본 제국주의는 강제로 대한제국과 한일병합 조약을 체결하고 8월 29일 조약을 공포하였다. 경천동지의 상황에 당시 유림은 크나큰 충격을 받았으며, 항일의식이 강한 유림은 조국의 멸망을 개탄하고 일본 통치를 거부하였다. 특히 보수유림 중에서 일부는 일제의 치하에서 사는 것을 거부하고 자결순국의 투쟁을 선택하였는데 그 대표적인 인물이 송병순, 황현, 이만도, 김도현 등이었다.[32]

자신들의 조국이 당시 이적시(夷狄視)하던 일본에 의해 식민지로 전락하자, 조선 유림은 자신들의 거취를 고민하며 앞으로의 행보를 선택해야만 했다. 그런데 보수유림과 개신유림 중에서 일부는 당시 풍미하던 문명 개화론과 사회진화론의 영향을 받아 일본 제국주의의 발전된 근대 문명을 인정하고 식민지가 된 현실을 그대로 인정하였다. 그들 중에서 일제와 공식적인 사회적인 관계를 맺고 적극적으로 협력한 일제협력유림이 출현하였다.

일제강점기 일제협력유림이 집결되어 활동한 곳이 바로 경학원이었다.[33] 조선총독부는 조선왕조에서 유학 교육을 관장했던 성균관을 폐지

32) 한말 · 일제 초기의 자결순국한 인물들에 대해서 권대웅 『1910년대 국내독립운동』, 한국독립운동사편찬위원회 독립기념관 한국독립운동사연구소, 2008, 40~44쪽 참조.

33) 경학원에 대한 주요 연구 성과는 이 책의 제1부 제1장 참조.

하고, 당시 조선 유림의 항일의지를 꺾고 자신들에게 협력하는 유림을 양성하기 위한 목적에서 경학원을 설립하였다. 조선 유림 중에서 지금까지 알지 못했던 일본의 유시마성당을 가장 먼저 접한 것도 경학원의 일제협력유림이었다.

1914년 4월 16일부터 5월 5일까지 경학원 직원과 강사들은 출장 명령으로 도쿄 다이쇼박람회(大正博覽會) 참석과 일본의 명소를 시찰하고 돌아왔다. 그들이 간 일본의 시찰지는 시모노세키(下關)·이쓰쿠시마(嚴島)·오사카(大板)·교토(京都)·나라(奈良)·야마다(山田)·나고야(名古屋)·도쿄(東京)·닛코산(日光山) 등이다.[34] 그들은 4월 24일 도쿄(東京)에 도착하여 10일간 머물렀는데, 그 기간에 다이쇼박람회와 야스쿠니신사(靖國神社)·유시마성당 등을 방문하였다. 경학원 부제학 박제빈은 경학원 강사가 견문한 것을 일정별로 정리하여 『경학원잡지』 제3호에 게재하였는데, 유시마성당의 구조와 당시 상황 등을 비교적 상세하게 서술하였다. 식민지 조선 유림에게 생소한 유시마성당이 구체적으로 알려지게 된 계기도 『경학원잡지』에 실린 박제빈의 기록 때문이었다.

박제빈은 유시마성당에 대한 당시 정보를 상당히 구체적으로 기록하고 있는데, 우선 1907년에 존귀한 작위를 가진 사람들(貴爵)과 문학박사들이 특별히 규약을 만들어서 유시마성당을 운영한다고 하며 규약(規約) 9조 전부와 세칙(細則) 15조의 일부를 소개하고 있다.[35] 그가 유시마성당

34) 『경학원잡지』 제3호, 1914, 60~62쪽. 당시 일본 시찰을 갔던 경학원 직원과 강사는 총16명으로 司成 李人稙, 直員 朴稚詳·鄭喆永, 講士는 呂圭亨·黃敦秀·韓昌愚·成樂賢·金東振·鄭鳳鉉·朴昇東·吳憲泳·鄭鳳時·金光鉉·梁鳳濟·朴長鴻·李鶴在였다.

35) 朴齊斌, 「講士視察見聞所記」, 『경학원잡지』 제3호, 1914, 47~48쪽. 湯島聖堂의 규약 9조는 다음과 같다.
제1조. 우리나라(我國: 일본)는 공자의 교화를 감사하게 여기면서 祭典을 거행한다.
제2조. 매년 4월 네 번째 일요일에 本鄕의 湯島聖堂에서 제전을 거행하며, 제사를 마친 뒤에는 강연회를 개최한다.
제3조. 본회의 목적에 찬성하는 자는 위원회의 승인을 거친 다음에 비로소 회원이 될 수 있다.

에 대해 흥미롭게 생각한 것은 그 운영의 주체가 국가에 있지 않고 민간에서 주도한다는 점이다. 즉 그는 동양에서 공자를 받들 경우 국가(官)에서 제사 비용을 지급하고 예관(禮官)을 파견하여 유생을 인솔하여 석전을 거행하는 것이 옛날부터 해온 방식인데 비해 유시마성당은 사문회라는 사사로운 단체가 제전회(祭典會)를 설립하여 석전을 거행하여, 이를 장구하게 이어질 수 있도록 했다는 점에서 더욱 의미가 있다고 평가하였다.[36)]

박제빈의 이런 평가는 단순히 개인만의 평가가 아니라 당시 방문했던 경학원 직원과 강사들의 공통된 평가이며, 경학원이 유시마성당을 어떻게 인식하고 있는가를 보여주는 것이다. 그런데 박제빈이 사설단체로 인식한 사문회는 사실 진정한 의미로서의 사설단체가 아니었다. 사문회는 일본의 황족도 참여하였던 관변단체의 성격을 지녔으며 일본의 국가주의를 지지하던 단체였다. 이 점은 관동대지진으로 유시마성당이 전소된 후, 1935년 4월 12일 재건된 유시마성당에서 황족 후시미노미야 히로야스왕(伏見宮博恭王)이 사문회 총재로서 준공식과 공자 제사 등을 거행한 데에서도 더욱 명확하게 볼 수 있다.[37)]

유시마성당을 방문했던 경학원 직원과 강사들은 이 시기에 사문회 인사들과 교류를 시작한 것으로 보인다. 그리하여 1920년대에 들어오면 사문회 인사들이 본격적으로 경학원과 관계를 맺고 경학원 주최로 거행된

제4조. 회원은 본회의 비용을 부담할 의무를 진다.
제5조. 評議員 약간 명, 委員 20명, 地方委員 약간 명을 둔다.
제6조. 각 임원의 임기는 기한이 없으며, 결원이 생길 경우에는 위원회에서 결원을 보충할 인원을 선정한다.
제7조. 위원은 본회를 조직하고, 사무를 처리한다. 단 위원은 互選으로 하여 한 사람이 위원장을 맡는다.
제8조. 평의원은 위원회에 중요한 사항에 대해 評議해 줄 것을 청구할 수 있다.
제9조. 본회의 비용은 회원들의 회비 및 有志들의 기부금으로 충당한다.

36) 朴齊斌, 「講士視察見聞所記」, 『경학원잡지』 제3호, 1914, 48쪽. "東洋之奉先聖 官給祀費 特差禮官 率儒生 設奠者 舊矣 今此私設祭典會者 尤有意義."

37) 『聖堂復興記念儒道大會關係一件』(일본 외교사료관).

석전과 강연회에 참석하였다. 그들은 때때로 경학원에서 유림과 일반인을 대상으로 직접 유학을 주제로 한 강연을 하였다.[38] 사문회 인사들이 조선의 경학원에서 강연 등을 하면서 유시마성당이라는 장소는 식민지 조선 유림에게 더욱 알려졌다. 사문회 인사들이 행한 강연 중에 일부가 경학원의 기관지인 『경학원잡지』 나 1920년대에 결성된 지방 유림단체의 잡지 등에 게재되었으며, 식민지 조선 유림은 그것을 보고 유시마성당과 일본 유학에 대한 정보를 습득하였다. 그리하여 1920년대 초에는 지방의 유림까지도 유시마성당의 존재를 분명하게 인식하고 본격적으로 참배하기 시작하였다. 참배하고 돌아온 식민지 조선 유림 중에 일부는 자신의 견문기를 지방 유림단체의 잡지에 게재하여 유시마성당과 일본 유학에 대한 정보를 다시 확산시켰다.[39]

1920년대에 지방 유림이 활발하게 유시마성당을 참배하게 된 요인 중의 하나는 당시 사이토 마고토(齋藤實)의 문화통치의 영향도 있었다. 3 · 1운동이 일어난 후, 조선총독부 3대 총독으로 부임한 사이토는 1920년에 친일세력 육성 · 이용을 통한 민족운동 분열정책을 골격으로 하는 '조선민족운동에 대한 대책'이라는 구상을 세웠다. 즉 그는 친일 인물의 확보가 일본의 조선통치의 성패가 걸린 문제라고 보고, 귀족 · 양반 · 부호 · 실업가 · 교육가 · 종교가 등에 친일인물을 침투시켜 각종 편의와 원조를 제공하여 친일단체를 결성하도록 하였다.[40] 유림계에도 마찬가지로 적용되

38) 사문회 인사들이 경학원에서 강연한 내용을 박영미, 「經學院에 보이는 근대 일본 유학의 경향: 東京斯文會의 관계를 중심으로」, 『일본학연구』 27, 2009, 97~99쪽에서 인물별로 자세히 정리하였다.

39) 대표적인 글로 李鶴圭의 「日本儒教沿革說」를 들 수 있다. 이학규는 湯島聖堂에서 열린 '孔子二千四百年追遠記念祭'에 직접 참석하였으며, 그가 쓴 글은 江原道 儒道闡明會의 잡지인 『會報』 제2호(1923, 10~13쪽)에 실려 있다. 그런데 흥미로운 점은 한국 자료에서는 湯島聖堂이란 말 대신 '湯島聖廟'란 표현이 종종 등장한다. 아마도 湯島聖堂이란 말의 뉘앙스가 조선 유림에게 기독교의 聖堂의 느낌을 주고 있기 때문일지도 모른다. 이학규 역시 湯島聖堂 대신 '湯島聖廟'로 기록하고 있다.

어, 1920년대부터 경성과 지방에서 조선총독부의 후원 아래에 각종 친일 유림단체가 결성되어 한시적이나마 활발하게 활동하였다.[41] 또한 일제가 유림계의 친일세력을 양성하기 위해 유림단체 결성과 함께 시행한 방법 중의 하나가 바로 '내지시찰'이었다. 일제가 추진한 내지시찰은 일본을 방문하는 식민지 조선인에게 직접 자신의 눈으로 일본의 문명 개화된 발전상을 확인하고 자연스레 낙후된 조선의 현실을 비교하게 하여 조선 독립의 불가함과 일본 통치의 합당성을 인식시키려는 고도의 정치적인 술책이었다. 그리하여 1920년대에 일제의 식민정책의 하나인 내지시찰에 유림계는 적극적으로 참여하였다.[42]

1914년 경학원 강사가 유시마성당을 참배한 이후, 식민지 조선 유림은 소위 내지시찰을 할 때에는 거의 대부분 유시마성당을 방문하여 참배하였다. 사문회가 정리한 기록에는 1921년 4월부터 식민지 조선 유림이 공식적으로 사이토 마코토(齋藤實)를 참배한 사실이 등장한다. 즉 1921년 4월 24일 경상북도 유도진흥회 지부 부회장 강해(姜海)와 식민지 관료 등이 함께 유시마성당에 와서 참배하였다.[43] 동년 5월 19일 황해도 각군 유림단,[44] 10월 5일에 충북유림 내지시찰단,[45] 10월 말에 전남유림 내지시

40) 강동진, 『일제의 한국침략정책사』, 한길사, 1980, 167~168쪽.

41) 1920년대에 경성과 지방에 조직된 유림단체의 성격과 활동에 대해서는 성주현, 「1920년대 유림계 단체의 조직과 활동」, 『식민지 동화정책과 협력 그리고 인식』, 두리미디어, 2007; 정욱재, 「한말 · 일제하 유림 연구: 일제협력유림을 중심으로」, 한국학중앙연구원 한국학대학원 박사학위논문, 2009 참조.

42) 성주현, 「1920년대 유림계의 '내지시찰'」, 『한국민족운동사연구』 83, 2015, 103~104쪽.

43) 斯文會編, 『斯文會八十年史』, 財團法人 斯文會, 1998, 34~35쪽. 우리측 자료에 의하면 1920년대 유림의 일본 시찰은 1920년 10월 31일부터 11월 10일까지 경북도청과 유도진흥회 경북지회가 주최한 '내지시찰단'으로부터 시작된다고 한다(성주현, 「1920년대 유림계의 '내지시찰'」, 『한국민족운동사연구』 83, 2015, 105~115쪽). 경북 유림내지시찰단의 시찰지에 東京이 포함되어 있기 때문에 그들이 湯島聖堂을 참배하였을 가능성은 있다.

44) 斯文會編, 『斯文會八十年史』, 財團法人 斯文會, 1998, 37쪽.

45) 斯文會編, 『斯文會八十年史』, 財團法人 斯文會, 1998, 42쪽.

찰단이[46] 각각 유시마성당을 방문하여 참배하였다. 1922년에 들어오면 식민지 조선 유림 및 각 지역 시찰단의 유시마성당 참배가 매우 많아진다.[47] 이는 생소한 공간이었던 유시마성당이 이제 식민지 조선 유림에게 유교의 성소(聖所)로 새롭게 떠오르고 있음을 의미한다.

2) 일제협력유림의 유시마성당(湯島聖堂)의 인식과 자기 합리화

사실 1922년은 식민지 조선 유림과 유시마성당 및 사문회에게 매우 의미가 있는 해였다. 이 해는 바로 공자가 사망한 지 40주갑(周甲), 즉 2400주년이 되던 시기였다. 그래서 1922년 10월 29일 일본의 사문회가 주관하여 유시마성당에서 '공자2400년추원기념제(孔子二千四百年追遠記念祭)'[48]를 개최하였으며,[49] 경학원의 일제협력유림을 비롯한 식민지 조선 유림도 참여하였다.[50] 사문회는 이 행사를 개최하기 위하여 일찍부터 주도면밀하게 준비를 하였고,[51] 행사에 참석한 식민지 조선 유림은 깊은 인상

46) 斯文會編, 『斯文會八十年史』, 財團法人 斯文會, 1998, 45쪽.

47) 斯文會編, 『斯文會八十年史』, 財團法人 斯文會, 1998, 52~68쪽.

48) 공자가 죽은 뒤 2400주년을 맞이하여 공자를 추모해 올리는 기념 제사에 대한 명칭이 한국 자료와 일본 자료가 서로 조금씩 다르다. 일본 사문회의 기록에는 '孔子二千四百年追遠記念祭'로, 한국의 『경학원잡지』에는 '孔夫子忌辰四十周甲追遠紀念祭'로 표현하고 있다. 그리고 당시 행사에 직접 참석하였던 경학원 사성 金完鎭은 자신의 기록에서 '孔子歿後二千四百年追遠紀念祭'란 용어를 쓰고 있다. 江原道 儒道闡明會의 잡지인 『會報』에는 '孔夫子四十周甲追遠紀念祭典'으로 표현하고 있으며, 『동아일보』에는 '孔夫子二千四百年忌辰'이란 표현이 보인다. 본문에서는 사문회의 기록을 따라 '孔子二千四百年追遠記念祭'로 쓰고자 한다.

49) 斯文會編, 『斯文會八十年史』, 財團法人 斯文會, 1998, 66쪽. 참고로 식민지 조선에서는 1922년 5월 7일 경학원을 중심으로 대동사문회, 유도진흥회 등이 함께 '孔夫子忌辰四十周甲追慕式奠爵禮'를 거행하였다(『경학원잡지』 제23호, 1922, 58~59쪽).

50) 『경학원잡지』 제24호, 1923, 56쪽. 이때 식민지 조선에서 참석한 경학원 관계자는 副提學 朴箕陽 및 司成 金完鎭, 直員 朴時陽, 講士 鄭萬朝, 鄭鳳時 등이었다. 그밖에 강원도 유도천명회 회장 이학규 등이 참석하였다.

51) 斯文會編, 『斯文會八十年史』, 財團法人 斯文會, 1998, 63~66쪽.

을 받았다. 특히 일본이 유교를 숭봉한다는 것을 듣지 못했던 지방 유림은 유시마성당과 그 공간에서 열리는 행사를 보면서 일본이 근대화에 성공한 국가일 뿐만 아니라 유교도 발전한 나라로 인식되었다.[52] 이제 유시마성당이 식민지 조선 유림에게 새로운 유교의 성지이자 일본의 발전을 상징하는 장소로 분명하게 인식되었다. 또한 그들은 유교가 일본의 근대화에 큰 역할을 담당하였음을 확인하였다고 생각하였다. 맥락과 결은 다르지만 박은식도 일찍부터 일본의 메이지 유신(明治維新) 성공에 일본의 유학(陽明學)과 유교 지식인의 기여를 언급하였다.

> 陽明은 공자와 맹자를 활용한 학자요. 귀국(일본)의 여러분들도 양명을 활용한 학자들이다. 그러므로 維新(메이지 유신)의 호걸들은 대다수가 양명학파니, 그 실제 효용을 발전시킨 것이 중국보다 훨씬 뛰어났다. 하물며 오늘날에 이르기까지 계속하여 귀회가 더욱 밝혀갔으니 정신교육에 보탬이 됨을 어찌 헤아릴 수 있겠는가! <u>귀국은 이미 서양의 물질로 국력을 크게 떨쳤고 또 동아시아의 철학으로 백성의 도덕을 배양하여 문명 사업을 완전하게 도모하였으니</u> 이는 과연 어떤 역량인가?[53]

박은식으로 대표되는, 민족의식을 강하게 견지하고 있던 개신유림은 메이지 유신으로 상징되는 일본의 성장과 메이지 유신을 가능하게 한 힘을 바로 유학이라고 보았다. '동아시아의 철학(유학)'과 '문명사업'을 성공적으로 완수한 일본은 개신유림에게 획기적인 대안으로 상정되었다. 그

52) 李鶴圭, 「日本儒教沿革說」, 『會報』 제2호, 1923, 10쪽. "或有問於余曰 朝鮮之宗教卽儒道也…(中略)…至若日本未聞儒教之崇奉 今子將奚適也 余曰文旣相同 教亦何異 第往觀之歸而更語君也."

53) 朴殷植, 「再與日本哲學士陽明學會主幹東敬治書」, 『朴殷植全書』 하, 단국대출판부, 1975, 236쪽. "蓋陽明是活用孔孟之學者也 貴國諸賢又活用陽明之學者也 故維新豪傑多是姚江學派 其實效之發展 優於支那者遠甚 況至今日繼以貴會之益加昌明 則其有裨于精神教育者 何可量也 貴國旣以西洋物質大振國力 又以東亞哲學培養民德 文明事業 克圖完全 是果何等力量耶."

들에게 유학은 더 이상 진부한 과거의 학문이 아니었으며 도리어 문명개화를 완성시키는 필수조건처럼 보였다.[54] 그러나 그들은 일본 유학의 장점과 근대화의 성공을 인정하였을 뿐, 일본에게 경도되어 민족의식을 상실하거나 우리 자신의 현실을 한탄하여 자기 비하에 빠지지는 않았다.[55]

이에 비해 일제협력유림은 같은 사안에 같은 평가를 내리면서 다른 인식과 행동을 하였다. 특히 유시마성당에서 펼쳐진 행사에 직접 참여한 일제협력유림은 일본의 조선 지배를 당연하게 여겼으며 동시에 자신들의 친일행위를 합리화하였다.

> 支那는 유교의 발원지입니다. 그런데 淸 황실이 전복되고 中華民國이 조직된 오늘날에 미쳐서는 의논이 셋으로 갈렸습니다. 守舊派와 反對派와 革新派가 그것입니다. 수구파라는 것은 옛날을 그대로 지키는 것입니다. 반대파라는 것은 共和國의 政體를 띠면서 『춘추』의 의리를 무시하는 자들입니다. 혁신파라는 것은 때에 따라서 질충하여 처지기 바뀌어도 어긋남이 없는 자들입니다. 분열됨이 이와 같아서 서로 통일될 수가 없습니다. 그러나 일본의 경우에 있어서는, 學界의 領袖와 學士와 博士 등의 사람들이 마음을 같이하고 힘을 합쳐 우리 유도를 힘써 진흥시켜서 백성들의 마음을 편안하게 하였습니다. 그리하여 萬世一系의 크나큰 교화를 우러러 찬양하고, 과격하고 조리가 없는 이상한 사상을 미리 막고 있습니다.
>
> 지난번에 경학원의 직원과 각 도의 유림들이 한 무리가 되어 東京斯文會가 주최하는 '공자가 죽은 뒤 2400주년을 맞이하여 공자를 추모해 올리는 기

54) 박영미, 「근대 조선 유림의 눈에 비친 나카에 도쥬(中江藤樹)像: 여규형의 「錄學校編纂教科書鹽谷世弘氏撰中江藤樹一段」을 중심으로」, 『일본학연구』 제29집, 2010, 139~140쪽.

55) 상황은 조금 다르지만 이중하(1846~1917)의 경우도 이와 비슷하다. 그는 鄭萬朝와 함께 1909년 '일본관광단'으로 참여하여 일본을 시찰하고 돌아왔으나 정만조와 달리 민족의식을 잃지 않았다. 그는 끝까지 반일의식을 가지고 일제와 협력하지 않았으며 1917년 72세의 나이에 서거하였을 때, 무덤 상석에 "有韓正憲大夫掌禮院卿完山李公重夏之墓配貞夫人昌寧曺氏祔左"라고 새기게 하였다. 그는 일제강점기임에도 불구하고 '유한(有韓)'이라는 말을 사용하고 있는데, '유한(有韓)'의 한(韓)은 대한제국을 의미하는 것으로, 이중하는 자신의 무덤을 통하여 대한제국의 관료였다는 점과 일제의 통치를 끝까지 인정하지 않는다는 모습을 보여준 것이다.

념 제사(孔子歿後二千四百年追遠紀念祭)'에 가서 참여하여 祭典의 성대한 모습을 우러러 보았습니다. 그리고 또 東京帝國大學 강당 안에서 井上博士의 강연을 들었는데, 그의 고매한 식견과 명쾌한 논변은 환히 통달하였고 드넓었습니다. 이에 비로소 우리 유학의 도가 서쪽에서 동쪽으로 넘어왔다는 것을 깨달았으며, 또한 우리들이 평소에 능히 글을 읽으면서도 제대로 연구하지 못했던 것에 대해 깊이 탄식하였습니다.[56]

일본 사문회의 주도하에 유시마성당에서 열린 '공자2400년추원기념제'는 일제협력유림에게 유교의 헤게모니를 누가 장악하고 있는지를 분명히 알려주었다. 전근대사회에서 동아시아 체제의 중심이었던 중국은 이미 근대화에도 실패하고 사상적으로도 유교를 잃어버린 대상으로 전락하였다. 이제 일제협력유림에게 일본은 동아시아에서 유일하게 근대화에 성공한 국가일 뿐만 아니라 유교의 본질도 지키고 있는 국가로 인식되는 것이다. 이처럼 일제협력유림은 동아시아에서 일본만이 근대 문명과 유교를 동시에 발전시킨 나라로 여겼기 때문에 자신들은 유교 경전을 읽었지만 일본의 학자들보다 연구를 제대로 하지 못했다고 탄식할 수밖에 없었다. 그들에게 보수유림이 자부하던, 명나라가 멸망한 후 조선만이 유일한 유교 문명을 보존한 나라이며 '화하일맥(華夏一脈)'이 이제 조선에만 남아 있다는 의식은 완전히 사라졌다. 더 나아가 유교의 도는 이제 일본에 남아 있을 뿐만 아니라 이를 일본의 유교 지식인들이 더욱 발전시켰다고 그들은 인식하였다. 이는 결과적으로 항일 성향의 보수유림

56) 김완진, 「時代之儒教」, 『경학원잡지』 제24호, 1923, 83~88쪽. "支那是儒教之發源地 而及乎清室顚覆 民國組織之今日 議論三分 守舊派反對派及革新派是也 守舊者株守故常者也 反對者謂以共和之政體無事乎春秋之義者也 革新者則欲以隨時折衷而易地無悖者也 分裂若是 莫見統一 然在乎日本 則學界之領袖學士博士者流 齊心協力 務興斯道 以靖民心 仰贊萬世一系之鴻化 豫杜過激無倫之異想 頃日院職與各道儒林一團往參東京斯文會主催之孔子歿後二千四百年追遠紀念祭 而仰瞻祭典之盛儀 又於東京帝國大學講堂之內 參聽井上博士之講演 其高識明辯 暢達淹博 始覺斯道之自西徂東也 深歎吾輩平日之能讀而不能究也."

이 견지하던 저항의식의 기반을 분쇄하는 것이다.

일제협력유림은 유시마성당이라는 장소를 통하여 일본이 '문명'과 '도'를 함께 발전시킨 국가로 더욱 확고하게 인식하였다. 일본은 한말의 보수유림이 이적시하던 원수가 아니라 오히려 우리가 배워야하고 받들어야할 대상으로 확실히 각인되었다. 뿐만 아니라 그들은 조선이 그들의 통치를 받는 것도 당연하다는 생각을 더욱 깊이 지니게 되었다. 이런 모습은 1920년대 식민지 조선에서 우후죽순처럼 나온 유림단체들에서 충분히 살펴볼 수 있다.

> 古語에 何事非君 何事(使의 誤植)非民이라 云하얏나니 是卽王道의 精神이란 大抵 政治의 目的은 民衆의 幸福을 爲하는 者인즉 此를 目的으로 하는 者이 卽君主요 此君主下에 民衆은 其人生의 榮光을 增하고 享樂함을 謂함이니 王道를 行하는 자는 堯나 舜이나 李나 朴이나 敢히 問할바가 아니니라 民衆도 또한 周民이 되던지 殷民이 되던지 其幸福을 爲主하는 者인즉 王道之下에 誰가 非民이리요(후략).[57]

1920년대에 들어오면 일제협력유림은 일본의 식민 통치를 당연한 것으로 여겼고 일본천황의 신민이라는 의식을 내면화하게 되었으며, 그것을 다시 유교의 가르침에서 정당성을 구하였다. 즉 왕도를 행하는 천황이 다스리는 나라가 일본이며, 그 일본의 통치를 받는 식민지 조선도 왕도의 혜택을 받는 곳이다. 왕도를 행하는 사람이 다스리는 나라가 자신들의 왕이며 조국이니 독립운동과 같은 허망한 꿈은 버리고 일제의 식민통치에 순응하자는 것이다. 유시마성당이라는 장소는 일제협력유림의 이런 경향을 더욱 뒷받침하는 동시에 자신들의 정치적 선택을 합리화하는 수단이 되었다. 그렇기 때문에 1923년 관동대지진으로 유시마성당이 전

[57] 愛族生. 「儒道上으로 見한 日韓併合(承前)」, 『儒道』 3호, 儒道振興會, 1921, 13쪽.

소된 후, 나중에 그것을 재건할 때에 일제협력유림도 자발적으로 성금을 냈다. 1935년 4월 28일, 재건된 유시마성당을 기념하여 열린 유도대회에 일제협력유림은 기쁜 마음으로 참석하여 유교 진흥의 미명 아래 펼쳐진 제국 일본의 화려한 퍼포먼스를 목도하게 된다.[58]

4. 맺음말

에도막부 때 석전제와 막부의 인재 교육을 담당했던 유시마성당은 19세기 말엽까지도 조선 유림에게 전혀 알려지지 않은 생소한 장소이었다. 원래 유시마성당은 우에노(上野)에 있던 하야시 라잔의 사숙에서 시작되었다. 에도막부의 5대 쇼군 도쿠가와 츠나요시가 우에노에 있던 것을 유시마(湯島)로 이전하여 새롭게 학사와 묘당 등을 신축하였고 선성전을 대성전으로 개칭하면서 유시마성당의 시대를 열었다. 즉 에도막부가 하야시 라잔의 사숙을 접수하여 유시마성당을 막부의 문교 정책을 시행하는 중심기관으로 이용하기 시작하였다. 그러다가 메이지 유신으로 왕정복고를 단행한 일본은 모든 분야에서 서구 근대화 정책을 펼치면서 湯島聖堂의 기능도 폐지했었다.

이렇게 방치된 유시마성당을 재발견한 집단이 있었는데, 그것이 바로 사문회였다. 사문회는 메이지 유신으로 탄생한 근대 국가를 위한 새로운 '근대적 유교'를 구축하려고 노력하던, 유교적 소양을 갖춘 계몽지식인들이 모인 집단이었다. 그들은 유교가 일본의 국가 건설에 도움을 줄 수 있다고 믿었으며, 자신들의 목적을 펼칠 수 있는 장소로 유시마성당을

58) 아직 수집하지 못한 『聖堂復興記念儒道大會關係一件』를 전부 입수한 후, 이 자료를 중심으로 1935년 재건된 湯島聖堂에서 열린 유도대화와 일제협력유림과의 관계, 활동 등에 대해 조만간 후속 연구를 하고자 한다.

이용하였다. 그리하여 그들은 유교를 보존하고 공자를 숭배하는 일환으로, 메이지 시기에 들어와서 정지된 석전제를 다시 거행하였다.

사문회는 경학원의 관계를 통하여 식민지 조선 유림과 교류를 하였으며, 이로 인해 식민지 조선에 서서히 유시마성당이 알려지게 되었다. 이 장소가 식민지 조선 유림에게 구체적으로 알려지게 된 계기는 1914년 유시마성당을 방문했던 경학원의 일제협력유림의 기록에서 비롯되었다. 1914년 4월 16일부터 5월 5일까지 경학원 직원과 강사들은 출장 명령으로 도쿄 다이쇼박람회 참석과 일본의 명소를 시찰하고 돌아왔다. 그들은 4월 24일 도쿄에 도착하여 10일간 머물렀는데, 그 기간에 다이쇼박람회와 야스쿠니신사 · 유시마성당 등을 방문하였다. 경학원 부제학 박제빈은 경학원 강사가 견문한 것을 일정별로 정리하여 『경학원잡지』 제3호에 게재하였는데, 유시마성당의 구조와 당시 상황 등을 비교적 상세하게 서술하였다.

1920년대에 들어오면 식민지 조선 유림은 유시마성당을 본격적으로 참배하기 시작하였다. 특히 1922년에 식민지 조선 유림의 유시마성당 방문이 절정에 이르렀다. 1922년은 바로 공자가 사망한 지 40주갑(周甲), 즉 2400주년이 되던 시기였다. 그래서 1922년 10월 29일 일본의 사문회가 주관하여 유시마성당에서 '공자2400년추원기념제'를 개최하였으며, 경학원의 일제협력유림을 비롯한 식민지 조선 유림도 참여하였다. 행사에 참석한 식민지 조선 유림은 깊은 인상을 받았다. 특히 일본이 유교를 숭봉한다는 것을 듣지 못했던 지방 유림은 유시마성당과 그 공간에서 열리는 행사를 보면서 일본이 근대화에 성공한 국가일 뿐만 아니라 유교도 발전한 나라로 인식되었다.

이 행사를 기점으로 일제협력유림을 비롯하여 식민지 조선 유림에게 유시마성당은 새로운 유교의 성지이자 일본의 발전을 상징하는 장소로 분명하게 인식되었다. 이제 일제협력유림에게 일본은 동아시아에서 유일하게 근대화에 성공한 국가일 뿐만 아니라 유교의 본질도 지키고 있는 국가로 다가왔다. 즉 일제협력유림은 유시마성당이라는 장소를 통하여 일본이 '문명'과 '도'를 함께 발전시킨 국가로 더욱 확고하게 인식하였을 뿐만 아니라, 일제의 식민통치를 받는 것은 매우 당연하다는 의식을 더욱 심화시켰다. 그들에게 일본은 왕도를 행하는 천황이 다스리는 국가이며, 왕도국가에 복속된 조선은 당연하게 일본의 식민통치를 따르는 것은 당연한 일로 여겨졌다. 이렇게 유시마성당이라는 장소는 일제협력유림에게 자신의 정치적 선택을 합리화하는 좋은 수단으로 기능하였다.

제9장

20세기 초 일제협력유림의 경학원(經學院) 활동

이대영(李大榮, 1874~1950)을 중심으로

1. 머리말

유림은 조선사회를 이끌어간 지배계급이자 지식인 그룹이었으며, 근대지식인이 전면적으로 등장하기 전까지 조선사회의 여론을 주도하며 민중에게 큰 영향력을 행사하는 집단이었다. 그렇기 때문에 1910년 대한제국을 강점한 일본제국주의의 입장에서 볼 때, 유림은 안정된 식민지 사회 구축과 원활한 통치를 위해서는 반드시 주의를 기울여야 할 집단이었다. 그래서 일본은 대한제국을 강점한 후, 조선왕조에서 유학 교육에 관한 일을 관장했던 성균관을 폐지하고 1911년 6월 15일에 총 17조의 경학원규정(經學院規程, 조선총독부령 제73호)을 공포하여 경학원을 설립하였다. 경학원은 조선총독이 직접 감독하고 관할하는 조선총독부 직속 기구였다. 조선총독부가 경학원을 설립한 목적은 한국의 유림을 포섭하여 항일 의지를 꺾는 한편, '일제협력유림'을 양성하여 조선총독부의 통치에 필요한 교화와 선전의 도구로 이용하는 데에 있었다.[1] 실제로 경학원은 식민지 기간 동안 일제의 요구를 충실히 수행하였다.

경학원에 참여한 유림은 1905년을 전후하여 일본 제국주의의 한국침략이 본격적으로 시작되자, 독립과 국권의 유지를 위해서 서구문물의 수용도 필요하다고 생각한 사람들이었다. 그들은 유교의 가치를 중요하게 생각하면서도 '문명개화'를 내세우며 서구문물의 수용을 주장하였다. 그들이 서구문물을 수용하자고 주장한 동기에는 당시 대한제국 지식인사회를 흔들었던 문명개화론과 사회진화론이 깔려있었다. 문명개화론과 사회진화론은 중세적인 틀을 벗어나서 근대 국가로 나아가려는 대한제국에게 서구 문물의 도입을 정당화시키는 논리였는데, 일부 유림은 이런 논리에 함몰되어 다른 길을 걷게 되었다.[2] 즉 그들은 1905년 을사늑약이 체결되자 저항을 하던 유림과 다르게 일본 제국주의와 협력을 하는 모습을 보였으며, 한일병합 후 일제에 적극적으로 협력하여 활발한 활동을 펼치게 되었다. 사실 1905년 을사늑약의 체결은 "우리 인민들이 생존경쟁 가운데에서 장차 멸망에 이를 것"[3]이라고 인식할 정도로 당시 지식인에게 큰 충격을 주었다. 그리하여 국망의 현실에 직면하자 항일의식을 지닌 보수유림은 의병투쟁을 하였고 개신유림은 교육 등의 자강운동을 펼쳤다. 그런데 유림 중에서 일부는 일본의 근대화된 문명의 힘에 압도되어 '약육강식'의 현실을 인정하고 국가의 독립보다 문명화와 유교의 보존을 중요한 일로 인식하였다. 그들은 대한제국이 일제에 의해 강점되자, 일제의 식민 통치

1) 경학원의 성립과 기능, 직제, 인적 구성과 역할, 조선총독부와의 관계 등에 대한 연구는 상당한 성과를 이루어냈다. 이에 대한 연구성과는 이 책의 제1부 제1장 참조.

2) 한말 사회진화론에 대해 참고한 논문은 다음과 같다. 李光麟, 「舊韓末 進化論의 受容과 影響」, 『韓國開化思想研究』, 일조각, 1979; 박찬승, 『한국근대정치사상사연구』, 역사비평사, 1992; 박찬승, 「한말 일제시기 사회진화론의 성격과 영향」, 『역사비평』 32, 1996; 진복희, 『사회진화론과 국가사상: 구한말을 중심으로』, 한울, 1996; 朴成鎭, 「한말: 일제하 사회진화론 연구」, 한국정신문화연구원 한국학대학원 박사학위논문, 1999; 최기영, 『한국 근대 계몽사상 연구』, 일조각, 2003; 서명일, 「계몽운동기(1905~1910) 사회진화론 수용의 논리」, 고려대학교 석사학위논문, 2006.

3) 황현 지음, 임형택 외 옮김, 『역주 매천야록』 하, 문학과 지성사, 2005, 268쪽.

에 자발적으로 협력의 길을 걸었는데, 그중에 대표적인 협력 행위는 바로 경학원 직원으로 복무하는 것이었다. 즉 경학원 설립 초기에 참여한 인물들은 대부분 일본이 이룩한 근대 문명의 힘에 압도되어 자발적으로 협력을 택하거나 일본의 회유에 넘어온 개신유림이었다.

본고에서 검토할 이대영(李大榮, 1874~1950)은 19세기 후반에 태어나 20세기 중반까지 살았던, 우리 역사의 격변기를 몸소 겪은 인물이었다. 19세기 말 · 20세기 初 '지식인 노릇하기 어려운(難作人間識字人)'[4] 시대에서 조선의 유림은 깊은 모색과 갈등 속에서 자신의 길을 선택해야만 했는데, 이대영은 일제 강점 이전부터 이미 일제와 협력하려는 조짐을 보이고 있었다. 대한제국이 일제에게 강점당한 후, 그는 경학원이 설립되자마자 말단 직원으로 참여하여 거의 식민지시기가 끝날 때까지 약 30여 년을 경학원에서 복무하면서 부제학까지 올랐던 대표적인 일제협력유림 중의 한 명이었다. 본고에서는 현재 남아있는 자료를 바탕으로 이대영의 삶과 행적, 현실 인식 등을 시기순으로 검토하려 한다. 즉 이대영의 활동을 살펴보는 것은 바로 일제협력유림의 일반적인 모습을 이해하는 것이며, 30여 년 동안 경학원에서 근무한 이대영을 통해 일제강점기 경학원의 구체적인 활동과 양상을 살펴보는 데에도 도움이 될 것이다. 또한 이대영의 사례를 통하여 일제강점기 유림에 대한 이해의 폭을 넓히는 데에도 일조가 되리라 생각한다.

2. 일제 강점 이전 이대영의 행적

이대영은 본관이 용인(龍仁)이며 자는 덕필(德必), 호는 석정(石庭)이

4) 황현 지음, 임형택 외 옮김, 『역주 매천야록』 하, 문학과 지성사, 2005, 665쪽.

다. 그는 1874년 10월 30일에 이존상(李存相, 1855~1919)의 장남으로 태어났으나 후에 출계하여 백부 이유상(李有相, 1853~1881)의 후사가 되었다.[5] 이대영은 양반 가문의 후예로 이사경(李士慶, 1569~1621)이 그의 11대조이며, 이인좌의 난 때 공을 세운 이보혁(李普赫, 1684~1762)이 그의 6대조이다.[6] 그가 태어난 때는 19세기 후반으로 서구 열강의 영향이 강하게 조선에 들어왔던 시기이며, 그가 태어난 지 2년 후인 1876년에 강화도 조약이 체결되면서 조선도 자본주의 세계체제로 편입될 수밖에 없었다. 당시 보수유림은 일본의 강압에 의해 조선이 1876년 강화도 조약을 체결한 사건을 경천동지할, 있어서는 안 되는 일로 인식하였다. 즉 성리학적 가치체계 속에서 세계와 현상을 인식하고 평가하는 보수유림에게 개국(開國)은 "하늘이 우리나라를 없애고 이 예의의 가르침(禮義之敎)을 무너뜨리는"[7] 참사였던 것이다. 그런 상황 속에서 이대영은 어떤 교육을 받았는지 자료의 한계로 파악하기 어려우나, 일반적으로 그도 여느 양반 자제처럼 어릴 때부터 전통학문(舊學), 즉 유학을 배웠을 것이다.

그런데 보통 19세기 후반에 태어나서 20세기 초를 거친 지식인들은 시대적 격변기의 영향에서 자유롭지 못하다. 근대 문명이 조선에 들어오면서 더 이상 동도(東道)만으로 버티기 어렵다고 판단하는 사람들도 늘어나고, 더구나 1894년 갑오개혁으로 과거제도가 폐지되는 사태는 전통사회 유학이 지녔던 위상이 무너지는 현실을 반영한 상징적인 일이었다. 밀려오는 서구 문물과 과거제도의 폐지는 자연히 유림에게 변화를 강요하였다. 입신양명을 꿈꾸는 사람은 이제 옛날처럼 경전 공부를 통하여 관직에 들어갈 수 없는 상황이며 반드시 근대 학문의 지식을 습득하지 않으면 안 되었다.

5) 龍仁李氏大宗會, 『龍仁李氏大同譜』 卷之三, 1983, 416쪽.

6) 龍仁李氏大宗會, 『龍仁李氏大同譜』 卷之三, 1983, 612쪽, 781쪽.

7) 『淵齋先生文集』 권50, 「年譜」 丙子 1월. "先生聞 不勝痛惋曰 (中略) 天欲喪我邦 壞此禮義之敎乎."

이대영은 처음에는 유학을 배웠다가 시대의 변화에 따라 근대 학문을 익힌 것으로 추측된다. 그는 31살 때인 1904년 9월 15일에 용천감리서(龍川監理署) 주사(主事, 판임 6등)로 임용되었는데,[8] 감리서는 개항장의 행정과 대외 관계의 사무, 외국인과의 통상 사무와 거류지 관련 사무 등을 관장하던 관서였다. 따라서 이대영은 실무 관료로서 업무를 수행할 수 있는 일정한 근대 지식을 습득하였을 것으로 생각된다. 그리고 이대영은 1905년 11월 7일까지 용천감리서에서 약 1년 조금 넘게 근무하였는데,[9] 이 시기에 대한제국이 처한 현실을 깊이 인식하고 당시 국제 정세에 대한 안목을 길렀을 것이다.

1905년 11월 17일 '을사늑약'의 강제 체결 전후하여 일본 제국주의의 한국침략이 본격적으로 시작되었다. 이런 위기 상황은 당시 유림의 분화를 더욱 촉진시켰다. 기존의 유학으로는 급박하게 다가오는 시대적 위기를 수습할 수 없다고 생각한 유학자들은 보수적인 성리학적 가치체계를 버리고 근대 학문을 받아들이는 사상적 전환을 하였다. 당시 많은 인물이 개신유림의 대열에 합류하였는데, 이대영도 보수유림에서 벗어나 근대 학문을 수용하는 개신유림으로 이미 전환하고 있었다.

그런데 1905년 이후 그는 현실 인식과 정치적 지향에서 당시 개신유림과 차별성을 보이고 있었다. 그중에 하나가 바로 대동학회 참여이다. 이대영은 1907년 3월에 대동학회의 서기로 활동하였다.[10] 대동학회는 일제협력유림을 형성하게 된 단초를 준 단체였다. 을사늑약이 체결된 후 전국에 반일 기운이 고조되고 국권회복을 목적으로 한 유림단체들이 출현

8) 『국역 승정원일기』, 고종 41년 8월 6일(임자, 양력 9월 15일); 『舊韓國官報』, 1904년 9월 17일.

9) 『국역 승정원일기』, 고종 42년 10월 11일(임자, 양력 11월 7일); 『舊韓國官報』, 1905년 11월 10일.

10) 『대동학회월보』 1호, 1908, 60쪽, 71쪽.

하였다. 그러자 일제는 당시 전국적으로 강대한 조직을 가지고 있던 유림계를 회유하여 친일화하기 위한 공작을 시작하였는데, 그것이 바로 대동학회의 결성이었다.[11)]

그렇다면 대동학회의 결성과정을 간략하게 살펴보자. 1907년 2월에 사립 광성실업학교에서 발기인 대회를 열었으며,[12)] 신기선을 임시회장으로 추대하면서 대동학회는 조직되기 시작하였다. 이때 학회 명칭은 대동학회로 정했으며 임시 사무소를 광성실업학교 교장실에 두었다. 그리고 조중응 · 서상훈 · 윤덕영이 기초위원으로 추천되어 규칙을 의정(議定)하게 하였고 임시회장 신기선은 취지서를 쓰게 되었다. 그리고 3월 3일에 임시총회를 개최하여 취지서와 규칙을 통과시키고 신기선을 회장, 홍승목을 부회장으로 선출하면서 대동학회가 출범하였다. 이후 3월 한 달 동안 대동학회의 임원이 추가되면서 조직 구성이 일단락되었다.[13)] 그리고 대동학회에 참여한 임원과 회원의 상당수는 일제의 대한제국 강점 후 일제의 충실한 협력자로 활동하게 된다.[14)]

대동학회는 유도로 체를 삼고 신문학으로 용을 삼아 신구의 사상을 통합하자는 목표를 내세웠다. 하지만 『대한매일신보』를 비롯하여 당시 신문들은 대동학회를 극력 비난하였다. 대동학회를 개 · 돼지만도 못한 단체라고 하였으며,[15)] 특히 신기선은 당시 3대 매국노 가운데 한 사람으로 규정될 정도로 비판을 받았다.[16)] 이렇게 대동학회가 당시 지식인 사회에

11) 유준기, 『民族運動과 宗教活動』, 국학자료원, 2001, 266~267쪽.

12) 『대동학회월보』 1호, 1908, 60쪽. 이때 참석한 발기인은 申箕善, 洪承穆, 徐相勛, 趙重應, 趙重健, 閔丙奭, 朴齊斌, 李應翼, 洪祐晳, 鄭寅興, 尹悳榮, 李容稙, 呂圭亨 등이다.

13) 『대동학회월보』 1호, 1908, 60~61쪽.

14) 이에 대해서는 정욱재, 「한말 · 일제하 유림 연구: 일제협력유림을 중심으로」, 한국학중앙연구원 한국학대학원 박사학위논문, 2009 참조.

15) 「돈견만 갔지 못한 대동학회」, 『공립신보』, 1908년 4월 29일, 2쪽.

16) 『대한매일신보』, 1908년 4월 8일자, 1면.

서 크게 비난을 받았던 이유는 당시 대한제국을 강점하려는 의도를 품고 있었던 일제와 연결되고 있었기 때문이었다. 우선 대동학회는 재정적인 면에서 일제의 지원을 받고 있었다. 몇 가지 사례를 든다면, 1907년 10월 25일에 일본의 황태자(大正天皇)가 1,000원을 대동학회에 기부하였다.[17] 12월 1일에 당시 통감이었던 이토 히로부미(伊藤博文)는 대동학회에 10,000원을 기부하고 강연을 하였다.[18] 또한 12월 27일에 성균관 명륜당에서 특별총회를 개최하였을 때, 부통감 소네 아라스케(曾彌荒助)도 참석하여 강연을 하였다. 이토 히로부미는 1905년 을사늑약을 체결하게 한 장본인 중의 하나이며 초대 통감으로 부임하여 대한제국 병탄의 기초 작업을 한 사람이었다. 더구나 1907년은 고종의 퇴위와 군대 해산이 있었던 시기였다. 그런 상황에서 한국 침략의 장본인들이 대동학회를 지원하는 것에 대해 항일의식을 지닌 지식인들은 당연히 크게 반발할 수밖에 없었다.

이대영이 이런 대동학회에 서기로 참여하였다는 사실은 어쩌면 이대영 본인도 국가의 독립보다는 유교의 보존과 문명화를 더 시급한 일로 생각하였음을 보여주는 것일지도 모른다. 당시 일제의 한국 침략이 노골적으로 이루어지는 시점에서, 일부 유림은 '문명개화'를 내세우며 서구문물의 수용을 더욱 강조하였다. 문명개화론은 교육과 실업의 발전만이 근대국가를 이룰 수 있다는 실력양성론으로 구체화되었다. 그리고 문명개화론과 아울러 계몽운동 또는 자강운동의 전개에는 사회진화론의 영향도 크게 작용하였다.[19] 19세기 말까지 서구열강은 사회진화론을 식민지 제국주의를 정당화하는 도구로 사용하였다. 이 이론으로 인해 강자만이 살아남는 비정한 현실이 자연의 법칙으로 정당화되기 때문에 결국 문명

17) 『대동학회월보』 1호, 1908, 61쪽.

18) 『대동학회월보』 1호, 1908, 61쪽; 「기심난측」, 『공립신보』, 1908년 1월 22일, 3쪽.

19) 최기영, 『근대 계몽사상 연구』, 일조각, 2003, 12쪽.

화된 강대국이 문명화되지 못한 약소국을 침략하여 강점하는 것은 자연스러운 이치로 받아들일 수밖에 없게 된다. 특히 생존을 위해 경쟁하는 것이며 경쟁을 통해 문명에 도달한다는 사회진화론의 주장은 유교 경전의 가르침을 통해 세상을 인식하고 판단하는 유림에게 커다란 지적 충격을 주었다.[20] 사회진화론을 따르게 되면, 경쟁이 인간의 본성이며 문명은 끊임없는 경쟁을 통해 쟁취하는 하는 것이기 때문에 20세기의 끊임없는 침략과 살육도 늘어나는 인구에 직면해 생존을 확보하기 위한 인간 본성의 자연스러운 발현으로 정당화된다.[21]

유교의 가르침을 통해 세상을 인식하고 판단하던 유림에게 사회진화론은 당시 대한제국에 닥친 '문명'과 '침략'이 공존하는 현실의 양면성을 어쩔 수 없이 수용하게 만든 것이었다. 더 나아가 국가의 멸망은 타인의 책임이 아니라 전적으로 자신의 책임으로 인식하기 때문에 침략자에 대한 비판의식을 약화시킬 우려가 있었다. 그렇기 때문에 위정척사이념에 철저한 보수유림과 보수유림의 가르침을 민족 독립의 의리사상으로 전환시킨 개신유림은 오히려 사회진화론의 양면성을 극복하려고 노력하였다. 그에 비해 당시 사회진화론에 입각한 문명개화론에 매몰된 일부 유림은 아예 다른 길을 걷게 된다. 이대영처럼 대동학회에 참여한 유림의 상당수는 일본의 근대화된 문명의 힘에 압도되어 '약육강식'의 현실을 인정하고 국가의 독립보다는 일본의 도움을 받아 문명화와 유교의 보존을 급선무로 생각하고 있었다. 이대영도 그런 모습을 보여주고 있었다. 그

20) 사회진화론은 보수유림의 사상적 전환에도 일정한 영향을 끼쳤다. 일례로 안동의 보수유림이었던 金大洛(1845~1913)도 協東學校의 설립과 신교육 실시에 반대하였으나, 신학문을 수용하며 사상적 전환을 하였다. 그는 서구의 사회진화론을 수용하고, 사회진화론에 기초한 경쟁을 지향하였다(강윤정, 「白下 金大洛의 현실인식과 민족운동」, 『백범과 민족운동연구』 제7집, 2009, 67~78쪽).

21) 서명일, 「계몽운동기(1905~1910) 사회진화론 수용의 논리」, 고려대학교 석사학위논문, 2006, 22~23쪽.

의 현실 인식을 『대동학회월보』에 남긴 '동천매월(冬天梅月)'이란 한시를[22] 통하여 살펴보자.

겨울 눈 속 매화에 공경을 표하노니	揖手冬天雪裏梅
한 가닥 살려는 마음 일찍 생명을 품었네.	一絲生意早含胎
가지를 뚫고서 나오지 않았더라면	如非劈剔枝柯出
어디서 봄이 오는지 어찌 알 수 있을까!	詎識春從何處來

이대영은 매화를 일본에 비유하고 봄을 대한제국에 비유하여 일본이 대한제국에 오지 않았다면 근대화의 길을 찾지 못할 것이라고 표현하고 있다.[23] 당시 대동학회의 활동 중에서 가장 큰 비중을 차지한 것은 『대동학회월보』의 간행이었다.[24] 그런데 『대동학회월보』에 실린 글들은 당시 『황성신문』이나 『대한매일신보』처럼 대중의 계몽이나 애국사상을 불러일으키려는 내용으로 구성된 것과는 달리 민족사의 흐름과 무관하게 진행된 내용의 것들이 대부분이었다. 국한문논쟁에서 한문 옹호를 고수하고 일본 문명에 경도되어[25] 일본 제국주의의 침략 의도를 간파하지 못하고 있다. 또한 '사조(詞藻)' 소재 한시는 일본문화를 찬양하고 일본인에게 아부하는 내용과 회고적 감상에만 그쳤으며 일제의 침략성을 직시하지 못하였고 민족의 현실을 외면하였다.[26] 이대영의 한시도 그런 모습을

22) 『대동학회월보』 1호, 1908, 54쪽.

23) 정홍렬, 「『大東學會月報』 詞藻欄 所載 漢詩 研究」, 성균관대 석사학위논문, 1994, 24쪽.

24) 『대동학회월보』는 총회의 결의에 의하여 학회 내에 편집부를 두고 여규형의 주관 아래 1908년 2월부터 월간으로 간행되었다. 매호의 지면은 75면 정도로, 道學要義 · 倫理 · 法學 · 經濟 · 理學 · 實業과 국내외 시사 · 강연회 강의 · 회원 동정 등 다양한 내용이 수록되었다. 이 잡지는 전국 각지와 동경 · 상해까지 배포되었으며, 당시 대한제국 최고의 지식인이 집필진으로 참여하였다. 그 후 대동학회가 공자교회로 개칭되면서, 『대동학회월보』는 1909년 9월 통권 20호를 끝으로 폐간되었다(유준기, 『韓國民族運動과 宗教活動』, 국학자료원, 2001, 270~271쪽).

25) 姜明官, 「한문폐지론과 애국계몽기의 국한문논쟁」, 『한국한문학연구』 8, 1985, 215~247쪽.

충실히 보여주고 있다.

이대영이 이 시기에 대한제국은 일본의 보호를 받아야 한다고 생각을 형성하고 있었는지도 모른다. 그의 이런 생각은 일본관광단의 일원으로 일본을 직접 관찰하고 돌아온 후 더욱 확고해지고 구체적인 모습을 보이게 된다. 그는 경성일보사 주최로 1909년 4월 11일에서 5월 10일까지 제1차 일본 관광단(94명)에 포함되어 일본의 근대문명과 명소를 보고 왔다. 경성일보사는 1909년과 1910년 사이 두 차례에 걸쳐 한국인을 대상으로 일본관광단 행사를 실시하였다. 당시 경성일보는 통감부 기관지로 창간된 신문으로서, 사장 임명을 비롯해 인사와 경영 전반에 걸쳐 통감부의 직접 관할하에 있었다. 따라서 경성일보사의 일본관광단 행사는 통감부와의 협의하에 추진되었을 것으로 추정된다.

제1차 '일본관광단'은 이대영을 포함하여 한국인 94명, 경성일보사 직원과 통역 등 임원 16명을 합해 총 110명으로 구성되었다. 그 대부분은 대한제국의 전현직 관료, 실업가, 유생, 신문기자 등이었다. 제1차 '일본관광단'은 1909년 4월 11일 남대문역을 출발하여, 시모노세키 · 히로시마 · 오사카 · 나라 · 교토 · 도쿄 등을 거쳐 5월 10일 귀국하였다. 이 관광단 행사에서 주최 측이 보여준 것은 제철소 · 군수공장 · 방적공장 등으로 대표되는 일본의 근대문명과 고도 교토와 나라의 사적들로 대표되는 일본의 역사문화였다. 그 가운데 일본 군복을 입고 군사체조를 하고 일본 군가를 부르는 영친왕을 만나기도 했다. 일본의 정치적 의도 속에 진행된 이 행사에서 이대영을 비롯한 관광단원들은 일본의 근대문물에 압도당하는 한편, 자신의 조국이 처한 초라한 현실을 한탄하였다.[27)]

26) 정홍렬, 「『大東學會月報』 詞藻欄 所載 漢詩 硏究」, 성균관대 석사학위논문, 1994 참조.

27) 『대한매일신보』, 1909년 4월 13일, 2면; 1909년 5월 11일, 2면; 『일본관광단기념사진첩』, 1909년, 51쪽; 朴羊信, 「일본의 한국병합을 즈음한 '일본관광단'과 그 성격」, 『東洋學』 37, 2005, 71~78쪽.

일본관광단원들은 메이지 이후 일본이 성취해낸 근대화, 합리적인 제도에 대해서는 확실히 긍정적인 시각을 지니게 되었다. 그런데 그들이 보는 문명과 야만에 대한 시선은 문명에 대한 깊은 이해와 통찰에서 비롯되었다기보다는 피상적인 관찰과 인식에서 출발하고 있다. 이것이 우리 안의 야만에 대한 비판으로 이어지고, 또 다시 우승열패의 논리와 결합되는 순간, 그리고 일본의 우위가 일시적인 형세가 아니라 항구적이라는 인식이 전면화 되는 순간, '주변인'에 불과했던 여행객들은 서서히 일본으로 표상되는 문명의 표준을 온전히 받아들이게 된다. 그와 동시에 '우리 안의 폐단'을 문명국 일본의 지도로 개선할 수 있다는 믿음을 지니는 계기가 된다.[28] 이대영과 함께 일본관광단으로 갔던 정만조가 우리나라가 일본의 지휘와 보호를 받을 수밖에 없다는 것을 깨달았다는[29] 언급은 당시 일본관광단원 대부분의 심정일지도 모른다.[30] 일본관광단원에 참여했던 사람들 중의 일부는 그런 마음을 직접 행동으로 옮겼다. 이대영을 비롯한 관광단원은 한국에 돌아온 후 7월부터 9월까지 자신들이 일본에서 견문한 상황을 알리기 위해 전국 각지에서 유세를 하게 되었다. 이대영은 경기도 지역(陰竹, 利川, 驪州)에서 유세하였는데, 그 연설의 주된 내용은 일본인들의 열렬한 환영으로 한국인에 대한

28) 박애경, 「1920년대 내지시찰단 기행문에 나타난 향촌 지식인의 내면의식」, 『현대문학의 연구』 42, 2010, 352~353쪽.

29) 「鄭氏宣諭」, 『대한민보』, 1909년 8월 13일, 2면.

30) 일본관광단에 참여한 사람들이 모두 일제의 의도에 빠져 이런 심정을 갖게 된 것은 아니었다. 李重夏(1846~1917)는 정만조, 이대영과 함께 1909년 '일본관광단'으로 참여하여 일본을 시찰하고 돌아왔다. 그러나 정만조와 달리 그는 민족의식을 잃지 않았다. 그는 끝까지 반일의식을 가지고 일제와 협력하지 않았으며 1917년 72세의 나이에 서거하였을 때, 무덤 상석에 "有韓正憲大夫掌禮院卿完山李公重夏之墓配貞夫人昌寧曺氏祔左"라고 새기게 하였다. 그는 일제강점기임에도 불구하고 '有韓'이라는 말을 사용하고 있는데, '有韓'의 韓은 바로 대한제국을 의미하는 것이다. 이중하는 자신의 무덤을 통하여 대한제국의 관료였다는 점과 일제의 통치를 끝까지 인정하지 않겠다는 모습을 보여주었다.

일본인들의 친절한 마음을 확인했다는 점과 영친왕이 일본에서 우대를 받고 있다는 점, 그리고 일본의 문명발달과 식산공업의 진보를 언급하고 일본의 보호에 의뢰하여 교육과 실업을 융성시켜야 한다는 것이었다.[31] 그밖에 한일병합 후 경학원 강사로 참여하게 되는 정봉시(강원), 정준민(경남), 정만조(전남)도 각각 자신의 출신지역에서 역시 같은 요지의 연설을 하였다.[32]

이렇게 이대영은 1909년 일본을 갔다 온 후부터 확실하게 달라졌다. 이대영을 위시한 일제협력유림은 공통적으로 대한제국이 이런 지경에 몰린 것은 일반 국민에게 책임이 있고 백성은 어리석어 지식 발달을 할 수 없는 상황[33]이기 때문에 오직 일본의 도움을 받아야 한다고 인식하고 있었다. 이대영 역시 그들과 같은 생각을 가지고 있었으며 어쩌면 이 시기에 이미 친일의식이 확고해졌을지도 모른다. 그렇기 때문에 그는 한일병합이 된 후, 경학원에 참여하면서 일제의 충실한 협력자로서 활동을 하게 된다.

3. 일제강점기 이대영의 활동

1) 1910년~1920년대 경학원 직원·사성으로서의 활동

대한제국을 강점한 후, 조선총독부는 1911년 6월 15일에 유명무실한 전 왕조의 국립대학인 성균관을 폐지하고 일개 교화기관을 표방하며 경학원을 설립하였다. 성균관과 경학원은 성격상 전혀 다른 기관이었으나[34] 일

31) 「李大榮의 京畿道遊說 報告 件: 高秘收第五二八五號ノ一」, 『統監府文書』 10권, 1909.
32) 박양신, 「일본의 한국병합을 즈음한 '일본관광단'과 그 성격」, 『東洋學』 37, 2005, 77~78쪽.
33) 孔子敎, 『孔子敎會之旣往及將來』, 1912, 50쪽.

제는 경학원의 이미지를 '성균관의 후신'으로 유림에게 인식시키도록 노력하였다.[35] 이는 유림이 인식하는 성균관의 위상과 이미지를 이용하여 통제하려는 목적과 지방에 산재한 향교를 용이하게 관리하려는 목적 때문이었다.[36] 이러한 일제의 경학원에 대한 이미지 구축이 일정부분 성공하여 유림 역시 경학원을 성균관의 이미지로 받아들이고 있었다.

이대영이 38살 때인 1911년 9월 8일에 경학원 직제[37] 중에서 가장 말단인 직원(直員)으로 임명되면서 본격적으로 경학원에서 근무하게 된다.[38] 그가 경학원의 직원으로 들어왔다는 점은 일제에게 인정받고 있다는 것을 의미한다. 조선총독부는 경학원을 통해 식민지 조선의 유교정책과 아울러 유림의 통제와 회유를 실행하려는 목적을 가지고 있었다. 그렇기 때문에 조선총독부는 경학원 직원을 신중히 조사하고 선발하였다. 비록 이대영의 맡은 직원은 경학원의 서무를 담당하는 말단직이었지만, 그렇다고 해서 비중이 결코 작은 직책은 아니었다. 경학원 직원은 지방의 유학자(鄕儒)에게 일종의 선망의 대상이었다. 예를 들어 1925년에 경학원 直員을 사칭하는 사람이 지방 각처에서 출몰하여 향교와 지방의 유학자

34) 1911년과 1913년 등에 걸쳐 조선총독부는 경학원에 성균관, 계성사 건물과 명륜당 후원 등을 대부하고 서적 · 기구 · 교육품 등 총 949종을 증여하였다. 1912년 3월 15일에는 문묘 향사에 쓸 제기, 악기 및 설비품 등 125종을 李王職으로부터 인계받았으며, 明治 천황이 준 25만 원도 경학원 기금에 들어갔다(성균관대학교, 『成均館大學校 六百年史(天)』, 성균관대학교 출판부, 1998, 257쪽).

35) 「지방보고」, 『경학원잡지』 제2호, 1914, 95쪽. "明治四十四年八月一日特下國帑二十五萬圓設置經學院 (中略) 經學院 卽成均館之明倫堂也."

36) 정일균, 「일제의 무단통치와 경학원」, 『사회와 역사』 76, 2007. 일제강점기 향교에 대한 연구는 金明友, 「日帝 植民地時期 鄕校 硏究」, 중앙대학교 박사학위논문, 2008 참조.

37) 經學院規程에 언급된 경학원의 정식 직원은 大提學 一人, 副提學 二人, 祭酒 五人, 司成 若干人, 直員 若干人을 둔다고 하였다. 그러나 조선총독부는 경학원의 직원 중에서 5명으로 정해진 좨주(祭酒)를 단 한 명도 임명하지 않았다. 결국 조선총독부는 1939년 4월 6일 경학원규정을 개정하면서 좨주 5인 선발 항목을 삭제하였다(『조선총독부관보』, 1939년 4월 5일).

38) 『경학원잡지』 제1호, 1913, 45쪽. 이때 같이 직원으로 임명된 사람은 朴稚祥, 鄭喆永이다.

들을 미혹하게 하니 주의하라는 경학원의 통첩(通牒)은 경학원과 그 소속 직원이 당시 유림에게 여전히 영향을 미치고 있다는 것을 의미한다.[39] 그리고 경학원규정에 재임연한에 대한 규정이 없었으므로 경학원의 직원(職員)은 특별한 결격사유가 발생하거나, 또는 자신이 스스로 물러나거나 다른 곳으로 옮겨가지 않는 이상 대체로 종신직으로 유지되었다.

사실 경학원은 식민지 치하에서 당시 유림에게 긍정과 부정이 교차되는 이율배반적인 감정을 주는 대상이었다. 항일의식을 지닌 유림은 일제가 만든 경학원을 비판적으로 인식하였고, 신문도 경학원을 "조선총독부 소속 유교본부"로 인식하며 "대제학이 잇고 부제학이 잇고 사성이 잇서 늙은이 젊은이 할 것 업시 벼슬맛 잘 아는 분네들 머리가 터져 가며" 다투는 곳으로 단정하였다.[40] 그렇지만 식민지 치하의 상당수 유림은 경학원을 여전히 성균관의 이미지로 인식하였으며,[41] 이병헌의 경우 유교와 경학원의 역할에 대해 조선총독부에 8조목의 청원서를 올리기까지 하였다.[42] 또한 경학원 강사가 담당한 지방 순회강연에도 적지 않은 인원이 참석하는 등 유림은 경학원에 대해 관심을 지니고 있었다. 개인의 친일 성향의 여부와는 무관하게 유교에 중요한 가치를 두는 유림은 여전히 경학원을 중요한 기관으로 생각하고 있었다.

경학원의 주요 사업은 크게 3가지로 석전제(釋奠祭) 시행, 경학강연회 개최, 기관지인 『경학원잡지』 간행이다.[43] 경성 경학원에서는 총독 훈시

39) 『경학원잡지』 제27호, 1926, 55~57쪽.

40) 『동아일보』, 1924년 7월 22일, 3면.

41) 당시 평범한 유학자는 경학원이나 향교의 한 자리라도 얻기 위해서 많은 노력을 하였다. 반일의식을 지녔던 金冑峴은 자리를 얻으려는 그들의 모습을 꼴불견으로 인식하며 죽어도 아깝지 않는 사람들이라고 하였다(『定岡日記』 권7, 1945년 6월 21일). "所謂京鄉儒林輩 自經學院舊太學館至各郡鄉校 一直員一掌議 搖尾運動貌萬端而幸或得之 則意氣揚揚焉 日士夫家猶不失校任云云 此輩老者少者死於彼 死何恨." 김주현의 이런 언급은 역으로 평범한 유학자들이 경학원을 어떻게 생각하고 있었는지 알려주고 있다.

42) 「경상남도 함양군 유생 이병헌 근재배상서」, 『경학원잡서류철』.

를 따라 매월 둘째 주 토요일을 강연회 일자로 잡아 주로 명륜당에서 월차 강연회를 가졌다. 지방은 각 도에서 선발된 13도 강사들이 해당 지방을 순회하며 강연하거나, 경학원의 부제학, 사성이 출장하여 순회강연을 하였다.[44] 이때 직원 이대영은 경학원의 명령에 따라 지방에 출장하여 해당 지역 강사의 강연을 시찰하거나,[45] 상급자를 모시고 지방에 출장하여 강연을 돕는 일을 하였다.[46] 그는 1911년 9월 8일부터 1921년 7월 30일까지 경학원 직원으로 약 10년 동안 충실하게 복무하였다. 경학원 사성으로 근무하였던 정윤수(鄭崙秀, 1872~1921)가 1921년 4월 20일에 사망하자,[47] 조선총독부는 1921년 7월 31일에 정윤수의 후임으로 이대영을 경학원 사성에 임명하였다.[48] 이때 그의 나이는 48살이었다. 조선총독부는 원래 정윤수의 후임으로 처음부터 이대영을 임명하지는 않았다. 1921년 7월 8일에 김공식(金公植)을 사성으로 임명하였지만 그가 바로 경학원 사성에서 물러나기를 원했기 때문에 면직시키고 이대영을 낙점한 것이다. 조선총독부는 이대영의 노고와 충성심을 인정한 것이라 볼 수 있다.

이대영이 경학원 사성으로 임명받은 1921년은 일제가 1919년에 일어난 거국적인 항일 독립운동이었던 3·1운동에 크게 놀라 그 여파를 수습하기 위해 힘을 쏟았던 시기였다. 경학원 역시 3·1운동의 영향에서 자유롭지 못하였다. 사망한 제1대 대제학 박제순의 뒤를 이어 경학원 2대

43) 이명화, 「朝鮮總督府의 儒敎政策(1910~1920년대)」, 『한국독립운동사연구』 7, 1993, 93~98쪽; 류미나는 1930년대 중반에 시행되는 '혼인식장의 설치'를 경학원의 사업에 추가하고 있다(「植民地時期朝鮮における經學院: 儒教敎化機關と儒教イデオロギーの再編」, 111~113쪽).

44) 경학원 직원과 강사의 강연에 대해서는 정욱재, 「1910~1920年代 經學院의 人的 構成과 役割」, 『정신문화연구』 제30권 제1호, 2007 참조.

45) 『경학원잡지』 제5호, 1914, 69쪽; 『경학원잡지』 제9호, 1915, 51쪽.

46) 『경학원잡지』 제15호, 1917, 30쪽; 『경학원잡지』 제18호, 1918, 43쪽.

47) 『경학원잡지』 제22호, 1922, 54쪽.

48) 『경학원잡지』 제22호, 1922, 55쪽; 『조선총독부관보』, 1921년 8월 2일.

대제학이 된 김윤식과 부제학 이용직은 1919년 3·1운동이 일어난 후 2인연명으로 독립청원서를 조선총독과 일본내각 총리대신에게 발송하였다. 이 일로 인하여 김윤식과 이용직은 작위도 박탈당하고 1919년 7월 16일 경학원의 직위에서도 물러났다.[49] 그 때문에 몇 년 동안 경학원 대제학은 공석으로 놔두었으며, 이대영은 경학원의 이런 상황 속에서 사성에 임명된 것이다. 경학원 직제에서 사성과 직원은 단순히 한 직급의 차이에만 그치는 것이 아니었다. 경학원의 대제학, 부제학이 비록 경학원의 업무를 총괄하는 자리였으나, 경학원의 업무를 실질적으로 담당하며 활동하였던 직책은 바로 사성이었다. 경학원 직원으로서의 이대영은 자신을 드러내지 않고 보좌하는 일꾼으로 일했다면, 경학원 사성으로서의 이대영은 주도적으로 경학원 관련 업무를 수행해야 했다. 사성은 경학원의 일상적 주요업무인 각종 강연과 기관지의 발행을 총괄하여 수행하였으며, 당시 유림이 인식하는 위상도 직원과 분명히 달랐다.

그렇다면 경학원 사성 이대영의 활동을 한 번 살펴보자. 1910~1920년대에는 2명의 사성을 임명하였는데, 그중에 한 명은 반드시 『경학원잡지』의 편찬주임을 맡아 편찬 겸 발행인으로서 기관지 간행을 주관하였다. 이대영은 경학원 사성으로 승진한 같은 해 8월 경학원 기관지 『경학원잡지』의 편찬주임에 임명되었다.[50] 『경학원잡지』는 1913년 12월에 1호부터 간행되어 1944년 4월에 48호까지 간행되었으며,[51] 경학원 사성 중에

49) 『경학원잡지』 제20호, 1920, 47쪽.

50) 『경학원잡지』 제22호, 1922, 55쪽.

51) 『경학원잡지』는 季刊誌를 표방하였으나 정작 일 년에 4회 나온 경우는 세 번(1914, 15, 18년)에 불과하였다. 3회 나온 경우는 2번이고(1916, 17년) 나머지는 일 년에 1~2번 간행되었다. 1919년은 3·1운동의 여파와 당시 대제학 김윤식·부제학 이용직의 연명 독립청원서 발송 사건으로 『경학원잡지』는 간행되지 못하였다. 그리고 『경학원잡지』 표지에는 당시 대제학이나 대제학에 준하는 직책을 가진 인물이 '○○○署' 또는 '○○○籤'이라는 일종의 서명을 하였다.

한 명은 반드시 편찬 겸 발행인이 되었다. 정윤수의 후임으로 들어온 이대영은 부제학에 오르기 전까지 경학원 사성이자 『경학원잡지』 편찬 겸 발행인으로 『경학원잡지』 간행을 주관하였다.

『경학원잡지』는 900~1,000부가량이 비매품으로 간행되어 경학원 직원, 각 도 장관, 참여관, 부(府)·군수, 지방의 향교와 관청, 주요 유림 등에 배포되었다.[52] 조선총독부가 『경학원잡지』의 간행과 배포를 이렇게 정한 것은 바로 조선총독부의 교화정책을 확대시키는 효과를 기대하였기 때문이다. 『경학원잡지』에 실린 글들은 유교 자체에 대한 학술적 내용보다는 유교를 이용하여 일제의 통치를 합리화하는 내용이 주를 이루고 있다. 즉 조선왕조의 유교 비판, 조선총독부의 농업과 공업 정책 변화의 성과, 일본인 위인의 소개, 위생에 관한 제반 상황 등 총독부의 지배정책으로 이루어진 각종 산업의 성공 사례와 더불어 총독부 지배정책에 협력을 요구하는 내용, 경학원 직원과 강사들의 일본천황·태자 칭송문, 일제의 지배정책 찬양, 한국인의 일본 동화를 촉구하는 글 등이 『경학원잡지』에 실려 있다. 이대영은 부제학에 오르기 전까지 경학원 사성이자 『경학원잡지』 편찬 겸 발행인으로 22~39호를 간행하였다. 이렇게 『경학원잡지』 편찬과 간행을 주관하는 사성의 역할은 경학원의 중요한 업무 중에 하나였다.

경학원 사성은 경학원 강사들의 지방 순회강연을 시찰하면서 전국 유림의 동향을 살피는 보고서를 올리고, 경우에 따라서는 직접 지방에 가서 강사와 함께 강연을 하기도 하였다. 앞에서도 언급했지만, 이대영이 사성이 된 시기는 3·1운동의 여파를 수습하던 때였다. 일제는 식민지 조선의 민심을 수습하기 위하여 기만적인 '문화통치'를 내세웠는데, 유림

52) 經學院雜誌編纂에 關한 要項(이것은 『경학원잡지』 매호마다 맨 끝에 판권 사항과 함께 수록된다).

에 대해서도 1910년대에 다른 정책을 펼쳤다. 즉 일제는 1910년대에 경학원을 중심으로 조선의 유림을 통제하는 정책을 실시하면서 일체 다른 단체의 결성을 허락하지 않았다. 그러나 3·1운동이 일어난 후, 조선총독부 3대 총독으로 부임한 사이토 마코토는 1920년에 친일세력 육성·이용을 통한 민족운동 분열정책을 골격으로 하는 '조선민족운동에 대한 대책'이라는 구상을 세웠다. 그는 친일 인물의 확보가 일본의 조선통치의 성패가 걸린 문제라고 보고, 귀족·양반·부호·실업가·교육가·종교가 등에 친일인물을 침투시켜 각종 편의와 원조를 제공하여 친일단체를 결성하도록 하였다.[53] 그래서 1920년대부터 경성과 지방에서 조선총독부의 후원 아래에 경성의 대동사문회·유도진흥회, 강원도의 유도천명회, 전남의 유도창명회 등 각종 친일적인 유림단체가 결성되었다.[54] 이때 각종 유림단체 조직에 참여한 일제협력유림의 주요 인물들은 대동학회와 공자교에 활동하였던 인물들이었다. 경학원의 직원은 이들 단체의 활동에 직간접적으로 간여하면서 조선의 유림을 관리하였다.

1920년대 경학원과 친일 유림단체들은 강연과 학회지 발간을 통해 조선 유림의 민심을 수습하려고 하였다. 특히 경학원 사성 이상의 간부와 강사의 강연은 유교 논리를 이용하여 식민 지배의 합리화를 설명하는 것이 대부분이었으며, 이대영의 강연도 이런 흐름에서 벗어나지 못했다. 『경학원잡지』에는 이대영이 1925년 지방에 가서 '유자(儒者)의 지위(地位)와 의무(義務)'라는 주제로 강연을 한 전문이 실려 있는데, 시대적 맥락에서 이 글을 고찰하면 당시 일제협력유림의 유교 인식과 현실 인식을 살펴볼 수 있다.

53) 강동진, 『日帝의 韓國侵略政策史』, 한길사, 1980, 167~168쪽.

54) 1920년대에 결성된 친일 유림단체에 대해서는 성주현, 「1920년대 유림계 단체의 조직과 활동」, 『식민지 동화정책과 협력 그리고 인식』, 두리미디어, 2007; 이 책의 제1부 제4장 참조.

현재 세대의 등급이 낮아져서 말세의 풍속이 부박해 진 탓에 彝倫과 道德이 점차 없어지게 되었고, 좋은 풍조(良風)와 아름다운 풍속(美俗)이 그로 인하여 무너지게 되어 빠르게 禽獸의 영역으로 들어가게 되었습니다. (中略) 성인의 도는 윤리를 밝히는 것일 뿐입니다. 우리 백성들이 등을 돌려서 윤리를 밝게 알지 못할 것이 걱정된다면, 집에 들어가서는 효도하고 나와서는 우애하면서, 우리 자신에게 있는 도를 극진히 하면 됩니다. 그리고 성인의 도는 仁義일 뿐입니다. 우리 백성들이 도를 반대로 하여 덕을 어그러뜨릴까 걱정된다면, 백성을 사랑하고 만물을 아끼어서 먼저 세상에 임하는 도를 다하여야 합니다. 그리고 老成한 분들이 고집스럽고 꽉 막혀서 되돌리기가 어려운 것이 걱정된다면, 나에게 있는 時中의 도를 다하면 됩니다. 그리고 新進의 사람들이 학업을 하는 것을 싫어하여 피하는 것이 걱정된다면, 나에게 있는 자식을 가르치는 방도를 다하면 됩니다.[55]

유교가 실생활과 통치의 중심 이데올로기로 작동되었던 조선사회에서 유림이 정치적·사회적 영향력을 지닐 수 있었던 이유는 그들이 민중에게 도덕적 모범을 보이면서 동시에 통치를 뒷받침하는 도덕적 가치를 해석할 수 있는 권력을 가졌기 때문이다. 그러나 서구학술의 영향과 함께 근대사회로 들어오면서 유교와 유림은 그 위상을 잃어버렸다. 더구나 일제가 대한제국을 강점한 후, 조선사회의 모든 면에서 절대적인 가치체계로 군림했던 유교는 이제 상대적인 학문으로 전락되었고 유림 역시 망국을 초래한 완고한 집단으로 민중에게 인식되고 있었다. 이런 상황에서 일제협력유림은 철저하게 유교를 사회윤리의 영역으로 한정하고 있다. 이대영도 유교의 중요한 가르침 중에서 풍속과 도덕을 뒷받침하는 논리만 선택하고 그것을 강조하고 있는데, 이는 1920년대의 사회적 분위기와

55) 이대영, 「儒者之地位及義務」, 『경학원잡지』 제26호, 1925, 51~52쪽. "見今世給陵夷 末俗浮薄 彝倫道德 漸點斁喪 良風美俗 因以頹敗 駸駸然入於爲禽獸之域 (中略) 聖人之道 明倫而已 憂斯民之反背不明 則入孝出弟 克盡在我之道 聖人之道 仁義而已 憂斯民之反道悖德 則仁民愛物 先進御世之道 憂老成之固滯難回 則盡我時中之道 憂新進之厭避學業 則我教子之方."

관련이 깊다.

사실 3·1운동의 소용돌이가 점차 가라앉은 1920년부터 '조선공산당'과 같은 비밀결사조직과 조선노동공제회나 조선청년회연합회와 같은 전국적 규모의 대중운동 단체들이 속속 모습을 드러내며 사회주의 사상이 지식인층을 중심으로 급속하게 퍼져나갔다.[56] 일제는 서구 사상의 유입으로 조선의 사상계는 혼란하며 3·1운동 이후 민심이 크게 경동되어서 당시 조선의 상황을 위태롭게 인식하고 있었다. 그래서 일제는 식민지 통치를 안정적으로 뒷받침할 수 있는 사상과 협력자를 유교와 유림에서 찾았다. 일제의 식민주의 관학자 다카하시 도루(高橋亨)는 유림에게 유도 진흥을 통하여 "민지(民志)를 정(定)하며 교화(敎化)를 정(正)하여 조선 고유의 미풍양속를 유지하고 생민(生民)이 무군무부무장상역(無君無父無長上域)에 유입(流入)함을 방알(防遏)"하라고 경고하고 있다.[57]

일제협력유림은 당연히 일제의 의도에 적극 호응하였다. 이대영을 비롯한 그들은 일본의 식민통치를 인정·순응하여 문명의 발전을 이룩하자는 전제를 두고 유교의 부흥을 주장하고 있었다. 이대영이 지방에서 강연한 논지도 보편적인 유교의 가르침 중에서 일본의 식민통치를 뒷받침하는 논리를 끌어내고 있는데, 이는 당시 조선총독부 기관지 『매일신보』가 전통적인 부자·사제·장유 관계의 복원만을 반복해서 강요하는 것과 맥락을 같이하는 것이다.[58] 한국 유학의 특징인 의리에 대한 논설은 아예 없고 오직 식민통치에 필요한 논리만이 그들의 강연에 있을 뿐이다.[59]

---

56) 박종린, 「日帝下 社會主義思想의 受容에 關한 硏究」, 연세대학교 박사학위논문, 2007 참조.

57) 「儒林에게 警告」, 『儒道』 1호, 1921, 13~15쪽.

58) 李基勳, 「日帝下 靑年談論 硏究」, 서울대학교 박사학위논문, 2005, 80~81쪽.

59) 조선총독부는 경학원 사성 이대영의 이런 공로를 인정하여 1928년 11월 16일에 昭和 대례기념장을 수여하였다(『조선총독부관보』, 1930년 2월 10일 부록).

2) 1930~1940년대 경학원 사성·부제학으로서의 활동

1930년대는 일제의 식민통치가 1910~1920년대보다 상대적으로 더 안정되고 강화되어 독립운동이나 반일활동을 직접적으로 하기는 어려운 시기였다. 1930년대에 들어와서도 경학원은 석전제 거행과 경학강연, 기관지 『경학원잡지』 편찬이라는 주요 사업을 여전히 진행하였고 이대영도 역시 경학원 사성의 소임을 충실히 다하였다. 그렇지만 이대영이 신봉하는 유교는 당시 서구사상에 완전히 밀려 있었고, 유림도 지식인과 민중에게 외면을 당하여 예전의 위세를 더 이상 행사할 수 없었다.

> 지금 조선의 사상계를 살펴보건대, 대체로 수구파, 즉 舊慣을 墨守하는 양반유생과 급진파, 즉 신진 청년학생들이 품고 있는 외래사상 등 두 가지로 대별할 수 있습니다. 수구파는 걱정할 필요가 없지만, 새로운 사상에는 민족주의, 사회주의, 공산주의, 무정부주의 등이 있고, 날로 악화되는 경향을 보이고 있어 실로 우려스럽습니다. (중략) 나쁜 사상에 감염되는 것입니다. 졸업생 지도는 경기도 문산공립보통학교처럼 실행한다면 졸업생들은 자연스레 직업을 감사히 여기게 되고 생활이 안정되며 사상도 온건하게 될 것으로 생각합니다.[60] (강조는 필자)

중추원 참의이자 뒤에 경학원 사성이 된 이경식(李敬植, 1883~1945)은 1930년 중추원 회의에서 조선 사상계의 동향에 대해 언급하면서 유림은 더 이상 식민지 당국에 걱정이 되는 대상이 아니라고 평가하고 있다. 그들이 보기에 유림은 일제가 주목할 필요가 없는, 민중의 기대와 지지도 사라지고 유림의 자체적인 활력도 상실된 집단이 되어버린 것이다. 오히려 사회주의나 공산주의 등에 빠진 청년들이 일제에게 더 두려운 존재가 되었다. 이렇게 유교가 민중의 외면을 받은 것은 유교가 지닌 봉건적 성

60) 「第十回會議(昭和五年九月)」, 『中樞院ノ沿革調査』.

격이 큰 원인이었지만, 무엇보다 유교가 일제식민통치를 합리화시키는 사회윤리적 성격에만 머무른 것도 중요한 원인 중의 하나였다.

그렇다고 해서 조선총독부는 유림을 완전히 배제할 수는 없었다. 비록 유림이 예전의 위세를 회복할 수 없는 단계에 이르렀다 해도 지역유력자로서의 유림의 위상은 여전히 무시할 수 없었다. 성균관을 폐지하고 경학원이 성립되면서 본연의 교육기능이 없어진 상황에서 유림은 그동안 교육기능의 부활을 요청하고 있었다. 이미 유림 통제에 자신을 가진 조선총독부는 유림의 요구를 들어주는 한편, 자신들의 목적을 위해 1930년 경학원의 부설 교육기관으로 명륜학원을 설립하였다. 조선총독부는 유교가 식민통치에 주요한 수단으로 여전히 활용되는 점을 주목하여 충군애국의 이념을 전파할 인재를 양성할 시설이 필요하다고 판단하였던 것이다. 그리하여 1930년 3월 30일 조선총독부는 경학원의 비천당을 수리해서 교실로 사용하고 국고로부터 공사비 등을 포함한 6,300엔을 보조하는 등 적극적인 지원을 하였다. 뒷날 중일전쟁이 일어나자 명륜학원은 1939년 2월 명륜전문학원으로 개편되어 전시하 총동원체제에 편입되었고, 교육 목적도 '황국정신에 입각한 유학을 연찬하고 국민도덕의 본의를 천명하여 충량유의한 황국신민을 양성하는 것'으로 바뀌었다.[61]

이대영은 15년 동안 경학원 사성으로 근무하다가 그의 나이 63세인 1936년 1월 18일 경학원 부제학으로 승진하였으며, 아울러 경학원 부설 명륜학원 강사로 임명되었다.[62] 그는 경학원 말단인 직원(直員)에서 시작하여 부제학까지 올라간 유일한 인물이었다. 경학원 부제학은 경학원의 이인자로 대제학에게 사고가 있을 때에는 그 직무를 대행하는 자리일

61) 柳美那, 「植民地朝鮮における明倫學園」, 『史滴』 제26호, 2004, 36~38쪽; 류미나, 「전시체제기 조선총독부의 유림정책」, 『역사와 현실』 제63호, 2007, 329쪽.

62) 『경학원잡지』 제40호, 1936, 34쪽.

뿐만 아니라 당시 유림에게 인식되는 위상도 상당히 컸다. 김달하(金達河)가 심산(心山) 김창숙(金昌淑, 1879~1962)을 회유할 때 그에게 조건으로 제시한 것이 바로 경학원 부제학 자리였다.[63]

그가 경학원 부제학이 된 시기는 일본 제국주의가 전시체제기로 들어가던 과도기였다. 일제가 1937년 7월 7일 노구교(盧溝橋) 사건을 계기로 중일전쟁을 전면적으로 일으키자, 경학원도 이에 따라 일제의 침략 전쟁을 적극 지지·호응하는 활동을 하였다. 그중 대표적인 것이 조선총독부가 주최하는 일본군의 무운선양을 기원하는 의식을 비롯하여 각종 의례에 참여하는 것과 일제의 침략전쟁을 칭송하는 시문집을 간행하는 일이다. 우선 전자부터 살펴보면, 노구교 사건 이후 1937년에 경학원 관계자들이 참여한 의례에 관한 사례는 다음과 같다.

> 1937년 9월 3일 오전 9시 경성부민 주최의 國威宣揚武運長久祈願祭를 조선신궁에서 거행하는 고로 직원 일동이 제진참배하다. 1937년 9월 6일 오전 9시 직원과 학생 일동이 명륜학원 東敎室에 참집하여 愛國日式典을 거행하다. 1937년 10월 6일 오전 9시 직원 및 학생 일동이 명륜당에 참집하여 愛國日式典을 거행하다. 1937년 10월 16일 오전 8시 경학원 직원 및 강사와 명륜학원 강사, 평의원 일동이 조선신궁에서 國威宣揚武運長久의 祈願祭를 행하다. 1937년 11월 3일 오전 11시 명륜당에서 明治節拜賀式을 거행하다. 1937년 11월 6일 오전 9시 명륜당에서 愛國日式典을 거행하다. 1937년 11월 7일은 精神作興週間 第一日인 고로 오전 9시 직원 및 학생 일동이 대성전에 참배하고 오전 11시 조선신궁 및 경성신사에 참배하다.[64]

1938년 전시체제기로 들어오면 이런 의례는 경학원에서도 정례로 실시되었으며, 이대영은 경학원 부제학의 자격으로 참여하여 제국의 충실

63) 『心山遺稿』 권5, 국사편찬위원회, 332쪽.
64) 『경학원잡지』 제43호, 1938, 53~57쪽.

한 신민의 소임을 다하였다. 또한 그는 일제가 일으킨 중일전쟁을 聖戰으로 찬양하는 시문을 지으며 일본군의 승리를 기원하였다.

위풍당당 정벌가는 우리 군사 인의를 무기 삼아	烈烈征師仗我仁
천리를 달리니 거칠 것이 없구나.	烈烈征師仗我仁
응징은 당연히 천명에서 오는 법	膺懲自是由天命
때마다 들려오는 승리 소식 점점 새롭구나.[65]	捷報時時聞漸新

경학원은 이대영을 비롯하여 경학원 관계자들과 전국의 유림이 일제가 일으킨 중일전쟁을 칭송한 시문들을 모아서 그해에 『성전성시집(聖戰誠詩集)』이란 시집을 간행하였다. 이후 조선총독부의 고위 관료와 일제의 식민 정책을 칭송하는 시문을 짓고 그것들을 모아 간행하는 일이 빈번해진다.

경학원 부제학 이대영은 1939년 11월 1일 조선유도연합회 참여(參與)가 되었다.[66] 이 시기 일제는 조선의 인적, 물적 자원의 수탈을 뒷받침하는 이데올로기로 '내선일체'를 표방하는 '황민화(皇民化)'정책을 실시하였는데, 이런 상황은 유림에게도 예외는 아니었다. 조선총독부는 1939년 10월 16일 전국적인 유림단체인 조선유도연합회를 조직하고 오노 로쿠이치로(大野綠一郎) 정무총감을 총재에, 윤덕영(1873~1940) 경학원 대제학을 회장에 각각 임명하였다. 조선총독부는 조선유도연합회를 결성한 후 곧이어 각 도 연합회와 지부를 결성하는 데 힘을 쏟았다. 그리하여 1939년 11월 14일 충청북도 유도연합회가 결성된 것을 시작으로 1941년 3월 12일 강원도 유도연합회의 결성까지 전국 각 도별 조직이 완료되었다. 이렇게 조선유도연합회는 일제강점기 마지막에 등장한 최대의 유림단체

65) 경학원, 『聖戰誠詩集』, 1937, 6쪽.
66) 『경학원잡지』 제45호, 1940, 21쪽.

로 일제의 침략 전쟁에 적극적으로 협력한 조선총독부 관변 단체였다.[67]

조선유도연합회는 경학원과 연계하여 주로 시국 강연과 각종 강연 및 강습에 힘을 쏟았다. 이는 전쟁의 장기화로 인하여 유림과 일반 민중의 정신적 동요를 막는 동시에 그들을 일본제국의 충량한 황국신민으로 만들려는 의도였기 때문이다. 조선유도연합회의 활동은 기관지 『유도』를 통하여 어느 정도 파악할 수 있다. 『유도』는 1942년 1호가 창간되어 1944년 7호까지 발간되었는데, 게재된 내용은 『경학원잡지』를 비롯한 기존의 유림 단체의 회지에 실렸던 내용과 대동소이하다. 『유도』의 '본회기사'와 '지방기사'에 나타난 조선유도연합회의 활동을 살펴보면, 조선유도연합회 간부들이 시국강연회와 강습회 등을 활발하게 전개하고 있었다. 몇 가지 예를 들어보자.

> 충청북도 진천군 유도회가 1942년 11월 25일 오후 1시부터 진천 국민학교에서 총회를 개최하였다. 군내 유림 500여 명과 각 관공서 직원이 다수 모였는데, 여기에 平松 지사, 이경식 편찬부장과 春山(이명세) 상무이사가 참석하였다. 安原 진천군 유도회장이 사회를 보는 가운데 平松 충청북도 유도연합회장이 논어해설에 바탕을 둔 告辭에 일반 유림이 큰 감동을 받았고 閉式 후 춘산 이사가 강연을 하고 나서야 散會하였다.[68]

당시 조선유도연합회 주요 간부들 동시에 경학원 간부들은 각 지방을 돌면서 시국강연과 강습회 등을 활발하게 전개하고 있었다. 특히 경학원 사성이자 조선유도연합회 편찬부장인 이경식, 역시 경학원 사성이며 조선유도연합회 교육부장인 안인식과 조선유도연합회 상임이사 이명세 등

67) 조선유도연합회에 대해서는 류미나, 「전시체제기 조선총독부의 유림정책」, 『역사와 현실』 63, 2007; 정욱재, 「한말 · 일제하 유림 연구: 일제협력유림을 중심으로」, 한국학중앙연구원 한국학대학원 박사학위논문, 2009; 정욱재, 「조선유도연합회의 결성과 '皇道儒學'」, 『한국독립운동사연구』 33, 2009 참조.

68) 「地方記事」, 『유도』 3호, 1943, 102쪽.

은 전시체제기에 가장 대표적으로 활동하였던 일제협력유림이었다. 이미 70세에 가까운 고령의 이대영은 그들처럼 전국을 돌면서 강연 등의 활동을 할 수 없었지만, 그는 경학원 부제학의 직무를 다하면서 문필로 일제의 황국신민의 역할을 수행하였다.

어진 하늘이 내리신 비, 먼 곳 가까운 곳 고루 적시어	仁天雨露遐邇均
광명해진 반도에 징병제 새로 실시하시네.	半島光明兵制新
四海가 다 같이 둥근달을 보듯	四海同看圓滿月
만민들 봄이 된 걸 즐거워하듯	萬人自樂發生春
하늘을 찌를 듯한 기상 대적할 이 없으니	衝霄氣壯應無敵
보국하려는 정성 깊어 각각 분발해서라네.	報國誠沈各奮身
청년들은 임무가 중함을 아는가	知否青年任責重
영광스럽게 천황의 교화 실천할 가장 좋을 때라네[69]	存榮聖化際昌辰

일제가 1942년 5월 9일에 1944년부터 조선에 징병제가 실시된다고 공표하였을 때, 이대영을 위시한 일제협력유림은 크게 환영하였다. 조선유도연합회는 징병제실시 축하를 위한 한시를 전국적으로 현상 모집하였고, 이에 응모하여 당선된 시와 조선유도연합회 간부가 지은 시들을 합하여 『축징병제실시』라는 책을 1943년에 간행하였다. 이대영 역시 황국신민답게 일제의 징병제 실시를 칭송한 것이다. 그밖에 이대영은 조선총독과 정무총감 등의 고위 관료를 칭송하는 시를 남기는 등[70] 문필로 자신의 소임을 다하였다. 그는 1943년 4월 26일에 의원사직(依願辭職)을 하였는데, 이때 그의 나이 70세였다. 그는 1911년 9월 8일에 경학원 직원으

69) 조선유도연합회, 『祝徵兵制實施』, 1943, 3쪽.

70) 이대영은 조선의 7대 총독이었던 미나미 지로(南次郎)가 조선을 떠날 때 그를 전송하는 시를 남겼는데 여기에 소개한다(조선유도연합회, 『奉餞南總督閣下』, 1942, 4쪽).

로 들어와서 1943년 4월 26일에 경학원 부제학으로 사직할 때까지 약 32년 동안 경학원에서 근무하였다. 이렇게 이대영은 경학원이 설립되자마자 들어와서 일제강점기 동안 경학원과 함께 자신의 후반생을 살아온 인물이었다. 경학원이 설립될 때부터 시작하여 일제강점기가 거의 끝날 때까지 경학원에 근무하였고 해방을 맞이하던 인물은 사실상 이대영이 유일하다. 이렇게 경학원의 충실한 직원으로 일제강점기를 보냈던 그는 1950년 10월 25일 한국전쟁이 한창이던 때에 사망하였다.

4. 맺음말

이대영은 19세기 후반에 태어나 20세기 중반까지 살았던 인물로 우리 역사의 격변기를 겪었다. 그는 1904년에 용천감리서 주사로 관직에 입문하여 약 1년 동안 관직생활을 하였다. 이 시기에 이대영은 실무 관료로서 업무를 수행할 수 있는 일정한 근대 지식을 습득하였고 아울러 대한제국이 처한 현실을 깊이 인식하고 당시 국제 정세에 대한 안목을 길렀다. 용천감리서 주사를 그만 둔 이대영은 1907년에 친일적 성격이 농후한 대동학회의 서기로 참여하였다. 이때부터 그는 일본에 대해 우호적인 모습을 보였는데, 1909년에 경성일보사 주최의 일본관광단에 참가한 후 본격

棨戟으로 신 정책을 펼쳐 영광을 더하였고	棨戟增光盛積新
정치에는 엄했으나 백성에겐 인자했네.	威於其政惠於人
가장 고심한 건 유학 扶植하는 일이었지.	苦心最是扶斯道
대성전 봄, 가을로 열심히 분향 올렸다네.	聖廟瓣香秋復春
7년간의 시간 빨리도 지나가니	七載光陰未許遲
붙잡아도 머물 수 없음에 모두 한탄한다네	攀轅不駐共嗟咨
돌아가는 수레 가득 이별의 정 싣고 가시리라.	歸車滿載與情重
성문 밖까지 나와 전송할 때 해는 저물려하네.	餞出都門日欲移

적으로 친일적 성향을 드러냈다. 이 시기에 그는 대한제국이 자체적으로 발전할 수 없고 일본의 보호를 받아야 한다는 의식을 확립시킨 것 같다. 그리하여 그는 대한제국이 망하자 일본제국주의와의 협력을 선택하게 한다.

일본제국주의가 대한제국을 강점한 후, 이대영은 일제가 성균관을 폐지하고 설립한 경학원에 처음부터 참여하였다. 경학원은 조선총독부가 성균관을 폐지하고 총독부 정책과 지배이념을 홍보하는 것을 주된 기능으로 하여 설립한 조선총독부 직속기관이었다. 이대영은 1911년 9월 8일부터 1921년 7월 30일까지 경학원의 직제 중에서 가장 말단인 직원으로 근무하였다. 그 후 공로를 조선총독부에게 인정받아 그는 1921년 7월 31일에 경학원 사성으로 승진하였으며 1936년 1월 17일까지 직무를 수행하였다. 경학원 사성은 경학원의 실질적인 업무를 담당하는 중추적인 직책으로 이대영은『경학원잡지』편찬주임을 맡았다. 아울러 그는 조선 유림의 동향을 관찰 · 보고하고 유교의 보편적 논리를 이용하여 일제의 식민통치를 합리화하는 강연도 하였다.

이대영은 그의 나이 63세인 1936년 1월 18일 경학원 부제학으로 승진하였고 동시에 명륜학원 강사까지 겸임하였다. 경학원 관계자 중에서 경학원 직원부터 시작하여 경학원 부제학까지 올라간 사람은 이대영이 유일하였다. 전시체제기 동안 그는 중일전쟁을 성전으로 찬양하는 시문을 지었고 일본군의 무운선양을 기원하는 의식 등 조선총독부가 주최하는 각종 의례에 적극적으로 참여하였다. 또한 그는 일본 고위 관료를 칭송하는 시문과 징병제 실시를 찬양하는 시문을 짓는 등 일본의 침략 전쟁과 식민통치에 협력하였다. 1943년 4월 26일 경학원 부제학을 그만 두기까지 그는 약 32년 동안 경학원에 근무하였다. 요컨대 이대영은 경학원 설립 때부터 일제강점기 말엽까지 경학원 말단인 직원에서 시작하여 경학원 이인자인 부제학까지 올랐던, 일제강점기 경학원의 역사와 함께 살아온 인물이었다. 그는 비록 당대의 일급 일제협력유림처럼 두드러진 활동을 남기지는 않았지만 경학원의 직원으로서 자신의 소임을 충실히 다하였다.

제10장

일제강점기 송주헌(宋柱憲)의 생애와 활동

1. 머리말

파리장서운동은 1919년 3월 식민지 조선 유림이 파리에서 열리는 평화회의에 대표를 파견하여 한국의 독립을 요청한 독립청원운동으로, 곽종석(郭鍾錫), 김복한(金福漢) 등을 비롯하여 137명의 유림이 참여하였다. 3·1운동에 공식적으로 참여하지 못한 상황을 반성한 유림의 독립염원의 목소리를 담은 파리장서운동은 많은 연구자들에게 주목되었으며, 크게 한국유교사의 관점과 한국독립운동사의 관점하에서 연구가 이루어지면서 파리장서운동에 대한 다양한 연구 성과가 축적되었다. 즉 파리장서의 내용 분석을 비롯하여 작성 경위, 파리장서운동의 전개 과정과 역사적 성격 및 의의, 추진 세력, 서명자와 참여자, 조선총독부의 처리와 대응, 파리장서운동에 관련된 지역 유림의 동향, 파리장서운동의 영향과 후대의 기억 등 다양한 연구로 인해 파리장서운동에 관해 광범위하고 구체적인 지식을 알 수 있게 되었다.[1)]

이 글은 파리장서운동에 대한 연구 성과를 토대로 파리장서운동에 참여하였던 송주헌(宋柱憲, 1872~1950)에 주목하여 일제강점기 그의 활동을 살펴보려 한다. 파리장서운동의 관련 인물에 대한 기존 연구는 주로 몇몇 특정한 인물들에 집중된 경향이 있으며, 상당수는 행적조차 제대로 알려지지 않은 상태로 학계의 연구를 기다리고 있는 실정이다. 독립운동에 참여한 인물의 행적을 규명·체계화하는 작업은 한국독립운동사를 이해하는 중요한 방법 중 하나이다. 그들의 삶과 활동에 대한 연구는 한국근현대사를 어떻게 인식하느냐는 문제로 귀결되기 때문이다.[2]

이 글에서 살펴보려는 송주헌은 연재학파(淵齋學派)의 대표적인 문인이자 파리장서운동에 서명한 137명 중의 한 명이었으며, 전남에서 서명한 4명 중에 유일한 고흥 출신의 인물이었다.[3] 그가 남긴 문집인 『삼호재집(三乎齋集)』은[4] 기존 연구에서 파리장서운동을 연구하는 데 자료로

1) 파리장서운동에 대한 2000년대까지의 연구 성과는 서동일, 「1919년 巴里長書運動의 전개와 역사적 성격」, 한국학중앙연구원 한국학대학원 박사학위논문, 2009 참조. 그 이후 파리장서운동에 관련한 주요 연구는 다음과 같다. 서동일, 「조선총독부의 파리장서운동 참가자에 대한 사법처리와 관련 수감자의 대응」, 『한국민족운동사연구』 68, 2011; 김봉곤, 「호남지역의 파리장서운동」, 『한국독립운동사연구』 50, 2015; 김상기, 「호서지역 파리장서 참여자와 '호서본'의 성격」, 『한국근현대사연구』 73, 2015: 서동일, 「파리장서운동의 전개와 영남지역의 숨은 협력자들」, 『대동문화연구』 89, 2015; 서동일, 「김황의 일기에 나타난 3·1운동 경험과 독립운동 이해」, 『한국독립운동사연구』 64, 2018; 권영배, 「파리장서운동과 성주유림」, 『대구사학』 137, 한국국학진흥원, 2019; 김성진, 「慶南儒林의 巴里長書運動에서의 動向과 〈疆土詩 示諸生〉에 대한 次韻詩」, 『동양한문학연구』 81, 2019; 서동일, 「성주, 파리장서운동의 탄생과 거점 형성」, 『한국근현대사연구』 89, 2019; 이황직, 「유교개혁사에서 파리장서운동의 의미와 가치」, 『현상과가치』 43(3), 2019; 김기림, 「파리장서운동에 대한 기억과 재현: 『파리장서비기념시집』의 의미」, 『동양고전연구』 78, 2020.

2) 오대록, 「일제강점기 常山 金度演의 현실인식과 민족운동」, 『한국독립운동사연구』 38, 2011, 159쪽.

3) 전남에서 파리장서운동에 서명한 4명의 인물은 金澤柱(구례), 朴殷容(장성), 宋柱憲(고흥), 李種春(구례)이다. 이들 중에 현재 金澤柱에 대한 연구가 있을 뿐이다. 김봉곤, 「韓末·日帝時期 南原 儒生 金澤柱의 生涯와 活動」, 전남대학교 석사학위논문, 1998.

4) 송주헌은 평소 저술하는 것을 좋아하지 않았고 또 후세에 전하려는 생각을 갖지 않았기 때문에 집안에 남아 있는 글이 별로 없었다고 한다. 그의 삼종질인 宋孝燮이 수년간 수집하여 책 네 권을 만들고, 그 뒤에다 사우들과 왕복한 서신과 송주헌의 장수를 송축하는 글과 駱山逸民詩錄 등을 붙여 1973년 『三乎齋集』을 간행하였다. 이것을 후에

활용되었으나, 정작 송주헌 본인에 대한 연구는 아직 없었다.[5] 성리학을 정체성의 핵심으로 삼은 그가 생장(生長)하여 중점적으로 활동하던 19세기 말·20세기 초는 유교문명에 대한 서구 근대문명의 본격적인 충돌이 일어났던 시기였고 곧이어 일본 제국주의가 대한제국을 강점하였던 우리 역사의 격변기 중의 하나였다. 특히 성리학의 절정기였던 19세기 중·후반에 태어나서 과거시험이 남아 있던 분위기에 성장하였던 유림에게 19세기 후반부터 서구 근대문명의 충돌로 인해 급작스럽게 이어지는 각종 역사적 사건들과 일제에 의한 대한제국의 멸망은 큰 충격으로 다가왔다. 시대적 격변으로 인해 유림은 근대문명에 대한 수용과 성찰을 통한 자기 변혁의 시간을 충분히 갖지 못하였다. 결국 전근대 조선왕조국가의 지배이데올로기이자 세계관의 핵심이었던 성리학을 어려서부터 익히며 내면에 신념체계화한 유림이 근대적 의미의 민족의식과 국가개념을 수용한다는 것은 사실 어려운 일이었다.

이런 모습은 "지식인 노릇하기 어려운(難作人間識字人)"[6] 시대를 직면하였던 송주헌에게도 드러나고 있었다. 독실한 성리학자의 정체성을 지녔던 송주헌의 생애와 활동을 검토하는 작업은 파리장서운동의 참여자들에 대한 이해의 폭을 넓히게 할 뿐만 아니라 일제강점기 식민지 조선 유림의 다양한 역사적 실존 양상을 파악하는 데에도 일조한다고 생각한다. 따라서 이 글은 그의 문집인 『삼호재집』과 기타 자료를[7] 바탕으로

宋首炅이 역주하여 『國譯 三乎齋集』(고흥문화원, 2010)으로 출간하였다. 본고에 이용된 원문과 번역문은 기본적으로 『國譯 三乎齋集』을 이용하였으나, 인용된 번역문 중에서 일부는 필자가 수정하여 사용하였다. 각주에 밝힌 쪽수는 주로 번역문의 쪽수를 의미하나, 상황에 따라서 첨부된 원문의 쪽수를 밝힌 곳도 있다.

5) 기존 연구 중에서 김봉곤이 송주헌의 기본 정보와 활동에 대해서 비교적 상세하게 서술하였다. 자세한 내용은 김봉곤, 「호남지역의 파리장서운동」, 『한국독립운동사연구』 50, 2015, 22~24쪽 참조.

6) 황현 지음, 임형택 외 옮김, 『역주 매천야록』 하, 문학과 지성사, 2005, 665쪽.

하여 그의 생애와 활동을 탐색하고자 한다.[8] 먼저 그가 성리학자로 성장하는 과정을 알기 위하여 그의 가계와 학문 연원을 살펴보고자 한다. 특히 그가 누구에게 학문을 배웠으며, 그것이 앞으로 그의 활동에 어떤 영향을 미치고 있는지를 검토하는 것은 송주헌 개인을 이해하는 데에도 필수적인 작업이다. 그런 다음 일제강점기 그의 주요 활동을 구체적으로 살펴서 파리장서운동 참여자의 다양한 면모의 일단을 밝히고자 한다. 이 글이 연구의 손길을 기다리는 기타 파리장서운동 참여자 연구의 환기에 기여할 뿐만 아니라 식민지 조선 유림의 역사적 실상과 존재 양상의 이해에 일조하였으면 한다.

2. 가계와 학문 연원

송주헌은 1872년 9월 10일(음력) 전라남도 고흥군 두원면 학림리에서 송윤호(宋潤浩)와 고흥 유씨(高興柳氏) 유응호(柳膺浩)의 딸 사이에서 태어났다. 본관은 여산(礪山)이며 호는 삼호재(三乎齋), 자는 윤장(允章)이다.[9] 여산 송씨는 고려 때 여산군에 봉해지고 은청광록대부(銀靑光祿大夫) 밀추원부사(樞密院副使)에 추증되었다고 전해지는 송유익(宋惟翊)을

7) 본문과 각주에서 인용된 송주헌 등의 신문조서와 일제 측 자료는 모두 國史編纂委員會 한국사데이타베이스(http://db.history.go.kr/)에서 제공하는 디지털자료를 이용하였다. 그리고 문집에 실려 있지 않았던 송주헌의 다양한 간찰 자료는 고흥분청문화박물관의 호의로 『삼호재 송주헌(宋柱憲) 고문서 탈초·번역 사업 최종 결과보고서』(고흥군 분청문화박물관, 2019)를 입수하여 이용할 수 있었다. 지면을 빌려 감사를 표한다.

8) 송주헌은 해방 이후에 유림대표로 활동한 것으로 보인다. 문집에 당시 이승만 대통령 등에 보낸 편지 등이 몇 편 남아 있는데, 문집 외의 방증 자료들이 현재 파악하지 못한 형편이다. 이 글은 송주헌의 일제강점기의 활동에만 초점을 맞추어 살펴보기로 한다. 해방 이후의 행적은 추후 연구를 통해 보완할 생각이다.

9) 송주헌의 기본 정보는 그의 문집 『國譯 三乎齋集』을 참고하였다.

시조로 삼는다. 그의 4세손으로 권신 임유무(林惟茂)을 죽이고 왕정을 복고하는 데 공을 세워 여량부원군(礪良府院君)에 봉해졌던 송송례(宋松禮, 1207~1289)를 중시조로 삼는데, 한국의 여산 송씨의 모든 계파는 송송례의 아들대부터 분기된다고 한다.[10)]

송주헌의 가문이 고흥에 세거하는 계기를 만든 인물은 세종 · 문종 · 단종을 섬겼던 송간(宋侃)이다. 고흥의 입향조(入鄕祖)인 그는 호가 서재(西齋)이며 벼슬이 가선대부(嘉善大夫)에 이르렀던 인물로, 단종의 명으로 남방을 순시하고 돌아오는데, 1457년 단종이 영월로 쫓겨 갔다는 소식을 듣고 즉시 영월에 가서 복명하였다. 복명 후 그는 고향 여산으로 돌아와서 두문불출하였고, 단종이 죽었다는 소식을 듣자 깊은 산속에 들어가서 3년상을 지낸 후 흥양(興陽: 현재의 고흥) 마륜촌(馬輪村) 산정(山亭)에 은거하여 생을 마쳤다.[11)] 이런 연유로 송간의 후손은 고흥에 세거하게 되었으며, 그 후손들 중에서 임진왜란 때 활약한 송대립(宋大立) · 송희립(宋希立) 등과 송대립의 아들로 병자호란 때 순절한 송심(宋諶) 등이 배출되면서 여산 송씨는 고흥의 대표 가문으로 성장하였다.[12)] 이런 영향 때문인지 대체로 고흥에 세거한 여산 송씨는 문인보다는 무인 성향의 인물들을 많이 배출하였는데,[13)] 이런 경향은 조선후기에 편찬된 읍지에도 명확히 살펴볼 수 있다. 18세기에 편찬된『신증흥양지(新增興陽誌)』를 보

10) 여산 송씨와 송송례에 대한 내용은 한국역대인물 종합정보시스템(http://people.aks.ac.kr)과 한국 향토문화 전자대전(http://busan.grandculture.net)에서 제공하는 정보를 이용하였다.

11) 李源益,「丁丑世祖二年」,『東史約』上(한국사료총서 제33집, 1990). "侃官嘉善 受上王命 巡撫南方 將還 聞上王遜于寧越 直入寧越 復命辭歸 痛哭失聲 守校愕然欲收之 有老吏私謂校 日君當謹所守而已 奈何欲禍人乎 守者乃止 侃遂徑還礪山 杜門絕世事 及凶聞至 走入窮山 哭盡哀服喪三年 隱於興陽馬輪村山亭."

12)『新增興陽志』,「忠義」, 313~316쪽. 그들의 이름과 행적이 간략하게 기록되어 있다. 본고에서 참고한『新增興陽志』는『朝鮮時代 私撰邑誌 28』全羅道(5)(韓國人文科學院, 1989)에 영인된 것을 이용하였고, 각주에 밝힌 쪽수는 그 책에 표기된 쪽수를 따랐다.

13)『國譯 三乎齋集』권3,「晬日自敍」, 419쪽. "以武以文之家." 송주헌 역시 고흥의 여산 송씨에 대해 무예와 문학의 가문이라고 하며 집안에 흐르는 무인의 경향을 인정하고 있다.

면, 문과조에 여산 송씨의 인물은 보이지 않고 무과조에 많이 보인다.[14] 입향조 송간의 행적과 이후 후손들의 노력과 업적이 상호 작용이 되어 결국 1793년 정조는 송간에게 충강(忠剛)이라는 시호를 내렸다.[15] 이는 고흥의 여산 송씨가 고흥지역의 대표적인 유력가문으로 확실히 인정받은 것이라 할 수 있다.

송주헌의 직계 조상을 간단히 살펴보면, 고조는 송수구(宋壽龜, 1749~1824)로 과거공부를 그만두고 성리학에 뜻을 두어 송문경(宋文敬)에게 나아가 배웠으며 자손을 가르치면서 항상 '효우문학(孝友文學)' 네 글자를 가문의 법도로 삼도록 경계하였다고 한다.[16] 증조 송영환(宋榮煥, 1795~1843)은 향촌에 효행으로, 조부 송진성(宋鎭誠, 1823~1883)은 문학과 행실로 알려졌으며, 아버지 송윤호(1845~1912)은 평생 학문을 좋아하며 향촌을 벗어나지 않았다고 한다.[17] 이렇게 송주헌의 직계 조상은 현달하지는 못하였으나, 고흥의 여산 송씨가 무인 성향을 지닌 것과 달리 송주헌의 직계 조상은 성리학에 종사하였고 지역사회에서 덕행을 갖춘 사람으로 평가받고 있었다.

송주헌은 어려서부터 특이한 기질이 있고 용모가 단정하고 수려하였으며, 강개한 성격을 지녀서 충의열사를 사모했다. 그래서 그는 사서(史書)를 읽다가 고인이 절개를 세워 의리에 죽는 부분에 이르면 대뜸 세 번 거듭 읽으며 격앙하였다고 한다.[18] 이런 기질을 지닌 그는 어릴 때부터 학문, 즉 성리학에 뜻을 두었으며, 그가 약관의 나이에 제자의 예를 갖추고 찾아가 처음으로 스승으로 섬긴 인물들은 송근수(宋近洙, 1818~

14) 『新增興陽誌』, 「武科」, 301~307쪽.

15) 『정조실록』 38권, 정조 17년 12월 21일.

16) 『國譯 三乎齋集』 권4, 「高祖考鶴村處士府君家狀」, 206~207쪽.

17) 『礪山宋氏忠剛公派譜』, 齋洞書院, 1974, 562~837쪽.

18) 『國譯 三乎齋集』 권5, 「傳」, 240~241쪽. "公素尙義氣 讀史至高人立節死義處 輒三復激仰."

1903)·송병선(1836~1905)·송병순(1839~1912)이었다.[19] 연재학파의 문인들을 정리·수록한 『계산연원록(溪山淵源錄)』에도 송주헌이 송병선 등을 처음 찾아가 배알한 때를 그의 나이 20살인 1891년 6월(음력)이라고 기록되어 있다.[20] 따라서 그의 나이 20세 때 송병선을 위시하여 송근수와 송병순을 배알하여 가르침을 받았다고 볼 수 있다.[21]

송주헌과 연재학파 종장들의 만남은 개인의 학문 성장과 앞으로의 활동에 중요한 동인이 될 뿐만이 아니라, 19세기 말엽의 유림계가 지녔던 시대적 특징의 일면도 동시에 보여준다. 즉, 본래부터 강개한 성격을 지녔던 송주헌이 연재학파의 종장들을 만나 가르침을 본격적으로 수용함으로써 그의 성격과 학문의 내용이 유기적으로 결합·작용하였고, 뒤에서도 검토하겠지만, 그의 인식과 활동은 끝내 성리학적 가치체계의 틀에서 벗어나지 못하였다.

그가 생장하던 19세기 후반은 성리학에 대한 이해가 가장 난숙하였고 학파별 논쟁도 심했던 시기였다. 이황과 이이가 활동하던 16세기에는 특정한 사람만이 이해하고 있었던 이기론(理氣論)을 이 시대의 유학자들은 모두 자유롭게 소화하여 자신의 견해를 밝히고, 다른 학자들과 토론을 통하여 자신의 이론을 가다듬고 있었다. 이 시기 학자들은 학파에 대한 소속감을 가지고 저마다 주희의 설을 근거로 삼아 자기 학설을 전개하면서도 각 학파가 때로는 서로 상반된 견해를 드러내며 첨예하게 논쟁을 펼쳤다.[22] 또한 특정 학자를 중심으로 구체화한 문인집단이 지속되며 시

19) 『國譯 三乎齋集』 권5, 「行狀」, 236쪽.

20) 『溪山淵源錄』 上, 116쪽. "○辛卯六月始謁." 필자는 국립중앙도서관이 제공하는 『溪山淵源錄』을 이용하였으며, 여기에 밝힌 쪽수는 국립중앙도서관에서 표기한 쪽수이다.

21) 송주헌은 자신이 16세 때 제자의 예를 갖추고 알현하였다고(『國譯 三乎齋集』 권4, 「祭淵齋先生文」, 433쪽, "十六納贄") 기록하였으나, 그의 행장과 묘지명에는 약관의 나이에 송근수·송병선·송병순을 찾아가 뵈었다고 하여 『溪山淵源錄』의 기록과 부합된다. 따라서 이 글에서는 송주헌이 세 사람을 알현한 시기를 그의 나이 20세로 간주한다.

대상황에 조응하는 다양한 면모를 보였다는 점도 이 시기 중요한 특징 중에 하나였다.[23]

송병선 · 송병순 형제를 종장으로 한 연재학파 역시 19세기말 · 20세기 초반에 활동하던 대표적인 문인집단이었다.[24] 송병선 · 송병순 형제는 1859년부터 문인을 받아들이기 시작하여 송병순이 순국하던 1911년까지 50여 년간 지속적으로 문인을 받아들여 연재학파라는 유력한 문인집단을 형성하였다. 명망을 지닌 그들의 체계적인 강학 활동과 더불어 몇 차례에 걸친 전남 지역을 유력(遊歷)하며 강회와 향음례 등의 개최는 호남 지역에 대한 그들의 학문적 영향력을 확대 · 강화시켰다. 그 결과로 호남이 연재학파 내에서 압도적으로 많은 문인을 배출하였다.[25] 송주헌이 연재학파의 문인이 된 것은 바로 송병선 · 송병순 형제의 학문적 영향력이 호남지역에 크게 작용하고 있었던 당대의 현실을 보여준다.

송근수 · 송병선 · 송병순은 자신들의 제자가 되기 위하여 멀리 고흥에서 찾아온 송주헌의 품성과 학문적 역량을 높게 평가하였다. 송근수는 그에게 '직(直)'을 써주었고, 송병선은 마음을 맑게 하고 욕심은 적게 하라는 의미의 '청심과욕(淸心寡欲)'을 써주었으며, 송병순은 성실하고 삼가라는 뜻의 '성각(誠恪)'을 써주었다. 송주헌은 스승들의 가르침을 마음에 간직하고 평생 잊지 않았다.[26] 그의 호인 삼호재도 송근수가 지어준

22) 이상하, 「寒洲 李震相 性理說의 입론 근거 연구」, 고려대학교 박사학위논문, 2004, 8쪽.

23) 박학래, 「연재학파(淵齋學派)의 형성과 전개: 『계산연원록(溪山淵源錄)』을 중심으로」, 『유학연구』 50, 2020, 112쪽.

24) 연재학파에 대한 대표적인 연구성과는 다음과 같다. 박경목, 「연재 송병선의 학맥과 민족운동」, 『대동문화연구』 39, 2001; 김상기, 「淵齋學派의 사상과 민족운동」, 『한국독립운동사연구』 59, 2019; 박학래, 「연재학파(淵齋學派)의 형성과 전개: 『계산연원록(溪山淵源錄)』을 중심으로」, 『유학연구』 50, 2020.

25) 박학래, 「연재학파(淵齋學派)의 형성과 전개: 『계산연원록(溪山淵源錄)』을 중심으로」, 『유학연구』 50, 2020, 128~131쪽.

26) 『國譯 三乎齋集』 권4, 「駱山逸民自製墓表」, 224쪽.

것으로 『논어』 학이편 첫 장의 "학이시습지(學而時習之) 불역열호(不亦悅乎), 유붕자원방래(有朋自遠方來) 불역낙호(不亦樂乎), 인부지이불온(人不知而不慍) 불역군자호(不亦君子乎)"의 뜻을 취한 것이다.[27] 특히 송병선은 그에게 『논어』를 가르치면서 "글을 읽을 때 마땅히 대의가 어디에 있는지 찾아야지 명물(名物)과 도수(度數)는 반드시 자질구레하게 찾을 필요가 없다."라고 하였고, 『춘추』의 대일통(大一統)을 법으로 삼아 힘쓰라고 권면하였다.[28] 즉 송병선은 송주헌에게 단순히 지식을 쌓는 학문이 아닌 진정한 '의리지학(義理之學)'에 노력하라고 부탁하였으며, 송주헌은 스승의 가르침을 평생의 지침으로 삼았다. 그는 세 분의 스승을 모시고 성리학을 성실하게 배웠으며, 떨어져 있을 때는 편지를 주고받으면서 사제 간의 정리를 돈독히 유지하였다.[29]

연재학파의 종장들을 제외하고 송주헌이 스승으로 여긴 사람으로 두 사람을 더 들 수 있는데, 바로 화서학파의 대표적인 문인 최익현(崔益鉉, 1833~1906)과 간재학파의 종장인 전우(田愚, 1841~1922)였다. 그가 문집과 간찰을 통해 스승에 대한 존경의 의미로 '先生'을 사용한 사람은 송근수 · 송병선 · 송병순 · 최익현 · 전우 총 5명뿐이었다. 연재학파 · 화서학파 · 간재학파는 19세기말 · 20세기 초반에 활동하던 대표적인 학파로, 시대적 위기에 대한 각 학파 종장들의 대응방법은 각각 '자정수지(自靖遂志)' · '거의소청(擧義掃淸)' · '거지수구(去之守舊)'을 선택하여 서로 달랐지만, 성리학적 가치체계에 근거한 위정척사의 의리는 모두 동일하던 문인집단이었다. 그렇기 때문에 송주헌 역시 최익현과 전우에게서 가르침을 받는 것을 꺼려하지 않았다. 최익현의 경우, 송주헌은 1893년에 포천에 있던 최

27) 『國譯 三乎齋集』 권5, 「三乎齋序」, 232쪽.
28) 『國譯 三乎齋集』 권3, 「三先生語錄」, 138~139쪽.
29) 현재 남아 있는 간찰 자료와 문집에서 송병선의 간찰이 가장 많이 전하고 있다.

익현을 직접 방문하였는데, 그때 최익현은 그에게 만동묘(萬東廟)의 일을 부탁하며 대의를 강조하였다. 그리고 같은 해 겨울에 당시 진천 율리에 있던 전우를 찾아갔고, 전우는 그를 허여하며 '심본성(心本性)' 세 글자를 손수 써주며 학문에 힘쓰기를 권면하였다.[30] 나중에 송주헌은 자신이 가장 기대를 했던 셋째 아들 송양섭(宋亮燮, 1900~1940)을 직접 전우에게 보내서 배우도록 하였으며, 전우 역시 송양섭을 사랑하며 그의 학문적 성취를 기대하였다고 한다.[31] 연재학파 · 화서학파 · 간재학파의 종장들은 송주헌을 인정하였고, 이것은 당대 유림사회에 송주헌 자신의 이름을 알리는 데에도 큰 도움이 되었다. 그리고 그가 존경심을 갖고 교유를 하던 인물들도 윤용구(尹用求) · 민병승(閔丙承) · 기우만(奇宇萬) · 김상덕(金商悳) · 김복한(金福漢) 등의 당대 저명한 인물들이며,[32] 유준근(柳濬根) · 백관형(白觀亨) 등은 함께 독립운동을 하던 동지들이었다.[33]

보수유림의 종장들에게 배운 위정척사의 의리관념이 송주헌에게 깊이 스며들어 그가 인식하고 평가하고 행동하는 데 확고한 기준이 되었다.

30) 『國譯 三乎齋集』 권4, 「駱山逸民自製墓表」, 225쪽.

31) 『國譯 三乎齋集』 권4, 「亡子亮燮墓表」, 228쪽; 호남학연구원, 『삼호재 송주헌(宋柱憲) 고문서 탈초 · 번역 사업 최종 결과보고서』, 고흥분청문화박물관, 2019, 204쪽.

32) 『國譯 三乎齋集』 권5, 「行狀」, 237쪽. 그런데 송주헌 간찰 자료 중에서 특이하게도 白南雲(1895~1979)이 10월 30일에 보낸 답장이 남아 있어 보수유림과 근대학자 간의 교유가 있었던 것 보인다(『삼호재 송주헌(宋柱憲) 고문서 탈초 · 번역 사업 최종 결과보고서』, 고흥분청문화박물관, 2019, 35쪽). 매우 흥미로운 일이지만 두 사람이 어떤 연유로 교류를 가졌는지 자세한 내용은 지금으로선 알 수 없다. 백남운이 고향인 고창을 다녀와서 송주헌을 바로 찾아뵙지 못한 사정을 고한 내용인데, 결과보고서는 백남운이 송주헌에게 답장을 보낸 시점을 1918년으로 추정하고 있다. 그런데 1918년은 몇 가지 상황에서 맞지 않은 것 같다. 우선 백남운은 1918년 10월 일본에 유학을 가서 본격적으로 수학하는 시기라서 고향인 고창을 다녀왔다는 내용은 정황상 맞지 않으며, 답장의 봉투에 송주헌의 당시 주소가 "府內 昌信町 山 六番地 一ノ十九"로 되어 있다. 뒤에서 언급하겠지만 송주헌이 경성 駱山 아래에 거처를 정한 것은 1931년부터였다. 백남운은 1925년에 귀국하였고, 그런 상황을 염두에 둔다면, 답장을 보낸 시기는 최소한 1925년 이후일 것이다.

33) 『國譯 三乎齋集』 권4, 「駱山逸民自製墓表」, 225쪽.

그런 점을 다음의 일화에서도 확인할 수 있다.

> 어떤 사람이 찾아와 말하기를 "학문은 마땅히 陽村 權近처럼 해야 하고, 사업은 마땅히 厖村 黃喜처럼 해야 합니다."라고 하였다. 그래서 내가 대답하기를, "그분들은 그전에 王氏를 섬기었고 뒤에 李氏를 섬겼으니, 이는 지조를 상실한 사람이므로 내가 취하지 않습니다."라고 하였다. (중략) 名節은 도학 가운데 일부분의 일로 알았는데, 지금 와서 생각해보니, 명절이 첫 번째이고 도학이 두 번째였다. 許魯齋와 權陽村의 도학과 문장은 천고에 뛰어났으나 명절에 있어서는 어떠하였는가? 대체로 학자의 출처거취는 의리에 따라 해야 하므로 구차스럽게 할 수 없다. 晦菴이 말씀하기를 "절의를 보존하기가 어렵다."라고 하였으니, 신중히 하지 않을 수 있겠는가.[34]

성리학적 가치체계를 깊이 내면화한 송주헌은 고려왕조에서 관료생활을 하다가 조선왕조가 개창되자 출사하였던 권근(權近)과 원나라에 출사하여 주자학을 확고하게 심었던 허형(許衡)을 모두 절의를 잃은 인물로 비판하고 있다. 즉 학문적 · 사업적 업적보다는 실천적 의리를 강조하고 있는 독실한 성리학자 송주헌의 모습을 여기에서 찾아볼 수 있는데, 이는 동시에 강직한 그의 성격과 그가 배운 학문적 내용이 결합되어 확고한 신념체계로 작동되고 있음을 보여준다. 그리고 재미있는 사실은, 송주헌이 포함된 연재학파는 자신들의 학문 연원으로 송시열을 숭앙하고 있는데, 송시열은 두 왕조를 섬긴 문제로 권근을 비판하였으며 나아가 허형의 행적을 본격적으로 거론 · 비판하였고 조선의 문묘에서 그를 철향하기를 주장하였다.[35] 또한 송주헌은 송시열의 "충신은 두 임금을 섬

34) 『國譯 三乎齋集』 권3, 「雜識」, 141쪽. "有人來言曰 學問當如權陽村 事業當如黃厖村 余答曰 前事王氏後事李氏 是失節之人 吾所不取矣 (中略) 名節道學中一事 而到今思之 名節第一道學次之 許魯齋權陽村道學文章 逈出千古矣 其於名節何 盖士君子 出處去就 宜有所在 而不敢苟焉 晦翁云保節難 可不愼哉."

35) 이에 대한 자세한 내용은 우경섭, 「宋時烈의 許衡 인식과 文廟黜享論」, 『진단학보』 106, 2008 참조.

기지 않고 열녀는 지아비를 바꾸지 않은 것은 동일한 의리이다. 그런데 우리나라는 무엇 때문에 두 임금을 섬겨서는 안 된다는 법을 설립하지 않고 오직 여자가 지아비를 바꾸지 않는 법만 엄하게 한단 말인가? 만약 의리가 다르지 않아 동일한 법을 적용할 경우 권근 이하는 모두 중형을 받아야 할 것이다."라는 말에 대해 세도의 큰 가르침이라고 하며 동의하고 있다.[36] 성리학 절대주의자 송시열의 인물 평가가 그를 크게 존경하던 송주헌에게 영향을 미치고 있음을 알 수 있다. 성리학적 가치체계에 철저한 그의 모습은 일제강점기에 보인 활동에서도 충분히 살펴볼 수 있다.

3. 송주헌의 복벽주의적 독립운동

송주헌은 기본적으로 성리학적 가치체계를 깊이 내면화한 보수유림이었다. 보수유림의 특징은 기본적으로 소중화사상을 강하게 지니고 있고 성리학의 가르침을 고수하여 사물과 현상에 대한 인식과 평가 등은 모두 성리학적 가치체계에 기반하고 있으며 상투나 넓은 소매 등 유교적인 생활양식을 지키려는 것이다. 그는 당시 밀려오는 서양의 학문에 대해서도 "모두 공자의 도를 반대하고 있으므로 그 폐해가 옛날의 양웅(揚雄)과 육구연(陸九淵)보다 더 크다"고[37] 하며 사실상 배척하고 있다. 그가 남긴 문집이나 관련 자료를 검토해도 송주헌이 서양의 학술에 관심을 갖거나 접한 흔적이 거의 드러나지 않는다. 심지어 대한제국기 당대 지식인 사회에 큰 영향을 미쳤으며 그의 스승이자 보수유림의 대표자인 전우도 읽고 비판했던 양계초(梁啓超)의 글에 대해서도 송주헌은 일언반구가 없

36) 『國譯 三乎齋集』 권3, 「雜識」, 142쪽.
37) 『國譯 三乎齋集』 권3, 「雜識」, 141쪽.

다. 그의 세계관은 성리학적 가치체계에서 벗어나지 않았으며, 그는 스승에게 전수받은 가르침을 독실하게 실천하는 성리학자의 면모를 끝까지 견지하였다.

1905년 일본제국주의(이하 일제)는 대한제국과 강제로 을사늑약을 체결하자 그에 반대하던 스승 송병선은 자결을 하였고, 제자 송주헌은 통분 속에서 존경하는 스승을 위해 기년복을 입었다.[38] 그리고 1910년 일제가 대한제국을 강점하자 여타의 보수유림과 마찬가지로 그도 통한과 울분을 금할 수 없었는데, 이때 그는 스승들이 부탁하던 성리학적 의리를 실천하는 것으로 자신의 방향을 정하였다. 즉 그는 만동묘가 있는 화양동(華陽洞)과 단종과 그의 충신들의 위패를 모신 숙모전(肅慕殿) 등이 있는 동학사(東鶴寺)를 왕래하며 2월과 8월 춘추 제사에 참여하는 등 고국을 그리워하는 마음을 품고 위정척사의 의리를 고수하였다.[39] 그의 이런 활동에 대해 괴산의 화양유회소(華陽儒會所)에서는 1915년 그를 만동묘 장의(掌議)로 추천하였는데,[40] 이는 그의 명성이 당대 유림사회에 본격적으로 알려지고 있음을 의미하는 것이다. 송주헌은 10년 동안 장의로 활동하며 자신의 소신을 실천하였다.[41]

이 시기에 사실상 그는 고향인 고흥을 떠났으며, 대전 · 논산 · 공주 등을 잠시 왕래하다가 아예 활동 근거지를 경성으로 옮긴 것으로 보인다. 현재 전하고 있는 간찰 자료들 중에서 연대와 수신처 · 발신처를 알 수 있는 간찰들을 살펴보면, 상당수 간찰이 그가 경성에 있을 때 보냈거나 받았던 것이었다.[42] 송주헌 자신도 서울에서 오래 살았다고 밝히고 있

38) 『國譯 三乎齋集』 권4, 「祭淵齋先生文」, 195~196쪽.

39) 『國譯 三乎齋集』 권5, 「傳」, 241쪽.

40) 호남학연구원, 『삼호재 송주헌(宋柱憲) 고문서 탈초 · 번역 사업 최종 결과보고서』, 고흥분청문화박물관, 2019, 456쪽.

41) 『國譯 三乎齋集』 권3, 「晬日自敍」, 158쪽.

다.[43] 송주헌은 만동묘 장의와 동학사 숙모전 별유사(別有司)로[44] 활동하면서 『동학지(東鶴誌)』·『포은연보(圃隱年譜)』·『어제시집(御製詩集)』 등의 서적도 편찬하였다.[45] 근대 민족주의 관점으로 본다면, 그의 행동은 시대에 맞지 않은 낡고 고루한 행태로 보일 수 있다. 그러나 성리학적 가치체계를 내면화한 그에게 임진왜란 당시 조선을 원조해 주었던 명의 황제인 만력제와 마지막 황제인 숭정제를 제사하는 만동묘는 그의 스승들이 강조해온 춘추대의의 표상이며, 그것을 지키는 것은 송병선이 말한 "조선만이 오염되지 않고 간직한 한 가닥 작은 양맥"인 성리학적 가치체계(禮義之敎)를 수호하는 방법 중의 하나인 것이다.[46] 또한 이것은 항일의식이 강한 보수유림이 당대 일제의 식민통치에 저항하는 하나의 방법이었다. 송주헌을 위시한 보수유림은 일제를 무도(無道)한 '도이(島夷)'로 여겼으며 서양의 물질을 가지고 도덕이 있는 우리나라를 침략한다고 여겼다.

일제 역시 대한제국을 강점하는 과정에서 강한 반일의식을 지닌 유림의 치열한 투쟁으로 곤욕을 치렀기 때문에 송주헌 등의 이런 행동을 간과하지 않았다. 1917년 조선총독부는 만동묘 제사와 그에 관련된 일체의 행위를 절대 금지시켰는데, 그들이 지닌 존명주의(尊明主義)가 배일사상(排日思想)을 고취시키는 원인이며 만동묘에 모여 제사를 지내는 행위 등이 불온한 사상을 배양시키는 기회를 준다고 생각했기 때문이다.[47] 보

42) 호남학연구원, 『삼호재 송주헌(宋柱憲) 고문서 탈초·번역 사업 최종 결과보고서』, 고흥군 분청문화박물관, 2019 참조.

43) 『國譯 三乎齋集』 권3, 「雜著」, 413쪽. "吾久在漢師."

44) 東鶴儒會所에서 1916년 10월 14일(음력) 그를 別有司로 추천하였다. 호남학연구원, 『삼호재 송주헌(宋柱憲) 고문서 탈초·번역 사업 최종 결과보고서』, 고흥분청문화박물관, 2019, 206쪽.

45) 『國譯 三乎齋集』 권5, 「行狀」, 237쪽.

46) 『淵齋先生文集』 권50, 年譜 丙子 1월. "先生聞 不勝痛惋日 今天下靡然其戎 而我國獨不汗染 一線微陽 庶幾綿絡於剝盡之餘矣 天欲喪我邦 壞此禮義之敎乎."

수유림이 지닌 '소중화사상' 또는 '조선중화주의'가 얼마든지 일제의 대항 논리로 기능할 수 있음을 일제도 간파하고 있었던 것이다. 그래서 만동묘 제사를 이어나가기 위해 조직된 유림의 존화계(尊華契)도 불령단체(不逞團體)로 간주하여 해산시켜 버렸다.[48]

조선총독부의 만동묘 제사 금지에 대해 송주헌을 비롯한 보수유림은 당연히 반발하였다. 그는 이직현(李直鉉)·전상무(田相武) 등과 함께 저항하다가 결국 괴산경찰서에 구금되어 곤욕을 당하였다. 이때 자신을 따르다가 함께 곤욕을 치른 벗들이 백관형(白觀亨)·최병심(崔秉心)·박준(朴埈)·정술원(鄭述源)·송주헌(宋胄憲) 등이었다.[49] 그는 괴산경찰서에 구금되어 일본 경찰에게 온갖 모욕과 협박을 받았으나 눈을 부릅뜨고 상대하여 자신의 소신을 굽히지 않았으며,[50] 오히려 자신의 의지를 시를 통해 드러냈다.[51] 그가 괴산경찰서에 구금될 때 읊은 시의 일부를 살펴보자.

충성 다해 절의 세움은 다 변고로 말미암아 세워지고	盡忠立節皆由變
義를 취하여 仁을 이룸은 사심 없음에서 근본하니	取義成仁本不私
비록 큰 칼을 들이댄들 어찌 두려워하랴	雖屬鉅刀何足畏
중심은 물과 같아 동쪽으로 흐르는구나	中心如水注東湄

송주헌은 독실한 성리학자의 태도를 평생 굳게 유지하였는데, 이는 일본에 대한 저항에서도 일관된 모습을 보여준다. 시에서 나온 '충절인의'

47) 「萬東廟祭祀禁止ニ關スル件」(1918년 6월 29일), 『不逞團關係雜件: 朝鮮人ノ部 在內地 二』.

48) 「萬東廟祭祀禁止ニ關スル件」(1918년 6월 29일), 『不逞團關係雜件: 朝鮮人ノ部 在內地 二』.

49) 『國譯 三乎齋集』 권4, 「駱山逸民自製墓表」, 225쪽.

50) 『國譯 三乎齋集』 권5, 「傳」, 241쪽.

51) 『國譯 三乎齋集』 권1, 「槐山拘囚」, 38쪽.

의 단어는 모두 성리학에서 가장 높이 평가하는 가치이며, 그것을 바칠 대상은 일제가 강점한 자신의 조국과 그 임금이었다. 그 후 송주헌은 유림들의 뜻을 모아 동학사 숙모전의 삼은각(三隱閣)을 중건하여 포은 정몽주· 목은 이색·야은 길재 세 현인에게 제사를 지냈으며, 양현각(兩賢閣)을 조성하여 자신의 스승 송병선과 최익현을 제사지냈다.[52]

앞에서 언급하였듯이 송주헌은 1919년에 일어난 파리장서운동에 서명한 인물이었다. 그런데 상당히 당황스러운 점은 송주헌에게 파리장서운동은 그다지 의미를 두지 않았던 일로 보인다는 점이다. 송주헌이 남긴 글이나 간찰을 보면 파리장서운동에 대해서는 아무런 언급이 없다. 정작 그가 자신의 행동 중에서 가장 의미 있다고 생각한 것은 '순종복위운동'이었다. 그가 문집에 남긴 「조선독립운동사략(朝鮮獨立運動史略)」도 파리장서운동의 내용이 아니라 순종복위운동의 내용이었다. 그 내용을 그대로 소개한다.[53]

> 융희 13년(1919) 기미년 2월 2일(음력) 서울과 지방의 유림들이 서울 都染洞 崔萬植의 집에 모여 한편으로는 독립상소를 초안하고, 한편으로는 獨立旗號를 제작한 다음 疏員 13인 대표를 선출하였다. 4일 이른 아침에 宋孝燮은 기호를 받들고 미리 청량리 노상에서 기다리고 있었고, 상소는 송주헌이 먼저 휴대하고 저들의 19사단을 헤치고 곧바로 고종황제의 앞으로 들어가 엎드린 다음 상소를 올렸다. 조금 있다가 왜놈 4명이 송주헌을 붙잡아 남산의 사령부로 데리고 갔다. 그 이튿날 최만식·柳淳龍 두 분이 탐문 차 사령부로 가봤는데, 송주헌이 종로 고등법원을 거쳐 서대문에 있는 일본 옥사에 엄히 구금되어 있었다. 그 뒤에 柳濬根·白觀亨·魚大善 세 분은 옥에 구금되었고, 그밖에 10명은 사방에 흩어져 있었기 때문에 치욕을 모면하였다. 崔銓九·孟輔淳·高學圭·宋亮燮 등이 옥 밖에서 여러모로 구명운동을 하였다. 이해 9월(음력) 송주헌 및 유준근·백관형이 감옥에서 나와 동지들과 같

52) 김봉곤, 「호남지역의 파리장서운동」, 『한국독립운동사연구』 50, 2015, 22쪽.
53) 『國譯 三乎齋集』 권3, 「朝鮮獨立運動史略」, 149~150쪽.

이 古史硏究會를 설치한 다음 朝鮮歷史를 간행하려고 하였다. 그런데 왜놈들이 주시하고 있기 때문에 독립선언서를 가지고 鄭安立 · 宋源台 · 朴河鎭 등과 같이 일본으로 건너가 그곳에서 "이번에 조선이 독립운동을 하는 것은 천리와 인정 상 정정당당한 일이다."라고 선언하였다. 그때 權仲觀도 독립선언의 일로 上海에서 그곳으로 와서 합류하였다. 경신년(1920) 2월(음력) 송주헌이 귀국하였다.

파리장서운동의 일어난 원인에 대해서 기존의 연구가 잘 정리하고 있는데,[54] 송주헌의 경우 일제에 대한 저항의식이 행동으로 촉발하게 된 것은 고종의 죽음 때문이었다. 그는 고종의 죽음을 통해 독립운동의 정당성을 절실하게 느낀 것 같다. 그는 당시에 조선 민중에게 퍼졌던 고종의 독살설을 사실로 믿었으며, 이것을 삼종질 송효섭에게 편지로 알리며 후세의 사람으로 하여금 고종의 독살 사건을 알도록 하여 만세라도 반드시 복수할 기반을 만들어 놓아야 한다고 하였다.[55] 이때 송주헌이 독립운동의 일환으로 유준근 등과 함께 추진한 것은 순종(당시 李王)의 복위였다. 즉 유준근 · 송주헌 · 백관형 · 고석진(高石鎭) · 조재학(曺在學) · 고제만(高濟萬) · 박준 · 정재호(鄭在浩) · 이내수(李來修) · 고예진(高禮鎭) · 김지정(金智貞) · 이원칠(李源七) · 이춘행(李春行) 등 13명이 연명으로 순종에게 독립운동이 시작되고 만백성이 바라고 있으니 그 취지를 통찰하고 복위하여 조선을 독립국으로 선언하라는 내용의 상주문을 작성하여 올리려고 한 것이다.[56]

그가 남긴 문집의 내용과 일제 측 자료인 송주헌 및 관련자들의 신문조서와 공판시말서 등을 함께 검토하여 송주헌의 행적을 간단하게 재구

54) 서동일, 「1919년 巴里長書運動의 전개와 역사적 성격」, 한국학중앙연구원 한국학대학원 박사학위논문, 2009 참조.

55) 『國譯 三乎齋集』 권1, 「戊己事變示孝燮」, 149쪽.

56) 『國譯 三乎齋集』 권2, 「請亟復大位疏」, 76~78쪽.

성하면,[57] 그는 고종의 국장을 배관하기 위해 1월 24일(음력) 경성에 도착하였고 중추원 의관을 지냈던 최만식(崔萬植)의 집에 묵고 있었다. 3월 2일(양력) 경성부 송수동(壽松洞) 모여관에서 송주헌 등 13명이 회합하였고 이때 유준근이 학생도 독립운동을 하는데 유생이 그대로 지낼 수 없다고 하며 우리도 그것에 찬성하여 상서를 써서 순종에게 올리는 것이 어떠냐는 의견에 그곳에 모여 있던 사람들이 찬성하였다.[58] 고석진이 상소의 초안을 잡고 이내수가 정서를 한 것으로 보이며, 정서한 상소를 송주헌을 비롯하여 다른 사람들이 확인하였다. 그리고 3월 5일(양력) 반우식에서 돌아오는 순종이 청량리를 통과할 때 연명한 상소를 제출하는데, 그때 그것을 제출하는 사람은 송주헌으로 결정하였다. 3월 5일(양력) 순종이 청량리를 통과할 때에 일행과 함께 기다리고 있던 송주헌이 상소를 제출하려다가 바로 헌병에게 체포되고 상소는 압수되었다.[59] 순종복위 상소에 연명한 사람들 중에서 유준근과 백관형이 나중에 일제에게 체포되었다.

그들은 당시 3·1운동의 열기 속에서 순종이 조선의 독립을 선언하며 한국의 황제로 다시 군림하기를 희망하였는데, 이는 학생들과 근대 지식인이 '공화주의'를 생각하고 있는 것과 전혀 다른 것이다. 성리학적 가치체계를 내면화한 유림에게 충효의 가치 중에서 충을 상징하는 군주제를 포기하기는 어려울 것이다. 성리학적 가치체계에서는 왕조와 국가를 거

57) 문집의 내용과 송주헌·유준근·백관형 신문조서의 내용이 전체적으로 크게 다르지 않으나 모임장소·날짜 등 구체적인 부분에서 여러모로 다른 점들이 드러난다. 그리고 송주헌을 비롯한 관련자들의 신문조서의 내용도 같은 사안에 대한 세부적인 진술에서 서로 간에 미묘한 입장 차이와 책임 회피 등이 나타나는데, 이는 일제의 가혹한 고문과 협박, 당사자들의 기억 착오 등의 영향 때문으로 보인다.

58) 「송주헌 신문조서」, 『韓民族獨立運動史資料集』 14(한국사데이타베이스 인용); 「백관형 신문조서」, 『韓民族獨立運動史資料集』 17(한국사데이타베이스 인용); 「공판시말서」, 『韓民族獨立運動史資料集』 18(한국사데이타베이스 인용).

59) 「백관형 신문조서」, 『韓民族獨立運動史資料集』 17(한국사데이타베이스 인용).

의 동일시하여 일반적으로 군주에 대한 '충'이 바로 국가에 대한 '충'으로 연결되기 때문이다.[60] 따라서 그들에게 순종의 복위는 바로 조선의 독립을 의미하는 것이다. 그렇다면 순종복위상소에 연명으로 서명한 13명은 모두 복벽에 찬성을 한 인물들로 간주할 수 있다. 그리고 이원칠과 이춘행을 제외한 11명은 모두 파리장서운동에도 서명한 인물들이다. 그들 중에서 유준근과 이내수가[61] 지도적인 역할을 수행한 것으로 보이며, 특히 기호유림의 중진인 유준근은 순종복위상소의 소수(疏首)였으며 송주헌 등을 파리장서운동에 참여하도록 한 것으로 보인다.[62]

그런데 의아스러운 점은, 송주헌의 문집에는 파리장서운동에 관한 일은 전혀 보이지 않는다는 것이다. 심지어 죽기 전에 자신이 지난 행적을 서술한 글에서도 파리장서운동은 아예 언급도 하지 않고 있으며, 화양동과 동학사에서 했던 일들과 순종복위운동 등을 거론할 뿐이다.[63] 이런 점은 유준근의 경우와 유사한 것 같다. 그도 파리장서운동에서 중요한 역할을 한 서명자임에도 불구하고, 김복한이 지은 '유준근 묘지명'과 재종형 유호근(柳浩根)이 지은 '유준근 유사'에도 파리장서운동에 대한 언급이 전혀 없다.[64] 어쩌면 성리학적 가치체계를 내면화한 유림의 관점에

60) 정욱재, 「대한제국기 유림의 '국가' 인식」, 『역사와 담론』 86, 2018, 195쪽.

61) 이내수에 대해서는 이성우, 「李學純 · 李來修 父子의 민족운동」, 『한국사연구』 166, 2014 참조.

62) 서동일, 「1919년 巴里長書運動의 전개와 역사적 성격」, 한국학중앙연구원 한국학대학원 박사학위논문, 2009, 54쪽.

63) 송주헌은 생전에 두 차례나 자신의 행적을 회고하여 정리, 서술하였다. 모두 문집에 실려 있는데, 하나는 그가 만 60세(1932) 되는 회갑일에 지은 「晬日自敍」이며, 또 하나는 자찬묘표인 「駱山逸民自製墓表」이다. 송주헌이 이것을 언제 작성하였는지 정확히 알 수 없으나, 제목에 낙산에 은거한 당시 상황을 밝히고 1940년에 죽은 송양섭의 후사를 기록한 것으로 보아, 1940년 이후에 작성한 것으로 추측된다. 송주헌은 두 편의 글에서 파리장서운동에 관한 일은 일절 거론하지 않았다. 그가 두 편의 글에서 중요하게 생각하고 서술한 자신의 활동은 만동묘와 동학사 숙모전 제사, 순종복위운동, 조선고사연구회 참여 등이다.

64) 서동일, 「전우의 독립운동청원 참여 논란과 유교계의 복벽주의」, 『사림』 72, 2020, 207쪽.

서 살펴볼 때, 파리장서운동의 참여는 당대 보수유림에게 '공화'에 찬성한다는 오해를 불러일으킨다고 생각해서 자세한 서술을 회피한 것이 아닐까? 이에 대해 그의 문집에 발문을 쓴 변시연(邊時淵)의 언급은 상당한 시사점을 준다.

> 대체로 탑골공원에서 독립선언을 할 때에 유림은 서명을 하지 않았기 때문에 비난을 실컷 먹었다. 그러나 그들은 민주를 위하였고 유림은 복벽을 주장한 것은 우리 임금이 여전히 계셨기 때문이다. 오호라! 숭상하는 바는 다르고 의리는 무궁하니, 이는 오직 아는 자만이 알고 모르는 자는 모르는 것이다.[65]

성리학을 체득한 유림과 근대 지식을 배운 학생은 시대적 상황을 바라보는 시각과 해결 방안이 당연히 서로 다르며, 각자 옳다고 생각하는 원리와 방식을 선택할 수밖에 없었다. 즉 '의리는 무궁'하지만 결국 자신이 배우고 내면화한 성리학적 가치체계에 따라 송주헌을 비롯한 보수유림은 복벽주의적 독립운동을 올바른 의리로 여기고 실천한 것이다.

지금까지 문집을 통해 드러나는 송주헌의 모습은 독실한 성리학자이며, 그가 적극 참여했던 순종복위운동은 뚜렷하게 복벽주의의 성격을 지니고 있었다. 아마 파리장서운동에 서명한 인물들 중에서 상당수는 복벽주의자일 경우가 많다고 생각한다. 그렇기 때문에 파리장서운동의 다른 면을 파악하기 위해서라도 다른 참여자들에 대한 개별 연구가 필요한 것이다. 송주헌은 1919년 2월 4일(음력) 체포되어 서대문 감옥에서 심한 고문을 당하며 8개월 정도 구금되었다가 9월 17일(음력) 석방되었다. 그는 서대문 감옥에서 구금되어 있을 때 동지 백관형과 함께 정당한 조선의

65) 『國譯 三乎齋集』 권4, 「三乎齋集跋」, 444쪽. "盖塔洞宣言時 儒不着名 故飽喫譏刺 然彼爲民主而儒主復辟 以吾君尙在也 嗚呼 所尙不同 義理無窮 此惟知者知之 不知者不知."

독립운동의 의지를 밝혔고,[66] 기미년 독립운동 후의 시행해야 할 행정 7개 조항을 서술하기도 하였다.[67]

> 1. 島夷를 쫓아내고 국경을 공고히 한다.
> 1. 島夷의 행정기관은 일체 폐기한다.
> 1. 을사년(1905)과 경술년(1910)의 압박으로 치욕을 받은 文蹟은 즉시 정리한다.
> 1. 인륜을 밝히고 기강을 세우며 풍속을 바로잡아서 道義國家를 만든다.
> 1. 道問學과 尊德性으로 성인의 가르침을 확대한다.
> 1. 德化를 먼저 시행한 후에 백성을 새롭게 한다.
> 1. 은행과 통신기관 · 철도 · 항만 · 선박 등은 그대로 사용한다.

송주헌이 밝힌 7조의 내용 중에서 흥미롭게 주목해야 할 점은, 비록 명확하게 군주정을 주장하지 못하였지만, 성리학적 가치체계에 근거한 '도의국가'를 분명히 주장하고 있는 것이다. 그가 생각하는 도의국가는 도문학과 존덕성에 기반한 성인의 가르침, 즉 공맹의 교훈이 핵심 원리로 작동되는 국가이다. 따라서 그가 내세우고 있는 도의국가는 공화제의 나라라기보다는 성리학의 가르침을 펴는 군주제의 나라라고 생각한다. 그리고 이미 근대 문명을 경험한 그는 은행 · 통신기관 · 철도 등과 같은 근대시설 등의 필요성과 편의성을 사실상 인정하고 있다. 서구의 근대 문물 일체를 거부하던 그의 스승들과 달리 그는 시대의 변화를 인정하고 수용할 수밖에 없는 현실 인식을 지니고 있음을 7조에서도 확인할 수 있다.

1919년 9월(음력) 석방되자 바로 동지들과 함께 조선고사연구회(朝鮮古史研究會)를[68] 창설하였다. 그가 조선고사연구회에 참여한 이유는 우

66) 『國譯 三乎齋集』 권3, 「西獄滯囚時言志與白觀亨」, 418쪽.

67) 『國譯 三乎齋集』 권3, 「己未獨立後擬行政七條」, 418쪽. "一島夷驅逐國界鞏固 一島夷行政機關一切廢棄 一乙巳庚戌壓迫受辱文蹟卽時整理 一明人倫立紀綱正風俗爲道義國家 一道問學尊德性廣聖教 一先德化後新民 一銀行通信機關鐵道港灣船舶等仍用."

리나라 역사를 국내외에 널리 반포하여 우리 민족에게 충애(忠愛)의 정성을 격발시키려는 목적 때문이었다.[69] 이를 위해 송주헌은 일본까지 가게 되는데, 문집을 통하여 그 전후 사정을 간단히 살펴보자.

송주헌은 동지들과 함께 조선고사연구회를 설립하여 주야로 강구하고 고금을 참작하여 시대의 변화에 대응하려는 계책을 세우려고 하였다. 그러나 제반 사항이 일본의 주목을 받았기 때문에 어쩔 수 없이 교섭하여 일본정부에 항의하려 했다. 그때 송주헌이 유림대표로 추천되어 1919년 12월 17일(음력) 정안립 · 송원태 · 박하진 등과 함께 일본을 가기 위하여 부산으로 갔다. 18일(음력) 부산에서 배를 타고 일본 시모노세키(下關)에 도착했고 19일(음력) 도쿄에 도착했다. 고생 끝에 25일 사이토 마코토를 만나 일본에 온 뜻을 말하였다. 1920년 1월 6일(음력)부터 2월 5일(음)까지 송주헌은 조선고사연구회 회장을 비롯하여 간부와 회원 등과 전보와 서신 등을 주고받았다. 2월 8일(음력) 사이토를 찾아가 보았다. 26일(음력) 일본에서 출발하여 28일(음력) 남대문역에서 내려 경성집으로 갔다. 3월 3일(음력) 김병흥(金炳興)과 함께 총독부와 교섭을 하였고, 6일(음력) 만동묘에 다시 제사를 지낸다는 기사를 신문에 게재하였다는 기록으로 끝나고 있다.[70]

송주헌은 상당한 기간 동안 일본에 머무르고 있었으며 그 사이에 많은 일들이 있을 듯한데 문집에는 매우 간략하게 서술되고 있다. 또한 송주헌이 귀국했을 때는 이미 조선고사연구회가 해산 명령을 받아 해산된 상태였다. 사실 조선고사연구회는 1920년 1월 18일(양력) 경성 장춘관에서

68) 문집은 '古史硏究會'라고 하였으나 1919년 12월 20일(음력) 송주헌이 도쿄에서 아들 송양섭에게 보낸 편지에는 朝鮮古史硏究會로 쓰고 있다(『삼호재 송주헌(宋柱憲) 고문서 탈초 · 번역 사업 최종 결과보고서』, 고흥군 분청문화박물관, 2019, 308쪽).

69) 『國譯 三乎齋集』 권5, 「傳」, 242쪽.

70) 『國譯 三乎齋集』 권3, 「江戶記略」, 152~153쪽.

약 50여 명이 모여 발회식을 갖고 조직된 단체로, 정안립과 일본인 쓰에나가 세쓰(末永節)가 중심이 되어 창립하였고 이상규(李相珪)를 회장으로 선출하였다.[71] 조선고사연구회의 설립 목적은 고조선사를 연구하여 조선민족의 부흥을 도모하려는 것이었으나, 만주에 신고려국(新高麗國)을 건설하겠다는 등의 언동을 문제 삼아 일제는 1920년 4월 1일 동대문경찰서에서 회장과 총무 등을 조사하고 조선고사연구회의 해산을 명령하였다.[72] 송주헌과 그 일행이 일본에 장기간 체류하게 된 것과 조선고사연구회 간부들과 편지나 전보를 주고받은 것도 아마 이런 상황과 연관된 것 같은데, 그는 "불초가 해외에서 두려움을 당했으니 경신년에 조선으로 돌아온 것만으로도 다행"이라고[73] 언급할 뿐 더 이상의 자세한 내용은 밝히지 않고 있다.

이렇게 송주헌은 보수유림으로서는 흔치 않게 직접 일본까지 가서 독립운동의 의지를 밝혔으며, 짧은 기간 동안 존속했던 조선고사연구회에도 적극 참여한 것으로 보인다. 일본에서 그가 어떤 경험을 하고 왔는지, 조선고사연구회에서 어떤 역할을 했는지도 자료의 한계로 자세히 알 수 없다. 식민지 조선으로 귀국한 이후로 경성에서의 송주헌의 활동은 잘 드러나지 않는다. 오히려 그 후로 그에게 좋지 않은 상황들만 이어지고 있었다. 그가 힘을 쏟아서 건립했던 동학사의 양현각이 불온한 무리에 의해 비방을 당하고 있었는데 1926년 5월 26일(음력) 결국 일제에게 철거당하였다.[74] 이 일은 그에게 큰 실의를 안겨다 주었고 은거를 선택하게 하는 계기를 주었다. 특히 1931년부터는 경성의 낙산(駱山) 아래에 은거하여 사람들과도 만나지 않았다.[75] 그리고 그가 자신의 학문을 계승하고

71) 一記者, 「庚申年의 거듬(上)」, 『개벽』 6호, 1920, 61쪽.
72) 「解散의 嚴命을 受한 朝鮮古史研究會」, 『每日申報』, 1920년 4월 10일.
73) 『國譯 三乎齋集』 권3, 「晬日自敍」, 159쪽.
74) 『國譯 三乎齋集』 권4, 「駱山逸民自製墓表」, 226쪽.

가문을 빛낼 후계자로 큰 기대를 걸었고, 일제의 박해와 어려움을 무릅쓰고 그를 도왔던 아들 송양섭이 1940년 2월 28일(음력) 41세의 나이로 사망하였다.[76] 당시 69세의 병든 노령이었던 송주헌에게 감당하기 어려운 큰 슬픔이었다. 그는 계속 서울에 머물렀으며 일제와 타협하지 않는 꿋꿋한 성리학자의 모습을 보여주었다. 그는 한국전쟁이 발발하던 1950년 9월 10일(음력) 향년 79세로 서울에서 사망하였으며 묘소도 서울 망우리에 두었다.[77] 그는 일제의 대한제국 강점 이후 사실상 고향을 떠나 서울을 활동의 장소이자 은거의 장소로 삼았던 것이다. 대한민국 정부는 1990년 그에게 건국훈장 애족장을 추서하였다.

4. 맺음말

지금까지 문집과 관련 자료 등을 통하여 송주헌의 생애와 활동을 개략적으로 살펴보았다. 그는 무인 성향이 강하였던 고흥의 여산 송씨 가문에서 태어났다. 그가 생장하여 활동하던 시기는 19세기말 · 20세기 초반의 역사적 격변기였지만, 그는 서양 학문에 관심을 두지 않았고 오직 성리학에 뜻을 두고 송근수 · 송병선 · 송병순을 찾아가 학문을 배웠는데, 스승들이 그에게 크게 강조한 것은 바로 '의리지학'이었다. 이후 그는 최익현과 전우를 직접 방문하여 가르침을 받는 등 성리학적 가치체계를

75) 『國譯 三乎齋集』 권5, 「傳」, 243쪽. 그가 駱山 아래에 돌아와 거처한 것도 친구의 간곡한 요청에 따른 것이며 자취를 감추고 사람들과 교제하지 않았다고 한다. 낙산은 산의 모습이 낙타 등처럼 볼록하게 솟았다고 하여 낙타산으로도 부르는데, 현재 종로구 이화동 · 동숭동 · 창신동, 동대문구 신설동, 성북구 보문동 · 삼선동에 걸쳐 있는 산이다. 그래서 송주헌이 자호를 '駱山逸民'으로 삼은 것도, 1930년대 이후의 간찰의 봉투에 보이는 그의 주소가 주로 "京城府 昌信町 山~"으로 나온 것도 역시 이런 연유였다.

76) 『國譯 三乎齋集』 권4, 「亡子亮燮墓表」, 228쪽.

77) 『國譯 三乎齋集』 권5, 「行狀」, 239쪽.

더욱 내면화하였다.

일제가 대한제국을 강점한 이후, 송주헌은 스승들이 부탁하던 성리학적 의리를 실천하는 것으로 자신의 방향을 정하였다. 지식인 노릇하기 힘든 일제강점기에 그가 정성을 다하여 했던 일은 만동묘·숙모전의 제사와 양현각의 조성 등과 같은 성리학적 의리의 구현이었다. 특히 1919년 3·1운동이 일어났을 때, 유준근·백관형·이내수 등과 함께 순종복위운동에 적극적으로 참여한 것도 모두 그가 배우고 내면화하였던 성리학적 가치체계의 실천 때문이었다. 그는 파리장서운동에 서명한 인물임에도 불구하고 그의 문집은 그것에 대해 일언반구도 남기지 않았다. 오히려 그가 자신의 활동 중에서 가장 중요하게 생각하고 기록한 것 중의 하나가 바로 순종복위운동이었다. 도의국가를 희망한 그는 순종이 다시 복위하여 세계에 조선의 독립을 천명하는 것이 독립운동이라고 생각하였다. 이는 복벽주의적 독립운동이라 할 수 있는데, 근대 지식인의 관점에서 살펴본다면, 송주헌을 비롯한 보수유림의 행동은 시대착오적인 행동으로 인식될 수 있다. 그러나 송주헌에게 만동묘·숙모전 제사 및 양현각의 조성과 순종복위운동 등은 성리학자가 일제에게 할 수 있는 저항의 방법이자 표현이었다.

송주헌은 근대적 민족의식을 습득하지 못하고 평생 성리학의 세계관에서 벗어나지 못하던 인물이었지만, 일본을 '도이(島夷)'로 인식하고 죽을 때까지 타협하지 않는 저항의 자세를 유지하였다. 파리장서운동에 서명한 인물들 중에 아마 송주헌과 같은 인물들도 많았을 것이다. 그러나 일부 인물들에 대한 연구가 있을 뿐 상당수는 여전히 연구의 손길을 기다리고 있다. 따라서 송주헌 같은 인물에 대한 관심과 연구가 필요하며, 이는 파리장서운동에 대한 이해를 보다 심화시키고 풍요롭게 할 뿐만 아니라 식민지 조선 유림의 역사적 실존 양상을 파악하는 데에도 도움이 된다고 생각한다.

韓國近代儒林

부록

『조선유도연합회 간부 명단』

韓國近代儒林

부록

『조선유도연합회 간부 명단』(1939년 11월 1일 현재)

성명	직책	주소	비고
大野綠一郎	總裁	京城府 大和町 官舍	
尹德榮	會長(子爵)	京城府 玉仁町 47	경학원 대제학
閔丙奭	副會長(子爵)	京城府 桂洞町 143	
速水 滉	副會長	京城府 東崇町 官舍7	
川島義之	顧問	京城府 北阿峴町 2-356	
李載崑	顧問(子爵)	京畿道 高陽郡 纛島面 廣壯里	
篠田治策	顧問	京城府 明治町 1丁目	
波田重一	顧問	咸北 羅南師團	
鈴木春松	顧問	京城府 龍山師團	
小林宗之助	顧問	慶南 鎭海	
關玉貞三郎	顧問	東京市 鞠町區 紀尾井町 3	
李海昌	參與(侯爵)	京城府 社稷町 262	
閔永瓚	參與	京城府 昌信町 131-18	
徐相勛	參與	京城府 西大門町 1丁目 174	
吳正根	參與	京城府 仁寺町	
閔衡植	參與(子爵)	京城府 慶雲町 64	
李海昇	參與(侯爵)	京畿道 高陽郡 恩平面 弘濟外里 201	
李恒九	參與(男爵)	京城府 玉仁町 19	

성명	직책	주소	비고
原 正鼎	參與	京城府 南米倉町 6호 官舍	
增永正一	參與	京城府 南米倉町 5호 官舍	
李達鎔	參與	京城府 嘉會町 30	
李明翔	參與	京城府 臥龍町 19-3	
李炳觀	參與	京城府 樓下町 241	
韓肯鎬	參與	京城府 體府町 209	
權益相	參與	京城府 桂洞町 36-11	
梶榮次郎	參與	京城府 倭城臺町 4	
勝尾信彦	參與	京城府 漢江通2 陸軍官舍	
岡本鎭臣	參與	京城府 漢江通2 陸軍官舍	
松原純一	參與	京城府 旭町 2丁目 18	
林 繁藏	參與	京城府 松峴町 殖銀社宅	
二宮治重	參與	京城府 北米倉町 93	
矢鍋永三郎	參與	京城府 南米倉町 205	
松本 誠	參與	京城府 東西軒町 104	
牛島省三	參與	京城府 新堂町 373-16	
賀田直治	參與	京城府 漢江通 11	
小田省吾	參與	京城府 東西軒町 50	
俞鎭贊	參與	京城府 忠信町 43	
李大榮	參與	京城府 明倫町 3丁目 53	
甘蔗義邦	參與	京城府 和泉町 官舍 1	
俞萬兼	參與	忠北知事官舍	
李聖根	參與	忠南知事官舍	
孫永穆	參與	全北知事官舍	
新貝 肇	參與	全南知事官舍	
上瀧 基	參與	慶北知事官舍	
山擇和三郎	參與	慶南知事官舍	
姜弼成	參與	黃海知事官舍	
石田千太郎	參與	平南知事官舍	
西村計三	參與	平北知事官舍	
尹泰彬	參與	江原知事官舍	
笹川恭三郎	參與	咸南知事官舍	
兒島高信	參與	咸北知事官舍	

성명	직책	주소	비고
高橋 敏	參與	京城府 西四軒町 山9-官舍 2	
鄭丙朝	參與	京城府 長沙町 132-3	
李鍾文	參與	黃海道 碧城郡 高山面 石潭	
金璟中	參與	京城府 城北町 41	
尹復榮	參與	京城府 昌成町148	
尹甯求	參與	京城府 勸農町 114	조선사편수회 위원
洪宅柱	參與	京城府 雲泥町 79	
岡本至德	參與	京城府 新堂町 333-68	
尹柱聖	參與	京城府 明倫町 2丁目 93	
嚴柱完	參與	京畿道 驪州郡 金沙面 走鹿里	
金澤庄三郎	參與	京城府 朝鮮호텔	
上內彥策	參與	京城府 黃金町 2 東拓 內	
閔丙漢	參與	京城府 明倫町 1丁目 36-16	
閔景植	參與	京城府 昌信町 131-78	
趙重穆	參與		
閔亨植	參與	京城府 城北町	
沈相翊	參與	京城府 上往十里町	
鹽原時三郎	理事	京城府 西小門町 官舍 24	
大竹十郎	理事	京城府 大和町 官舍 29	
三橋孝一郎	理事	京城府 倭城臺 官舍 22	
宮本 元	理事	京城府 西小門町 官舍 25	
湯村辰二郎	理事	京城府 西小門町 官舍 2	
渡邊豊日子	理事	京城府 樓上町 166	
高橋 亨	理事	京城府 宮井町 55	
藤塚 隣	理事	京城府 青葉町 3丁目 114	
富永文一	理事	京城府 松峴町 49	
林 茂樹	理事	京城府 東西軒町 7	
韓相龍	理事	京城府 嘉會町 178	
朴相駿	理事	京城府 惠化町 10-7	
崔麟	理事	京城府 明倫町 1丁目 45	
高元勳	理事	京城府 新橋町 6	
李軫鎬	理事	京城府 黃金町 3丁目 217	
申錫麟	理事	京城府 苑西町 135	

성명	직책	주소	비고
李範益	理事	滿洲國 間島省 延吉	
土師盛貞	理事	京城府 東西軒町 37	
松本伊織	理事	京城府 東西軒町 52	
阿知和安彥	理事	京城府 三坂通 60官舍 9	
鄭僑源	理事	京城府 三淸町 35-86	
韓圭復	理事	京城府 雲泥町 97	
金明濬	理事	京城府 明倫町 1丁目 36-17	
洪承均	理事	京城府 安國町 39	
金東勳	理事	京城府 社稷町 285	
鳥飼生駒	理事	京城府 三淸町 教學硏修所	
中村寅松	理事	京城府 東西軒町 官舍	
渡邊信治	理事	京城府 東西軒町 官舍	
高橋濱吉	理事	京城府 西大門町 官舍 6	
李源甫	理事	京城府 內需町 官舍 5	
柳生繁雄	理事	京城府 永樂町 2丁目 官舍 5	
近藤儀一	理事	京城府 景武臺 官舍	
天谷健二	理事	京城府 大和町 2丁目 官舍 21	
下村 進	理事	京城府 倭城臺町 官舍 12	
信原 聖	理事	京城府 西小門町 官舍 14	
碓井忠平	理事	京城府 光化門通 官舍 6	
八木信雄	理事	京城府 大和町 官舍 31	
金容鎭	理事	京城府 益善町 34-6	
金性洙	理事	京城府 桂洞町 132	
閔健植	理事	高陽郡 崇仁面 下里	
李喬永	理事	京城府 馬場町 712-3 제81호	
崔南善	理事	滿洲國 新京市 通化胡同 518 第5代用 官舍 247	
尹弘燮	理事	京城府 齋洞町 53	
金秉旭	理事	京城府 內需町 官舍 3	
李敬植	理事	京城府 嘉會町 177-4	경학원 사성
安寅植	理事	京城府 明倫町 3丁目 4	경학원 사성
金思演	理事	京城府 內需町 184	
玄俊鎬	理事	全南 光州府 湖南町	

성명	직책	주소	비고
李基燦	理事	平壤府 南門町 40-6	
方義錫	理事	咸北 北青郡 北青面 西里 202	
曺秉相	理事	京城府 淸雲町 108	
崔潤	理事	慶北 慶州郡 慶州邑 校村	
朴興植	理事	京城府 嘉會町 177-4	
李能世	理事	京城府 明倫町 2丁目 22-1	
閔奎植	理事	京城府 三靑町 145	
李升雨	理事	京城府 壽松町 46	
元悳常	理事	京城府 八判町 52	
安鍾哲	理事	京城府 北阿峴町 1-123	
孔聖學	理事	京畿도 開城府 北本町 396	
金升鎭	理事	京城府 桂洞町 104	
韓翼教	理事	京城府 司諫町 109	
宋始憲	理事	忠北 沃川郡 沃川面 竹香里	
李尙鎬	理事	慶北 安東郡 陶山面 土溪洞	
金永近	理事	江原道廳	
成元慶	理事	京城府 惠化町 20	
柳承佑	理事	慶北 安東郡 河面	
申鉉求	理事	慶北 大邱府 鳳山町 23	
趙寅錫	理事	慶北 英陽郡 日月面 注谷洞	
韓昌東	理事	京城府 社稷町 262-12	
李昌根	理事	京畿道 參與官官舍	
趙鏡夏	理事	忠南 參與官官舍	
金化俊	理事	忠北 參與官官舍	
金大羽	理事	全南 參與官官舍	
鄭然基	理事	全北 參與官官舍	
金泰錫	理事	慶南 參與官官舍	
具滋璟	理事	慶北 參與官官舍	
宋文憲	理事	江原 參與官官舍	
金永培	理事	黃海 參與官官舍	
金秉泰	理事	平南 參與官官舍	
崔益夏	理事	平北 參與官官舍	
嚴昌燮	理事	咸南 參與官官舍	

성명	직책	주소	비고
李基枋	理事	咸北 參與官官舍	
藤原喜藏	理事	京城府 漢江通 11	
松澤龍雄	理事	京城府 旭町 官舍 11	
閔泳殷	理事	忠北 淸州郡 淸州邑 西町 33	
南宮 營	理事	京城府 松月町 1-2	
崔昌學	理事	京城府 竹添町 1-1	
黃鍾國	理事	咸北 淸津府 浦項洞 240	
崔斗淵	理事	京城府 弼雲町 34	
渡邊豊日子	常任理事	京城府 樓上町 166	
韓相龍	常任理事	京城府 嘉會町 178	
崔麟	常任理事	京城府 明倫町 1丁目 45	
高元勳	常任理事	京城府 新橋町 6	
鄭僑源	常任理事	京城府 三淸町 35-86	
鳥飼生駒	常任理事	京城府 三淸町 教學研修所	
金思演	常任理事	京城府 內需町 184	
玄俊鎬	常任理事	全南 光州府 湖南町	
李基燦	常任理事	平南 平壤府 南門町 40-6	
方義錫	常任理事	咸北 北靑郡 北靑面 西里 202	
曺秉相	常任理事	京城府 淸雲町 108	
崔潤	常任理事	慶北 慶州郡 慶州邑 校村	
崔斗淵	常任理事	京城府 弼雲町 34	
李源甫	常任理事	京城府 內需町 官舍 5	
朴相駿	常任理事	京城府 惠化町 10-7	
安寅植	常任理事	京城府 明倫町 3丁目 4	
金秉旭	常任理事	京城府 內需町 官舍 3	
李敬植	常任理事	京城府 嘉會町 177-4	
尹炳皓	監事	京城府 明倫町 3-53	
奧山仙三	監事	京城府 靑葉町 3-121	
張憲植	評議員	京城府 樓上光 166-132	
金潤晶	評議員	京城府 弼雲光 174-1	
朴重陽	評議員	慶北 大邱府 外砧山洞	
柳赫魯	評議員	京城府 寬勳町 193	
李謙濟	評議員	京城府 桂洞 61-2	

성명	직책	주소	비고
金英鎭	評議員	京城府 明倫町 2丁目 96	
金寬鉉	評議員	京城府 崇仁町 72-7	
尹甲炳	評議員	京城府 明倫町 1丁目 69	
劉鎭淳	評議員	京城府 嘉會町 1-76	
石鎭衡	評議員	京城府 新堂町 353-28	
魚潭	評議員	京城府 下往十里町 569	
朴斗榮	評議員	京城府 惠化町 5-10	
鷹松龍種	評議員	京城府 大和町 2官舍 32	
井上 清	評議員	京城府 青葉町 2丁目 60	
荻山秀雄	評議員	京城府 大和町 2丁目 113	
渡邊彌幸	評議員	京城府 松峴町 48	
伊森明治	評議員	京城府 貞洞町 1	
野田新吾	評議員	京城府 貞洞町 1	
堀 正一	評議員	京城府 青葉町 1丁目 100	
玉名友彥	評議員	京城府 吉野町 1-33	
吉田平治郎	評議員	京城府 西小門町 官舍 20	
金德漢	評議員(남작)	京城府 城北町 176	
朴經遠	評議員(남작)	京城府 昌信町 91	
南章熙	評議員(남작)	忠南 公州郡 寺谷面 虎溪里	
李奇鎔	評議員(자작)	京城府 貞洞町 18	
李圭元	評議員(자작)	京城府 中林町 155	
權泰煥	評議員(자작)	京城府 體府町 156	
宋鍾憲	評議員(백작)	京城府 八判町 104-10	
李昌薰	評議員(자작)	京城府 天然町 120-57	
金奭基	評議員(남작)	京城府 水下町 31	
李豊漢	評議員(남작)	京城府 明倫町 1-29	
朴敍錫	評議員(남작)	京城府 明倫町 3丁目 2-21	
趙重獻	評議員(남작)	京城府 元町 3丁目 176	
金英洙	評議員(남작)	京城府 昭格町 51	
金世顯	評議員(남작)	京城府 崇仁町 61-14	
張寅源	評議員(남작)	京城府 倉前町 189	
崔正源	評議員(남작)	京城府 雲泥町 45-3	
李東薰	評議員(남작)	京城府 敦岩町 465	

성명	직책	주소	비고
白寬洙	評議員	京城府 苑西町 197	
方應謨	評議員	京城府 竹添町 3-4	
御手洗辰雄	評議員	京城日報社內	
齊藤五吉	評議員	京城府 東西軒町 44	
金甲淳	評議員	京城府 光化門通	
權藤四郎介	評議員	京城府 永樂町 2-71	
李相協	評議員	京城府 崇仁町 72	
鴨居悠	評議員	京城府 新堂町 421	
鈴木正文	評議員	大阪朝日支局內	
朱榮煥	評議員	京城府 弼雲町 90	
洪鍾國	評議員	京城府 惠化町 22-65	
張憲根	評議員	咸北 鏡城郡 羅南邑 初瀨町75	
鄭蘭教	評議員	京畿道 長湍郡 長湍面 東場里 794	
張稷相	評議員	京城府 長橋町 63-3	
朴喆熙	評議員	京城府 八判町 150	
張錫元	評議員	京城府 明倫町 1丁目 95	
崔志煥	評議員	慶南 晋州郡 晋州邑 本町 161	
金尙會	評議員	京城府 茶屋町 10	
徐丙朝	評議員	慶北 大邱府 明治町 2丁目 123	
朴鳳鎭	評議員	京畿도 開城府 北本町 436	
孫在廈	評議員	忠北 永同郡 永同面 稽山里	
池喜烈	評議員	忠南 扶餘郡 鴻山面 南村里	
金昌洙	評議員	忠南 大田府 大東町 207	
姜東曦	評議員	全北 金堤郡 聖德面 聖德里	
文鍾龜	評議員	全北 群山府 千代田町 1-92-4	
金相亨	評議員	全南 高興郡 高興面 玉下里	
金信錫	評議員	全南 光州府 湖南町	
徐炳柱	評議員	慶南 大邱府 三笠町 5	
金漢睦	評議員	慶北 安東郡 安東邑 法尙里	
河駿錫	評議員	京城府 旭町 1丁目 100-45	
金慶鎭	評議員	慶南 金海郡 進永面 進永里	
吳世皥	評議員	黃海道 海州府 南本町 303	
閔丙德	評議員	黃海道 載寧郡 載寧面 新垈里	

성명	직책	주소	비고
李鍾燮	評議員	平南 鎮南浦府 後浦里	
金晉洙	評議員	平南 江西郡 江西面 德興里	
金基鴻	評議員	平北 新義州府 老松町 6-3	
洪致業	評議員	平北 宣川郡 宣川邑 旭町 400	
崔準集	評議員	江原道 江陵郡 江陵邑 大正町 178	
朴普陽	評議員	京城府 三角町 56	
劉泰禼	評議員	咸南 咸興府 住吉町 65	
南百祐	評議員	咸南 元山府 南山町 109	
金定錫	評議員	咸北 鏡城郡 羅南本町 84	
權純九	評議員	京城府 新設町 160-11	
金琬洙	評議員	忠南 論山郡 豆磨面 奄寺里	
鄭碩謨	評議員	全北 全州府 完山町 262	
沈璿澤	評議員	全南 長城郡 長城面 長安里	
鄭淳賢	評議員	慶南 咸陽郡 池谷面 介坪里	
李鍾白	評議員	黃海道 載寧郡 載寧面 鄕校里	
羅錫堪	評議員	平南 龍岡郡 多美面 芝沙銅里	
朴來陽	評議員	平北 博川郡 德安面 南五洞 650	
姜錫圭	評議員	江原道 春川郡 春川邑 昭陽通 3丁目 195	
魏大源	評議員	咸南 新興郡 元平面 右上里	
金炳奎	評議員	咸北 鏡城郡 朱北面 雲谷洞	
李康元	評議員	全北 全州府 完山町	
尹相浩	評議員	全南 康津郡 城田面 桃林里	
黃芝善	評議員	慶北 尙州郡 尙州邑 城東里	
鄭泰均	評議員	慶南 居昌郡 渭川面 薑川里	
吳鳳泳	評議員	京城府 城北町 177-23	
黃錫煥	評議員	平南 平壤府 橋口町 34	
金聖烈	評議員	平北 碧潼郡 碧潼面 東上洞	
嚴達煥	評議員	江原道 寧越郡 寧月面 永興里	
方洛先	評議員	咸北 淸津府 新岩洞 83	
田中德太郎	評議員	京城府 大和町 2丁目 官舍 5호	
岩村俊雄	評議員	京城府 花洞町 1	
八尋生男	評議員	京城府 吉野町 1丁目 132	

성명	직책	주소	비고
向井虎吉	評議員	京城府 宮井町 69	
竹內淸一	評議員	京城府 南山町 2官舍 3	
李重翊	評議員	京城府 鳳翼町 117	
李膺鍾	評議員	廣州郡 大旺面 水西里 宮村	
李炳奎	評議員	京城府 惠化町 15	
趙秉學	評議員	京城府 長橋町 13	
安鍾元	評議員	京城府 長沙町 227	
韓亮鎬	評議員	京城府 桂洞町 147	
金琪邰	評議員	慶南 晋州府 奈洞面 篤山里	
吳斗煥	評議員	京城府 水標町 89	
董長志	評議員	京城府 西小門町 11	
金璜鎭	評議員	京城府 明倫町 3丁目 53	
鄭寅普	評議員	京城府 內需町 198	
洪命憙	評議員	京城府 龍江町	
沈晥鎭	評議員	京城府 勸農町 60	
安敎煥	評議員	京畿道 始興郡 東面 始興里	
李輔相	評議員	京城府 昌信町 387-1	
金宜東	評議員	京城府 明倫町 1丁目 78-8	
成樂憲	評議員	京城府 惠化町 20	
林宗相	評議員	京城府 昌信町	
文承卓	評議員	京城府 蛤洞町 27	
李秉韶	評議員	京城府 城北町 173-2	
文相允	評議員	京城府 桂洞町 中央中學校內	
閔大植	評議員	京城府 寬勳町 198	
趙經九	評議員	京城府 嘉會町 100	
宋復憲	評議員	京城府 貫鐵町	
金應燮	評議員	京畿도 高陽郡 崇仁面 貞陵里 111-35	
吳國泳	評議員	慶北 義城邑內	
南廷圭	評議員	京城府 光化門通 27	
李鍾奭	評議員	京城府 長橋町 45	
李夏珽	評議員	京城府 觀水町 54-2	
徐光卨	評議員	京城府 積善町 88	
崔奎東	評議員	中東中學校內	

성명	직책	주소	비고
崔鎭	評議員	京城府 仁寺町 154	
崔錫斗	評議員	京城府 益善町 69	
徐光世	評議員	京城府 苑西町 8-2	
李祖遠	評議員	京城府 鳳翼町 38	
申宇永	評議員	京城府 壽松町 45	
蘇完奎	評議員	京城府 授恩町 162	
李晟煥	評議員	京城府 明倫町 1丁目 33-17	
芮宗錫	評議員	京城府 弼雲町 133-1	
李煌	評議員	京城府 昌成町 136	
尹吉重	評議員	忠南 論山郡 江景邑 北町	
李鍾甲	評議員	京城府 積善町 70	
沈相熙	評議員	京城府 新設町 281-6	
朴淵祚	評議員	京城府 苑西町 188	
金寧鎭	評議員	京城府 雲泥町 88	
方台榮	評議員	京城府 鐘路 6丁目 20	
張友植	評議員	京城府 弼雲町 283	
張行遠	評議員	京城府 孔德町 175-208	
沈相直	評議員	京城府 仁寺町 35	
李丙默	評議員	京城府 樂園町 851	
金季洙	評議員	京城府 城北町 41	
朴承稷	評議員	京城府 蓮池町 270	
具昌祖	評議員	京城府 內資町 186	
朴永根	評議員	京城府 蓬萊町	
李龍相	評議員	京城府 齋洞町 84	
金漢奎	評議員	京城府 水下町 12	
朴勝彬	評議員	京城府 寬勳町 197	
吉田貞治	評議員	朝鮮神宮	
李禹珪	評議員	京城府 唐珠町 20	
徐晩淳	評議員	京城府 舟橋町 199	
嚴允燮	評議員	京城府 惠化町 74-29	
李謙聖	評議員	京城府 旭町 3-4	
李定九	評議員	京城府 宮井町 1	
鄭稷謨	評議員	京城府 昌信町 633-7	

성명	직책	주소	비고
姜大喆	評議員	京城府 城北町 183-15	
尹炳喜	評議員	京畿도 楊州郡 楊州面 議政府里	
金正浩	評議員	京畿道 開城府	
金鍾奭	評議員	京城府 新堂町 224	
金柄穆	評議員	京城府 嘉會町 31-48	
朴弼秉	評議員	京畿道 安城郡 邑內 東里 487	
李源鎔	評議員	京畿道 廣州郡 纛島面 廣莊里	
梁在昶	評議員	京城府 安國町 52	
崔景植	評議員	平北 宣川邑 榮町 445	
柳萬馨	評議員	忠北 淸州郡 淸州邑 淸水町	
李恩雨	評議員	慶南 河東邑 邑內洞	
朴禧沃	評議員	全北 雲峰	
朴綺陽	評議員	忠北 沃川郡 沃川面 上桂里	
鄭健裕	評議員	黃海 載寧郡 載寧邑	
金東完	評議員	京畿道 富川郡 元富平邑	
安晚洙	評議員	京城府 內需町 112	
田德龍	評議員	平南 平壤府 壽町 30	
姜賢秀	評議員	咸南 利原郡 利原面 文坪里	
李根常	評議員	京畿도 楊州郡 州內面 於屯里	
金鼎鎭	評議員	京城府 城北町 133-14	
尹夏鏞	評議員	京城府 明倫町 1丁目 36-19	
金炳八	評議員	京城府 淸雲町 산9	
李弘鍾	評議員	京城府 都染町 107	
趙東植	評議員	京城府 臥龍町 15	
朴基孝	評議員	京城府 西四軒町 210	
金完鎭	評議員	京城府 貫鐵町 142	
羅一鳳	評議員	平南 平壤府	
李慶世	評議員	京城府 體府町 164	
李文用	評議員	京城府 樓上町 159-13	
李錫九	評議員	京城府 寬勳町 84	
尹致旿	評議員	京城府 冷泉町 42	
洪鍾澣	評議員	京城府 安國町 48	
李泰浩	評議員	忠北 槐山郡 佛項面 牧渡里	

성명	직책	주소	비고
崔益翰	評議員	京城府 東亞日報社	
李應九	評議員	京城府 齋洞町 84-31	
元鼎喜	評議員	京城府 嘉會町 23	
金永弼	評議員	平南 平壤府外 眞香里	
李範昇	評議員	京城府 鐘路 6丁目 12	
韓明錫	評議員	京畿도 開城府 東本町 666	
徐相春	評議員	京城府 阿峴町 572-62	
林昊相	評議員	京城府 安國町 26	
李敏應	評議員	京畿道 驪州郡 興川面 內絲里	
任稷淳	評議員	京城府 苑西町 136	
文明琦	評議員	京城府 西大門町 1丁目 24	
小林源六	評議員	京城府 竹添町 3丁目 7	
小林采南	評議員	京城府 南山町 2-19	
高木德彌	評議員	京城府 蓬萊町 3-17	
齋藤久太郎	評議員	京城府 南大門通 4-76	
尹相泰	評議員	慶北 大邱府 本町 2丁目 6	
鄭泰奭	評議員	京城府 勸農町 191	
崔承宇	評議員	京城府 樓上町 166-123	
趙命熙	評議員	京城府 峴底町 46-36	
朴興緖	評議員	京城府 體府町 7	
閔炳燮	評議員	京城府 花洞町 138-6	
李仁永	評議員	京城府 蓮池町 256-1	
李燮宰	評議員		
宋鎭禹	評議員	東亞日報社內	
李範錫	評議員	京城府 安國町 31	
李範喬	評議員	京城府 往十里町	
禹泰鼎	評議員	京城府 八判町 119	
志賀信光	評議員	京城府 大和町 2-101官舍	
江原善槌	評議員	京城府 東西軒町 48-22	
李思恒	評議員	京畿道 楊州郡 楊州面 議政府里	
松田甲	評議員	京城府 三坂通 48	
加藤灌覺	評議員	朝鮮總督府 學務局 編輯室	
尹定鉉	評議員	全南 海南郡 海南面 蓮里	

성명	직책	주소	비고
閔泳旭	評議員	全南 海南郡 海南面 海里	
文在喆	評議員	全南 木浦	
鞠埰雄	評議員	全南 潭陽郡	
金忠植	評議員	全南 康津郡	
吳秉南	評議員	全南 光州府 東町 74	
許泳奎	評議員	全南 羅州郡 羅州邑 土界里	
丁奎泰	評議員	全南 谷城郡	
元應常	評議員	京城府 積善町	
金履燮	評議員	慶北 安東郡 豐山面 五美洞	
公森太郎	評議員	鮮銀內	
鄭明善	評議員	京城府 通仁町 10	
李鍾萬	評議員	京城府 淸雲町 108	
藤本修三	評議員	京城府 西大門町 官舍 1호	
田川常次郎	評議員	京城府 漢江通 13	
淺野太三郎	評議員	京城府 大和町 2-17	
谷多喜磨	評議員	京城府 貞洞町 17	
武者錬三	評議員	京城府 三淸町 106	
野口 遵	評議員	京城府 黃金町 1丁目 조선빌딩	
金晟均	評議員		
金基德	評議員	京城府 竹添町 3丁目 3-109	
元胤洙	評議員	京城府 御成町 34	
李定宰	評議員	京城府 樂園町 214	
李達勳	評議員	咸南 定平郡 文山面 文興里	
池應鉉	評議員	全南 光州邑 明治町	
河謙進	評議員	慶北 晋州邑	
姜泰杰	評議員	忠北 陰城郡 三城面 龍城里	
孫斗榮	評議員	忠北 陰城郡 陰城面 龍山里	
鄭糾海	評議員	忠北 陰城郡 三城面 龍城里	
韓軾東	評議員	忠北 槐山郡 槐山面 丁龍里	
朴勝鎬	評議員	忠北 報恩郡邑內 三山里	
朴潤夏	評議員	忠北 淸州邑 永雲町	
宋錫珉	評議員	忠北 陰城郡 金旺面 柳浦里	
黃準性	評議員	京城府 長沙町	

성명	직책	주소	비고
李炳烈	評議員	忠北 陰城郡 長湖院	
鄭錫溶	評議員	忠北 沃川邑 內門井里	
竹內擴充	評議員	京城府 安田銀行	
新田留次郎	評議員	京城府 南米倉町 281	
奥山仙三	參事	朝鮮總督府 學務局 社會教育課	
小泉弘	參事	朝鮮總督府 內務局 地方課	
朴濟鳳	參事	京城府 西大門町 2丁目 1-56	
杉本健次郎	參事	京城府 漢江通 京城師團 司令部內	
嚴柱明	參事	京城府 旭町 1-100	
李逵鎔	參事	京城府 嘉會町 30	
申益均	參事	黃海道 黃州郡廳	
李憲珪	參事	京城府 桂洞町 104	
金文演	參事	京畿道 楊州郡 楊州面 議政府里	
崔浩然	參事	京城府 前町 347	
康弼祐	參事	京城府 惠化町 15-27	
劉海鐘	參事	京城府 弼雲町 195	
田中三郎	參事	京城府 明倫町 3 明倫專門學院	
可知淸次郎	參事	京城府 大和町 3丁目 69	
李丙吉	參事(후작)	京城府 玉仁町 19	
尹毅燮	參事(후작)	京城府 桂洞町 133	
李鴻默	參事(자작)	京城府 勸農町 188-1	
鄭天謨	參事(남작)	京城府 勸農町 45	
金虎圭	參事(자작)	京城府 淸雲町 55	
李重桓	參事(남작)	京城府 道林町 127	
成一鏞	參事(남작)	京城府 崇仁町 50-3	
閔泳頊	參事(남작)	京城府 孝子町 174	
韓相億	參事(남작)	京城府 嘉會町 10	
韓萬熙	參事	京城府 靑葉町 1-1	
趙根泳	參事	慶北 英陽郡 日月面 注谷里	
趙東虎	參事	京城府 貞洞町 中樞院	
鄭求忠	參事	京城府 鐘路 3丁目 16	
盧鼎熙	參事	京城府 貞洞町 中樞院	
尹容燮	參事	京城府 昌成町 148	

성명	직책	주소	비고
鄭喆永	參事	京城府 八判町	
李允熙	參事	京城府 八判町 111	
禹宗林	參事	咸南 永興郡 順寧面	
趙基澤	參事	江原道 春川邑 本町 1丁目	
朴承冕	參事	咸南 德源郡 赤田面 堂上里 1	
韓基邦	參事	咸南 咸州郡 下朝陽面 岐會里 612	
禹淳	參事	忠北 槐山郡 沙梨面 沙潭里	
金鎬顯	參事	京城府 玉仁町 168	
尹章燮	參事	京城府 勸農町	
尹命燮	參事	京城府 玉仁町 47-1 世界紅卍字會內	
尹德基	參事	京城府 桂洞町 103	
張錫完	參事	京城府 通仁町 31-2	
林朝門	參事	京城府 南米倉町 9 精神總動員 朝鮮聯盟	
朴昌薰	參事	京城府 樂園町 138	
全瑩弼	參事	京城府 城北町 75	
金東燦	參事	京城府 貞洞町 中樞院	
林炳基	參事	京城府 安國町 218	
沈友燮	參事	京城府 貞洞町 京城中央放送局	
盧昌成	參事	京城府 貞洞町 京城中央放送局	
宋哲鎬	參事	忠北 槐山郡 青川面 青川里	
李容世	參事	京畿道 高陽郡 崇仁面 彌阿里 542-21	
延振鎔	參事	朝鮮總督府 學務局 社會教育課	
尹茂榮	參事	忠南 公州郡 鷄龍面 華軒里	
李佑植	參事	京城府 益善町 33-2	
尹弼求	參事	黃海 碧城郡 茄佐面 翠野里	
柳熙晋	參事	京城府 明倫町 4丁目 82-3	
李明世	參事	京城府 北阿峴町 1-61	
崔達斌	參事	咸南 安邊郡 文山面 九嶺里	
李秉直	參事	京城府 益善町	
朴勝龜	參事	京城府 桂洞町 124	
宋星鎭	參事	京城府 通仁町 10	

성명	직책	주소	비고
姜振九	參事	京畿 楊州郡 議政府驛前	
吳元東	參事	黃海 碧城郡 西席面 蓮根里	
朱柄乾	參事	京城府 明倫町 3 明倫專門學院	명륜전문학원 講師
李昇圭	參事	京城府 上道町 65	
金台俊	參事	京城府 苑西町 77-12	
金誠鎭	參事	京城府 桂洞町 2-20	
金承烈	參事	京城府 明倫町 3丁目 明倫專門學院	
鄭寅書	參事	京城府 社稷町 58	
金永毅	參事	京城府 明倫町 3丁目 明倫專門學院	
金容雲	參事	京城府 樓下町 19	
李相基	參事	京城府 淸雲町 52-14	
李漢福	參事	京城府 宮井町 140	
崔楠	參事	京城府 忠信町 55	
蔡奎世	參事	京城府 勸農町 40	
李晉相	參事	京城府 壽松町 28	
金東圭	參事	京城府 觀水町 129	
崔鎭漢	參事	京城府 冷泉町 21 西部 隣保館內	
李世楨	參事	京城府 昌成町 進明高等女學校	
朴初陽	參事	京城府 明倫町 2丁目 149	
崔翀根	參事	忠北 報恩郡 三升面 仙谷里	
李聲魯	參事	忠北 槐山郡 曾坪面 松山里	
朴箕錫	參事	平南 平壤府 新設里	
金仁梧	參事	平南 安州邑內	
崔東稷	參事	平南 順川郡 慈山面 豊德里	
李敎植	參事	平南 大同郡 南兄弟山面 棠村里	
韋基喆	參事	平南 平原郡 靑山面	
沈相緝	參事	京城府 貞洞町 中樞院	
金容晋	參事	京城府 貞洞町 中樞院	
洪承耈	參事	京城府 西氷庫町 119	
洪鍾佶	參事	京城府 桂洞町 133 尹毅燮方	
姜啓恒	參事	咸南 咸興府 黃金町 2丁目 217	
張鳳翰	參事	江原 高城郡邑內 高城漁業組合	
盧鎰	參事	咸北 吉州郡 雄坪面 南一洞	

성명	직책	주소	비고
李仁榮	參事	京城府 宮井町 毓祥宮內	
韓載經	參事	成川	
李載榮	參事	京城府 勸農町	
鄭殷弼	參事	京城府 苑西町 17	
洪在萬	參事	京城府 苑西町 156	
朴海遠	參事	京城府 弼雲町 85	
趙洵元	參事	京城府 苑西町 72	
金永完	參事	京城府 益善町 91	
金兢洙	參事	京城府 慶雲町 光東書館	
李重轍	參事	京城府 壽松町 64-3	
田壎	參事	京城府 三淸町 126	
金思說	參事	京城府 貫鐵町 70	
黃義敦	參事	京城府 朝鮮日報社	
李範星	參事	京釜線 全義驛前	
金用漢	參事	京城府 八判町 22	
尹鎰榮	參事	京城府 玉仁町 47-9	
金敎準	參事	京城府 弼雲町 153	
尹泰	參事	京城府 長橋町 8	
朴萬浩	參事	京城府 唐珠町 30	
尹瑨榮	參事	京城府 昌信町 583-59	
洪在震	參事	京畿 漣川郡 積城面 魚遊池里	
金思洪	參事	京城府 峴底町 46-351	
洪鍾振	參事	京城府 通義町 61	
李稱翼	參事	京城府 嘉會町 11-3	
洪升杓	參事	京城府 桂洞町 127-2	
朴海默	參事	京城府 樓下町 270	
成塤	參事	京城府 孝悌町 176-9	
李轅應	參事	京城府 社稷町 229-3	
金洪秀	參事	京城府 貫鐵町	
元持常	參事	京畿 驪州郡 興川面 內絲里	
丁大武	參事	京城府 明倫町 3丁目 51-9	
徐相國	參事	京城府 新設町 濟東醫院	
徐廷益	參事		

성명	직책	주소	비고
金海秀	參事	京城府 寬勳町 182-2	
鄭寅會	參事	京城府 玉仁町 46	
鄭仁好	參事	京城府 明倫町 1丁目 33-58	
金黃中	參事	京畿 開城府 北本町 635-3	
玄鎬燮	參事	京城府 堅志町 55	
金明汝	參事	京城府 峴底町 55	
李丁玉	參事	京城府 新設町 139	
金相範	參事	京城府 三淸町139	
鄭寅昉	參事	京城府 城北町 160	
李完榮	參事	京城府 齋洞町 75	
李軒求	參事	京城府 梨泰院町 城南中學校	
申肯善	參事	京城府 孔德町 188-64	
任道淳	參事	京城府 苑西町 136	
南石祐	參事	京城府 龍頭町 161-1	
尹琮鉉	參事	忠北 陰城郡	
李祖烈	參事	京城府 崇仁町 61-103	
徐廷旭	參事	京城府 明倫町 2丁目 66	
權淵	參事	京城府 崇仁町 61-103 李朝烈方	
權壎	參事	京城府 寬勳町 翰南書林	
李鎬弼	參事	京城府 桂洞町 127-1	
安圭承	參事	京城府 桂洞町 150-10	
金相烈	參事	京城府 花洞町 138-20	
朴容世	參事	京城府 長沙町 191	
安柄直	參事	黃海 延白郡 花城面 松城里	
李熤	參事	京城府 明倫町 經學院	
禹顯誠	參事	京城府 明倫町 經學院	
趙泰植	參事	京城府 玉仁町 178	
李璉燮	參事	京城府 明倫町 明倫專門學院	
李重憙	參事	京城府 冷泉町 71-11	
李泳珪	參事	朝鮮總督府 學務局 編輯課	
李逌雨	參事	慶北 達城郡 解顔面 枝底洞 83	
金始元	參事	忠北 保寧郡 珠山面 珠野里	
具元書	參事	康津郡 順城面 鳳巢里	

성명	직책	주소	비고
金炳奭	參事	京城府 嘉會町 31-48 金炳穆方	
李丙瓚	參事	京城府 苑南町 242	
李鼎求	參事	京城府 新設町 418-46	
金舜東	參事	京畿 高陽郡 崇仁面 樊里	
文伉來	參事	京城府 授恩町146	
鄭龜煥	參事	京畿 楊州郡 伊淡面 安興里	
李壽源	參事	忠北道廳	
李載瑞	參事	忠北道廳	
金鍾國	參事	忠南 瑞山郡 調琴小學校	
金正會	參事	全北 高敞郡 高敞面 道山里	
李相淵	參事	慶北 慶山郡廳	
李伯淳	參事	慶南 宜寧郡廳	
趙春植	參事	黃海 延白郡 延安邑	
獨孤津	參事	平北 義州郡廳	
金松	參事	平南 平原郡 永柔面 松石里	
金鳳振	參事	江原道 江陵郡 鏡浦面 竹軒里	
韓寅楨	參事	咸南 新興郡廳	
崔正植	參事	咸北道廳 水産課	
朴性翊	參事	京城府 明倫町 3丁目 32	
孫澔翼	參事	朝鮮總督府 圖書館	
朴初陽	參事	京城府 瑞麟町 79	
金澤東	參事	京城府 貞洞町 中樞院	
趙星九	參事	忠北 丹陽郡 丹陽面	
辛廷植	參事	慶南 昌寧郡 靈山面 校里	
金鐸	參事	咸南 定平郡 長原面 草原里	
琴榮奭	參事	忠北 沃川郡 郡西面 玉覺里	
李啓善	參事	全南 羅州郡 多侍面 永洞里	
辛東植	參事	慶南 昌寧郡 靈山文廟	
吳采烈	參事	全北 鎭安郡 馬靈面 平地里	
任明宰	參事	京城府 安國町 163	
金東益	參事	京城 鐘路 2丁目 58	
金益東	參事	京城府 嘉會町 31-95	
鄭演敎	參事	京城府 明倫町 3丁目 125	

성명	직책	주소	비고
金潤東	參事	京畿 高陽郡 崇仁面 樊里	
李萬珪	參事	京城府 玉仁町 160	
梁在奎	參事	京城府 通仁町 137	
孫師濬	參事	江原 金化驛前 岩井里	
尹丙求	參事	京城府 桂洞町 2-47	
趙南燮	參事	京城府 昌信町 651-2	
金大顯	參事	京城府 明倫町 1丁目 78-3	
韓鎭憲	參事	京城府 寬勳町 78	
尹治衡	參事	京城府 寬勳町 197	
朱鍾勳	參事	京城府 中學町 46	
孔濯	參事	平北 龍川郡 楊光面 忠武洞	
洪淳泌	參事	京城府 通義町 117-2	
李恒圭	參事	忠南 保寧郡 珠山面 甑山里	
崔致國	參事	滿洲國 間道省 延吉縣 延吉街公園區 延吉文廟	
俞明洪	參事	滿洲國 間道省 延吉縣 延吉街公園區 延吉文廟	
權寧錫	參事	忠北道廳	
洪般植	參事	咸南道廳	
韓明履	參事	全南 珍島郡文廟	
白南圭	參事	全南 光山郡 應世農道學院	
洪思勛	參事	京城府 桂洞町 75	
李宅來	參事	京城府 紅把町 162	
金謹鏞	參事	京畿 開城府 高麗町 188-2	
金基煥	參事	京城府 通義町 7-12	
李揆同	參事	京城府 桂洞町 39-1	
金永石	參事	京城府 寬勳町 88	
鄭道淳	參事	慶南 咸陽郡 介坪	
徐載克	參事	京城府 桂洞町 36-12 權益相方	
張赫	參事	京城府 桂洞町 36-12 權益相方	
李軫永	參事	京畿 廣州郡 草月面 龍水里	
丁海鵬	參事	京畿 高陽郡 知道面 土堂里	
延圭烘	參事	忠北 槐山郡 曾坪面 曾坪里	

성명	직책	주소	비고
姜大崑	參事	京畿 漣川郡 漣川面	
金敎哲	參事	京城府 冷泉町 71-11	
李完珪	參事	京城府 桂洞町 73-5	
李建植	參事	京城府 冷泉町 79-5	
李丙燾	參事	京城府 城北町	
閔廣植	參事	京畿 安城郡 二竹面	
閔光植	參事	忠北 음성군 삼성面 상곡里	
閔泰植	參事	京城府 阿峴町 355-3	
崔瑩國	參事	京城府 北阿峴町 1-132	
金正祿	參事(남작)	京城府 舞鶴町 430	
尹在九	參事	京城府 蓮建町 45	
梁在鳳	參事	京畿 水原郡 水原邑 南昌里	
趙南駿	參事	京城府 仁寺町 京一旅館	
金潤卿	參事	江原 江陵郡 沙川面 板橋里	
黃信泰	參事	京城府 茶屋町 60	
邊道建	參事	咸南 咸興府 山手町 2-252	
李承宰	參事	京畿道廳 內務部 學務課	
崔鍾璿	參事	京城府 新吉町 278	
金重顯	參事	京城府 城北町 60-12	
金忠鎭	參事	京城府 苑西町 76-신1호	
李丙冑	參事	京城府 上道町 221	
禹翰相	參事	黃海 信川郡 元文化草里面 鏞鶴里	
宮島敏雄	參事	京城府 大和町 2-101 李王職官舍	
齋藤治郎	參事	京城府 竹添町 3-124	
洪在皡	參事	京城府 苑西町 76-신3	
成樂緖	參事	京城府 宮井町 1?	
任昶宰	參事	京城府 苑西町 134-1	
李敎昌	參事	朝鮮總督府 學務局 社會敎育課	
徐光夢	參事	朝鮮總督府 學務局 社會敎育課	
葛城末治	參事	京城府 新堂町 393	
李聖默	參事	京城府 弼雲町 286	
高應漢	參事	京城府 鐘路 3丁目 175	
康益夏	參事	京城府 梨花町 1	

성명	직책	주소	비고
金永勳	參事	京城府 樂園町 240	
趙俊鎬	參事	京城府 光化門通 155	
金完中	參事	京城府 體府町 202	
趙命鎬	參事	京城府 松峴町 40	
宋冀源	參事	京城府 通仁町 125	
張然七	參事	京畿 楊州郡 楊州面 議政府里	
李濟甲	參事	京城府 松月町 71	
禹燉圭	參事	京城府 唐珠町 112	
金文顯	參事	京城府 昭格町 60-10	
金聖圭	參事	京城府 嘉會町 31-48	
金龢鎭	參事	京城府 崇仁町 187-1	
尹纘榮	參事	京畿 楊州郡 九里面 橋門里	
閔光植	參事	京城府 回基町 30	
金宅洙	參事	京城府 新橋町 20-1	
鄭啓源	參事	京城府 蓬萊町 4-117-1	
金奎應	參事	京城府 桂洞町 町會事務所	
高漢鴻	參事	京畿 開城府	
金元培	參事	京畿 開城府 北本町 195	
金枝瀅	參事	京畿 開城府	
孔聖初	參事	京畿 開城府 北本町526	
馬玄圭	參事	京畿 開城府 滿月町 667	
孫洪駿	參事	京畿 開城府	
金基永	參事	京畿 開城府 南山町 343	
張學淳	參事	京畿 開城府 東本町 643	
禹壽淵	參事	京畿 開城府 東本町 204	
梁聖善	參事	京畿 水原郡	
車泰益	參事	京畿 水原郡	
孟永玉	參事	京城府 明倫町 1-33-83	
李相玉	參事	京城府 薰井町 91	
金淳興	參事	京城府 內資町 167-2	
朴寧根	參事	京城府 東西軒町 120	
許澤	參事	京城府 茶屋町 89	
金熙俊	參事	京城府 新橋町 6-16	

성명	직책	주소	비고
金泰熙	參事	京城府 鐘路 1-55	
趙善用	參事	京城府 南大門通 1-109	
崔相悳	參事	京城府 寬勳町 112	
金星權	參事	京城府 明倫町 2-8	
池正宣	參事	全南 光州府 明治町	
朱寬淳	參事	黃海 延白郡廳	
李耆鍾	參事	京城府 通義町 131 朴麟諸方	
柳和相	參事	坡州郡 衙洞面 金村里 341	
宋基彪	參事	坡州郡 衙洞面 冶洞里	
車濬潭	參事	水原邑內	
李寬求	參事	京城府 堅志町 大同出版部	
池昌宣	參事	全南 光州邑 明治町	
元昉喜	參事	咸南 定平郡 文山面 豐城里	
鄭起謨	參事	楊州郡 九里面 仁倉里	
李鳳鎔	參事	楊州郡 九里面 橋門里	
安興根	參事	楊州郡 九里面 仁倉里	
尹秉燮	參事	楊州郡 九里面 橋門里	
李琮鉉	參事	咸南 定平郡 文山面 文興里	
崔綸錫	參事	京城府 淸進町 78	
片淵梅次郎	參事	京城府 宮井町1	
紫田全乘	參事	京城府 需昌町 奉常所內	
李丙熙	參事	京城府 雲泥町	
李丙烈	參事	京城府 桂洞町 15-14	
金玉鉉	參事	忠北 淸州郡 淸州邑 壽町 224	
閔仲植	參事	京城府 杏村町 210-203	
權璣淵	參事	京城府 大興町 707	
李之鎬	參事	京城府 內資町 187	
李起寅	參事	楊州郡 九里面 仁倉里	
李導純	參事	全北 沃溝郡 聖山面 山谷里	
李匡來	參事	京畿 驪州邑內	
金泳夏	參事	京城府 新設町 175-2	
李凡秀	參事	江原 鐵原郡 東松面 五德里	
韓學倫	參事	咸南 定平郡 文山面 豐陽里	

성명	직책	주소	비고
裵國仁	參事	慶北 大邱府 南山町 632	
金相鳳	參事	慶南 東萊郡 東萊邑 福泉洞	
趙昌元	參事	京城府 城北町 173-16	
崔謹稷	參事	黃海 碧城郡 來城面 花田里	
趙鍾華	參事	咸南 元山府中里 4洞 34	
李昌殷	參事	咸南 德源郡 北城面 野汰里 74	
金村東轍	參事	京城府 孔德町 175-85	
奧山仙三	常任參事	京城府 青葉町 3-121	
李丙吉	常任參事 (후작)	京城府 玉仁町 19	
金鎬顯	參事	京城府 玉仁町 168	
尹德基	常任參事	京城府 桂洞町 103	
可知清次郎	常任參事	京城府 大和町 3-69	
李容世	常任參事	京城府 新設町 4-12	
尹命燮	常任參事	京城府 玉仁町 47	
張錫完	常任參事	京城府 通仁町 31-2	
柳熙晋	常任參事	京城府 明倫町 明倫專門學院	명륜전문학원 講師
朱柄乾	常任參事	京城府 明倫町 明倫專門學院	명륜전문학원 講師
李明世	常任參事	京城府 北阿峴町 1-61	
李建稙	常任參事	京城府 貞洞町 中樞院	
李熤	常任參事	京城府 明倫町 經學院	경학원 直員
禹顯誠	常任參事	京城府 明倫町 經學院	경학원 直員
趙泰植	常任參事	京城府 玉仁町 178	경학원 直員
趙根泳	常任參事	慶北 英陽郡 日月面 注谷里	
趙東虎	常任參事	京城府 貞洞町 中樞院	
李璉燮	常任參事	京城府 明倫町 明倫專門學院	
金村東轍	常任參事	京城府 孔德町 175-85	

참고문헌

1. 1차 자료

1) 신문 및 잡지

『大韓每日申報』, 『獨立新聞』, 『皇城新聞』, 『新韓民報』, 『大韓民報』, 『共立新報』, 『每日申報』, 『東亞日報』, 『京城日報』, 『舊韓國官報』, 『大東學會月報』, 『畿湖興學會月報』, 『朝鮮文藝』, 『大東斯文會報』, 『經學院雜誌』, 『儒道』, 『會報』, 『彰明』, 『日月時報』, 『開闢』, 『同民』, 『三千里』, 『別乾坤』, 『朝鮮總督府官報』, 『朝鮮』, 『國民總力』.

2) 한국 측 자료

『高宗實錄』, 『純宗實錄』, 『承政院日記』.
李恒老, 『華西先生文集』.
宋秉璿, 『淵齋先生集』.
宋秉珣, 『心石齋先生文集』.
柳麟錫, 『毅菴集』.
朴文五, 『誠菴集』.
宋相燾, 『騎驢隨筆』.

李觀求,『義勇實記』,『言行錄』.
申彥稷,『翠洲全書』.
金允植,『續陰晴史』.
沈相碩,『鹿洞日記』.
金冑峴,『定岡日記』.
韓昌愚,『紫下集』.
朴昇東,『渼江先生文集』.
魚允迪,『東史年表』.
李相龍,『石洲遺稿』.
朴榮喆,『多山詩稿』.
韓準錫,『三老寓慕詩選』
安寅植,『嵋山文稿』
李明世,『義山集』
『孔子敎會之旣往及將來』.
『대한제국관원이력서』.
『溪山淵源錄』.
이인섭,『元韓國一進會歷史』, 문명사, 1911.
『李王職職員案』, 1911.
『朝鮮儒敎會宣言書及憲章目錄』, 朝鮮儒敎會總部, 1933.
『朝鮮儒敎會宣言書及憲章目錄』, 朝鮮儒敎會總部, 1933.
『曲阜聖廟慰安事實記』, 한성도서주식회사, 1931.
『聖戰誠詩集』, 경학원, 1937.

3) 일본 측 자료

『統監府文書』,『齋藤實文書』,『高等警察關係年表』,『朝鮮總督府及所屬官署職員錄』.
『朝鮮出版警察月報』,『倭政時代人物史料』,『經學院書類』,『經學院雜書類綴』.
『朝鮮總督府施政二十五周年記念表彰者明鑑』,『公立公文書館 明治 41年 敍勳錄』.
『伊藤公爵薨去後ニ於ケル韓國政局竝ニ總理大臣李完用遭難一件』.
『日鮮合併紀念祝賀書』.

『朝鮮紳士寶鑑』, 『朝鮮紳士大同譜』.
樽井藤吉, 『大東合邦論』, 1910.
『日本觀光團記念寫眞帖』.
細井 肇, 『鮮滿の經營: 朝鮮問題の根本解決』, 自由討究社, 1921.

2. 2차 자료

1) 단행본

姜大敏, 『韓國의 鄕校硏究』, 경성대학교 출판부, 1992.
姜東鎭, 『日帝의 韓國侵略政策史』, 한길사, 1980.
강만길, 『20세기 우리 역사』, 창비, 1999.
고마고메 다케시 지음, 오성철 · 이명실 · 권경희 옮김, 『식민지제국 일본의 문화통합』, 역사비평사, 2008.
권대웅 『1910년대 국내독립운동』, 한국독립운동사편찬위원회 독립기념관 한국독립운동사연구소, 2008.
權五榮, 『崔漢綺의 學問과 思想 硏究』, 집문당, 1999.
권희영, 『한국사의 근대성 연구』, 백산서당, 2001.
김원열, 『동북아시아 유교의 전통과 현대』, 한국학술정보, 2007.
金一斗, 『名刹扁額巡歷』, 한진출판사, 1979,
금장태, 『유교개혁사상과 이병헌』, 예문서원, 2003.
금장태, 『유학사상과 유교문화』, 한국학술정보, 2001.
금장태, 『한국의 선비와 선비정신』, 서울대학교출판부, 2000.
금장태, 『華西學派의 철학과 시대의식』, 태학사, 2001.
금장태 · 고광직 공저, 『儒學近百年』 (1)~(3), 한국학술정보, 2004.
다지리 히로유끼(田尻浩幸), 『이인직 연구』, 국학자료원, 2006.
다카하시 도오루(高橋亨) 지음, 조남호 옮김, 『조선의 유학』, 소나무, 1999.
朴慶植, 『日本帝國主義의 朝鮮支配』, 청아, 1986.
박지향, 『제국주의: 신화와 현실』, 서울대학교출판부, 2000.

박찬승, 『한국근대정치사상사연구』, 역사비평사, 1992.
小松綠, 『明治外交秘話』, 原書房, 1976.
앙드레 슈미드 지음, 정여울 옮김, 『제국 그사이의 한국』, 2007.
야규 마코토(柳生 眞), 『崔漢綺 氣學 硏究』, 경인문화사, 2008.
성주현, 『식민지시기 종교와 민족운동』, 선인, 2013.
오영섭, 『화서학파의 사상과 민족운동』, 국학자료원, 1999.
유준기, 『증보판 한국근대유교개혁운동사』, 아세아문화사, 1999.
유준기, 『한국민족운동과 종교활동』, 국학자료원, 2001.
李光麟, 『開化派와 開化思想 硏究』, 일조각, 1989.
이기동 지음, 정용선 옮김, 『동양삼국의 주자학』, 성균관대학교 출판부, 1995.
이기동, 김필동 외, 『日本思想의 理解』, 시사일본어사, 2002,
이수락 지음, 이대재 옮김, 『산고만록』, 자연사랑, 2001.
이지원, 『한국 근대 문화사상사 연구』, 혜안, 2007.
정재식, 『한국유교와 서구문명의 충돌』, 연세대학교 출판부, 2005.
최기영, 『식민지시기 민족지성과 문화운동』, 한울, 2003.
최기영, 『한국 근대 계몽사상 연구』, 일조각, 2003.
玄相允, 『朝鮮儒學史』, 현음사, 1982.
황현 지음, 임형택 외 옮김, 『매천야록』 상 · 하, 문학과 지성사, 2005.
黑龍會 편, 『東亞先覺志士記傳』 中卷, 原書房, 1967.
『慶州金氏鶴洲公派世譜』, 2000.
『김창숙문존』, 성균관대학교 출판부, 2001.

2) 연구논문

姜大敏, 「韓末 鄕校儒林의 動向 硏究: 嶺南地方의 鄕校를 中心으로」, 『부산사학』 17, 1989.
姜明官, 「한문폐지론과 애국계몽기의 국한문논쟁」, 『한국한문학연구』 8, 1985.
강윤정, 「白下 金大洛의 현실인식과 민족운동」, 『백범과 민족운동연구』 제7집, 2009
高城幸一, 「신국사상과 메이지정부의 국가신도(神道)화 정책」, 『일본사상』 11, 2006.
權奇勳, 「心山 金昌淑의 民族運動 硏究」, 건국대학교 박사학위논문, 2000.

權大雄,「韓末 寒洲學派의 啓蒙運動」,『대동문화연구』 38, 2001.
權五榮,「申箕善의 東道西器論研究」,『청계사학』 1, 1984.
권오영,「최한기의 사회경제적 처지와 현실인식」,『한국학보』 101, 2000,
권오영,「張志淵의『朝鮮儒教淵源』」,『제7회 韋庵張志淵 기념 학술세미나』, 2001.
권오영,「한말 유가의 정치사상」,『韓國儒學思想大系: 政治思想編』 Ⅵ, 한국국학진흥원, 2007.
金基承,「韓末 儒敎知識人의 思想轉換과 그 論理: 石州 李相龍의 境遇」,『민족문화』 4, 한성대학민족문화연구소, 1989
金度亨「寒洲學派의 形成과 現實認識」,『대동문화연구』 38, 2001.
金明友,「日帝 植民地時期 鄕校 研究」, 중앙대학교 박사학위논문, 2007.
金文俊,「艮齋 田愚의 抗日精神과 韓國 精神史的 意義」,『한국철학논집』 14, 2004.
김순석,「일제강점기 '皇道儒學'의 논리와 허구성」,『국학연구』 27, 2015.
金暎喜,「일제 말기 향촌 儒生의 '日記'에 반영된 현실인식과 사회상」,『한국근현대사연구』 14, 2000.
김원열,「일제강점기 황도 유림의 사회 윤리에 대한 계보학적 연구」,『시대와 철학』 21-2, 2010.
金喜坤,「제2차 유림단의거 연구: 心山 金昌淑의 활동을 중심으로」,『대동문화연구』 38, 2001.
김희태,「『定岡日記』: 일제말~광복 직후 장흥 유생의 일기」,『지방사와 지방문화』 1, 학연문화사, 1998.
김도형,「大韓帝國 초기 文明開化論의 발전」,『한국사연구』 121, 2003.
김도형,「한말 친일파의 등장과 문명개화론」,『역사비평』 3호, 1993.
김봉곤,「蘆沙學派의 形成과 活動」, 한국학중앙연구원 한국학대학원 박사학위논문, 2007.
김종석,「성와 이인재의 서구수용론과 新學에의 관심」,『한국학논집』 26, 1999.
盧官汎,「19세기 후반 湖西山林의 位相과 '正學'運動: 淵齋 宋秉璿(1836~1905)을 중심으로」,『한국사론』 38, 서울대학교 국사학과, 1997.
盧官汎,「韓國陽明學史 研究의 反省的 考察」,『한국사상과 문화』 11, 2001.
盧官汎,「대한제국기 朴殷植과 張志淵의 自强思想 연구」, 서울대학교 박사학위논문, 2007.

董宣熙, 「日帝下 朝鮮人 道評議會 · 道會議員 硏究」, 한국학중앙연구원 한국학대학원 박사학위논문, 2006.
류미나, 「식민지권력에의 '협력'과 좌절: 經學院과 향교 및 문묘와의 관계를 중심으로」, 『韓國文化』 26, 2005.
柳美那, 「植民地時期朝鮮における經學院: 儒教教化機關と儒教イデオロギーの再編」, 『朝鮮史研究會論文集』 42, 2004.
柳美那, 「植民地時期朝鮮における明倫學院: '儒教振興'をめぐる植民地權力と儒教勢力の相克」, 『史滴』 26, 2004.
류미나, 「일본 '국민도덕론'의 유입과 재생산: 1910년대~20년대 경학원 활동을 중심으로」, 『인문연구』 52, 2007.
류미나, 「전시체제기 조선총독부의 유림정책」, 『역사와 현실』 63호, 2007.
류미나, 「총독부의 지배 정책과 유교이데올로기의 재편」, 한일관계사학회 미게재 발표문, 2005.
류미나, 「조선의 '황도유학' 전개 과정과 일본제국주의의 확장」, 『한일관계사연구』 63, 2019.
朴慶穆, 「淵齋 宋秉璿의 衛正斥邪運動」, 충남대학교 석사학위논문, 1999.
朴慶穆, 「淵齋 宋秉璿의 學脈과 民族運動」, 『대동문화연구』 39, 2001.
박미라, 「근대 유교의 國祖論 연구」, 『한국사상과 문화』 28, 2005.
朴性淳, 「高橋亨의 朝鮮儒學史와 그 反應에 대한 檢討」,『한국사학사학보』 6, 2002.
朴成鎭, 「한말~일제하 사회진화론 연구」, 한국정신문화연구원 한국학대학원 박사학위논문, 1999.
朴羊信, 「일본의 한국병합을 즈음한 '일본관광단'과 그 성격」, 『東洋學』 37, 2005.
박영미, 「근대 조선 유림의 눈에 비친 나카에 도쥬(中江藤樹)像: 여규형의 「錄學校編纂教科書塩谷世弘氏所撰中江藤樹一段」을 중심으로」, 『일본학연구』 29, 2010.
朴暎美, 「日帝 强占 初期 漢學 知識人의 文明觀과 對日意識: 親日的 傾向을 中心으로」, 단국대학교 박사학위논문, 2005.
박영미, 「일제강점기 在朝日人의 漢詩 고찰: 『以文會誌』를 중심으로」, 『한국한문학연구』 39, 2007.
박정심, 「신기선(申箕善)의 『유학경위(儒學經緯)』을 통해 본 동도서기론(東道西器論)의 사상적 특징(思想的 特徵) Ⅰ』, 『역사와 현실』 60, 2006.

박종린, 「日帝下 社會主義思想의 受容에 關한 硏究」, 연세대학교 박사학위논문, 2007.
박종린, 「『공영』을 통해 본 대동동지회의 현실인식과 친일논리」, 『역사와 현실』 69, 2008.
박찬승, 「한말 호남학회 연구」, 『국사관논총』 53, 1994.
박찬승, 「1890년대 후반 관비유학생의 도일유학」, 『근대 교류사와 상호인식』 1, 고려대 아세아문제연구소, 2001.
박홍식, 「심산 김창숙의 유교정신과 구국운동」, 『한국학논집』 26, 1999.
백동현, 「대한제국기 新舊學論爭의 전개와 그 의의」, 『한국사상사학』 19, 2002.
백동현, 「러 · 일전쟁 전후 '民族' 용어의 등장과 민족인식」, 『한국사학보』 10, 2001.
변은진, 「日帝의 파시즘 전쟁(1937~45)과 朝鮮民衆의 戰爭觀」, 『역사문제연구』 3, 1999.
삿사 미츠아키(佐佐充昭), 「한말 · 일제시대 檀君信仰運動의 전개: 大倧敎 · 檀君敎의 활동을 중심으로」, 서울대학교 박사학위논문, 2003
서동일, 「한말~일제하 改新儒林 尹忠夏의 계몽운동과 太極敎운동」, 『한국민족운동사연구』 44, 2005.
서명일, 「계몽운동기(1905~1910) 사회진화론 수용의 논리」, 고려대학교 사학과 석사학위논문, 2005.
성주현, 「1920년대 유림계 단체의 조직과 활동」, 『식민지 동화정책과 협력 그리고 인식』, 두리미디어, 2007.
성주현, 「日帝의 同化政策과 宗敎界 動向」, 『식민지 조선과 매일신보: 1910년대』, 신서원, 2003.
송양섭, 「유형원 연구의 시각과 『반계수록』의 방향」, 『한국실학연구』 43, 2022.
송영배, 「한말 유학의 양대 조류: 정통의 華夷論과 儒敎改造論」, 『한국학보』 25, 일지사, 1999.
안자코 유카, 「조선총독부의 '총동원체제'(1937~1945) 형성 정책」, 고려대학교 박사학위논문, 2006.
王元周, 「韓國 近代移行期 華夷觀의 變化와 民族意識」, 연세대학교 박사학위논문, 2003.
유준기, 「1910년대 전후 일제의 유림친일화정책과 유림계의 대응」, 『한국사연구』 114, 2001.

李光麟, 「舊韓末 新學과 舊學과의 論爭」, 『동방학지』 23 · 24 합집, 1980.
이기동, 「일본 사상의 시작」, 『日本 思想의 理解』, 시사일본어사, 2002.
이동희, 「寒洲學派의 退溪 성리학 계승」, 『한국학논집』 26, 1999.
이명화, 「朝鮮總督府의 儒教政策(1910~1920年代)」, 『한국독립운동사연구』 7, 1993.
李相一, 「雲養 金允植의 思想과 活動 硏究」, 동국대학교 박사학위논문, 1995.
이상하, 『寒洲 李震相 性理說의 입론 근거 연구』, 고려대학교 박사학위논문, 2004.
이숙인, 「개화기(1894~1910) 유학자들의 활동과 시대인식」, 『동양철학연구』 37, 2004.
李承律, 「日帝時期 '韓國儒學思想史' 著述史에 관한 一考察」, 『동양철학연구』 37, 2004.
李是慶, 「韓末 斷髮令의 시행과 갈등」, 충남대학교 석사학위논문, 2008.
李迎春, 「韓末 傳統儒學者의 近代科學 理解: 『翠洲全書』에 나타난 申彦稷의 事例」, 『한국과학사학회지』 제14권 제2호, 1992.
이영훈, 「19세기 朝鮮王朝 經濟體制의 危機」, 『조선시대사학보』 43, 2007.
이용창, 「1910년대 전후 친일언론인 연구: 장지연을 중심으로」, 『2006년도 학술연구용역논문집 2』, 친일반민족행위진상규명위원회, 2007.
李離和, 「斥邪衛正論의 批判的 檢討」, 『한국사연구』 18, 1977.
이형성, 「다카하시 도루의 조선 유학사 연구의 영향과 그 극복」, 『다카하시 도루의 조선유학사: 일제황국사관의 빛과 그림자』, 예문서원, 2001.
林京錫, 「파리장서 서명자 연구」, 『대동문화연구』 38, 2001.
林茂澤, 「개항전 韓 · 日 朱子學者의 위기의식과 대응: 李恒老와 大橋訥菴의 비교」, 연세대학교 석사학위논문, 2004.
임숙정, 「조선유도연합회 순천군지부 회원의 현황과 특징」, 『한국근현대사연구』 73, 2015.
張裕昇, 「조선 후기 서북 지역 문인 집단의 성격: 평안도와 함경도의 지역 정체성 차이를 중심으로」, 『진단학보』 101, 2006.
정규영, 「조선총독부의 조선유교지배」, 『학생생활연구』 4, 1996.
鄭奎薰, 「日帝期 韓國儒教改革의 動向」, 『정신문화연구』 25, 1985.
鄭崇敎, 「韓末 民權論의 전개와 國粹論의 대두」, 서울대학교 국사학과 박사학위논문, 2004.
정욱재, 「華史 李觀求의 『新大學』 硏究」, 『한국사학사학보』 10, 2004.

정욱재, 「1910~1920年代 經學院의 人的 構成과 役割」, 『정신문화연구』 제30권 제1號, 2007.
정욱재, 「日帝 協力 儒林의 儒教認識: 1910~1920년대 경학원 관계자를 중심으로」, 『한국사학사학보』 16, 2007.
정욱재, 「日帝强占期 沈衡鎭의 『朝鮮歷史千字文』硏究」, 『장서각』 22, 2009.
鄭烘烈, 「『大東學會月報』 詞藻欄 所載 漢詩 硏究」, 성균관대학교 석사학위논문, 1994.
조남욱 · 조윤래, 「일제시대의 韓國儒教와 儒教敎育」, 『한국민족문화』 16, 2000.
趙東杰, 「傳統 名家의 근대적 變容과 독립운동 事例」, 『韓國近現代史의 探究』, 경인문화사, 2003.
趙埈熙, 「大韓光復會 硏究: 黃海道支部와 平安道支部를 中心으로」, 『國學硏究』 6, 국학연구소, 2001.
趙漢成, 「1950년대 중 · 후반기 유도회 사건 연구」, 성균관대학교 석사학위논문, 2003.
趙亨烈, 「改新儒學者 薛泰熙(1875~1940)를 통해 본 '文化運動'의 이념적 편차」, 고려대학교 석사학위논문, 2004.
조형열, 「薛泰熙의 協同組合主義와 '文化運動論'」, 『한국사연구』 130, 2005.
채석용, 「최한기 사회철학의 이론적 토대와 형성과정: 유교적 사회규범의 탈성리학적 재구성」, 한국학중앙연구원 한국학대학원 박사학위논문, 2007.
崔鍾庫, 「槃阿 石鎭衡」, 『사법행정』 제25권 제5호, 1984.
최 준, 「乙未亡命者의 拿還問題」, 『백산학보』 8, 1970.
韓寬一, 「송기식의 『유교유신론』에 관한 연구」, 『한국사상과 문화』 41, 2008.
許太榕, 「朝鮮後期 中華繼承意識의 展開와 北方古代史認識의 强化」, 고려대학교 박사학위논문, 2006.
黃英禮, 「安淳煥의 儒教 宗教化 運動과 鹿洞書院」, 영남대학교 박사학위논문, 2004.

인 명

ㄱ

ㄴ

ㄷ

ㅁ

ㅂ

ㅅ

ㅇ

ㅋ

ㅍ

ㅎ

잡지 · 신문 · 저서 등

ㅈ

ㅊ

ㅍ

ㅎ

단체·사건·기타 등

ㄱ

ㅈ

ㅊ

ㅌ

ㅍ

ㅎ

정욱재

· 충남대학교 국사학과 졸업
· 한국학중앙연구원 한국학대학원 문학박사
· 친일반민족행위진상규명위원회 조사관, 우송대학교 초빙교수, 충남대학교 강사 등 역임
· 현재 독립기념관 연구위원

〈주요 논문〉

「이시영의 『감시만어』 연구」, 「華史 李觀求의 『新大學』 연구」, 「조선유도연합회의 결성과 '皇道儒學'」, 「1920년대 식민지 조선 유림과. 일본의 湯島聖堂」, 「日本 宮內廳 所藏 '公族實錄'의 편찬과 특징: 『李熹公實錄』·『李熹公實錄資料』·『李埈公實錄』·『李埈公實錄資料』를 중심으로」, 「일제강점기 宋柱憲의 생애와 활동」, 「이현희본 『張孝根日記』 비판: 1916년~1920년을 중심으로」 등